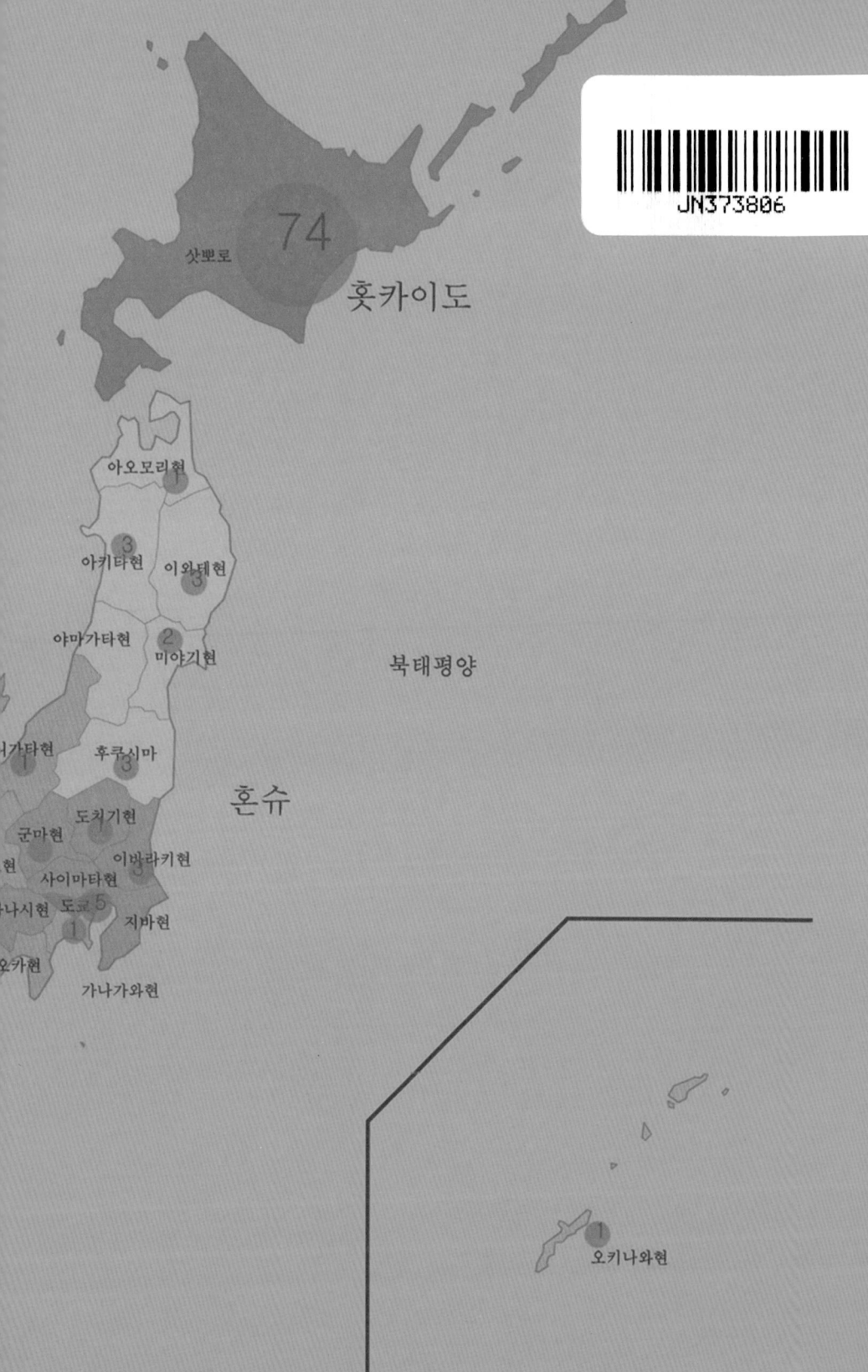

[강제동원&평화총서 1 연구총서 제1권]

강제동원을 말한다 – 명부편(1) 이름만 남은 절규

초판 1쇄 발행 2011년 8월 6일

저　자 ｜ 정혜경 · 심재욱 · 오일환 · 김명환 · 北原道子 · 김난영
발행인 ｜ 윤관백
발행처 ｜

편　집 ｜ 이경남 · 김민희 · 하초롱 · 소성순 · 주명규
표　지 ｜ 김현진
제　작 ｜ 김지학
영　업 ｜ 이주하

인　쇄 ｜ 대덕인쇄
제　본 ｜ 신안제책

등록 ｜ 제5-77호(1998.11.4)
주소 ｜ 서울시 마포구 마포동 324-1 곶마루 B/D 1층
전화 ｜ 02)718-6252 / 6257　　팩스 ｜ 02)718-6253
E-mail ｜ sunin72@chol.com

정가　29,000원
ISBN　978-89-5933-473-5(세트)
ISBN　978-89-5933-474-2　94900

·잘못된 책은 바꿔 드립니다.

강제동원을 말한다 - 명부편(1)
이름만 남은 절규

[강제동원&평화총서 1 연구총서 제1권]

강제동원을 말한다 – 명부편(1)
이름만 남은 절규

정혜경 · 심재욱 · 오일환 · 김명환 · 北原道子 · 김난영

발간사

강제동원을 말한다 - 명부편(1) : 이름만 남은 절규를 발간하며

이역만리 남의 땅, 남의 나라에서
억울하게 희생당하여 무주고혼無主孤魂이 된 당신들이여.
당신들의 백골도 영혼도 주인이 있고 조국이 있다.
멀지 않은 장래에 당신들을 데리러 올 그날까지 고이 잠드시라.

1965. 9. 5.

　　시즈오카(靜岡)현 시미즈(淸水)시 기타야베정(北矢部町) 시립 화장장 입구에 있는 '조선인 유골 안치당, 무연 납골당'에 새겨진 글귀이다. 이 납골당은 시미즈 시 소재 34개 사찰에 있던 조선인의 유골을 모은 시설이다. 물론 전쟁 중에 강제로 동원되었다가 사망한 우리 동포들로 가족을 찾지 못한 무연고 유골들이다. 일본 열도의 납골당에서 외로이 '조국이 데리러 올 그날'을 기다리다가 2010년 3월에 망향의 동산으로 돌아왔다. 그런데 이 납골당에는 유골만 있는 것이 아니었다. 이들의 이름이 기록된 명부가 있었다.

　　이름과 본적지, 또는 연령이 적힌 명부는 시미즈시에서만 찾을 수 있는 자료가 아니다. 저 북부 홋카이도에서도 남쪽의 규슈에서도 찾을 수 있다. 일본 제국의 영역이었던 사할린과 만주, 태평양에서도 생산되었다. 어떤 명부는 이름만 기록되어 있지만, 운이 좋으면 사망원인이 기록된 명부까지도 볼 수 있다.

　죽은 사람의 명부만 있는 것이 아니다. 일본 기업이나 당국이 관리하려고 작성한 각종 명부(근무상황부, 저금현황표 등)나, 귀국선을 탈 때 작성한 승선자 명부도 있다. '어렵게 얻은 귀한 인연을 서로 잊지 말자'고 귀국선 안에서 구한 종이에 적어서 끈으로 묶은 연명부(連名簿)도 있다.

　이런 명부에서 찾을 수 있는 이름이 수백, 수천을 넘어 수백만 명에 이른다. 명부는 그냥 종잇장이 아니다. 수백만 명의 사연과 한(恨)이 담겨 있는 역사이다. 어떤 이는 창씨(創氏) 이름 대신 제 이름을 찾아달라고, 어떤 이는 가족에게 제삿날이라도 제대로 알려달라고, 그리고 어떤 이는 다시는 자신과 같이 억울한 일을 당하지 않게 해달라고 절규하는 듯하다. 그러나 그동안 한국 사회는 이들의 외로운 외침을 들을 귀가 없었다. 21세기에 들어와 조금씩 듣는 이들이 늘었으나 그저 들어주는 것으로 그쳤다.

　또한 명부는 60년이 넘는 역사성을 가진 보물이고 보석이다. 이름 뒤에 가려진 사연을 통해 강제동원의 사실(事實)을 알고, 사실(史實)로 공유할 수 있는 귀중한 사료이다. 그러나 그동안 명부는 보석으로 제 가치를 평가받지 못했다.

　이 책은 이들의 절규를 제대로 듣고, 이들의 바람을 이뤄주기 위한 구체적인 방법을 고민하는 난장(亂場)이다. 들을 귀가 없는 이들에게는 제대로 된 귀를, 들었으나 어찌해야 할지 모르는 이들에게는 함께 갈 길을 제시하고자 하는 다양한 시도이다. 이를 위해 유수명부, 공원명표, 매화장인허증, 발신전보, 유골실태조사표를 들고, 국내 연구자뿐만 아니라 일본에서 오랫동안 명부를 연구해오신 기타하라 미치코(北原道子) 선생이 참여해주었다.

『강제동원을 말한다 – 명부편(1) : 이름만 남은 절규』은 7편의 논문과 부록을 실었다.

　정혜경의 총론[한줄기 빛을 '세상을 밝히는 해'로 – 강제동원 명부자료의 활용 방안]은 명부를 연구자료로 활용하기 위한 방법론을 제시한 글이다. '명부는 단지 피해자 여부만을 알려주는 확인 자료인가? 명부가 단지 인적사항만을 확인하는 자료에서 연구자료로 새롭게 변신하기 위한 방안은 없는가? 명부에 살을 붙인다면, 추가로 어떤 재료가 필요한가? 명부를 통해 강제동원의 어떠한 사실을 알 수 있을까? 명부를 가공하는 과정에서 나타난 문제점은 무엇인가?' 등 다양한 고민을 제기하고, 함께 풀어나가고자 하는 시론이다.

　심재욱의 논문[일본 정부 인계 자료를 통해 본 전시체제기 육군조병창의 조선인 군속 동원 – 공원명표의 분석을 중심으로]은 형태가 상이한 여러 종류의 '명표'와 '명부'로 구성된 『工員名票』 중, 「工員名票·名簿」를 통해 육군조병창(造兵廠)의 조선인 군속(工員)동원을 중점적으로 살펴본 연구이다. 동원 주체였던 일본정부가 작성하여, 한국 정부에 인계한 군인군속 관련 명부는 10여 종에 달하고 수록된 인원도 60만 명이 넘는 것으로 알려져 있으나 개별적인 명부의 실체는 아직도 명확하지 않고, 수록된 정보에 대한 연구도 전무한 상황이다. 그러므로 「공원명표·명부」와 같은 일본 정부가 인계한 자료들에 대한 미시적 분석의 연구성과가 축적된다면, 아시아·태평양전쟁 말기 일제에 의해 자행된 조선인 육군군속 동원의 전체상을 밝히는 작업의 기초가 될 것이라는 문제의식이 토대를 이룬 연구이다.

　오일환의 논문[유골명부로 보는 일본 내 한국인 유골 실태 – 일본 정부에 의한 유골 실태·실지조사 결과를 중심으로]은 2005년 이후 한일 양국의 합의 아래, 일본 정부가 주도적으로 실시하고 있는 일본 내 한국인 유골의 실태 및 실지조사의 자료 분석을 통해 현황을 소개하고 현재까지 보고된 결과와 내용을 제시한 연구이다. 특히 지난 2004년 12월 한일정상회담에서 양 정상 간에 '노무자 등 징용자 유골의 송환'에 관한 의견교환 이후, 한일 양국은 '유골협의'를 통해 일본 내 한국인 노무자 등의 유골에 관한 조사에 착수했고, 유골의 국내 송환이 실현을 목전에 두고 있다는 점에서, 구체적인 자료의 현황이 제시된다는 점에서 매우 시의 적절한 논문이다.

김명환의 논문[일본 나가사키현 사키토정「埋火葬認許証交付簿」등재 조선인 사망자 분석(1940~1945)]은 나가사키현(長崎縣) 사키토정(崎戸町)의「埋火葬認許証交付簿」에 관해 분석한 자료임과 동시에 사키토탄광(崎戸炭鑛) 사망자에 관해 분석한 연구이다. 매화장인허증은 기본적으로 사망자에 관한 기록으로써 사망자의 인적사항, 사망시기, 사망이유 등 여러 가지 정보가 자세히 기재되어 있다. 따라서 관련정보를 치밀하게 분석해 보면 사망자에 관한 여러 가지 사항들을 알아낼 수 있다. 아울러 매화장인허증을 둘러싸고 있는 시기적·지리적·사회경제적 배경 등을 함께 분석해 보면 사망자 기록 이상의 사실을 확인할 수 있다는 점에서 논문의 의미를 생각할 수 있다.

정혜경의 논문[전시체제기 죠반(常磐)탄전 관련 명부자료를 통해 본 조선인 노무자의 사망실태]은 필자가 총론에서 제시한 연구방법론에 의거해 후쿠시마(福島)현의 후타바(双葉)·이와키(石城)탄전과 이바라키(茨城)현의 이바라키(茨城)탄전을 총칭하는 죠반(常磐)탄전에 동원된 조선인 노무자의 사망 실태를 살펴보고자 하는 사례연구이다. 국내 소장 죠반탄전 관련 명부에 대한 미시적 분석을 실시하고, 이 가운데 [戰時下常磐炭田朝鮮人鑛夫殉職者名簿(長澤秀 정리)]를 중심으로 필자가 검증한 [常磐탄전조선인사망자명부(鄭惠瓊 정리)](부록 참조. 수록인원 304명)를 대상으로 사망 실태를 분석했다. 이를 통해 죠반탄전의 조선인 노무자 사망 실태를 규명하고자 했다.

또 한 편의 논문[홋카이도(北海道) 스미토모(住友) 고노마이(鴻之舞) 광산 발신전보(發信電報)와 조선인 노무동원 실태]은 스미토모 고노마이광산이 조선의 파견 직원(모집담당자)이나 행정관청에 보낸 전보철을 통해 강제동원의 송출 과정을 살펴본 연구이다. 이 논문에서는 명부가 아닌 전보철로서 발신전보라는 자료를 활용했다. 전보나 서신 등은 발신과 수신을 함께 구비하고 있어야 의미가 있는 쌍방향성 사료이다. 그런데 이 자료는 발신전보로만 구성되어 있어서 일방성을 극복할 다양한 분석 방법이 필요하다. 이 점에 주목하고, 전보철에 대해 명부자료와 다른 분석방법을 시도했다는 점에서 의미를 가진 논문이다.

北原道子(기타하라 미치코)의 논문[朝鮮人第五方面軍留守名簿にみる 樺太・千島・北海道部隊の朝鮮半島出身軍人](번역 오일환)은, '조선인 제5방면군 유수명부'(朝鮮人第五方面軍留守名簿)를 토대로 구(舊) 일본 육군의 사할린(樺太)・쿠릴(千島)・홋카이도(北海道) 부대에 소속된 조선인 군인・군속 420명을 분석한 논문이다. 논문에서 필자는 1943년 특별지원병과 학도병, 1944년의 징병 1기생, 1945년의 징병 2기생으로 강제동원된 조선인의 군인・군속의 배치 및 소속 부대, 병종, 출신지별 분포, 전사자와 행방불명자, 공탁내역 등에 관해 상세히 분석했다. 특히 필자는 전시 말기의 사할린, 쿠릴, 홋카이도 각 지역별 전투 상황에 대해 『戰史叢書』와 유수명부를 꼼꼼히 대조하였고, 각 개인별 전사・행불 상황을 일일이 확인하는 노고를 기울였다. 비록 수만 명에 달하는 인원이 수록된 유수명부의 한 장을, 표본 삼아 분석한 논문이지만, 명부에 새겨신 피해자 한 사람 한 사람의 강제농원 및 사망・행불 경위에 천착함으로써, 억울한 피해자의 영령을 지면으로나마 '복원'(復員)시켰다는 점에서 매우 의미 있는 작업이라고 할 수 있다.

이 책의 백미는 김난영이 작성한 두 편의 부록이다.「국내 소장 강제동원명부 현황」은 국가기록원과 대일항쟁기강제동원피해조사및국외강제동원희생자등지원위원회, 독립기념관 등의 국가기관과 공개된 개인 소장 명부의 현황을 통해 연구자 및 관심 있는 이들이 난장의 주인공이 될 수 있도록 도움을 주는 길라잡이다. 「왜정시피징용자명부」와 '검증-왜정시피징용자명부'는 1950년대말 한국 정부가 생산한 명부를 21세기에 다시 한국 정부가 검증한 과정과 성과를 담은 글이다. 문서고에서 자리만 차지하고 있었던 28만 명의 명부에 생명을 불어넣는 과정이 올곧이 담겨 있다.

『강제동원을 말한다-명부편(1) : 이름만 남은 절규』의 출간은 연구회의 배려, 필자들의 헌신이 있어 가능했다. 그러나 함께 평가받아 마땅한 이가 있다. 흔쾌히 강제동원&평화총서의 출판을 맡아 평화의 여정에 동참한 선인출판사이다. 학자들의 연구 활동을 늘 뒷바라지를 해주며 한국 인문학의 발전을 굴함없이 지켜주는 윤관백 사장님과 출판사 식구들의 소신이 없었다면, 강제동원 피해자들의 절규는 그저 허공의 메아리로 그쳤을 것이다.

이 책이 2011년 8월 6일에 발족한 일제강제동원&평화 연구회의 첫 번째 성과(강제동원&평화총서1 연구총서 제1권)로 발간된 것은 역사적 의미를 더하는 일이라 생각한다.

일제강제동원&평화 연구회는 21세기에 들어 한국사회가 일제 전쟁피해의 아픔을 딛고, 피해자의 입장에서 동북아의 반전과 평화를 위해 핵심적인 역할을 할 수 있는 역량을 갖추었다는 점을 절실히 인식하고, 강제동원 관련 연구방향을 정립하고 연구를 활성화시키는 동시에 관련 연구자들 간의 교류와 네트워크를 마련하기 위해 발족했다. 여기에 주축이 된 것은 역사연구모임인 햇귀이다. 앞으로 일제강제동원&평화 연구회는 피해자의 진상규명 노력과 학계의 연구역량 및 한일 시민사회의 반전평화활동의 성과를 토대로 연구자와 대중의 공존을 지향하는 구심

점으로서 길을 가게 될 것이다.

 그 길을 여는 첫 번째 일을 6명의 필자들이 맡도록 배려해 준 연구회에 감사하며, 비록 연구회가 처음 닦아가는 길은 거칠지만 이어서 걷는 이들로 인해 평탄케 될 것이라 확신한다.

2011년 8월 6일
필자들을 대신하여 정혜경

차례

발간사 | 5

〈총론〉 한줄기 빛을 '세상을 밝히는 해'로 바꾸기 위해
- 명부자료의 활용 방안 ··· 정혜경 • 19
  - Ⅰ. 머리말 : 어둠 속에 한줄기 빛 19
  - Ⅱ. 기록관리 측면에서 본 명부자료의 활용방안 : 검증과 전산화 24
  - Ⅲ. 연구자료로써 명부자료의 활성화 방안 33
  - Ⅳ. 맺음말 : 한줄기 빛을 '세상을 밝히는 해'로 바꾸는 노력 38

일본 정부 인계 자료를 통해 본 戰時體制期 陸軍造兵廠의 朝鮮人 軍屬動員
- 『工員名票』 분석을 중심으로 ··· 심재욱 • 43
  - Ⅰ. 머리말 43
  - Ⅱ.『工員名票』의 개요 48
  - Ⅲ. 陸軍造兵廠의 조선인 동원 현황 63
  - Ⅳ. 맺음말 84

유골명부로 보는 일본 내 한국인 유골 실태
- 일본 정부에 의한 유골 실태·실지조사 결과를 중심으로 ······ 오일환 • 95
  - Ⅰ. 들어가며 95
  - Ⅱ. 한국인 유골 실태·실지 조사의 배경 및 경위 97
  - Ⅲ. 실태조사 결과의 내용 104
  - Ⅳ. 강제동원의 성격 문제 113
  - Ⅴ. 나오면서 118

일본 나가사키현 사키토정 「埋火葬認許証交付簿」 등재 조선인 사망자 분석 (1940~1945) ·· 김명환 • 123
  - Ⅰ. 머리말 123
  - Ⅱ. 사키토탄광(崎戶炭鑛)과 조선인 126
  - Ⅲ. 사키토정 「埋火葬認許証交付簿」 분석 136
  - Ⅳ. 맺음말 153

전시체제기 죠반(常磐)탄전 관련 명부자료를 통해 본 조선인 노무자의 사망실태
······ 정혜경 • 159

    Ⅰ. 머리말 162
    Ⅱ. 전시체제기 죠반(常磐)탄전에 동원된 조선인 노동력 실태 164
    Ⅲ. 관련명부의 미시적 분석 180
    Ⅳ. 〔常磐탄전조선인사망자명부(鄭惠瓊 정리)〕를 통한 죠반탄전 조선인 노무자 사망 실태 192
    Ⅴ. 맺음말 212

'조선인 제5방면군 유수명부'로 본 사할린·쿠릴·홋카이도 부대의 조선반도출신 군인
······ 기타하라 미치코(北原道子) · 번역(오일환) • 235

    Ⅰ. 들어가며 235
    Ⅱ. '조선인 제5방면군 유수명부'에 대해 237
    Ⅲ. '조선인 제5방면군 유수명부'의 자료로 본 조선인 군인의 실태 244
    Ⅳ. '조선인 제5방면군 유수명부'에 나타난 조선인 희생자 258
    Ⅴ. 나오면서 264

스미토모(住友) 고노마이(鴻之舞)광산 발신전보(發信電報)를 통해 살펴본 조선인 노무동원 실태
······ 정혜경 • 289

    Ⅰ. 머리말 291
    Ⅱ. 발신전보의 구성 및 수록내용 294
    Ⅲ. 발신전보에 나타난 조선인 노무동원 실태 : 송출에서 귀환(미귀환)까지 298
    Ⅳ. 맺음말 324

〈부록 1〉 국내 소장 강제동원명부 현황 ······ 김난영 • 371
〈부록 2〉 '왜정시피징용자명부'와 '검증 – 왜정시피징용자명부' ···· 김난영 • 403

    Ⅰ. 명부의 개요 403
    Ⅱ. 작성 배경 및 조사방법 개발 404
    Ⅲ. 조사결과 407
    Ⅳ. 의의 410

참고문헌 ······ 413
찾아보기 ······ 419

표·그림 차례

〈총론〉 한줄기 빛을 '세상을 밝히는 해'로 바꾸기 위해
- 명부자료의 활용 방안 ·· 정혜경
  - 〈그림 1〉 일제강점하강제동원피해진상규명위원회 발간(2009), 『강제동원 명부해제집 1』 표지 23
  - 〈그림 2〉 피해진상관리시스템을 통한 검색과 활용 41
  - 〈그림 3〉 대일항쟁기강제동원피해조사및국외강제동원희생자등지원위원회 소장 명부 중 하나(유족으로부터 기증받은 명부) 41

일본 정부 인계 자료를 통해 본 戰時體制期 陸軍造兵廠의 朝鮮人 軍屬動員
- 『工員名票』 분석을 중심으로 ·· 심재욱
  - 〈표 1〉 『工員名票·名簿』의 구성 49
  - 〈표 2〉 日本 陸軍省 조직도 53
  - 〈표 3〉 각 육군조병창 산하 병기제조소 54
  - 〈표 4〉 사가미조병창 명부의 항목과 내용 57
  - 〈표 5〉 나고야조병창 명부의 기재항목과 내용 60
  - 〈표 6〉 다카기제조소 명표의 기재항목과 내용 62
  - 〈표 7〉 각 「명표·명부」상 동원자의 동원일시별 동원지역 상황 64
  - 〈표 8〉 敗戰時 陸軍造兵廠 勞務要員 현재 수 68
  - 〈표 9〉 종전시 다카기제조소 종업원 현황 69
  - 〈표 10〉 각 「명표·명부」상 동원자의 출생년도 및 동원시 연령 상황 70
  - 〈표 11〉 각 「명표·명부」에 수록된 작업장 내역 73
  - 〈표 12〉 日本 陸軍에서 사용한 '職工' 명칭과 작업 내용 75
  - 〈표 13〉 「徵用工員初給(月收)標準並ニ其ノ他ノ待遇」 77
  - 〈표 14〉 각 「명표」 주요 동원 일시의 일급 분포 78
  - 〈그림 1〉 사가미조병창 명표 56
  - 〈그림 2〉 나고야조병창 명부 59
  - 〈그림 3〉 다카기제조소 명표 61

유골명부로 보는 일본 내 한국인 유골 실태
- 일본 정부에 의한 유골 실태·실지조사 결과를 중심으로 ·············· 오일환
  - 〈표 1〉 유골 실태조사 결과 수령 현황(누계) 99
  - 〈표 2〉 실지조사 결과에 따른 유족확인 현황(2011.3월 현재) 101
  - 〈표 3〉 실태조사 [양식 1]의 사례 104
  - 〈표 4〉 실태조사 결과 지역별 시설 수 및 시설 유형 현황 105
  - 〈표 5〉 실태조사 [양식 2]의 사례 106
  - 〈표 6〉 실태·실지조사 결과 보류·보완대상 유골 및 실제 유골 수 현황 107
  - 〈표 7〉 출신지역별 유골 수 108
  - 〈표 8〉 출신지역의 행정단위별 표시 현황 109
  - 〈표 9〉 출생시기별 유골 현황 111
  - 〈표 10〉 사망시기별 유골 현황 112
  - 〈표 11〉 사망 당시 연령 현황 113
  - 〈표 12〉 매장·화장·합장 상태 현황 113
  - 〈표 13〉 합골·합장 유골의 현황 113
  - 〈그림 1〉 실태·실지조사 결과 출신지역별 현황 109

일본 나가사키현 사키토정 「埋火葬認許證交付簿」 등재 조선인 사망자 분석 (1940~1945) ·· 김명환
  - 〈표 1〉 1943년도 계통별 50만 톤 이상 出炭鑛 조사 130
  - 〈표 2〉 주요탄광 출탄순위표(1944년도 상반기) 132
  - 〈표 3〉 사키토정 「埋火葬認許證交付簿」 139
  - 〈표 4〉 연령별 사망자수 141
  - 〈표 5〉 나가사키현 거주 조선인 추이(1910~1945) 146
  - 〈표 6〉 출신지역별 분포 147
  - 〈표 7〉 직업 기재 사망자 114명의 직업별 분포 148
  - 〈표 8〉 사망원인별 분포 151
  - 〈그림 1〉 나가사키현 사키토정의 위치 127
  - 〈그림 2〉 사키토탄광 조감도 129
  - 〈그림 3〉 사키토정 「埋火葬認許證交付簿」 원부 138
  - 〈그림 4〉 사망자 연령별 분포 142

전시체제기 죠반(常磐)탄전 관련 명부자료를 통해 본 조선인 노무자의 사망실태 ······ 정혜경

　〈표 1〉 죠반석탄광업회 회원 탄광 현황(1937년)　165
　〈표 2〉 죠반탄전으로 강제동원된 조선인 '입산(入山)' 현황　167
　〈표 3〉 죠반탄전 관내 탄광회사별 소속탄광 변천 현황　168
　〈표 4〉 이바라키현 거주 조선인 현황(1910~1945)　173
　〈표 5〉 후쿠시마현 거주 조선인 추이(1910~1945)　177
　〈표 6〉 사망자의 사망연도별 본적지 현황(단위: 명)　195
　〈표 7〉 사망일 집중 실태　200
　〈표 8〉 석탄통제회 동부지부 산하 탄광회사별 동원자 수와 사망자 관계　203
　〈그림 1〉 이바라키(滋城)현 죠반(常磐)탄광(주) 가미노야마(神ノ山)광이 있었던 자리　177
　〈그림 2〉 후쿠시마(福島)현 죠반(常磐)탄광(주) 나카고(中郷)탄광이 있었던 자리　180
　〈그림 3〉 행별 구성항목　191
　〈그림 4〉 사망시기 분포현황　196

'조선인 제5방면군 유수명부'로 본 사할린·쿠릴·홋카이도 부대의 조선반도출신 군인 ······ 기타하라 미치코(北原道子)·번역(오일환)

　〈표 1〉 昭一九朝鮮現役兵各軍配当区分表　238
　〈표 2〉 부대별 징집표　245
　〈표 3〉 징집년도별 병종　247
　〈표 4〉 부대별 징집년도별 본적지　268
　〈표 5〉 사할린·쿠릴에서의 부대별 전사자·행방불명자 상황　252
　〈표 6〉 부대별 공탁금 유무　257
　〈표 7〉 사할린·쿠릴·홋카이도에서의 조선인 전사자 명부　270
　〈표 8〉 사할린에서의 조선인 군인 행방불명자 명부　275
　〈표 9〉 쿠릴에서의 조선인 군인 행방불명자 명부　283
　〈그림 1〉 제2차 세계대전 말기 사할린·쿠릴·한반도 관련 지도　243

스미토모(住友) 고노마이(鴻之舞)광산 발신전보(發信電報)를 통해 살펴본 조선인 노무동원 실태 ······ 정혜경

　〈표 1〉 연도별 수록 개요　296
　〈표 2〉 주제별 수록 현황　299
　〈표 3〉 조선인 송출 관련 전보 발신 현황　300

〈표 4〉 발신전보 수록 사망자 내역　316
〈표 5〉 병약자 및 질병자 송환 현황　320
〈표 6〉 입산 추이와 사고 발생의 현황　322

〈총론〉
한줄기 빛을 '세상을 밝히는 해'로 바꾸기 위해
명부자료의 활용 방안*

정 혜 경

I. 머리말 : 어둠 속에 한줄기 빛

2003년 3월 5일, 한국 국회의사당 의원회관 2층 로비에는 42만 명의 이름이 기록된 자료가 펼쳐졌다. 이름은 명부(名簿) 전시회였는데, 별다른 장식도 없이 그저 책상 위에 펼친 종이 뭉치들. 한자로 적힌 내용은 이름과 몇몇 인적 정보 정도이다. 이 자료는 무엇인가?

이 자료부는 일본의 시민단체인 조선인강제연행진상조사단이 일본 전역을 다니며 수십 년간 모은 강제동원피해자 명부이다. 개인의 필체로 보이는 필사본도, 인쇄된 형태의 명부도 있었다. 이 가운데에는 당시 국가기록원에 소장 중인 명부도 있었다. 그러나 대부분은 새로이 공개된 명부였다.

---

* 이 글은 정혜경, 『일본 '제국'과 조선인 노무자 공출－조선인 강제연행·강제노동 연구Ⅱ』(선인, 2011)에 수록된 「국내 소장 전시체제기 조선인 인적동원 관련 명부자료의 활용방안」의 일부를 이 책의 취지에 맞게 재편집한 논문이다. 구체적인 국내 소장 명부의 현황에 대해서는 위의 글을 참조하길 바란다.

그런데 일본에서 수집한 명부가 왜 한국 국회의사당에서 전시되고 있는 것인가. 당시 한국에서는 강제동원피해진상규명을 위한 특별법 제정운동이 벌어지고 있었다. 2001년부터 시작된 운동이었으나 정부와 국회의원들의 관심을 끌지 못한 상태에서 법안의 진도는 지지부진한 상태였다. 법안을 통과시키기 위해 피해자들과 시민단체는 '일제강점하 강제동원피해진상규명을 위한 특별법 제정 추진위원회(이하 추진위)'를 만들고 모든 노력을 기울였으나 법안 처리는 난망한 상황이었다. 이 난국을 돌파하기 위한 방법의 하나가 추진위의 자료공개운동이었다. 이를 위해 행정법원에 한일협정자료를 공개하라는 소송을 제기했다. 그리고 자료공개운동의 하나로 명부전시회를 추진했다. 추진위는 '민족정기를 생각하는 국회의원 모임'(대표 김희선 의원), 일본의 '조선인강제연행진상조사단'과 공동으로 명부 전시회를 개최했다. 그리고 이 전시회는 특별법 입법에 중요한 역할을 했다.

여전히 꽃샘추위가 기승을 부리는 3월초 매서운 날씨에, 명부를 보기 위해 전국에서 많은 사람들이 몰려들었다. 명부에서 자신, 또는 가족의 이름을 찾기 위해 모였다. 그들에게 명부란 단지 종이에 적힌 이름이 아니다. 아버지의 기록을 찾기 위해 20년 가까운 세월을 보냈다는 어느 여인은 아버지의 이름이 적힌 명부를 확인하고는 마치 살아온 부친을 만난 양 기뻐했다. 이렇게 이들에게 기록 속의 이름이란, 그리고 명부란 다른 의미로 다가온다.

그래서 이들은 명부에서 자신, 또는 가족의 이름을 찾기 위해 동분서주하였다. 그러나 이름을 찾기란 모래사장에서 진주를 찾는 일 만큼 어려웠다. 자원봉사자들이 도와주려 해도 그다지 도움이 되지 않았다. 넓은 로비의 이곳저곳을 기웃거리며 이름을 보고 또 본다. 42만 명이나 적힌 명부이건만 왜 내 이름이, 또는 우리 아버지의 이름이 없을까? 당사자들에게는 어느 보석보다 중요할지라도 이렇게 널어놓으면 한낱 종잇

장일 뿐이다. 기록학에서는 정리 안 된 문서는 자료가 아닌 쓰레기와 같다고 평가한다.

그러기에 각자 이름을 찾아 명부를 잡고 씨름하는 모습을 보면서, 그 모습을 찍고 인터뷰하기에 여념이 없는 기자들의 번잡함을 보면서, 들었던 뿌듯함은 잠시였다. '이렇게 많아도 정리를 해야 자료인 게지'하는 생각이 더 오래 남았다.

이 전시회는 국회에서 1주일간의 전시를 마치고 전국 주요도시에서 순회전시를 하기도 했다. 그러나 이때 전시된 명부는 아직 '자료'가 아니었다. 무용지물의 상태였다. 답답하다. 암흑이다. 어찌해야 어둠을 거치게 할 수 있는가, 어찌해야 있어도 없는 것과 마찬가지 존재인 명부를 빛으로 만들 수 있는가. 그 빛은 바로 기록관리이다, 전산화이다. 이 글에서 하고 싶은 이야기 가운데 하나이다. 그리고 실제로 한국 정부는 명부의 전산화를 통해 현재 공적인 업무에서 활용하고 있다. 어둠 속에 빛이 된 것이다.

전산화한 명부에서 이름을 찾는 일이, 피해당사자들에게 필요한 이유는 하나 더 있다. 피해여부를 입증하고자 하는 사람들에게 명부는 가장 중요한 자료이다. 전시체제기에 강제로 동원된 조선인 인적 피해의 사실을 연구하는 데 필요한 자료는 여러 종류가 있고 규모도 방대하다.[1] 그러나 그 가운데에서 개개인의 피해자 여부를 판단하는 데 필요한 자료는 제한적이다. 공문서에는 제도 시행을 둘러싼 정보가 담겨 있고, 신문자료에는 시대 상황이 담겨 있다. 그러나 정작 누가 어떠한 피해를 입었다는 정보는 찾기 어렵다.

더구나 한국 정부가 국외로 동원된 피해자들에게 지원금을 지급하는

---

[1] 명부를 포함한 강제동원 관련 기록사료의 현황, 활용, 수집 방안 등에 대해서는 정혜경, 「조선인 강제연행·강제노동에 관한 기록사료」, 『조선인 강제연행 강제노동Ⅰ-일본편』, 선인, 2006 참조.

법(법률 제8669호. 태평양전쟁 전후 국외 강제동원희생자 등 지원에 관한 법률. 이 법은 2010.3.22 대일항쟁기 강제동원피해조사 및 국외강제동원희생자 등 지원특별법의 공포에 의해 폐지되고, 업무가 이관됨)을 2007년 12월 10일 공포하면서 '명부 찾기'는 '권리 찾기'의 열쇠가 되었다. 이 법이 문서주의에 입각하고 있으므로, 문서가 있어야 지원금 신청의 길이 열리기 때문이다. 그래서 이름을 찾는 피해당사자들의 조마조마하던 얼굴은 이름을 확인한 순간 환하게 펴진다. 좀 전까지 드리웠던 얼굴의 그늘은 사라진다.

지원금 업무 외에 진상조사와 함께 강제동원 피해 신고 조사업무를 하고 있는 대일항쟁기강제동원피해조사및국외강제동원희생자등지원위원회(이하 강제동원위원회)에서 명부의 발굴과 재검토 작업은 중요한 업무이다. 기존에 한국 정부가 소장하고 있는 명부에 대한 검토 및 해석 작업과 아울러 새로운 명부를 발굴하고, 생명력을 불어넣어 자료로 변신시키는 일은 역사연구 이전에 업무 처리를 위해서도 시급한 일이기 때문이다. 그러므로 이곳에 몸담은 사람들은, 관심 있는 사람들은 명부를 귀중하게 생각한다.

강제동원위원회가 소장한 명부의 전산시스템과 『강제동원 명부해제집 1』(2009년 발간)에 대한 반응은 이를 반영한다. 2009년 4월 강제동원위원회가 주최하는 네크워크 워크숍에 참석하기 위해 방문한 수십 명의 일본 강제동원 관련 연구 및 활동가들은 컴퓨터에 키워드를 입력하면 곧바로 화면에 떠오르는 명부DB결과에 입을 다물지 못하고 감탄사를 연발했다. 이들뿐만 아니라 국내와 일본의 관련연구자들도 강제동원위원회의 명부DB를 검색하기 위해 먼 길을 마다하고 방문한다.

한일유골협의회를 위해 한국을 찾은 외무성 및 후생노동성 관료들에게도 강제동원위원회의 명부DB활용은 관심의 대상이었다. 2010년 11월 강제동원위원회를 방문한 일본 민주당 국회의원 일행(일본의 전후보상을 생각하는 국회의원 모임 소속 7명과 보좌진 등)도 마찬가지였다. 『강제동원 명부해제집 1』이 한글본이건만 일본 연구자 및 관련자들에게도 호응도는 매우 높다.

〈그림 1〉 일제강점하강제동원피해진상규명위원회 발간(2009), 『강제동원 명부해제집 1』 표지

그렇다면, 강제동원관련 명부는 학계에서도 귀중한 사료로 관심의 대상이 되고 있는가. 아쉽게도 그렇지 못하다. 피해당사자들에게 빛이 되는 명부가 연구자들에게는 매력적인 자료가 아니다. 연구자료의 하나로 포함해주는 대접도 받기 어려웠다. 그동안 학계는 단지 몇 가지 인적정보만 담겨 있는 명부를 그다지 주목하지 않았다. 생산배경이나 보존 이력(履歷)이 전혀 없는, 그러므로 역사성을 알 수 없는 명부는 더욱 홀대받는 주인공이다.

늘 디지털 아카이브의 많은 분량을 차지하고 있는 명부를 보면서 갖는 안타까움이었다. 명부는 업무 이상의 의미를 갖지 못하는가, 명부자료로서의 역할은 어려운 것인가. 이 글에서 하고 싶은 이야기 가운데 두 번째이다. 그 답을 찾기 위해 몇 가지 의문을 던지고, 나름의 답을 구해보자.

명부는 단지 피해자 여부만을 알려주는 확인자료인가? 명부가 단지 인적사항만을 확인하는 자료에서 연구자료로 새롭게 변신하기 위한 방안은 없는가? 명부에 살을 붙인다면, 추가로 어떤 재료가 필요한가? 명부를 통해 강제동원의 어떠한 사실을 알 수 있을까? 명부를 가공하는 과정에서 나타난 문제점은 무엇인가?

필자는 이런 의문들에 대해 작게나마 실마리를 찾아보고자 한다.

II. 기록관리 측면에서 본 명부자료의 활용방안 : 검증과 전산화

명부는 강제동원에 대한 피해여부를 판단하는 데 중요한 자료이다. 그렇다면, 명부는 단지 이름과 인적사항만을 확인하는 자료로, 피해자 여부만을 확인하는 자료로 머물러야 하는가. 연구자료로서 명부에 생명력을 불어넣는 일은 할 수 없는가.

명부는 개인이 생산하든 단체나 정부가 생산하든 각각 작성 의도와 목적을 가진 자료이다. 그러므로 가장 중요한 것은 작성 의도와 목적을 정확히 파악하고 이 점을 명부의 특성으로 인정하고 분석하는 것이다. 또한 명부는 각각이 의미를 가진 개별성이 특징이다. 그러므로 개별성을 살릴 수 있는 접근 방법이 필요하다. 또한 이들 명부 각각의 관련성을 파악하게 해주는 작업도 필요하다. 이러한 작업을 통해 명부자료에는 빛이 들기도 하고, 여전히 골방신세를 면치 못하기도 한다. 이 글의 목적은 바로 골방의 문을 열고 빛이 들게 하는 방법에 대한 소박한 고민을 나누는 것이다.

국내에는 방대한 규모의 명부가 있고, 여기에는 다양한 내용이 담겨있다. 이들 명부가 연구자료로 활용되기 위해서는 명부들이 갖고 있는 문제점과 한계를 파악하고, 이를 바탕으로 향후 활용방안을 마련할 필요가 있다. 그 첫 단계로 선행되어야 할 점을 구체적으로 생각해보자.

어떤 종류의 명부라 할지라도 새로 발굴한 명부는 대부분 연구자가 곧바로 사용할 수 있는 자료가 아니다. 명부에 담긴 주관적인 정보는 검증작업을 거쳐 비로소 '객관성'이라는 보편성을 가진 자료로 탄생하기 때문이다. 일반적으로 연구에 활용되는 자료는 연구자의 역량에 따라, 그리고 분석의 정도에 따라 다른 내용을 엮어낼 수 있다. 그러나 명부는 연구자들이 활용할 수 있도록 일정한 과정을 거친 이후에 비로소 활용이 가능하다. 생명력을 부여하는 방법에는 검증과 전산화가 있다. 이 두 가지는 깊은 연관성을 갖는다.

명확하지 않고, 검증하지도 않은 정보는 사료가 아니다. 폐휴지와 마찬가지이다. 검증 절차를 거치지 않은 명부도 연구자료라고 할 수 없다. 명부를 자료로 활용하기 위한 첫걸음은 바로 검증이다. A라는 명부 하나에 대해 관련되는 다른 명부와 자료를 비교 분석해서 이 명부가 가진 사료적 가치가 무엇인지, 어느 정도 활용 가능한 자료인지, 활용하는 연구자들이 고려해야 할 점이 무엇인지를 제시해주어야 한다. 이러한 작업은 결코 단순하지 않고, 해박한 관련 지식이 요구되는 또 다른 연구 작업이기도 하다.

필자가 작성한 사망자 명부를 분석하기 위한 관련 정보 수합의 사례를 소개하면 다음과 같다.[2] 이 관련정보를 바탕으로 명부의 실체를 검증하는 작업이 시작된다. ㉠은 분석 대상이 되는 자료의 정보를 기재한 항목이다. ㉡과 ㉢은 관련 자료를 찾아서 수록한 항목이다. ㉣은 강제동원위원회 신고자를 검색하여 관련 내용을 기재한 항목이다. ㉤은 ㉠~㉣의 모든 정보를 비교하여 최종적으로 공통분모를 기재한 항목이다. 일본정부가 제공한 정보(㉠)는 '조선인 탄광종사자의 사망기록'이라는 한정된 정보(이름과 생년월일, 赤池광업소라는 작업장 이름)였다. ㉡~㉣의 정보를 검증하는 방법을 통해, 사망자의 이름과 사망관련 정보(사망지, 사망일, 사망원인, 유골봉환 여부, 유족 여부)를 파악할 수 있게 된다.

---

[2] 개인정보보호를 위해 인명의 일부와 공개금지정보는 벽자로 표시했다.

명부 분석 예시 : 일본 정부 제공 '炭坑從事朝鮮半島出身沒故者名簿'

㉠일본 정부 제공 '炭坑從事朝鮮半島出身沒故者名簿'				㉡기타자료1		㉢기타자료2	
이름	사망일	연령	비고	자료명	기재사항	자료명	기재사항
金奉□	19310128	26	十區				
滿田忠夫	19401121	20	赤池坑業所 斜坑田中合宿內	埋火葬認許原簿 (利根郡道野村役長) 및 과거장/사고보고서	滿田忠夫 熊本縣天草郡 大浦村 掘進夫/낙반 /2斜坑	『조선일보』	『조선일보』
孔在□ (本名) 高田在□ (日本名)	19401121		金本合宿內	埋火葬認許原簿 (利根郡道野村役長) 및 과거장/明治鑛業所赤池炭矿殉職者名簿	高田在□ 경남 32세 /掘進夫/낙반 /2斜坑 19401121사망	『조선일보』	『조선일보』
柳川鎬□	19420327	19		//	柳川鎬□ 경남 19세 채탄부/1갱 19420327사망	소위조선인징용자등에관한명부 (대일본산업보국회-복강현지부)	柳川鎬□ 경남협천군 대평면 19세 유족 (柳川兆用 -父)
西村○□	19420420		○는 變	//	西村鼎□ 경기도 22세 채탄부/낙반 /3갱 19420420사망	소위조선인징용자등에관한명부 (대일본산업보국회-복강현지부)	西村鼎□ 경기장단군 장단면 22세 유족 (西村天應 -母)

명부 분석 예시 : 일본 정부 제공 '炭坑從事朝鮮半島出身沒故者名簿'

	㉤위원회 신고관련 정보(자료3)			㉥검증정보		
신고여부	인적사항	동원 및 사망관련	특기	인적사항	사망관련정보	근거
미신고						『조선일보』
미신고				*** 熊本縣天草郡大浦村 明治鑛業所赤池炭砿 掘進夫	사망지－福岡縣田川郡 赤池町大字赤池432 사망일－19401121 사망원인－낙반 사망시연령－20세 유골봉환－ 유족	관련자료 정보일치 /성명확인요
부산 ㅁㅁ구 －257 (미결)	孔在ㅁ 19091224생 경남합천군 쌍백면	제적부 사망지－ 福岡縣田川 郡赤池町大 字赤池432	제적부 /사망연도 확인요 유족확인요	孔在ㅁ(高田在ㅁ) 19091224생 경남합천군쌍백면 明治鑛業所赤池炭砿 掘進夫	사망지－福岡縣田川郡 赤池町大字赤池432 사망일－19401121 사망원인－낙반 사망시연령－32세 유골봉환－ 유족－	관련자료 정보일치
미신고				柳鎬ㅁ(柳川鎬ㅁ) 경남합천군대평면 明治鑛業所赤池炭砿 채탄부	사망지－ 福岡縣田川郡赤池町 사망일－19420327 사망원인－ 사망시연령－19세 유골봉환－ 유족－	관련자료 정보일치
서울 ㅁㅁ구 －743 (미결)	金正ㅁ 19200524 경기장단군 장단면		제적부 /사망연도 확인요 유족확인요	金正ㅁ 19200524생 경기장단군장단면 22세 明治鑛業所赤池炭砿 채탄부	사망지－ 福岡縣田川郡赤池町赤 池광업소 사망일－19420420 사망원인－낙반 사망시연령－22세 유골봉환－ 유족－	자료3 신고내용과 본적지, 연령, 사망원인 정보일치

이 작업은 강제동원위원회가 내부 업무용으로 개발 사용하고 있는 피해진상관리시스템의 검색기능을 활용했다. 만약 연구자 개인이 한다면, 엄청난 노력과 시간이 요구될 것이며, 설사 노력과 시간을 기울인다 해도 ㉣항목은 비공개자료이므로 모든 항목의 정보를 얻는 것은 불가능하다. 정부 차원에서 획득한 자료를 향후 사료로 활용하는 방안에 대해서는 현행법령을 기초로 관련기관의 심도 있는 논의가 필요하다.

검증과 동시에 진행해야 하는 작업이 전산화이다. 전산화는 검토를 위한 단계로 필요하기도 하지만, 검토를 거친 이후에 본격적인 활용을 위한 단계로 이루어져야 하는 작업이기도 하다. 그러므로 검증과 전산화는 동전의 양면과 같이 진행되어야 한다. 명부 하나에 부가된 검증 결과와 전산화가 이루어진 이후에 명부는 쓰레기에서 자료가 될 수 있다. 이 과정이 얼마나 충실히 이루어지는가에 따라 명부는 돌멩이로 남기도 하고, 다이아몬드가 되기도 한다. 구체적인 작업 과정을 살펴보자.

첫째, 명부의 검증작업을 보면, 현재 국내 기관에 소장된 명부자료 가운데 검증이 이루어진 명부는 비율이 매우 낮다. 심층분석작업을 제대로 거친 명부는 강제동원위원회 수집 자료가 유일하다고 할 정도이다. 검증이 이루어지지 않은 명부는 연구자가 자료로서 사용할 수 없다. 설사 사용을 했다 하더라도 연구 결과에 오류를 남길 수 있다. 명부의 검증은 고도의 전문성을 요구하는 작업이다. 현재 소장 기관 가운데에는 강제동원위원회의 명부검증업무 프로세스가 유일하기도 하지만 다른 기관에서 원용할 수 있는 일반적인 과정이라고 생각한다. 이를 소개해 보면 다음과 같다.[3]

---

[3] '강제동원명부 분석 절차 수립 및 활용 방안' 및 '소장 명부 분석 기본계획'(07.9.7자 및 08.3.27자 내부 결재) 참조.

〈명부 입수〉
⇒ 명부 1차 분석(소장 명부와 중복 여부 확인/ 기초 정보 확인/ 스캐닝, 복사, DB) · 디지털 아카이브(자료 등록/등록, 비치, 분류번호 부여)
⇒ 검토의뢰(기록관리팀 자체 분석 → 명부분석 TF의 각 분야별 담당자 의뢰. ※ 필요에 따라 외부 전문가 의뢰)
⇒ 검토의견서 회수 : 내용에 따라 위원회 상정 대상 자료('위원회가 인정하는 명부'로 등재하기 위한 과정)와 참고자료로 분류. ※ 필요에 따라 검토자에게 재검토 요청
⇒ 위원회 상정 : 위원회 상정 대상 명부
⇒ 시스템 업로드 작업 : 위인정 번호 부여 → 업로드용 스캐닝/ 이미지와 DB파일 내용 검수/ 시스템 검색항목 맞추기 ※ 참고자료는 번호가 부여되지 않을 뿐, 동일한 시스템 업로드 과정을 거침
⇒ 뉴디지털 아카이브와 피해진상시스템을 통해 활용. 일부는 뉴스레터와 해제집, 누리집을 통해 공개

검증 프로세스의 가장 첫 단계는 1차 분석이다. 기록관리담당자가 명부에 대한 기초정보(자료의 형태 정보, 보관상황 등)를 확인하고 시스템에 등록한 후 검토의뢰를 한다. 검토의뢰는 기록관리담당자와 업무담당자(조사자)가 2단계에 걸쳐 수행한다. 조사자는 이 정보를 바탕으로 문헌을 확인하고 자료 생산자 및 관련자를 찾아서 검증을 한다. 그리고 신고인 검색을 해서 완료문서인 경우에는 조사결과에서 검증된 정보를 반영하고, 생존의 경우에는 면담조사를 한다. 필요하다고 판단한 경우에는 외부 관련 연구자들에게 다시 한 번 검토를 의뢰한 후 이들 결과를 수합해서 최종적으로 조사자가 검토의견서를 작성하여 검토 결과를 위원회에 상정한다.

두 번째 단계는 명부의 전산화이다. 명부자료를 통해 확인할 수 있는 항목은 동원지역, 동원시기, 동원기간, 담당 업무, 임금 내역, 출신지역(본적), 인적 피해 실태(사망 및 생사불명) 등이다. 이러한 점을 확인하기 위해서는 명부자료의 DB화가 전제되어야 한다. 개인별 명부의 수록

내용을 분석대상으로 삼는 것이 아니라 DB자료를 통해 다양한 연구 작업에 활용할 수 있다. 예를 들어 홋카이도지역의 군인동원 실태를 파악하는 연구를 할 때, 이름 하나하나를 직접 분석하는 작업만으로 연구를 시작하기는 곤란하다. DB자료를 통해 이 지역에 동원된 조선인의 현황을 파악한 후 비로소 명부를 분석할 수 있다. 이 책에도 수록된 기타하라 미치코(北原道子)의 연구 결과에서 이러한 과정의 중요성을 볼 수 있다.

자료의 전산화는 선택사항이 아니라 필수사항이다. 문제는 전산화 여부가 아니라 어떻게 하는가 하는 점이다. DB자료를 만드는 것은 단지 기능으로 그치는 일이 아니다. 활용도를 충분히 고려하고, 이후 변환이나 보완이 가능하도록 설계를 하는 것이 중요하다. 물론 국가기록원 소장 명부의 DB자료는 연구 목적으로 만든 자료는 아니다. 그러나 현재 작성한 DB프로그램이 변환이나 내용 보완이 충분히 가능하므로 추후 연구 목적으로도 활용할 수 있다. 검색도구도 활용에 어려울 정도는 아니다. 전산화에서 고려해야 할 점은 프로그램이나 시스템의 문제가 아니라 자료에 대한 이해도와 활용도를 높이기 위한 인식의 전환(혹은 결단)이다.[4]

현재 국내기관이 만든 DB자료는 오기(誤記)가 적지 않다. 인명과 지명은 물론이고 작업장이 잘못 기재된 명부도 있다. 인명과 지명의 잘못 기재는 사소한 실수이지만, 작업장이 달리 분류되거나 인원수가 고무줄처럼 늘어나는 것은 자료를 잘못 이해한 결과이다. 자료의 전산화는 자료 입력 못지않게, 전후(前後) 단계에 많은 시간이 필요한 작업이다. 자료에 대한 이해가 전 단계라면, 검수작업은 후 단계이다. 검수작업만 치

---

4) 구체적인 내용은 정혜경, 『일제말기 조선인 강제연행의 역사-사료연구』, 경인문화사, 2003 ; 정혜경, 「조선인 강제연행·강제노동에 관한 기록사료」, 『조선인 강제연행 강제노동 I -일본편』, 선인, 2006 참조.

밀하게 이루어져도 잘못 기재된 내용은 바로잡을 수 있다.

세 번째는 명부자료의 실태에 대한 정확한 정보의 공유이다. 국가기록원이 소장한 명부자료 가운데 대부분은 정확한 작성과정 및 방법, 작성 주체 등 자료와 관련한 정보가 정확하거나 충분하지 않은 자료이다. 정부나 기업, 단체가 생산한 명부에 배경 정보가 있는 명부는 드문 상황이다. 개인이 생산한 명부도 당사자의 사망으로 생산 배경을 확인하기 어려운 자료가 많다. 이러한 점으로 인해 국가기록원 소장 '일제강제연행자 명부'는 가장 많은 인원수가 수록되었다는 점에서 연구자료로써 활용도가 높을 수 있으면서도 그간 실제 활용도는 희소했다.

국가기록원 소장 명부가 방대한 수록인원에도 불구하고 연구자료로 활용이 활발하지 않은 이유는 무엇인가. 정확한 작성과정 및 방법, 작성 주체 등이 명확하게 밝혀지지 않았기 때문이다. 또한 원질서가 파괴된 상태로 이관되었기 때문이다. 이들 명부는 일본인과 같이 수록된 경우가 많았는데, 그 가운데에서 조선인만을 발췌함으로써 잘못 해석할 여지를 제공했다. 원소장처에서 M/F를 제작하는 과정에서 명부 각각의 표지가 삭제되어 여러 개의 명부가 하나의 명부로 탈각되기도 했다. 또한 이들 명부 가운데 개인별 카드로 구성된 명부(이력원표 등)는 여러 시기를 거치면서 추기(追記)되었으나 M/F상태로 한국에 이관했으므로 잉크의 농담(濃淡)과 색깔을 구분할 수 없어 '원래부터 일시에 작성한 자료'가 되어 버렸다.[5] 다른 기관이 소장한 명부들도 작성 배경에 대한 정보가 부족하기는 마찬가지이다.

이와 같이 국내에 소장하고 있는 명부는 기록학적 관점에서 보면, 많은 한계를 가지고 있다. 이미 파괴된 원질서를 복원한다는 것도 불가능하다. 그렇다면, 활용을 하지 않고 덮어 두어야 하는가. 해결의 실마리

---

5) 이들 명부가 추기(追記)되었음은 2004년 말 유족들이 후생노동성에 자료요청을 하여 원본의 복사본(칼라)을 확보하는 과정에서 확인할 수 있었다.

는 자료의 실태를 명확하게 확인하고, 한계를 지적하고, 이에 관한 정보를 공유하는 방법이다.

네 번째는 여전히 제한적인 공개의 범위 문제이다. 명부자료 가운데에는 개인정보를 이유로 공개하지 않아 열람이 허용되지 않는 명부가 있다. 물론 개인정보는 매우 중요하다. 아무리 연구가 중요하다 해도 개인정보를 소홀히 할 수는 없다. 더구나 한국 정부가 국외강제동원 피해자에 대한 위로금을 지급하도록 법을 제정했고 이와 관련한 사기사건이 기승을 부리는 상황에서 개인정보는 더욱 엄정하게 지켜져야 한다. 그러나 개인정보를 보호하면서도 자료로써 명부를 활용할 수 있는 방법도 고려해야 한다. 그런 방법은 없는가. 연구용 버전에서 개인정보를 확인할 수 없도록 제한해서 공개하는 방법이다. DB자료의 경우에는 개인정보를 일정하게 제한한 연구자용 파일을 만드는 것이 어렵지 않다. 연구자에게 이름이나 구체적인 주소는 필수 항목이 아니다. 지명에서도 도와 군, 면 단위는 필요할 수 있으나 구체적인 번지는 반드시 알아야 하는 정보가 아니다. 이런 점을 감안한 공개 방안을 마련한다면, 연구를 활성화하는 데 크게 기여할 수 있을 것이다.

앞에서 소개하지는 않았으나, 기존 명부를 중심으로 분석 작업을 거쳐 새로이 정리한 명부들이 있다. 죠반(常磐)탄전에 동원된 조선인에 대한 연구성과를 낸 나가사와 시게루(長澤秀)와 다쓰다 코지(龍田光司)[6]는 각각 죠반탄전 조선인 사망자 명부를 정리했다. 나가사와의 명부(戰時下常磐炭田の朝鮮人鑛夫殉職者名簿. 296명)는 자신이 편찬한 자료집에 수록했다.[7] 필자도 기존 명부에 대한 심층 조사를 통해 304명의 명부를 정리하고 이를 바탕으로 논문을 발표했다.[8] 이러한 작업은 또 다

---

6) 다쓰다는 나가사와의 명부 수록인원수 296명에 자신이 확인한 2명을 추가한 298명을 분석 대상으로 삼았는데, 구체적인 명부를 제시하지는 않았다.

7) 長澤秀 編, 『戰時下强制連行極秘資料集 4』, 綠陰書房, 1996 수록.

른 명부 분석 성과이다. 명부 분석 작업과정에 대한 정보를 공유한다면, 향후 명부자료에 대한 분석이 심화되는 것은, 관련 연구에 미치는 영향도 클 것으로 기대된다.

III. 연구자료로써 명부자료의 활성화 방안

위에서 언급한 점이 모두 마련되었을 때, 연구자가 자료로 활용할 수 있는 방안을 생각해보자. 명부자료는 자료가 담고 있는 정보에 따라 동원지역, 동원시기, 동원기간, 담당 업무, 임금 내역, 출신지역(본적), 인적 피해(사망 및 생사불명)의 실태를 파악할 수 있다. 이를 통해 각 분야와 지역 및 직종별로 강제동원의 실태를 파악할 수 있다. 구체적으로 살펴보자.

첫째, 명부자료는 강제동원 실태를 규명하는 연구에 필수적이다. 빛과 같은 존재이다. 동원지역과 동원지역의 구체적인 작업장 및 노동 실태(임금, 노동시간, 저축 정도, 식량 배급사정, 처우), 인적 피해의 실태(동원 수, 사망 및 부상, 생사불명 상황), 근무지 이동(전환배치, 작업장 이탈) 실태를 파악할 수 있게 해주는 자료의 중심에 명부자료가 있다. 사망일이 집중된 현상을 통해서는 작업장의 재해재난 발생 가능성도 추정할 수 있다.[9]

몇몇 사례를 보자. 먼저 '조선인 전사자들의 노래와 과자(菓子)'에 첨부된 조선인 사망자 명부를 통해 군인원호정책의 일환으로 실시된 군인

---

[8] 본서 수록 정혜경, 「전시체제기 죠반(常磐)탄전 관련 명부자료를 통해 본 조선인 노무자의 사망 실태」. 필자는 나가사와의 명부 296명 가운데 동일인 2명을 확인하고, 강제동원위원회 신고자를 추가하여 304명을 확인했다.

[9] 일본지역 노무동원 조선인의 재해재난 현황에 대해서는 강제동원위원회 누리집(재해재난콘텐츠)에서 간략 정보를 제공하고 있다.

유가족에 대한 과자지급 정책의 의도와 전사자의 실태를 분석한 히구치 유이치(樋口雄一)의 연구는 강제동원 실태와 지배정책사에 고루 기여했다.[10] 일본이 '남양군도'라 불렀던 중부 태평양지역의 경우에는 조선인 노무동원의 실태가 구체적으로 알려지지 않은 지역이었다. 개괄적인 연구가 몇 편 있었을 뿐이다. 그런데 최근에 김명환이 발표한 팔라우지역 조선인 노무동원에 대한 논문을 통해 1943년 이후 팔라우지역의 실태를 알 수 있게 되었다. 이 연구는 '조선인노무자관계철'을 분석한 결과이다.[11] 1943년에 홋카이도지역 탄광에서 규슈지역 탄광으로, 아키타(秋田)에서 이와테(岩手)로, 1944년에 사할린지역 탄광에서 규슈·죠반(常磐)지역 탄광으로 전환배치당한 조선인 노무자의 이동 현황을 파악할 수 있게 해준 사실도 '조선인노동자에 관한 조사결과'와 '소위 조선인 징용자등에 관한 명부' 등 9종의 명부가 문제의식을 제공해주었고, 공문서의 공백을 메워주었다.[12]

둘째, 지역사 연구에 활용할 수 있다. 앞에서 소개한 김명환의 남양군도지역 연구와 기타하라의 홋카이도지역 연구가 여기에 해당한다. 비록 심층적인 지역사 연구성과물은 아니지만, 재일본조선유학생동맹 효고(兵庫)현 본부 강제연행진상규명 써클 회원들(李洪潤, 金善基, 琴梨世)이 작성한 「조선인강제연행(兵庫)에 관한 자료적 연구-조선인 노무자에 관한 조사(兵庫分) 정리사업을 통해」(코리안학생학술페스티벌, 2007)는 명부인 '조선인노동자에 관한 조사결과'에서 효고지역 명부를 모두 입력하여 항목별로 별도의 통계를 작성한 이후 분석을 시도한 글이다. 이

---

10) 樋口雄一, 「朝鮮人 '戰死'者たちの歌と菓子」, 『海峽』 21, 2005.
11) 김명환, 「1943~1944 팔라우지역 조선인 노무자 강제동원-조선인노무자관계철 분석을 중심으로」, 『한일민족문제연구』 14, 2008.
12) 일본 본토 광산의 전환배치에 관해서는 정혜경, 「명부기록을 통해 본 전시체제기 일본 본토 조선인 노무자 '전환배치'-광산을 중심으로」(『일본 제국과 조선인 노무자 공출-조선인 강제연행·강제노동 연구Ⅱ』, 선인, 2011) 참조.

글이 담고 있는 통계자료와 통계분석 자체는 또 다른 자료로써 가치가 매우 크다. 새로운 입론을 제시하지는 못한다 해도 1차 자료의 충실한 분석이 가져다주는 선물로써 더할 나위 없이 귀한 성과이다.

국내 학계에서는 동원지역뿐만 아니라 본적지를 대상으로 한 연구도 가능하다. 특히 현재 연구가 군인, 군속, 노무자 등으로 구분해서 이루어지고 있는데, 명부자료를 통해 상호 연관성을 파악할 수 있다. 한 지역에 동원된 군인·군속과 노무동원이 지역사에 미친 영향을 규명할 수도 있고, 상호 관련성과 차이를 추출할 수도 있다. 또한 송출된 지역민들이 본적지로 귀환한 이후 사회적응과정이나 지역사에 미친 영향에 대한 사회학적 연구도 가능하다. 이러한 연구의 기본 통계를 바로 명부자료가 제공해줄 수 있을 뿐만 아니라 개인별 사례 자료로 활용할 수 있다.

셋째, 경제사 연구에 활용할 수 있다. 노무관리에 대한 연구도 가능하고, 기업별 동원실태를 바탕으로, 노무동원 전반에 대한 이해를 풍부하게 할 수도 있다. 명부를 활용한 연구로는 모리야 요시히코(守屋敬彦)의 연구가 주목할 만하다.[13] 모리야는 홋카이도라는 특정지역, 그 가운데에서 탄광이라는 특정한 직종의 기업을 대상으로 연구를 했다. 연구에 활용된 자료의 대부분은 명부인데, 모리야는 개인적으로 연구카드를 만들어서 통계를 작성하고 분석하는 방식으로 연구를 하고 있다. 그러한 방식으로 홋카이도 탄광 기업에 동원된 조선인들이 어떠한 상태에서 일을 했고, 식사량과 임금 등에서는 어떠한 대우를 받았으며, 어느 정도의 사람들이 사망 및 재해를 당했고, 이에 대한 처우는 어떠했는가 하는 점

---

13) 守屋敬彦,「金屬鑛山と朝鮮·韓國人强制連行-住友鴻之舞鑛山」,『道都大學紀要 教養部編』9, 1990 ;「第2次大戰下被强制連行朝鮮人勞働者の寮生活-住友鑛業所歌志內鑛業部新歌志內炭鑛親和寮」,『佐世保工業高等專門學校研究報告』34, 1996 ;「アジア太平洋戰爭下日曹天塩鑛業所朝鮮人寮第1,2尙和寮の食糧事情」,『在日朝鮮人史硏究』36, 2006.

을 상세하게 밝혀내고 있다. 물론 이 연구들이 명부만을 자료로 활용한 것은 아니다. 그러나 제한적이고 편향된 인식을 갖춘 기업 자료의 한계를 극복할 수 있는 자료(명부)가 있었기에 완성도를 높일 수 있었다. 이들은 이러한 연구를 통해 당시 기업이 조선인 노무자를 통해 얻으려는 이익과 일본 정부가 기업의 노무관리방식을 통해 추구하려는 속내까지 제시하고자 했다. 이러한 연구는 실증성을 바탕으로 하면서도 실증성이 갖는 또 다른 한계를 극복하고 당시 지배체제의 속성을 규명한다는 점에서 매우 큰 의미를 갖는다.

넷째, 사회사 연구이다. 사회사 연구의 토대에는 제도사가 있다. 현재 제도사연구는 공문서 의존도가 매우 높다. 제도가 만들어지고 운용되는 내용을 파악하게 해주는 데 중요한 자료는 공문서이다. 그러나 공문서가 보여주는 내용은 일면일 뿐이다. 원만하고 원활하게 돌아가는 시스템을 파악하는 데에는 도움이 되지만, 제도사 자체를 이해하는 데에는 제한적이다. 공문서의 행간을 읽어내는 능력을 발휘하기 위해서는 다른 성격의 자료가 필수적이다. 공문서는 전시체제기에 행정조직과 제도가 얼마나 잘 구비되었는가 하는 점을 보여준다. 이러한 자료에 힘입어 많은 연구자들이 그러한 인식에 동의를 해왔다. 그러나 전시체제기 식민지 조선의 행정 시스템은 생각보다 버겁게 움직였다. 동원을 하기 위한 기본적인 토대가 충분히 마련되지 않았고, 그로 인해 실적도 목표치를 밑돌았다. 관변단체를 활용한 시도도 서류상 그친 측면이 많다. 전시체제기에 당국이 행정 시스템을 통해서 '원활하게' 인적 물적 자원을 공출하지 못했다고 판단할 수 있는 근거는 적지 않다. 그러한 점을 확인하기 위한 자료로는 신문자료나 개인의 회고록, 구술기록이 매우 유용하다. 여기에 명부자료도 한몫할 수 있다.

명부자료는 기본적으로 통계를 제공한다. 통계는 지배체제의 운용 실태를 확인할 수 있는 정보를 담고 있다. 아울러 당시 사회 현실을 담고 있다. 전시체제기의 사회 현상을 파악하는 데, 명부자료가 갖고 있는 통계는 유용하다. 또한 통계를 풀어내는 방식에 따라 통계의 수치는 여러 벌의 옷으로 갈아입을 수 있다. 옷을 만들어내도록 제공되는 옷감이 바로 명부이다.

옷감을 실제 의복으로 탈바꿈하는 데 필요한 것은 무엇일까. 필자는 명부에 담긴 정보를 객관적으로 분석하도록 자리매김을 해주어야 한다는 원칙이 가장 중요하다고 생각한다.

이를 위해 우선적으로 필요한 요소는 생산배경과 과정에 대한 정보를 파악하는 일이다. 누가, 무엇 때문에, 어떤 과정을 통해 생산되었는가 하는 기록물에 관한 기본정보를 정확히 파악하는 일이다. 이 작업은 관련문서가 첨부되어 있다면, 연구자의 수고로움이 한결 가벼워진다. 그러나 대부분의 명부자료는 그러한 정보를 문서로 제시하지 못한다. 그러므로 연구자가 생산배경과 과정을 파악하는 작업은 기록관리전문가가 형태적인 점에서 기본정보를 파악하는 작업을 넘어선 내용 측면에서 찾아내야 하는 작업이다.

두 번째는 명부에 담긴 정보의 배경과 토대를 밝히는 일이다. 관련 주제에 관한 법령과 행정조직 등 제도사의 뒷받침이다. 제도를 이해하지 못하는 실태는 현상(現像)이자 또 다른 이미지를 덧칠한 '(과거는) 낯선 나라'일 뿐이다.

세 번째는 명부 주인공을 문서에서 역사로 끌어올리는 일이다. 명부에 등재된 주인공(당사자와 가족)의 문헌기록이나 구술기록을 수집할 수 있다면, 너할 나위 없지만 그렇지 않더라도 명부와 관련한 상황을 이해할 수 있는 관련자의 자료를 연구에 반영하는 것이 필요하다.

네 번째는 이러한 연구 결과를 기존 연구 및 다른 자료와 비교하는 검증단계이다.

물론 연구 작업에서 명부자료만으로 완결성을 기하기 어렵다. 명부자료도 다른 자료와 같이 자료의 하나일 뿐이다. 모든 것을 해결해주는 미더스의 손은 아니다. 이 점은 어느 자료나 마찬가지이다. 다만 자료별 성격을 파악하고 그에 걸맞은 분석을 통해 연구에 필요한 사료로 활용할 뿐이다.

또한 명부를 자료로 활용하기 위해서는 여러 분야의 연구 방법이 필요하다. 기록학을 통한 명부의 생산배경 및 과정, 한계를 찾아내는 방법이 필요하고, 통계에 대한 수량경제학적 방법이 필요하며, 통계가 갖는 함의에 대한 분석 능력이 필요하고, 명부 항목 하나하나에 대한 분석 능력도 필요하다. 명부 내용을 전체적으로 종합적으로 이해하여 당시 사회상과 비교하는 방법도 필요하다. 당시 주류 담론과 비교하는 사회사상연구방법도 필요하다. 물론 가장 중요한 것은 명부 주인공의 궤적을 거슬러가며, 당시 시대상황 속에서 겪었던 그들의 아픔을 이해하려는 연구 자세이다.

IV. 맺음말 : 한줄기 빛을 '세상을 밝히는 해'로 바꾸는 노력

처음 명부를 접한 연구자들은 그 규모와 다양한 구성에 놀라고 금방이라도 연구 작업을 시작할 수 있을 듯 흥분한다. 그러나 머지않아 담담해진다. 명부를 열람하고 나서 그다음 단계로 이어가는 것이 쉽지 않음을 알아채는 데 오랜 시간이 걸리지 않기 때문이다. 명부자료의 검증은 고사하고, 명부가 담고 있는 내용만으로 연구에 반영하기는 쉽지 않다. 1인당 앞뒤 면을 꽉 채우는 풍부한 내용을 가진 명부도 있지만 달랑 1줄에 이름과 본적지, 연령 정도만 기재된 명부가 적지 않다. 명부의 앞뒤 상황을 알 수 있는 정보도 부족하고, 활용하려면 너무 많은 수고로움이 필요하다. 이것이 바로 명부자료의 현실이다. 안에 들어앉아 있는 물건을 이용해 분명히 뭔가를 얻을 수 있을 것 같은데, 실체는 희미하다. 실체를 확인하려면 드리워진 그림자가 걷히기를 기다리거나 직접 그림자를 걷어내는 작업을 해야 한다.

  국가기록원에 소장된 왜정시피징용자명부는 오롯이 명부만이 남아 있다. 1957년과 1958년에 한국 정부가 전국적인 신고를 받아 작성한 명부이자 무려 28만 명의 이름과 인적사항이 기재되어 있음에도 명부를 생산하는 과정에 대한 관련 문서는 전혀 찾을 수 없다. 왜 만들었는지, 계획이 수립된 배경은 무엇인지, 어떤 과정을 통해 작업이 이루어졌는지, 이 명부를 통해 무엇을 했는지 등등은 문서로 확인할 수 없다. 자료가 생산된 배경과 과정에 대한 어떠한 정보도 얻을 수 없다. 그러므로 이 명부는 50년 가까운 기간 동안 전혀 사용할 수 없는 '폐물'이었다. 강제동원위원회의 작업을 통해 비로소 생산된 배경과 과정을 일부나마 파악할 수 있었고, '검증-왜정시피징용자명부'라는 이름으로 새롭게 탄생했다. 50년이 경과한 이후의 일이다. 개인이 소장하고 있다가 강제동원위원회에 제출된 명부나 오랜 협상을 통해 일본 정부의 빗장을 열고 한국 정부에 이관된 '군인군속공탁금 명부(공탁서, 공탁명세서)'나 '노무자 등 공탁금명부'도 마찬가지이다. 골방 속에서 웅크리고 있던 명부는 검증과정을 거쳐 제 모습을 찾아가고 있다.

  검증을 거쳐 비로소 생명을 얻은 명부에게 살을 붙이고, 뼈를 좀 더 강하게 하는 작업은 연구자의 몫이다. 그런 작업이 이어지지 않는다면, 이제 간신히 생명을 얻은 명부는 계속 목숨을 이어나가기 어렵다.

  국내에 강제동원관련 명부는 많다. 강제동원위원회가 소장하고 있는 명부의 종류만도 245종(2008년 12월말 기준)에 달한다. 동원된 사람들의 총 인원수에 비해서는 턱없이 부족하지만, 연구자의 입장에서는 너무나 많다. 그럼에도 그동안 연구자료로 사용할 수 있는 명부는 거의 없었다. 강제동원위원회에서 길지 않은 기간 동안에 몇몇 사람의 힘으로 이루어낸 작업을 통해 일부나마 연구자료로 사용할 길이 조금이나마 열렸다.

한줄기 빛이 골방에 있던 명부에 비치기 시작했다. 너무 작은 빛이라서 조바심이 나기도 한다. 그러나 어둠 속에서는 작은 빛도 대단한 위력을 발휘한다. 문제는 빛의 크기나 강도가 아니라 지속성이다.

"첫새벽에 한줄기 빛을 보고는 아무도 아침이라 부르지 않는다. 아침이 되기 위해서는 더 밝아져야 한다." 식민지근대화론자들의 주장에 대해 경제학자 허수열이 던진 비수 같은 지적이다.

그래도 한줄기 빛은 새벽을 여는 문이다. 손바닥만 한 빛이라도 들기 시작한다면, 세상이 밝아지는 것은 멀지 않다. 다만 해가 있다는 전제 아래 가능하다. 해가 아니라면 아무리 큰 빛이라고 해도 아침을 열지 못한다. 강제동원위원회가 잠든 명부에 빛을 비추기 시작했다. 이 빛이 해라면, 그리 큰 노력 없이 잠을 깨울 수 있을 것이다. 우리에게 필요한 것은 그저 빛이 아니라 '세상을 밝히는 해'이다.

2009년 4월 25일, 일본의 연구자 및 활동가들이 강제동원 위원회 전문가들과 같이 한국의 강제동원위원회 주최 '2009 네트워크 관계자 워크숍'에 참석해 명부자료를 주제로 잔치판을 벌였다. 강제동원위원회가 소장하고 있는 자료를 열람하고, 분석 성과도 공유했다. 일본의 재일조선인운동사연구회와 강제동원진상구명네트워크, 한국의 한일민족문제학회는 2009년 7월 고베(神戸)에서 명부자료를 주제로 학술대회를 개최했다. 일본 전국에서 강제동원 관련 명부에 관심을 갖고 연구를 해온 이들이 모여서 벌인 또 한판의 난장이었다. 이렇게 빛은 점차 해로 바뀌어가고 있다.

한줄기 빛을 '세상을 밝히는 해'로 바꾸기 위해 – 명부자료의 활용 방안 41

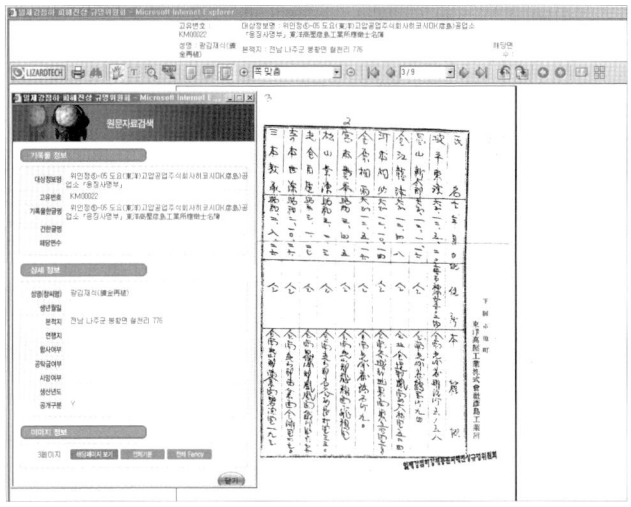

〈그림 2〉 피해진상관리시스템을 통한 검색과 활용

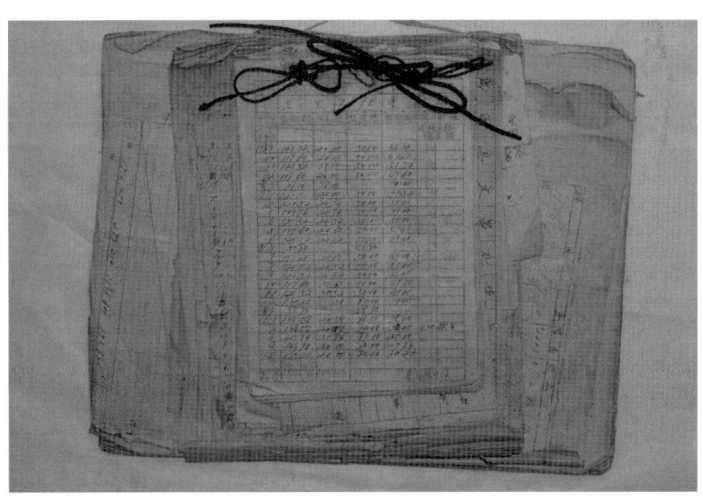

〈그림 3〉 대일항쟁기강제동원피해조사및국외강제동원희생자등
지원위원회 소장 명부 중 하나(유족으로부터 기증받은 명부)

【참고문헌】

일제강점하강제동원피해진상규명위원회 기록 NEWS LETTER 10. 2009년 1월호[강제동원의 진실, 기록의 창](www.gangje.go.kr).

長澤秀 編,『戰時下强制連行極秘資料集 4』, 綠陰書房, 1996.
정혜경,『일제말기 조선인 강제연행의 역사-사료연구』, 경인문화사, 2003.
정혜경,『조선인 강제연행 강제노동Ⅰ-일본편』, 선인, 2006.
일제강점하강제동원피해진상규명위원회,『강제동원 명부해제집 1』, 2009.
정혜경,『일본 제국과 조선인 노무자 공출-조선인 강제연행·강제노동 연구Ⅱ』, 선인, 2011.

守屋敬彦,「金屬鑛山と朝鮮·韓國人强制連行-住友鴻之舞鑛山」,『道都大學紀要 敎養部編』 9, 1990.
古庄正,「日本製鐵株式會社の朝鮮人强制連行と戰後處理」,『駒澤大學 經濟學論集』 25-1, 1993.
守屋敬彦,「第2次大戰下被强制連行朝鮮人勞働者の寮生活-住友鑛業所歌志內鑛業部新歌志內炭鑛親和寮」,『佐世保工業高等專門學校硏究報告』 34, 1996.
樋口雄一,「朝鮮人'戰死'者たちの歌と菓子」,『海峽』 21, 2005.
守屋敬彦,「アジア太平洋戰爭下日曹天塩鑛業所朝鮮人寮第1,2尙和寮の食糧事情」,『在日朝鮮人史硏究』 36, 2006.
北原道子,「朝鮮人第五方面軍留守名簿にみる樺太千島北海道部隊の朝鮮半島出身軍人」,『在日朝鮮人史硏究』 36, 2006(본서 번역 수록).
鄭惠瓊,「日帝强占下强制動員被害眞相糾明委員會調査を通してみる勞務動員」,『季刊 戰爭責任硏究』 55, 2007.
김명환,「1943~1944 팔라우지역 조선인 노무자 강제동원-조선인노무자관계철 분석을 중심으로」,『한일민족문제연구』 14, 2008.
竹內康人,「연행관계명부와 공탁금에 대해」,『2009 네트워크 관계자 초청 워크숍 자료집』(일제강점하강제동원피해진상규명위원회, 2009.4.25).

일본 정부 인계 자료를 통해 본
戰時體制期 陸軍造兵廠의 朝鮮人 軍屬動員*
『工員名票』 분석을 중심으로

심 재 욱

I. 머리말

'진주만 공습'(1941년 12월 7일)에 연이은 동남아시아지역에 대한 일련의 군사작전을 통해 일제는 아시아·태평양지역을 전쟁의 참상에 빠트렸다. '만주사변'(1931)과 중일전쟁(1937)의 연속선상에서 진행된 '아시아·태평양전쟁'으로 제2차 세계대전은 문자 그대로 전 세계적인 규모의 '세계대전'으로 전개되었다. 중국에 이어 태평양지역과 동남아시아지역으로까지 전역(戰域)이 확대됨으로써, 일제는 보다 많은 인적·물적 자원을 조달해야 되는 부담을 지게 되었고 이는 그들의 역량을 크게 초과하는 것이었다. 실제 그들의 부담은, 예상과 달리 장기전·소모전으

---

* 본고는『한국민족운동사연구』(제66집, 2011.3)에 게재된『『工員名票』를 통해 본 戰時體制期 舊日本陸軍造兵廠의 조선인 군속동원』을 수정·보완한 것이다. 아울러 본고에서 사용하는 원본 자료(그림) 및 생존자 진술 등의 내용은 대일항쟁기강제동원피해조사및국외강제동원희생자등지원위원회의 자료이용 허가를 받은 것임을 밝혀둔다.

로 진행된 중일전쟁 시기부터 이미 나타나고 있었다. 이를 해소하기 위해 일제는 식민지 조선에 주목하였고, 1938년 5월 「國家總動員法」을 식민지 조선에도 적용하여 대량의 인적·물적 자원을 수탈하였다. 이는 1941년 진주만 공습 이후 더욱 확대·강화되었다.

일반적으로 '徵用'이라는 단어로 상징되는 인적 자원에 대한 수탈, 즉 강제동원을 통하여 일제는 식민지 조선인들을 노무자, 군인·군속, 위안부 등의 형태로 전쟁에 동원하였다. 식민지 조선인들은 일본 본토 지역은 물론이고, 조선·사할린·'남양군도' 등의 아시아·태평양전쟁 이전부터 일제가 통치하고 있던 지역과 이후 새로이 점령한 지역으로 송출되었다. 상당수는 최전선에 투입되기도 하였으나, 절대 다수가 노무자(군속 포함)의 형태로 '銃後'라 불린 후방에서 전쟁 수행에 필요한 물자 생산에 투입되었다.

일제의 강제동원으로 파생된 피해는 피해당사자 개인의 삶뿐만 아니라, 그 가족의 삶을 굴절시키는 요인으로 작용하였다. 또한 해방 이후 60여 년간 지속된 사회적 무관심은 이들의 상처를 더욱 깊게 하였을 뿐 아니라, 강제동원의 실태를 정확하게 파악하지도 못하게 하는 문제점을 발생시켰다. 2004년 이전 한국 정부 차원에서 진행된 강제동원 관련 조사는, 1957~59년 사이에 일본과 수교 문제를 협의하면서 대일 배상청구의 근거자료로 활용하기 위해 당시 노동청에서 행한 조사가 유일하였다.[1]

---

1) 이를 통해 285,771명의 기록을 담고 있는 『倭政時被徵用者名簿』가 작성되기는 하였다. 이 자료는 한국 정부에서 작성한 최초의 강제동원 관련 명부자료로서 그 의의를 지니고는 있으나, 명부 등재자의 강제동원여부의 불분명성, 신고자의 불분명성 등 몇 가지 문제를 지니고 있다(위원회, 『일제강점하 강제동원피해 업무처리매뉴얼』 참조). 한편 이 이후 1975~77년 사이에 진행된 피해보상금 지급은 '보상금 지급'에만 한정되어 있어 진정한 의미의 조사라 하기 어렵다. 또한 이 시기 이루어진 인적피해 보상은 일부 한반도 내 동원사망자를 포함하여, 주로 한반도 외로 동원된 '피징용사망자' 중 8,552명에 한하여 '30만원' 만을 지급하였을 뿐이다. 이는 당시 피해 유가족에게 또 하나의 상처를 남기는 사건이 되었다(崔永鎬, 「韓國政府의 對日 民間請求權 報償 過程」, 『韓日民

전시체제기 일제가 자행한 조선인 강제동원은 식민통치의 기만적인 성격을 보여준다는 점에서 그 연구의 중요성을 지니고 있다. 그러나 이에 대한 연구는 사회적 무관심, 자료 부족 및 열람 제한 등으로 인해 일부 연구자들에 의해서만 진행되어 왔을 뿐이다. 강제동원에 대한 관심 및 조사에 대한 새로운 계기는 2004년에 마련되었다. 2004년 11월 정부기구로 발족한 "일제강점하강제동원피해진상규명위원회" 및 이를 모체로 하는 "대일항쟁기강제동원피해조사및국외강제동원희생자등지원위원회"(이하 "위원회")의 활동은 사회적 관심을 재고시킴과 동시에 '강제동원'에 대한 연구 및 조사에 한 획을 긋는 분수령을 이루었다. "위원회" 활동이라는 정부 차원의 조사와 지원을 통하여 사회적 무관심 속에 놓여 있었던 강제동원 피해자들 개개인의 피해사실에 대한 일정한 조사가 이루어지고 있다. 동시에 관련 자료들의 수집을 통하여 피해조사 및 연구 영역도 확대되고 있다.[2]

이 자료들 중에서 일제가 戰時·戰後에 작성한 강제동원 관련 명부자료들은, 해당 시기 동원 주체에 의해 작성되었다는 점에서 그 정확성에 일정한 우위를 점하고 있다. 현재까지 일본 정부로부터 부본으로 인수한 자료들로는 먼저 1970년대 이른바 '피해보상 30만원'의 근거자료로

族問題研究』 8, 2005 참조). 한편 정혜경의 연구(「戰時體制期韓半島內人的動員(勞務動員)被害-死亡者現況を中心として」(強制動員眞相究明ネットワーク, 強制動員眞相究明全國研究集會, 「日本の朝鮮植民地支配と強制連行」, 2011년 5월 28~29일 발표원고)]는 연구에서 활용한 659건의 사망자 사례 중 31건(4.7%)의 한반도 내 동원 사망자에 대하여도 '30만원 보상'이 이루어졌다고 밝히고 있어 주목된다.

2) 피해조사 과정에서 피해자 및 신고인들이 제출하여 "위원회"에 수집된 각종 명부자료는 "위원회"의 검증작업을 통하여 피해사실 인정자료로 활용되고 있다. 현재 "위원회"에서 소장하고 있는 명부자료들은 300여 종에 이르고 있다. "위원회" 소장 명부자료들의 종류에 대해서는 『강제동원기록총서1] 강제동원명부해제집 1』(일제강점하강제동원피해진상규명위원회 편, 2009.12)을 참조 바란다.

활용된 『被徵用死亡者連名簿』를 비롯하여 1990년대 입수한 『舊海軍軍屬身上調查表』 등과 같은 다수의 자료들이다.3) 다음으로 "위원회" 활동 이후 인계받은 군인·군속 및 노무자 '공탁금 관련 자료' 등이다.4) 전자의 명부자료에는 약 48만 명에 대한 기록이, 후자의 공탁금 관련 자료들에는 약 18만 건의 관련 기록들이 등재되어 있으나, 전체 강제동원 관련 명부자료의 일부에 지나지 않는다.5) 일부에 불과한 한계를 지니고 있음에도 이를 통해 강제동원 실태의 일정 부분을 파악할 수 있기에 그 의의를 지니고 있다. 따라서 이 자료들에 대한 분석은 강제동원의 규모와 현황을 밝힐 수 있는 기초 작업으로서 그 중요성을 지니고 있다. 하지

---

3) 군인·군속, 노무자 등으로 강제동원된 약 480,636명의 인적사항이 기재된 이 자료들에 대해서는 노영종의 글(「일제하 강제연행자 현황에 대한 검토 : 정부기록보존소 소장 강제연행자명부를 중심으로」, 『記錄保存』 제16호, 정부기록보존소, 2003)과 '국가기록원 홈페이지'의 '일제강제연행자명부 컬렉션'의 소개 내용이 참조된다. 노영종의 연구는 '국가기록원 명부'들을 종합적으로 소개한 최초의 글이라는 점에서는 의의를 지니고는 있으나, 전반적인 소개에 그치고 있다. 한편 일본 정부의 인계자료, 국내 발굴 자료들의 소개 및 그 활용방안에 대해서는 정혜경의 연구(「國內 所藏 戰時體制期 朝鮮人 人的動員 關聯 名簿 資料의 實態 및 活用方案」, 『한일민족문제연구』 16, 한일민족문제학회, 2009)가 참조된다.
4) 2007년 국가기록원으로 인계된 군인·군속동원 공탁금 관련 자료는 약 11만 5천 건을 수록하고 있으며(表永洙·吳日煥·金明玉·金暖英, 「朝鮮人 軍人·軍屬 關聯 '供託書'·'供託明細書' 基礎分析」, 『韓日民族問題研究』 14, 2008. 참조) 2010년 4월 "위원회"로 인계된 노무동원 공탁금 관련 자료에는 약 6만 4천여 건이 수록되어 있다(「노무자공탁금자료 분석 결과 보고」, 대일항쟁기강제동원피해조사및국외강제동원희생자등지원위원회, 2010.11.5. 참조). 특히 '노무자 공탁금 관련 자료'는 60여 년간 일본 정부가 그 존재를 부인해왔던 노무자 공탁금 관련 자료를 "위원회" 활동을 통하여 입수하였다는 점에서 그 의의를 지니고 있다.
5) 현재 일본 측 강제동원 관련 자료 입수 노력은 "위원회"를 통해 계속 진행 중에 있으며 일부 성과를 나타내고 있다. 앞서 언급한 '공탁금 관련 자료' 이외에도 2009년 11월 「舊海軍軍屬身上調查表」의 미인수 부분(각 표의 뒷면)의 입수(그 중요성에 대해서는 심재욱, 「전시체제기 조선인 해군군속동원 실태-「舊海軍軍屬身上調查表」의 동원지 사례 분석을 중심으로」, 2010년 6월 5일 한일민족문제학회 10주년 기념 학술회의 발표요지 참조) 등이 그것이다.

만 이러한 중요성에도 불구하고 현재 이 자료들에 대한 분석은 거의 진행되지 않았다고 해도 과언은 아닐 것이다.6) 그 원인에 대해서는 여러 가지를 거론할 수 있으나, 무엇보다도 자료의 방대함과 이에 대한 데이터화의 결여를 지적할 수 있다. 다양한 종류의 '명부'자료들은 여러 개의 항목으로 48만여 명의 인원들에 대한 인적사항을 기재하고 있다. 따라서 이에 대한 데이터화 작업 없이, 체계적으로 분석하여 조선인 강제동원의 현황 및 실태를 파악한다는 것은 불가능한 작업이다. 이 자료들에 대한 데이터화 작업이 우선적으로 요구되는 것이 바로 이러한 점 때문이다.7) 전체 데이터가 없는 현 상황에서는 개별 작업장에 대한 자료를 데이터화 한 이후 이를 분석하는 방법을 취할 수밖에 없다.

본고에서는 이 '명부'자료들에 대한 분석작업의 하나로 『工員名票』 중, 우선 「工員名票 · 名簿」를 검토하고자 한다. 후술하겠지만, 「陸軍運輸部軍屬名簿」와 함께 『工員名票』를 구성하는 「工員名票 · 名簿」는 주로 陸軍造兵廠 관련 명표와 명부로 구성되어 있다. 따라서 이에 대한 분석 작업은 陸軍造兵廠의 조선인 군속(工員)동원을 중점적으로 살펴보는 작업이 될 것이다.8) 물론 본고는 전체 조선인 군속(工員) 동원 분석

---

6) 일본 정부가 1990년대 이전에 인계한 명부자료들에 대해서는 표영수 등의 분석(「朝鮮人 軍人 · 軍屬 關聯 '供託書' · '供託明細書' 基礎分析」) 및 심재욱의 연구(「전시체제기 조선인 해군군속동원 실태」) 등 소수의 분석과 연구만이 존재할 뿐이다.
7) '명부자료'들의 경우 국가기록원에서 진행한 DB화 작업을 통해 생산된 데이터가 존재한다. 그러나 이들 문서와 강제동원에 대한 체계적인 이해와 분석이 미비한 상태에서 DB화(Excel 입력)하였기 때문에 여러 한계를 지니고 있다. DB화 작업 당시와 달리, "위원회" 활동을 통하여 현재는 이 자료들의 성격과 강제동원과의 연관성에 대한 이해가 상당한 수준에 이르렀기에 관련 DB자료들에 대한 추가적인 '고도화 · 정밀화' 작업이 요구된다고 할 것이다. 이와 달리 최근 입수된 '공탁금 관련 자료'의 경우 자료에 기재된 각 항목의 내용을 모두 데이터화함으로써 현재 피해지원에 유용하게 활용되고 있으며 추후 분석 작업에도 일정한 도움이 될 것으로 판단된다.
8) 『工員名票』는 형태가 상이한 여러 종류의 '명표'와 '명부'로 구성되어 있다. 이

의 일부에 불과하다는 한계를 지니고는 있다. 그러나 이러한 작업들은 아시아·태평양전쟁 말기 일제에 의해 자행된 조선인 육군군속 동원의 전체상을 밝히는 기초 작업으로서 그 의의를 지닌다고 할 것이다.

II. 『工員名票』의 개요

1. 『工員名票』의 구성과 생산기관

『工員名票』는 1990년대 일본 정부로부터 부본으로 인수하여 현재 국가기록원이 소장 중인 자료들 중의 하나이다.[9] 명칭은 『工員名票』로 되어 있으나, 실제 내용은 「工員名票」, 「工員名簿」 그리고 「陸軍運輸部軍屬名簿」로 구성되어 있다.[10] 이 중 「공원명표」와 「공원명부」에는 총 5권으로, 각 육군조병창 및 보급 관계의 육군기관 등 총 12개 기관으로 강제동원된 조선인 '工員'들의 인적사항이 등재되어 있다. 그 구성과 각 기관 자료에 등재된 인원수는 〈표 1〉과 같다.

에 대해서는 제2장에서 상술한다. 한편 조선인의 군속 동원에 대해서는 정혜경의 연구(「일제 말기 조선인 군노무자의 실태 및 귀환」, 『한국독립운동사연구』 20, 독립기념관 한국독립운동사연구소, 2003 ; 「국민징용령과 조선인 인력동원의 성격 – 노무자와 군속의 틀을 넘어서」, 『한국민족운동사연구』 56, 한국민족운동사학회, 2008)가 참조된다.
9) 『工員名票』는 1993년 10월 『留守名簿』 등의 자료와 함께 일본 정부로부터 부본을 입수한 것이다('일제강제연행자명부 컬렉션'(http://content.archives.go.kr/next/collection/viewJapaneseIntro.do) 내용 참조).
10) 현재 "위원회"에서 피해판정 자료로 활용되고 있는 『공원명표』는 실제로는 자료의 성격 및 형태에 따라 각각 구분된 명칭으로 쓰여야 하나 최초 위원회가 국가기록원으로부터 이관 받을 당시 『공원명표』라는 범주 아래 이관되어 현재까지 『공원명표』로 통용되고 있다.

〈표 1〉『工員名票·名簿』의 구성[11]

제목	소속	등재 건수	실제 인원
제1권 工員名票	사가미(相模)陸軍造兵廠[12]	668건	553명
제2권 工員名票	사가미(相模)陸軍造兵廠		
	오사카(大阪)陸軍造兵廠	14건	11명
제3권 工員名簿	나고야(名古屋)陸軍造兵廠	134건	125명
	오사카(大阪)陸軍造兵廠	28건	28명
	고쿠라(小倉)陸軍造兵廠	5건	5명
제4권 工員名簿 等 陸軍官衙	需品廠	7건	6명
	糧秣廠	4건	4명
	兵器補給廠	8건	8명
	被服廠	61건	48명
	燃料廠	5건	5명
	航空廠	42건	40명
	航空修理廠	5건	5명
제5권 工員名簿	다카기(鷹來)製造所	79건	79명
합계		1,060건	917명

'제4권 육군관아' 편에 需品廠을 비롯한 7개 보급 관계기관의 명부가 등재되어 있기는 하나, 등재된 인원수의 비중을 볼 때 陸軍造兵廠이 주를 이루고 있다.[13]

---

11) 〈표 1〉의 '등재 건수'는 「공원명표·명부」상에 등재된 인원의 건수를, '실제 인원'은 '등재 건수'에서 중복된 것을 제외한, 필자가 직접 확인한 실제 인원수를 의미한다. 현재 국가기록원 '일제강제연행자명부 컬렉션'에는 '공원명표 등'에 '2,102명'으로 등재된 것으로 기재되어 있으나, 이는 「공원명표·명부」 및 「육군운수부군속명부」 등을 포함한 인원수이기에, 「공원명표·명부」에 기재된 인원을 정확하게 파악할 수 없다.
12) 사가미육군조병창 명표에 등재된 인원은 총 553명이지만, 일본인으로 추정되는 1명을 제외한 조선인은 552명이다.
13) 한편「공원명표·명부」는 편철상 일부 오류를 지니고 있다. '제3권 공원명부' 중 '오사카육군조병창' 편의 경우 '櫻宮宿舍'(15명) 명부와 더불어「陸軍運輸部軍屬名簿」와 관련된 '工員名簿 輸送隊 船舶大隊'(13명) 명부도 함께 존재하고 있다. 또한 '제4권 육군관아' 편에는 일부의 군인들(약 10명)이 등재되어 있기

「陸軍運輸部軍屬名簿」는 陸軍運輸部[14] 산하 약 32개의 陸軍船舶部隊로[15] 강제동원된 1,166명의 조선인 工員의 인적사항에 대하여 창씨명을 기준으로 일본어 발음 순서로 구분하여 총 8권으로 편철하고 있다.[16]

이상의 구성을 통해 볼 때, 『공원명표』는 「공원명표·명부」(병기 제조)와 「육군운수부군속명부」(운송)라는 일면 상이한 성격을 지니는 기관의 자료가 혼합되어 있다. 이는 두 기관 모두 아시아·태평양전쟁 당시 구일본육군의 軍需品 정비를 담당한 군수동원부대였다는 동일한 성격을 지니고 있었고, 두 기관에 동원된 조선인 '군속'들의 신분이 모두 '공원'이었기에 두 자료를 『공원명표』라는 제목하에 편철한 것으로 판단된다.[17]

도 하다.
14) 陸軍運輸部는 1903년 11월 대만 수비 등 재외육군부대 등에 대한 人馬·물건의 해상수송 및 대만輕便철도 업무를 담당하는 기관으로 설치되었다. 1940년 6월에는 제1선박수송사령부를 근간으로 선박수송사령부가 임시편성되었고, 1942년 7월 선박수송사령부는 선박사령부로 개편되었다(原剛·安岡昭男 編, 『日本陸海軍事典』上, コンパクト版, 2003, 29~30쪽).
15) 陸軍船舶部隊는 상륙부대의 상륙과 함께 증원부대의 수송 및 해당 부대에 대한 물자 수송을 담당하는 부대로서, 통칭 '曉' 부대로 불렸다. 태평양전쟁 시에는 상륙작전과 양륙작업을 담당하는 선박공병연대(독립공병연대를 개편), 정박장사령부 등을 지휘하는 선박단사령부, 해상수송대대 등 다수의 선박부대가 편성되었다. 이들 선박부대의 요원은 약 30만 명에 이르렀다(『日本陸海軍事典』上, 66~67쪽).
16) 여기서 언급한 '1,166명'은 국가기록원의 자료에 근거한 것이다. 한편 국가기록원의 소속 분류에 의하면 이들 인원들이 '해상수송 제6대대'를 포함한 총 111개 단위 부대에 편성된 것으로 기재되어 있으나, 약자로 기재된 부대명 해석의 오류로 인해 실제 단위 부대 수는 이보다 훨씬 작은 32개에 불과한 것으로 파악된다. 「陸軍運輸部軍屬名簿」에 대한 분석은 추후의 과제로 하고자 한다.
17) 아시아·태평양전쟁 당시 구일본육군의 군수동원부대는 陸軍航空本部, 造兵廠, 運輸部, 被服廠, 衛生材料廠, 技術本部, 糧秣廠 등 일본 내 15개 부대와 朝鮮·臺灣·關東 각 군사령부와 그 예하부대를 포함하여 총 23개 부대에 이르렀다. 각각의 주된 소관 需品은 다음과 같다(山崎志郎, 「陸軍造兵廠と軍需工業動員」, 『商學論集』 제62권 제4호, 1994, 18~19쪽).
  ○ 항공본부 : 항공기, 항공병기, 항공연료, ○조병창 : 각종 병기, 탄약류, ○병기창 : 조병창에 관계된 병기 이외의 需品을 중심으로 한 자동차 및 同 연료·발동기·통신기기 기타 각종 기계, ○운수부 : 선박, 기타 수송력, ○피복

한편 〈표 1〉에 나타나는 바와 같이 「공원명표·명부」(이하「명표·명부」)는 사가미(相模)육군조병창을 비롯한 5개 육군조병창과 1개 제조소, 그리고 7개 군수품 보급기관의 자료로 구성되어 있다. 이 중 陸軍造兵廠이 전체 917명 중 801명을 차지하여 「명표·명부」의 중심을 이루고 있다.[18] 이들 『공원명표』의 작성 주체와 작성 시기에 대해서는 정확한 내용이 확인되지 않으나, 그 내용상 각각의 기관에서 작성한 것으로 판단된다. 먼저 陸軍造兵廠에 대하여 개관한다.

陸軍造兵廠은 구일본육군에서 사용되는 각종 병기를 생산하는 기관으로 1869년 오사카(大阪)에 설치되었던 '銃砲火藥製造局' 및 '造兵司'가 그 전신을 이룬다. 그 후 1871년에 '造兵司'는 '砲兵本廠'과 '支廠(오사카)'으로 분류되었지만, 1879년 '本廠'을 폐지하고 각각 '砲兵工廠'으로 불려졌다. 도쿄의 '포병공창'은 현재의 도쿄도 文京區 水道橋 부근에 설치되었고, 이와 동시에 分工場이 순차적으로 건설되어, 현재의 도쿄 돔 부근이 軍需工場 지대화 되었다. 1923년 4월 규모가 광대해지자 공장의 일괄 관리, 병기생산의 효율성 재고 등에 따라 도쿄포병공창 및 오사카포병공창이 통합되면서 '육군조병창'이 설립되었다. 이때의 '조병창'은 생산을 담당하는 부서가 아닌 관리조직이었다. 병기의 생산을 담당한 것은 '조병창' 산하에 조직된 도쿄공창·火工廠·나고야공창·오사카공창과, 다시 그 아래에 설치된 고쿠라(小倉)병기제조소·평양병기제조소 등과 같은 각종 제조소였다.[19] 중일전쟁 이후인 1938년 사가미(相模)병기제조소(동경공창 : 전차 등 제조)·火具제조소(동경공창)·소네(曾根)

창 : 馬具 등의 피혁제품, 봉제품, ○위생재료창 : 의약품, 의료기기 등.
18) 본고의 「명표·명부」의 분석에 있어 오사카(大阪)육군조병창의 경우 동일한 작업장임에도 불구하고 소수의 인원이 두 가지 형태의 문서(각 11명, 28명)에 등재되어 있고, 고쿠라(小倉)육군조병창의 경우 5명의 소수 인원만이 등재되어 있어 그 분석대상에서 제외하였다.
19) 『日本陸海軍事典』上.

병기제조소(火工창) · 다카쿠라(高蔵)병기제조소(나고야공창) · 야쿠라이 (藥萊)제조소(오사카공창) · 히라카타(枚方)병기제조소(오사카공창) · 도리이마츠(鳥居松)제조소(나고야공창) · 다치가와(立川)제조소(나고야공창) · 다마(多摩)제조소(火工창) · 하리마(播磨)제조소(오사카공창) · 만주 奉天에 南滿工廠 등 다수의 제조소가 증설되었다.[20]

1940년 陸軍造兵廠은 陸軍兵器廠과 함께 '陸軍兵器行政本部'로 통합되었고, 생산을 담당하였던 각 '공창'들은 '조병창'으로 불리게 되었다. 이후 각 조병창은 각각 독립적으로 병기제조에 임하였고 자체적으로 생산할 수 없는 경우, 육군관리공장인 민간군수공장에 하청생산을 행하게 하였다. 이로 인하여 조병창이 있는 주변 지역은 조병창을 중심으로 한 '병기제조의 네크워크'를 형성하였다. 도쿄 제1 · 2조병창, 오사카조병창, 나고야조병창, 고쿠라조병창, 사가미조병창, 인천조병창(조선) 아래 '제조소'가 있었고, 그 아래 다시 分工廠(分工場)이 존재하였다. 아시아 · 태평양전쟁 당시 육군 조직 내 육군조병창의 위치와 조직은 〈표 2〉와 〈표 3〉을 통하여 확인할 수 있다.[21]

---

[20] 太平洋戰爭研究會 編, 『日本陸軍がよくわかる事典－その組織, 機關から兵器, 生活まで』, PHP研究所, 2002.
[21] 大濱徹也 · 小澤郁郎 編, 『(改訂版)帝國陸海軍事典』, 同成社, 1995.
한편 육군조병창 이외로 「명표 · 명부」에 등재된 기타 기관에 대한 개요를 간단히 정리하면 다음과 같다. ① 陸軍需品廠은 1941년 1월 중일전쟁의 장기화로 需品(陣中용품, 酒保品, 건축재료 기타 需品)의 통제 강화가 필요하여 설치되었다. ② 陸軍糧秣廠은 1897년 3월 육군중앙양말창으로서 에츄지마(月中島)에 창설되어 육군 소요 糧秣의 조달 · 제조 · 보급 등을 수행하였다. ③ 陸軍兵器廠陸軍兵器補給廠은 1897년 9월, 청일전쟁 이후 군비확장에 따라 신설되어 육군 소요의 병기, 탄약, 기재 등의 보급 및 요새 방비공사를 담당하였다. 1940년 병기창과 조병창이 통합되어 육군병기행정본부로 되면서 기존의 병기창은 병기보급창으로 개칭되었다. ④ 陸軍被服廠은 1886년 3월 육군 소요 피복의 조달 · 제조 · 보급 등을 위해 설립되었다. ⑤ 陸軍燃料廠陸軍燃料本部은 1939년 5월 연료수요 증대에 대응하기 위해 임시로 설치되어, 육군 소요 연료의 제조 · 구매 · 저장 및 제조에 관한 연구를 담당하였다. 1940년 7월 정식으로 육군연료창으로 개칭되었고, 1945년 4월 육군연료본부로 개편되었다. ⑥ 陸軍

〈표 2〉日本 陸軍省 조직도

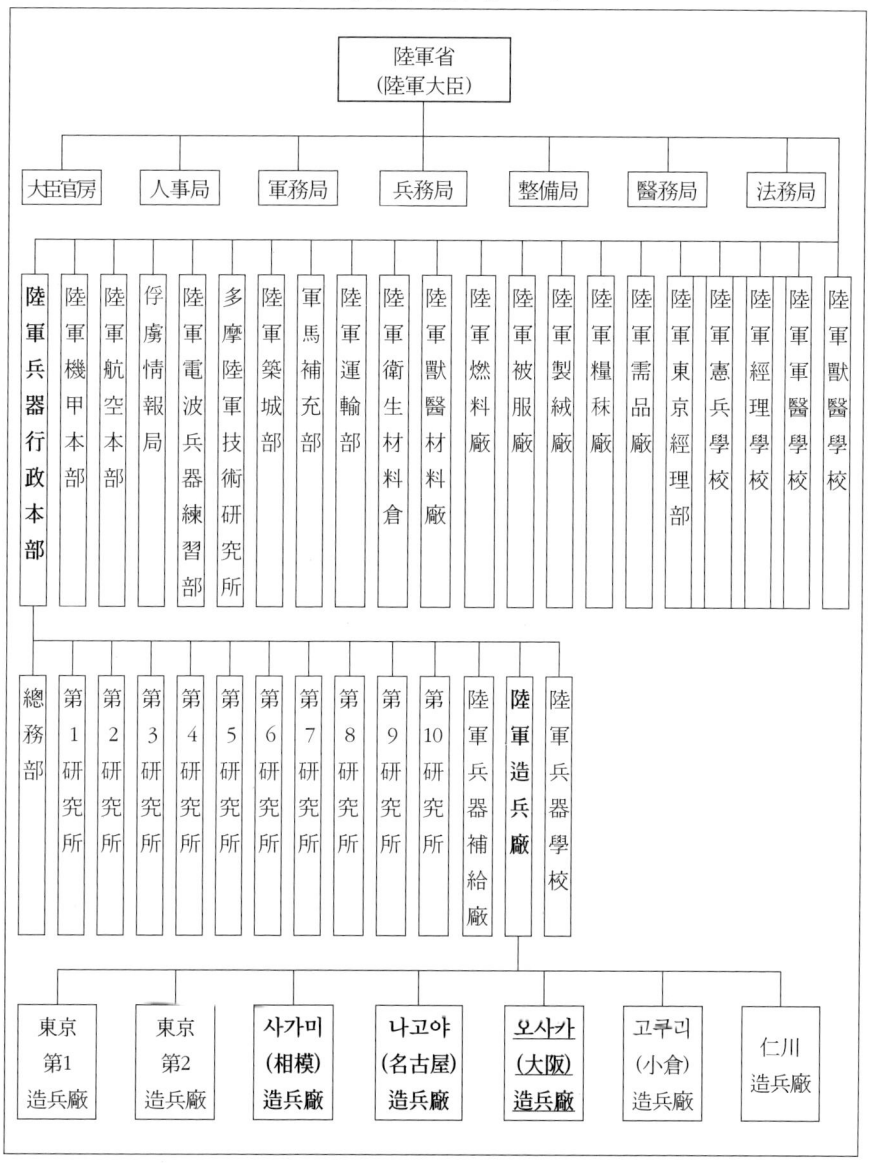

航空廠은 1935년 8월 육군 항공병기·연료 등의 조달·보급 등을 담당하였다
(『日本陸海軍事典』上 ; 『(改訂版)帝國陸海軍事典』).

〈표 3〉 각 육군조병창 산하 병기제조소

제조소	소재지	감독	제조물품(일부)
第1製造所	東京都 王子	東1	군도, 총탄
第2製造所	東京都 王子十條	東1	무선기, 전화기
第3製造所	東京都 王子十條	東1	신관, 火具
第3製造所 江戸川工場	埼玉縣 北葛飾郡	東1	신관
第4製造所 尾久工場	東京都 王子堀船町	東1	신관
川越製造所	埼玉縣 入間郡 福岡村	東1	뇌관, 도화선
大宮製造所	埼玉縣 大宮市 下加町	東1	조준구, 砲具
大宮製造所 池田工場	大阪府 池田市	東1	광학글라스
仙台製造所	宮城縣 仙台市 原町	東1	항공탄약
仙台製造所 黒澤尻工場	岩手縣 和賀郡 黒澤尻町	東1	항공탄약
小杉製造所	富山縣 射水郡 小杉町	東1	신관
板橋製造所	東京都 板橋區 板橋6丁目	東2	화약(化成)
多摩製造所	東京都 南多摩郡 稲城村	東2	화약(成形)
深谷製造所	埼玉縣 大里郡 深谷町	東2	화약
岩鼻製造所	群馬縣 群馬郡 岩鼻村	東2	화약, 다이나마이트
忠海製造所	廣島縣 豊田郡 忠海町	東2	폭약, 화학병기
曾根製造所	小倉市 吉田	東2	폭약, 화학병기
坂ノ下製造所	大分縣 北海部郡 坂ノ下町	東2	폭약, 무연화약
荒尾製造所	熊本縣 荒尾市	東2	폭약
宇治製造所	京都府 宇治郡 東宇治町	東2	폭약
香里製造所	大阪府 北河内郡 枚方町	東2	폭약
第1製造所	神奈川縣 高座郡 相模原	相造	발동기, 차량
第2製造所	神奈川縣 高座郡 相模原	相造	화포, 탄두
熱田製造所	名古屋市 熱田區 六野町	名造	화포
熱田製造所 高岡工場	高岡市 上關町	名造	화포, 탄약
熱田製造所 關工場	岐阜縣 武儀郡 關町	名造	95式 군도
千種製造所	岐阜縣	名造	항공기용 기관포
鳥居松製造所	愛知縣 春日井市	名造	4式 단검, 소총, 기관단총, 척탄통
高藏製造所	名古屋市 熱田區	名造	薬莢・탄환
鷹來製造所	**岐阜縣 春日井市**	**名造**	**탄약**

柳津製造所	岐阜縣 羽島郡	名造	항공기용 기관포
楠製造所	三重縣 三重郡 楠町	名造	탄약, 조준구
駿河製造所	靜岡縣 沼津市	名造	항공기용 기관포
第1製造所 第1~10工場	大阪府	大造	鍛造부품, 壓延鋼材, 砲具, 火砲
第4製造所 第1~4工場	東京, 大阪	大造	壓延鋼材, 砲身鋼材, 鑄鋼材, 폭탄, 工具, 薬莢

※ '東1'은 '東京 제1육군조병창', '東2'는 '東京 제2육군조병창', '名造'는 '나고야(名古屋)육군조병창', '大造'는 '오사카(大阪)육군조병창', '小造'는 '고쿠라(小倉)육군조병창', '仁造'는 '仁川육군조병창', '相造'는 '사가미(相模)육군조병창'의 약자임(인천조병창은 일본 본토 이외에 존재했던 유일한 조병창이었음).

2. 「工員名簿·名票」의 구성과 내용[22]

1) 사가미(相模)육군조병창

가나가와현(神奈川縣) 고자군(高座郡)에 위치한 사가미육군조병창(이하 사가미조병창)은 1938년 8월 兵器製造所로 개설되었다. 1940년 기존의 관리 기관이었던 陸軍造兵廠이 陸軍兵器廠과 함께 陸軍兵器行政本部로 통합되면서, 육군조병창으로 승격되었다. 1938년 개설 당시 거대한 부지를 비롯하여 지하공장 시설 등 당시 최신의 군수공장으로서 동양 제1의 규모를 지니고 있었다. 사가미조병창은 戰車의 제조를 담당한 제1제조소와 中口徑 포탄의 제조를 담당한 제2제조소로 구성되었고, 각 제조소마다 고유의 업무를 지닌 '공장'들이 있었다고 하나, 관련 자료가

---

[22] 각 조병창 및 기관 관련 명표 및 명부의 설명에 있어, 본고에서 분석의 대상으로 삼고 있는 사가미(相模)육군조병창, 다카기(鷹來)육군조병창, 나고야(名古屋)육군조병창에 한해서만 「명부·명표」의 실물을 〈그림〉으로 실었다. 한편 개인정보 보호를 위해 성명과 생년월일의 일부 및 리 단위 이하의 주소 등은 삭제하여 게재하였다.

확보되지 않아 정확한 구성 및 작업내용은 파악되지 않는다.23) 다만 일부 자료를 통해 제1제조소 제1공장은 1944년 말경에는 견인차의 엔진을 제작하였다는 사실과 제5공장이 주물공장이었다는 내용이 확인된다.24)

종업원의 규모는 1943년 말경에는 약 12,300명을 헤아렸고, 1944년 7월 「決戰非常時措置要綱に基づく學徒動員實施要綱」의 시행으로 학도근로동원이 실시된 이후에는 공원의 80%가 징용공, 소년소녀양성공, 여자정신대, 동원학도 등으로 구성되었다. 1945년 패전 당시 사가미육군조병창의 전체 공원의 규모는 3만여 명에 이르렀다고 한다.

이러한 사가미조병창에서 작성된 것으로 보이는 사가미조병창의 명표(이하 '사가미명표')는 총 552명의 조선인 공원의 인적사항을 기재하고 있으며 아래의 〈그림 1〉과 같이 두 가지 형태를 띠고 있다.

〈그림 1〉 사가미조병창 명표

사가미명표① 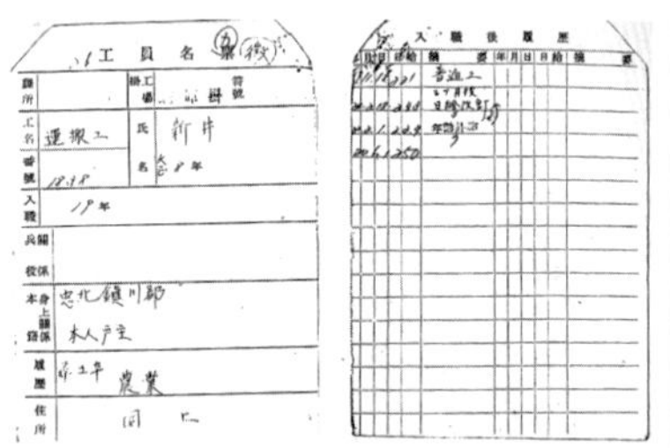   사가미명표②

---

23) '相模原鄕土の歷史硏究會' 제작의 웹사이트 "相模原鄕土の歷史シリーズ" 「第2次世界大戰(太平洋戰爭)と相模原」(http://www.rekishi.sagami.in/sensou.html) 및 座間美都治, 『相模原の歷史』, 1974 참조.
24) 鈴木光男, 『學徒勤勞動員の日々 – 相模陸軍造兵廠と地下病院建設』, (株)近代文藝社: 東京, 2010, 30~32쪽 및 157쪽 참조. 사가미조병창에서의 학도근로 경험을 기록한 필자는 '국내에서의 징용만으로는 충족할 수 없어서 朝鮮과 臺灣에서도 징용하였으나 이것도 한계에 달해서 학도근로동원이 이루어졌다'고 기술하고 있다.

〈그림 1〉과 같이 '사가미명표'의 실제 원본은 카드 형태로, 이 중 '사가미명표①'이 절대 다수를 차지하고 있으며 '사가미명표②'의 경우 일부의 인원에서만 나타나고 있다. 두 명표는 뒷면인 '입직 후 이력' 부분만 차이가 날 뿐, 앞면의 인적사항 기재부분은 동일한 형태를 띠고 있다. 668건의 문서가 존재하나, 이 중 115건이 중복건이며 1건의 경우 일본인으로 추정되어,[25] 실제 조선인 해당 문서는 총 552건으로 확인된다. 중복건 115건의 경우 각 기재항목 중 일부의 내용이 서로 상이하게 기재되어 있다. 이는 '사가미명표'가 최초 사가미조병창에서 작성된 원본이라기보다는, 원본자료를 바탕으로 만들어진 2차 자료의 성격을 지닌다고 유추된다. '사가미명표'에 기재된 항목은 총 11가지로 각 항목과 그 내용은 〈표 4〉와 같다.

〈표 4〉 사가미조병창 명표의 항목과 내용

항목	내용	비고
課所	소속 課	
掛工長	소속 課 산하 공장 (추정)	
工名	신분명	
番號	입직 번호	
氏名	창씨명 (생년월일도 함께 기재)	앞면
入職	'工員'으로 편입된 날짜	
兵役關係	징용 이전의 병역 내용 기재 (추정)	
本籍·身上關係	본적지 및 친족과의 관계 (호적상 위치)	
履歷	편입 이전의 학력·경력 사항	
住所	현주소	
入職後履歷	소속, 신분의 변화 및 日給의 변동 사항	뒷면

---

25) 이 건의 경우 본적지 및 주소 모두 일본의 야마가타현(山形縣)으로 기재되어 있어 일본인으로 파악하였다.

2) 나고야(名古屋)육군조병창

나고야육군조병창(이하 나고야조병창)은 아츠타(熱田)製造所, 지쿠사(千種)제조소, 다카쿠라(高藏)제조소, 도리이마쓰(鳥居松)제조소, 다카기(鷹來)제조소 등을 산하에 둔 기관으로 〈표 3〉에서도 확인되는 바와 같이 비행기 부품에서 탄약, 기관포 등을 비롯한 각종 병기의 생산을 담당하였다. 각 제조소는 기본적으로 庶務掛, 公務掛, 檢査掛와 여러 개의 공장으로 편성되었는데, 각 제조소의 구성과 생산품을 보면 다음과 같다.[26]

- 아츠타제조소 : 제1공장·古知野分工場, 제3·제4·제5·제6공장, 關工場, 다카오카(高岡)공장 [1945년 8월 패전시]
- 지쿠사제조소 : 제1공장(鑄工·鍛工), 제2공장(刀工檢), 제3공장(엔진), 제4공장(소총·기관총·기관포), 제5공장(仕上組立, 연마, 着色) [1937년 현재]
- 다카쿠라제조소 : 제1공장(電氣爐鑄造·壓延·円貫·코크스鑄造·熱間壓搾工場), 제2공장(石炭爐燒鈍·洗滌·搾伸·가스燒鈍爐·電氣爐燒鈍·機械工場·汽罐場), 제3공장(中口徑彈丸搾出·小口徑彈丸搾出·旋盤·調質·口締·塗裝工場), 제4공장 [1945년 8월 패전시]
- 도리이마쓰제조소 : 제1·제2·제3·제5·제6·제8공장 [1942년 현재]
- 다카기제조소 : 제1공장(刀工檢), 제2공장(彈丸), 제3공장(藥莢), 제4공장(塡藥), 제5공장, 제6공장(爆粉·雷管), 제7공장, 제8공장 [1945년 8월 패전시]

나고야조병창 관련 자료는 '나고야육군조병창 명부'(이하 나고야명부)와 '다카기(鷹來)제조소 명표'(이하 다카기명표)의 두 가지 형태로 나타

---

[26] 『名古屋陸軍造兵廠史·陸軍航空工廠史』, 名古屋陸軍兵廠史編集委員會 編, 1986 참조. 이 자료에는 각 제조소에서 생산한 다양한 종류의 병기 내역이 상세하게 기재되어 있어 각 제조소의 역할을 이해하는 데 일정한 참고는 되나 본고에서는 그 내용은 생략하였다.

나 있다. 다카기제조소의 경우 작업장이 확인이 되나, 나고야명부의 경우 위에서 언급한 여러 제조소 중 어떤 제조소의 것인지 확인되지 않는다. 이들 자료는 서로 독립적으로 편철되어 있으나, 다카기제조소가 나고야조병창 산하의 제조소였기에 나고야조병창으로 포함하여 살펴보기로 한다.

① 나고야육군조병창 명부

앞의 사가미조병창이나 다음에 살펴볼 다카기제조소 관련 자료가 1쪽에 1명의 인적사항을 기재한 카드 형태의 '명표'로 구성되어 있는 것과 달리, 나고야명부는 1쪽에 다수의 인원이 게재되어 있는 〈그림 2〉와 같은 '명부'의 형태를 띠고 있다. 원본에는 134명의 조선인 공원이 등재되어 있으나 9명의 인원이 중복 등재되어 있어 실제 등재된 인원은 125명이다.

〈그림 2〉 나고야조병창 명부

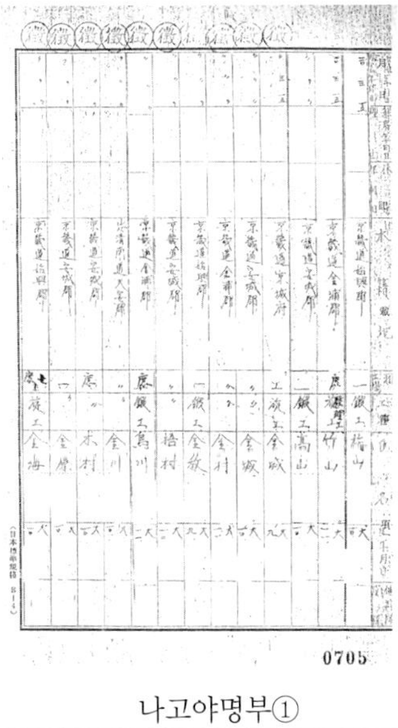

나고야명부①

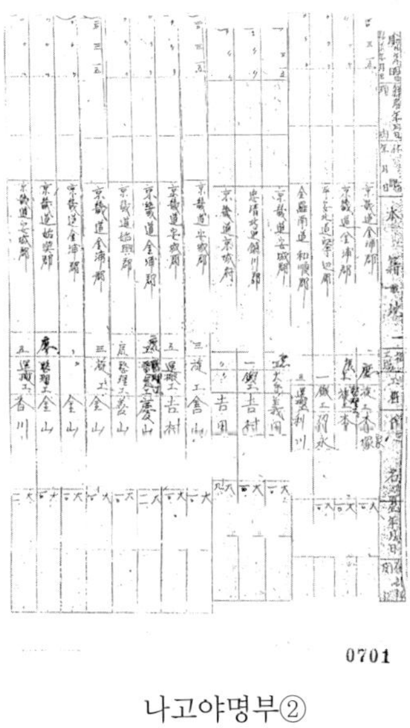

나고야명부②

〈그림 2〉와 같이 나고야명부는 '가공'된 흔적을 보이고 있다. 즉 '나고야명부②'에서 보이는 것처럼 '오려 붙인' 형태를 띠는 것이 그것이다. 이는 나고야조병창 관련 공원들의 전체 명부 중에서 조선인 부분만을 작성하기 위해 원본 중 조선인 해당 부분을 '오려 붙인' 것에서 비롯된 것으로 판단된다.[27] 이로 인해 정확한 분석에는 일정한 한계가 있다. 즉 다수의 경우 앞의 내용과 동일하다는 의미의 '〃' 기호가 기재되어 있다. 그러나 이 명부 자체가 '가공'되었기 때문에 기재된 '〃'의 기호가 실제 앞 내용과 동일한 것인지는 정확하게 파악할 수 없는 한계가 존재한다. 또한 '가공' 이후의 인쇄 혹은 복사 상태가 불량하여 다수 인원의 기재사항을 정확하게 판독할 수 없는 점도 한계로 지적할 수 있다. 이 나고야명부는 〈표 5〉와 같은 항목으로 구성되어 있다.

〈표 5〉 나고야조병창 명부의 기재항목과 내용

항목	내용
入職年月日 / 轉屬年月日	편입·전속 연월일
解雇年月日 / 理由	해고 연월일과 그 사유
休務年月日	휴무 기간
本籍地	본적지 주소
掛工場	근무 공장
工名	신분 명칭
氏名	창씨명
生年月日	생년월일
他部隊關係	

② 다카기(鷹來)제조소 명표

'다카기명표'는 「명표·명부」에서 「명부」에 편철되어 있다. 이는 다카

---

[27] 이 점에서 나고야명부는 1차 자료라기보다는 2차 자료라고 할 수 있으며, '가공' 과정에서 조선 출신자들의 일부가 생략되었을 가능성도 배제할 수 없다.

기명부에 '공원명부'라는 글자가 인쇄되어 있기 때문인 것으로 보인다. 그러나 〈그림 3〉과 같이 비록 형태는 상이하지만 '사가미명표'와 동일하게, 그리고 '나고야명부'와는 달리 1장(2쪽)에 1명의 인원에 대한 인적사항을 기재하고 있는 점에서 본고에서는 '명표'로 파악하였다.

〈그림 3〉 다카기제조소 명표

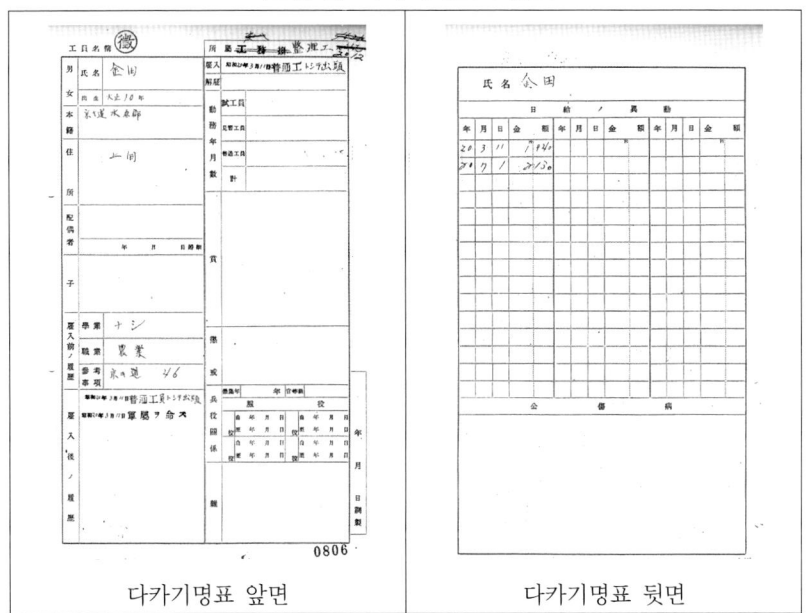

다카기명표 앞면　　　　　　다카기명표 뒷면

'다카기명표'에는 총 79명의 조선인 공원의 인적사항이 등재되어 있으며, '사가미명표'보다 더 상세한 기재사항을 요구하는 다수의 기재항목으로 구성되어 있다. '다카기명표'의 경우 1931년 개정된 「陸軍職工規則」상에서 확인되는 양식을 기초로 하여 만들어진 것임이 확인된다.[28] 그 항목들과 의미하는 내용을 정리하면 〈표 6〉과 같다.

---

28) 「陸軍職工規則ニ關スル件」(1931년 7월 3일, 陸軍省令 제11호)[アジア歷史資料センター 소장자료. 『陸軍省-大日記甲輯』, R·C:C01001206900]' 상의 '제2양식' 참조.

〈표 6〉 다카기제조소 명표의 기재항목과 내용

대항목	소항목	내용	비고
所屬		공장 및 신분명	앞면
男女		성별 구분	
氏名		창씨명	
本籍		본적지 및 친족 관계 (호적상 위치)	
配偶者		배우자 성명 및 결혼 일시	
子		자녀	
雇入 前 履歷	學業	학력	
	職業	동원 전 경력	
	參考事項	징용 번호 (추정)	
雇入 後 履歷		동원 명령 일시, 내용 및 변경 내용	
雇入		'出頭' 일시	
解雇		해고 일시	
勤務年月數	試工員	시공원 근무 기간	
	見習工員	견습공원 근무 기간	
	普通工員	보통공원 근무 기간	
	計	전체 근무 기간	
賞		포상 관계	
懲戒		징벌 관계	
兵役關係	徵集年	징집 년도	
	官等給	계급 관계	
	服務	복무 기간	
雜		기타 (추정)	
調製 일시		명표 작성 시기	앞면 우측
氏名		창씨명	뒷면
日給 異動		일급의 변화 내역	

한편 특이하게도 이들 전원에게는 다른 '명부자료'에서는 확인되지 않는 '징용번호'로 추정되는 번호가 기재되어 있다. 동원된 지역에 따라 번호를 부여한 것으로 파악되는데, 절대 다수의 인원이 경기도 지역에서 동원되었기 때문에 '경기도 ##'의 형태로 일련번호가 기재되어 있

다.29) 이는 일본 지역에서 동원된 경우에서도 확인된다. 5명의 경우는 '현명(縣名) ##'의 형태로, 또 다른 2명(여자정신대)의 경우 '春日井動員署'로 기재되어 있다. 이 번호가 동원된 이후 부여된 것인지 아니면 동원지역에서 부여된 것인지는 명확하지 않다. 경기도 출신자들의 경우 부여된 1~100번 중에서 일부 번호가 누락되어 있다. 반면에 일본에서 동원된 사례 중 아이치현(愛知縣)에서 동원된 인원의 경우 '愛知 740' 등이 부여된 점에서 볼 때 후자일 가능성이 높다. 전자의 경우라면 '다카기명표'에서 확인되는 인원은 다카기제조소로 동원된 전체 인원 중 일부만을 등재한 것으로 판단이 가능하다. 후자의 경우라면 강제동원된 조선인들은 동원 이후 모두 이와 같은 '징용번호'를 부여받았을 것이라는 추정도 가능하다.

III. 陸軍造兵廠의 조선인 동원 현황

〈표 1〉과 같이 '사가미명표', '나고야명부', 그리고 '다카기명표'에는 각각 552명, 125명, 79명의 조선인 공원의 인적사항이 각 항목별로 기재되어 있다. 이 장에서는 각 「명표·명부」상의 동원시기 및 동원지역, 연령 분포, 직종·직급 및 日給에 대한 내용을 중심으로 분석함으로써 육군조병창의 조선인 동원 현황을 살펴본다.30)

1. 동원 시기 및 동원 지역

각 「명표·명부」상에서 우선적으로 주목되는 점은 특정 시기에 특정

---

29) '##'은 숫자를 의미한다.
30) 실제 「명표·명부」상에는 '入職'이라는 항목으로 기재되어 있다. 이 '入職' 일시는 해당 작업장으로 편입된 일시로 본적지(또는 주소지)에서 동원된 일시와는 일정한 차이가 있을 것으로 판단되나, 동원과 동일한 의미를 지니기에 여기서는 '동원'으로 통일하여 사용한다.

지역에서 집단적인 동원이 진행된다는 점이다. 각 「명표·명부」상에 나타나는 동원시기 및 동원지역의 현황을 정리하면 〈표 7〉과 같다.

〈표 7〉 각 「명표·명부」상 동원자의 동원일시별 동원지역 상황

		時期	道	人員數	郡	人員數
사가미조병창 명표	1944년	① 4월 1일	경북·경남	1·1		
		② 4월 16일	경북·경남	1·1		
		③ 8월 16일	경북	1		
		④ 9월 30일	충남	1		
		⑤ 10월 20일	경남	2		
		⑥ **11월 18일**	충북	**222**	**보은군**	**41**
					옥천군	**45**
					진천군	**45**
					청주군	**91**
		⑦ 12월 9일	충북	47	옥천군	45
					공주·청주군	1·1
			경북	1		
	1945년	⑧ 3월 1일	경북	1		
		⑨ **3월 6일**	**경북**	**261**	경산군	24
					김천군	63
					달성군	41
					성주군	42
					대구부	89
					상주·청도군	1·1
			경남	2		
			충북	3		
			아이치(愛知)	1	가스가이군	1
		⑩ 3월 8일	경북	1		
		⑪ 4월 1일	강원	1		
		⑫ 4월 6일	경북	1		
		⑬ 5월 20일	경북	1		
		⑭ 6월 16일	경북	1		
	합계					**551**

나고야조병창 명부	1944년	㉠ 3월 15일	강원	1		
			경남	2		
			전남	2		
			충남	5		
			충북	1		
			평북	1		
			경기	88	김포군	39
					안성군	35
					시흥군	7
					경성부	3
					인천·용인·장단·수원	1·1·1·1
		㉡ 4월 6일	전남	1		
		㉢ 6월 3일	경남	1		
	확인 불능		경기	24	김포군	13
					안성군	2
					시흥군	9
			경남	1		
	합계					**125**
다카키제조소 명부	1944년	ⓐ 9월 30일	[미에(三重)]	2		
			[아이치]	3		
		ⓑ 11월 23일	경기	2		
		ⓒ 12월 21일	[아이치]	2		
	1945년	ⓓ 3월 11일	경기	68	경성부·용인군	1·1
					수원군	66
		ⓔ 4월 1일	경남	2		
	합계					**79**

※ '나고야조병창 명부'의 '확인불능'은 '〃'로 표시된 내용 또는 판독이 곤란한 경우이다.

552명이 확인되는 '사가미명표'상에서 나타나는 동원 일시는 1939년 8월 23일 동원되는 1명을 제외하고는 1944~45년 사이에 분포하고 있다. 1944년 의 경우 11월 18일에 222명(79.86%)과 12월 9일의 48명(17.27%), 1945년의 경우 3월 6일에 267명(97.80%) 등 특정 시기에 집중되고 있는 양상이 나타난다. 그리고 특정 지역에서 집중적으로 이루어지고 있음이 확인된다. 즉 1944년의 경우 충북 지역에, 1945년의 경우 경북 지역에 집중되고 있다. ⑥ 1944년 11월 18일의 경우 청주군 91명, 옥천·진천군 각 45명, 보은군 41명 등 222명 전원이 충북 지역에서 동원되고 있다. ⑦ 12월 9일의 경우 총 48명이 동원되는데 이 중 경북 상주군의 1명을 제외한 47명이 주로 충북 옥천군 지역에서 동원되고 있다. 이와 달리 1945년의 경우 경북 지역에 집중되고 있다. ⑨ 1945년 3월 6일 동원되는 조선인들의 경우 주소지가 일본으로 기재되어 있는 1명과 경남 2명, 충북 3명을 제외한 261명이 경북 지역에서 동원되고 있다.

'나고야명부'의 경우 전체 인원 125명 중 동원 시기가 확인되는 112명이 ㉠ 1945년 3월 15일에 동원되며 경기도 출신이 88명으로 약 70%를 차지한다. 이 중 김포군(39명)과 안성군(34명)에서 각각 44.3%, 37.5%를 차지하여 이 2개 지역에 동원이 집중되었음을 확인할 수 있다. 한편 '〃' 표시로 인하여 정확한 동원 시기가 확인되지 않는 25명의 인원이 존재하고 이 중 24명이, 1945년 3월 15일에 다수가 동원되는 김포, 안성, 시흥(김포 12, 안성 9, 시흥 2) 출신이라는 점에서 볼 때 이러한 수치는 더욱 증가할 수 있다. 이는 1945년 3월 15일 이외의 동원 일시로 확인되는 2명의 인원이 타 지역(전남, 경남) 출신이라는 점에서 볼 때 그 타당성을 지닌다.

'다카기명표'의 경우도 이와 마찬가지로 ⓓ 1945년 3월 11일 경기도에서 68명 중 수원군에서 66명이 '군속으로 命'을 받거나, '普通工員으로 출두'하여 동원되는 양상이 나타난다. 수원군에서 66명이 동원되는 것은 전체 79명 중 84.6%를 차지하는 것으로 지역집단동원의 모습을 보이는 것이라 할 수 있다.

이상의 내용을 통해 특정 시기에 郡을 단위로 하여 특정 郡에서 집중적으로 동원되는 모습을 확인할 수 있다. 이러한 '지역집단동원'의 양상은 다음과 같은 추정도 가능케 한다. 즉 각「명표·명부」에서 ①, ⑧, ⑩과 ⓛ, ⓒ 및 ⓑ, ⓔ 시기에 소수의 인원이 동원되는 모습이 확인되는데 이는 해당 시기에 그 지역에서 '집단적'인 동원이 진행되는 과정에서 이들 일부 인원만이 각각의 조병창·제조소로 따로 동원되었을 가능성도 존재한다는 점이다. 더불어 '지역집단동원'이 진행되는 시기에 소수 인원의 동원이 확인되는 ⑦, ⑨, ⓙ 및 ⓔ의 경우도 이와 유사한 추정이 가능하다. 이외에도 ②~⑤, ⑪~⑭ 및 ⓐ·ⓒ의 경우처럼 당시 주소지가 일본 현지로 기재된 경우, 이미 일본 현지로 노무동원된 이후에 다시 군속으로 '현원징용'된 사례라 할 수 있다. 이는 노무자와 군속이라는 구분을 모호하게 하는 점이라고도 할 수 있다. 또한 비록 소수에 불과하지만, '조선여자근로정신대' 방식으로 강제동원된 '女性工員'의 존재가 확인되는 점 역시 이러한 내용을 반증하는 것이라 할 것이다.[31]

'지역집단동원'의 양상은 단순히 '군속동원'에서만 나타나는 특징은 아니다. 노무동원의 현황을 일부 파악할 수 있는 대표적 자료인『朝鮮人勞務者に關する調査結果』에 등재된 각 작업장별 조선인 동원현황을 살펴보면 이러한 경향이 쉽게 파악된다.[32] 이는 결국 조선인 군속동원이 '능력'에 따른 동원이 아닌 일괄적인 동원의 내용을 지니는 것을 의미하며, 최초 식민지 조선에서의 동원과정에 있어서는 '군속동원'과 '노무동원'이 그 차이를 지니지 않는다는 것을 파악케 해준다.

---

31) 조선여자근로정신대에 대해서는 후술한다.
32) 『朝鮮人勞務者に關する調査結果』는 전후 GHQ(General HeadQuater)의 '조선인 노무자에 대하여 지불해야 할 각종 미불금의 내역 파악' 지시에 대응한 후생성의 통첩[「朝鮮人勞務者に關する調査の件」(1946.6.17., 勤發 제337호)]에 대하여 각 지역의 '근로서(勤勞署)' 단위로 조사를 진행하여 작성한 자료이다. 1991년 일본 정부로부터 부본을 인수받았다. 이 자료는 ① 노무동원 관련 명부들 중 가장 많은 인원의 등재되어 있고, ② 이들이 동원된 450여 개의 작업장을 파악할 수 있으며, ③ 노무동원의 전체상을 파악할 수 있는 자료로써 활용이 가능하기에 그 의의를 지니고 있다. 이『朝鮮人勞務者に關する調査結果』에 대해서는 추후 분석의 대상으로 하고자 한다.

한편으로 「명표·명부」에서 확인되는 조선인 인원수가 해당 조병창과 제조소로 동원된 조선인 군속 전부를 등재한 것으로는 파악되지 않는다. 〈표 8〉은 패전 직후 일본에서 작성된 『終戰直後の造兵廠 槪況綴』이라는 자료를 근거로 하고 있다. 이에 근거한 일본의 한 연구는 " '반도징용공'도 종전 시에는 오사카조병창에 2%, 도쿄 제1육군조병창에 0.5%를 넘었다"고 기술하고 있다.[33] 이를 산술적으로 계산하면 도쿄 제1조병창의 경우 245명을 넘는 수치가 나온다. 그러나 이 도쿄 제1육군조병창 관련 기록은 현재까지 확인되지 않는다. 그리고 「명표·명부」를 통해서 조선인 공원(군속) 동원이 확인되는 사가미·나고야(다카기 포함) 등의 '반도징용공'에 대해서는 언급도 되지 않고 있다. 또한 본고에서는 분석하지 않는 오사카조병창의 경우에도 1,319명의 조선인 동원이 확인되나, 「명표·명부」에서는 39명에 불과하다.

〈표 8〉敗戰時 陸軍造兵廠 勞務要員 현재 수[34]

	東京 제1	東京 제2	사가미 (相模)	나고야 (名古屋)	오사카 (大阪)	고쿠라 (小倉)	계
一般工員(男)	18,855	12,333	5,900	28,956	31,028	19,413	160,128
一般工員(女)	15,695	7,340	2,180		9,728	8,700	
徵用工員	1,858	1,373	1,400	5,845	6,558	167	17,201
女子挺身隊	188	0	1,600	0	3,003	1,947	6,738
學徒 男	6,843	7,723	1,520	7,145	12,306	3,067	49,719
學徒 女	5,595		1,230		-	4,290	
계	49,034	28,769	13,830	41,946	63,942	37,584	235,105
*半島徵用工員	245↑	-	-	-	1,319	-	3,770↑
『工員名票』	-	-	552	204	11	5	

※ '*半島徵用工員'의 인원수는 합계 인원수에 포함된 인원수임.

---

33) 山崎志郎, 「軍需工業における勞務動員の實施過程」, 『商學論集』 제62권 제1호, 1993, 140쪽 참조.
34) 『終戰直後の造兵廠現況綴』(防衛硏修所圖書館 소장 자료. 앞의 山崎志郎, 「軍

각종 자료상에서 파악되는 인원수의 차이는 다카기제조소의 경우에서도 확인된다. 종전 이후 나고야조병창 관련 인사들이 작성한『名古屋陸軍造兵廠史・陸軍航空工廠史』에서는 종전 당시 다카기제조소의 근무인원을 〈표 9〉의 내용과 같이 파악하고 있다.

〈표 9〉 종전시 다카기제조소 종업원 현황[35]

區分\掛工場別	男子			女子				雇員	總計
	一般	徵用	計	一般	挺身隊	年少工	計		
庶務掛	24	20	44	32	6	0	38	3	85
防衛掛	183	56(30)	239	4	1	0	5	-	244
工務掛	155	131	286	19	13	0	32	6	324
檢査掛	58	0(2)	58	33	19	28	80	1	139
제1공장	387	86(1)	473	74	42	52	168	4	645
제2공장	323	37	360	60	55	10	125	6	491
제3공장	585	179	764	290	25	19	334	-	1,098
제4공장	173	58	231	70	32	33	135	3	369
제5공장	313	78	391	6	3	0	9	5	405
제6공장	50	2	52	26	9	0	35	-	87
제7공장	21	0	21	15	0	0	15		36
제8공장	74	15	89	138	0	0	138	1	228
計	2,346	662	3,008	767	205	142	1,114	29	4,151

※ ( ) 안의 수치는 조선인 징용공을 의미함.

이 자료에서 제시하고 있는 조선인 공원의 인원수는 31명에 불과하며 '다카기명표'에서 그 존재가 확인되는 '朝鮮女子勤勞挺身隊'도 존재하지 않는 것으로 기재되어 있다.[36]

需工業における勞務動員の實施過程』, 142쪽에서 재인용).
35) 『名古屋陸軍造兵廠史・陸軍航空工廠史』, 511쪽 재인용.
36) 〈표 8〉과 〈표 9〉의 내용이 「명표・명부」와 차이를 지니는 것은 일본 측이 제공한 자료의 부실성을 여실히 보여주는 대목이라 할 것이다.

2. 동원 연령 및 경력

「명표·명부」상에서 확인되는 이들의 연령을 살펴보면 〈표 10〉과 같이 20대의 청년층들이 주로 동원되는 모습을 확인할 수 있다.

〈표 10〉 각 「명표·명부」상 동원자의 출생년도 및 동원시 연령 상황

출생년도	사가미조병창 인원수		사가미조병창 동원시 연령		나고야조병창 인원수		나고야조병창 동원시 연령		다카기제조소 인원수		다카기제조소 동원시 연령	
1911	-		-	30대 중반	-		-	30대 중반	1	1	36	30대 중반
1912	2	3	34		-	-	-				35	
1913	1		33		-		-				34	
1914	-		32	30대 초반	-		-	30대 초반	-	1	33	30대 초반
1915	1	1	31		-		-		1		32	
1916	-		30		-		-		-		31	
1917	4	212 (38)	29	20대 후반	-	1	-	20대 후반	-	6	30	20대 후반
1918	55		28		-		-		-		29	
1919	153		27		1		27		-		28	
1920	36	322 (58)	26	20대 중반	8	119 (95)	26	20대 중반	6	63 (80)	27	20대 중반
1921	221		25		72		25		59		26	
1922	36		24		39		24		4		25	
1923	29		23		-		23		-		24	
1924	1	4	22	20대 초반	2	3	22	20대 초반	1	2	23	20대 초반
1925	2		21		1		21		1		22	
1926	1		20		-		20		-		21	
1927	1	7	19	10대 후반	-	-	19	10대 후반	1	5	20	10대 중후반
1928	2		18		-		18		-		19	
1929	4		17		-		17		2		18	
1930	2	3	16	10대 중반	-		16	10대 중반	3		17	
1931	1		15		-		15		-		16	
확인불능	-		-		2				-		-	

※ ( ) 안의 수치는 각 조병창·제조소에서 차지하는 비율이다.

물론 10대 중반부터 30대 후반도 일부 존재하지만 특히 20대 중후반

에 집중되는 모습을 보이고 있다. 그 수는 전체 756명 중 716명으로 약 95%의 절대 다수를 차지하고 있다. 각 조병창·제조소별로도 그러하다. 이는 다른 노무동원 및 군속동원 관련 명부자료에서 확인되는 그것과는 일정한 차이를 보이는 내용이다.[37] 20대 중후반의 인원들이 집중적으로 동원되는 것은 조병창·제조소라는 업무의 특성에서 비롯된 것이라기보다는 이들이 동원된 시점과 관련이 있는 것으로 파악된다. 각「명표·명부」상단에는 徵用을 의미하는 '徵'자가 수기 또는 도장 등의 형태로 기재되어 있다. '사가미명표'의 경우 552명 중 529명(95.8%)의, '다카기명표'의 경우 79명 중 77명(97.5%)의 명표에서 이 '徵'자가 기재되어 있다. '나고야명부'에서도 일부 인원의 경우에서 확인된다.[38] 이 '徵'자는 이들이 '徵用工員' 즉, '應徵士'로 동원된 것을 의미하는 것으로 판단된다. 일제는 1943년 9월「국민징용령」3차 개정을 통해 조선에서의 동원을 보다 확대·강화하였다. 그리고 이에 근거하여 1944년 2월 8일「應徵士服務紀律」을 조선에도 제정·공포했다. 이는 징용을 皇國勤勞觀에 입각한 의무로 받아들이게 한 대표적인 사례이다.[39] 따라서 〈표 7〉과 같이 1944년 11월과 12월, 1945년 3월에 동원되는 이들은 거의 대부분이 '응징사'로서 동원되었다고 파악해야 할 것이다. 이는 식민지 조선에서 생산에 종사해야 되는, 양질의 노동력을 지닌 20대 중후반의 인원들을

---

37) 대략적인 분석 결과 6만여 명이 등재된 노무동원 관련자료인『朝鮮人勞務者に關する調査結果』및 7만여 명이 등재된 군속동원 관련 자료인『舊海軍軍屬身上調査表』상에는 동원인원의 연령대가 40~50대 혹은 60대에 걸쳐 분포하고 있으며, 상당히 많은 수를 차지하고 있나. 이들 명부자료들의 분석에 추후 과제로 삼고자 한다.
38) '나고야명부'의 경우 문서의 '가공'으로 인해 정확한 수자가 파악되지 않으며 도장의 형태가 전체 또는 일부분(테두리 일부분)이 확인되기 때문에 도장을 찍은 시점('가공' 전후)은 정확하게 파악되지 않는다.
39) 식민지 조선에서의「국민징용령」적용과 응징사 제도의 운용에 대해서는 정혜경의 연구(「국민징용령과 조선인 인력동원의 성격」,『한국민족운동사연구』56, 2008)가 참조된다.

전황 악화와 더불어 본격적으로 일본 본토의 전쟁물자 생산을 위해 동원한 내용을 반증하는 것이라 할 것이다.

한편 '사가미명표'와 '다카기명표'의 경우 기재내용을 통하여 이들의 학력과 경력을 파악할 수 있다. '사가미명표'의 경우 총 165명의 학력이 확인되는데, '고학 및 보통학교 중퇴'에서부터 '대학 전문부' 졸업에 이르기까지 다양한 양상이 나타난다. '다카기명표'의 경우도 25명이 소학교에서부터 중등학교 등을 졸업·수료한 학력이 확인된다. 그러나 대부분이 '未修學·未就學'으로 기재되어 있고, 내용이 기재되어 있지 않는 다수의 인원들 역시 '無學'에 가까울 것으로 판단되기에 과반수가 무학력이었을 것으로 판단된다.[40] 이들의 동원 이전 경력 또한 농업, 양복점 및 공장 등 다양하나 대다수가 농업에 종사하였음이 확인된다. 이는 병기제조라는 '조병창'의 특수성을 감안한 동원이라기보다는 노무동원과 큰 차이 없는 단순한 '노동력'의 동원이었음을 다시 한 번 확인케 하는 대목이다.

3. 직급·직종과 작업 내용

그럼 이들은 각 조병창에서 어떤 신분으로 어떤 작업에 투입된 것인가? 우선 이들의 신분이 '軍屬'이었음은, 軍 직할 기관에 근무하는 민간인이 '軍屬'으로 불리었다는 일반적인 내용과 더불어 '사가미명표'에서는 확인되지 않지만, '다카기명표'의 경우 등재된 79명 전원에 대해 '軍屬을 命함'이라고 기재된 내용을 통해서 파악할 수 있다. 군속이라는 신분으로 이들은 '普通工'이라는 직급 아래 다양한 직종에서 여러 작업에 투입된 것으로 파악된다. 이는 최초 동원(入職)되는 일시에 '사가미명표'의 경우 총 540명이 '普通工', '다카기명표'의 경우 총 68명이 '普通工員'으로

---

40) '사가미명표'의 경우 '關西大學 전문부 경제과 졸업', '다카기명표'의 경우 '名古屋市立□□실업학교 졸업'이 최고 학력으로 확인된다.

출두'라는 내용과 더불어 '工名' 항목에 여러 직종이 기재되어 있는 것을 통해서 확인이 가능하다.41) 한편 투입되는 작업은 경우에 따라서는 변경도 이루어진 것으로 파악된다. 각 「명표・명부」상에는 이들이 투입된 조병창 내 작업장(課・掛・工場)은 〈표 11〉과 같이 확인되나, 자료상의 한계와 그 명칭이 약자로 기재되어 있는 점 등으로 인해 정확한 작업내용을 파악할 수 없는 한계를 지닌다. 그 내용을 살펴보면 다음과 같다.

〈표 11〉 각 「명표・명부」에 수록된 작업장 내역

	課所名	掛・工場名	掛・工場別人員	職種別 人員
사가미 명표	1製	1	1	
		2	53	仕上工 19, 旋工 31
		3	7	鍛工 5, 工手 2
		4	2	
		5	76	鍛工 51, 調質工 19, 鑄工 4
		9	1	
		工務掛	1	
		庶務掛	7	工手 6
	2製	1	134	壓工 130, 壓伸工 4
		2	-	
	技術課	營造掛	145	工手 143
	技能者養成所	訓練掛	2	
	醫務課	衛生掛	3	筆生 3
	會計課	計算掛	20	運搬工 17
		倉庫掛	86	運搬工 79, 筆生 3

---

41) '普通工'이란 당시 일본 육군이 '試工員, 見習工員, 普通工員'으로 구분한 工員의 종류로 試工員과 見習工員을 제외한 대부분의 工員이 여기에 해당된다「陸軍工務規程改正의 件」(1937년 6월 2일, 陸軍省令 제14호), アジア歴史資料センター, 『陸軍省大日記甲輯昭和12年』, R・C:C01001430600의 제14조 참조]. 한편 '試工員'과 '見習工員'에 대해서는 각각 '普通工員 채용을 위해 60일 이내로 시험적으로 雇入한 자'와 '장래 工員의 基幹이 되는 普通工員의 양성을 위해 雇入한 자'로 규정하고 있다.

나고야 명부	-	1	23	鍛工 20, 瓦斯工 2
		3	14	施工 13
		5	15	運搬工 13, 施工 2
		庶	45	整理工 28, 施工 12
		工	20	施工 8, 工手 4, 運搬工·電氣工·火夫 각 2
다카기 명표	-	제1공장	6	施工 5
		제3공장	1	
		제5공장	2	
		波8	40	整理工 40
		工務掛	30	整理工 28

※ '課所'의 숫자는 각 '製造所'를 '掛·工場'의 숫자는 각 '工場'를 의미하는 것으로 추정된다.
※ '다카기명표'의 '波8'이라 기재된 것은 소속 공장을 나타내는 기호이다. 전쟁 당시 일제는 군수품을 생산하는 관영·민용 공장에 이와 같은 기호를 부여하여 보안을 유지하였다. 현재 각 기호에 대한 정확한 파악은 이루어지지 않았으며 추후 자료입수 등을 통하여 확인을 해야 하는 과제이다.

각 작업장에 투입된 조선인 工員들의 직종은 〈표 11〉에 기재한 내용 이외에도 大工, 縫工, 手入工, 運轉手, 自動車工, 雜種工, 電機工, 電氣手, 炊事手, 火手 등이 확인된다. 각 명표에서 일부 인원의 경우 '轉屬'이나 '工名變更' 등이 기재된 점이나, 이전의 직종을 지우고 새로운 직종을 기재하는 점에서 투입되는 작업의 변경이 이루어진 것으로 파악된다. 이는 '나고야명부'의 경우에서도 확인된다.[42] 그러나 조선인 工員들이 투입된 각 작업장의 작업 내역은 역시 자료상의 한계로 인해 정확하게 파악되지는 않는다. 다만 당시 일본 육군 내에서 사용된 '직종명 및 그 내용'을 통해 이들이 투입된 작업의 내용을 유추해볼 수 있다.

---

42) '工名變更'이 이루어지지 않거나, 또는 '전속' 없이 '공명변경'이 되는 내용도 확인되기 때문에 일정한 규칙을 찾을 수는 없다.

〈표 12〉 日本 陸軍에서 사용한 '職工' 명칭과 작업 내용[43]

工名	작업 내용	工名	작업 내용
坩堝工	坩堝, 爐材 등의 제조에 종사하는 자	原毛工	選毛, 洗毛, 調毛 및 反毛 작업에 종사하는 자
調質工	금속의 燒鈍, 燒入, 燒戾 등에 종사하는 자	整理工	製絨의 仕上, 정리 등에 종사하는 자
壓伸工	금속의 압착, 壓出, 압연 등에 종사하는 자	馬糧工	마량의 제조, 가공 등에 종사하는 자
著色工	塗料 이외로 染烘, 저색 작업에 종사하는 자	洗滌工	금속 세척작업에 종사하는 자
銅工	銅, 黃銅板 및 管類의 절단, 接金 등에 종사하는 자	製鑵工	각종 機關의 공작에 종사하는 자
雜種工	직접 생산작업에 종사하는 자로 다른 工名에 해당되지 않는 자	鐵船工	선박의 新造, 수리에서 주로 사용하는 철재에 관한 작업에 종사하는 자
氣球工	기구의 조립, 수리 등에 종사하는 자	運搬工	육상 하역, 운반, 노역 등에 종사하는 자
自動車工	자동차의 조립, 수리 등에 종사하는 자	運輸工	○舟의 조종, 揚搭업무 등에 종사하는 자
火工	火工品의 제조, 취급에 종사하는 자	火夫	공장 또는 선박의 기관의 焚火에 종사하는 자
製藥工	약품의 제조에 종사하는 자	油差	선박 기관의 주유 작업에 종사하는 자
化學工	화학병기의 제조, 취급에 종사하는 자	發動機工	발동기(엔진)의 조립 수리 등에 종사하는 자
銃工	소총, 기관총 등의 小修理에 종사하는 자	機關工	각종 기관의 수리, 手入 등에 종사하는 자
眼鏡工	안경의 조립, 硝子의 연마, 氣泡管의 제조 등에 종사하는 자	工夫	철도, 궤도, 架空線 공사 및 盛土, 除土, 콘크리트, 아스팔트 등의 공사에 종사하는 자
火藥工	화약, 폭약 및 그 원료의 제조, 취급에 종사하는 자	射場手	射場에서 각종 병기의 手入 기타 잡역에 종사하는 자
電氣工	전기기구, 기계 등의 공작에 종사하는 자	機關手	각종 기관의 운용, 수입에 송사하는 자
電氣手	전기기구, 기계 등의 운용에 종사하는 자	筆生	작업에 관계있는 필기, 계산 등에 종사하는 자
瓦斯工	瓦斯의 발생 및 압착 등에 종사하는 자	雜工	직접생산이 아닌 잡역에 종사하는 자
無線工	무선통신기의 조립, 수리 등에 종사하는 자		

이외에 각 조병창으로 동원되었다가 귀환한 피해생존자의 진술내용을 통해 일정한 파악이 가능하다. 현재 "위원회"의 조사를 통해 생존자 진술이 확보된 것은 '나고야명부'에 등재된 생존자 3명에 불과하다.[44] 이들은 '나고야조병창'에서 '소총 방아쇠와 개머리판을 깎는 일'을 하였고, '대장간'인 1공장, '용광로'가 있는 2공장, '쇠 깎는' 제3공장 등 12개의 공장이 있었다고 진술하고 있다. 이 진술이 '나고야조병창' 산하의 어느 제조소를 언급하고 있는 것인지는 확인되지 않으나, '나고야명부'에서 확인되는 5개의 공장(工場掛)과 각 제조소에서 다수의 작업장 현황이 확인되는 점 등은 생존자의 진술에 신빙성을 제공하는 대목이라 할 것이다.

4. 日給과 노동실태

'보통공'이라는 직급 아래 다양한 직종으로 투입된 조선인 노무자들에 대한 대우 및 노동실태는 어떠하였는가? 각 조병창별 이들의 노동실태에 대해서는 나고야조병창으로 동원된 일부 생존자의 진술만이 존재하여 정확한 파악이 어려운 상태이다. 다만 각「명표」상에 기재된 이들의 '日給' 내역을 통해 이들이 받은 대우—'賃金' 관련—에 대하여 일정한 파악을 할 수 있다. 그러나 여기서 분명하게 짚고 넘어가야 할 것은 이들의 '賃金'에 대한 기록이 존재한다고 해서 이들에 대한 賃金 지급이 이를 토대로 정확하게 지급되지는 않았을 것이라는 점이다.

먼저 이들의 일급 내역을 분석한다. 각 조병창으로 동원된 조선인 工員들은 조병창에 동원됨과 동시에 '普通工'의 직급 아래 다양한 직종으

---

43) 「陸軍職工規則ニ關スル件」(1931년 7월 3일, 陸軍省令 제11호)[アジア歷史資料センター 소장자료. 『陸軍省-大日記甲輯』, R・C:C01001206900] 상의 '附表 第1'(이외의 工名에 대해서는 [별첨표]를 참조 바람).
44) 황○천(김포군 김포읍), 양○군(김포군 검단면), 권○남(안성시 일죽면) 등 3명으로 이들의 진술내용은 위원회의 피해조사 과정에서 이루어진 '진술청취보고서' 상의 내용을 참조하였다.

로 노역에 투입되었고, 동시에 각각 개인별로 '日給'이 산정되었다. 이들이 산정받은 日給은 '사가미명표'의 경우 최하 0.59엔부터 최고 2.94엔, '다카기명표'의 경우 최하 0.9엔부터 최고 2.21엔에 이르기까지 매우 다양하다. 그러나 이들이 지급받은 日給의 산정 기준을 파악할 수 있는 자료는 현재 확인되지 않는다. 단지 당시 '공원'의 임금 산정 내용을 통해 일정 금액을 유추해볼 수 있다. 즉 1941년 당시 육군연료창에서 육군대신에게 보낸 자료에는 〈표 13〉과 같은「徵用工員初給(月收)標準並二其ノ他ノ待遇」(이하「工員初給 및 待遇」)라는 제목의 표가 수록되어 있다.45)

〈표 13〉「徵用工員初給(月收)標準並二其ノ他ノ待遇」

			一. 初給(月收)標準												
구분		연령 취업 시간	16	17	18	19	20	21	22	23	24	25	26	27	28	29 이상
未經驗者	東京勤務者	10시간	(1.17) 31.59	(1.30) 31.59	(1.43) 35.10	(1.56) 42.12	(1.75) 47.25	(1.75) 47.25	(1.82) 49.14	(1.88) 50.76	(1.91) 52.38	(2.00) 54.00	(2.04) 55.08	(2.08) 56.16	(2.11) 56.97	(2.13) 57.51
		11시간	34.74	38.61	42.47	46.33	51.97	51.97	54.05	55.83	57.61	59.40	60.58	61.77	62.66	63.26
		12시간	37.90	42.12	46.33	50.54	56.70	56.70	58.96	60.91	62.85	64.80	66.06	67.39	68.36	69.01
		주야교대 (12시간)	50.54	56.16	61.77	67.39	75.60	75.60	78.62	81.21	83.80	86.40	88.12	89.85	91.15	92.01
	岩國市勤務者	10시간	(1.04) 28.08	(1.17) 31.59	(1.30) 35.10	(1.43) 38.61	(1.53) 42.12	(1.53) 42.12	(1.57) 42.39	(1.59) 42.93	(1.61) 43.47	(1.64) 44.28	(1.68) 45.36	(1.72) 46.44	(1.76) 47.52	(1.81) 48.87
		11시간	30.88	34.74	38.61	42.47	46.33	46.33	48.32	47.22	47.81	48.70	49.89	51.03	52.27	55.73
		12시간	33.89	37.90	42.18	46.33	50.54	50.54	50.83	51.51	52.16	53.13	54.43	55.72	57.02	58.64
		주야교대 (12시간)	44.92	50.54	56.16	61.77	67.39	67.39	67.82	68.68	69.55	70.84	72.17	74.30	76.03	78.19
經驗者			경험자의 給料에 관해서는 년령, 경험 년수 및 기능정도에 따라 또 종전의 수입을 참작하여 정함													

---

45)「工員徵用ノ件上申」(1942년 1월 13일, 燃料甲 제12호, 陸軍燃料廠長→ 陸軍大臣)[アジア歷史資料センター 소장자료, 『陸軍省-密大日記』, RC : C01004957900 참조. 한편 여기에는 '工員'에 대한 일반대우도 함께 기재되어 있어 당시 이들에 대한 대우를 유추해볼 수 있다.

〈표 13〉이 물론 육군조병창이 아닌 육군연료창의 日給 산정 내용이기에 조병창의 그것과는 일정한 차이가 있을 수도 있다. 하지만 당시 일본의 육군 기관에서 행해진 것이기에 동일 육군기관이었던 조병창의 日給 산정 내용에 대하여 일정 정도의 유추가 가능하다고 판단된다.[46]

먼저 당시 工員들의 일급 산정에 우선적 기준이 된 것은 그들의 연령이었음이 확인된다. '경험자'의 경우 '경험 년수와 기능의 정도 및 종전의 수입' 등이 산정의 한 요소로도 작용하였다. 그러나 강제동원된 조선인 工員들의 경우 거의 대부분이 '농업' 등 조병창 업무와는 관련이 없는 경력을 지녔던 것이 확인되기에 '미경험자'의 일급 기준이, 적용되었을 것으로 판단된다. 각「명표」상에 나타난 이들의 일급 분포는 〈표 14〉와 같다.

〈표 14〉각 「명표」 주요 동원 일시의 일급 분포

동원시기	사가미명표						다카기명표	
	1944년 11월 18일		1944년 12월 9일		1945년 3월 6일		1945년 3월 11일	
출생년도	일급	인원수	일급	인원수	일급	인원수	일급	인원수
1913			2.17	1				
1915					2.06	1		
1917			2.07	4				
1918	2.21	14	2.04	38				
	2.24	1	2.24	1				
	2.26	1						
1919	2.13	1	2.01	2	2.21	3		
	2.21	143						
	2.36	1						
	2.61	1						
	2.68	1						
	2.87	1						
1920	2.13	12			2.13	19	1.94	3
	2.21	1			2.32	1		
	2.31	1			2.37	1		

---

46) 동시에 당시 일반적으로 존재했던 일본인과 조선인 간의 '임금차별'도 정확한 파악을 어렵게 한다.

일본 정부 인계 자료를 통해 본 戰時體制期 陸軍造兵廠의 朝鮮人 軍屬動員   79

1921	2.00	2			2.01	1	1.88	12
					2.02	1		
					2.06	145		
					2.13	35		
					2.23	1		
					2.26	2		
					2.32	1		
					2.36	3		
					2.40	1		
					2.41	1		
	2.06	13			2.44	3	1.94	13
					2.53	1		
					2.58	1		
					2.59	1		
					2.60	1		
					2.61	1		
					2.65	1		
					2.78	1		
					2.82	2		
					2.90	1		
					2.94	1		
1922	1.92	2			1.92	1	1.88	2
					2.00	15		
					2.06	12		
					2.29	1		
	2.00	3			2.37	1		
					2.44	1		
					2.47	1		
					2.61	1		
1923	1.82	2			1.92	1		
	1.92	22			2.29	1		
	2.00	1			2.40	1		
1924			1.66	1				
1925	1.85	1	1.30	1				
1930					0.91	1		

각 「명표」상에는 각 출생년도별로 다수의 日給이 확인되어 정확한

기준을 파악하기 어려우나 주로 〈표 13〉에서 확인되는 '연령 기준'을 중심으로 하고 있음을 판단할 수 있다. 이러한 日給 계산을 기준으로, ① 한달 27일, ② 1일 10시간 이상 노동, ③ 주야 2교대 등의 기본적인 노동 조건들을 계산하여 이들의 賃金이 계산되었을 것으로 파악된다.[47] 한편 이들의 일급은 '일급개정', '令에 의한 승급', '年齡승급', '年令승급', '3개월 개정', '工名變更' 등의 내용으로 일정하게 日給이 재산정되고 또 증액되는 모습을 보이고 있다. 그러나 각각의 내용에서 증액되는 일급의 액수가 일정하지 않기에 정확한 기준을 파악하기는 어렵다. 다만 「工員初給 및 待遇」에서 '연 2회의 승급', '연 2~3회의 상여', '부양가족 수당' 등의 내용이 확인되기에 동원된 조선인들에 대해서도 일정한 대우가 이루어졌을 가능성도 존재한다.

그러나 비록 이들이 〈표 13〉과 유사한 기준으로 각 「명표」상에서 확인되는 일급을 산정받았다고 하더라도 해당 액수가 정확하게 지급되었는지에 대해서는 여전히 의문의 여지가 남아 있다. 우선, 여러 가지 명목으로 공제가 이루어졌을 것이 확실시되기 때문이다. 이는 「工員初給 및 待遇」에서 확인되는 아래의 내용에서 파악이 가능하다.

(前略)
二. 기타 일반 대우
(中略)
　7. 작업복 및 작업용구는 일절 貸與함.
　8. 宿舍는 관에서 준비함.(단 내지근무자는 숙사비로서 월 1원20전을 징수함)

---

47) 위 「工員徵用ノ件上申」 참조. 한편 도쿄(東京) 근무자와 이와쿠니시(岩國市) 근무자 간에 적게는 0.13엔, 많게는 0.18엔 정도의 일급 차이를 보이고 있다. 관련 자료가 확인되지 않아 정확한 내용은 파악할 수 없으나 중앙(도쿄)과 지방(이와쿠니) 간에 존재하는 임금격차 내지는 각 시설 간에 존재하는 노동 강도의 차이에 기인하는 것으로 유추된다.

9. 寢具는 관에서 준비하고 대여요금을 징수함.
10. 식사는 관에서 준비함.(단 1일 내지에서는 50전, 만주에서는 70전의 실비를 징수함.)

(中略)

14. 일용필수품은 購賣會에서 판매함.

즉 작업에 필수적인 '작업복·작업용구'마저도 '貸與'였고, '원거리' 강제동원(조선→ 일본)의 필수사항인 '숙사·침구', 심지어는 '식사'까지도 요금징수가 규정화되어 있다.[48] 이는 산정된 賃金과 실제 지급된 賃金 사이에는 커다란 차이가 존재했을 것임을 파악케 하는 부분이다. 한편으로 당시 조병창으로 동원되었던 피해생존자들의 진술에서 '임금을 받지 못하였다'는 내용이 있어 실제 '지급' 자체도 의문스럽다. 이들의 진술은 임금 부분을 포함하여 나고야조병창의 당시 상황을 일정 부분 파악할 수 있어 그 의의를 지니고 있다.

피해생존자인 황○천(김포군 김포읍), 양○군(김포군 검단면), 권○남(안성시 일죽면) 등은 앞서 언급한 바와 같이 '소총 제작 작업'의 일부에 투입되었다. 이들은 하루 2교대로 8~10시간의 중노동에 투입되었으며 1주 간격으로 주·야간 업무를 병행하였다. 반면 장시간의 가혹한 노동에 비해 급식 상황은 매우 열악해서 '보리떡, 콩밥, 된장국' 등을 소량만 지급받았기 때문에 너무 배가 고파서 음식을 훔쳐 먹다가 구타를 당하기까지 하였다. 또한 전쟁 말기에는 미군의 폭격으로 조병창이 파괴되고 많은 사람들이 사망하는 상황을 겪기도 하였고, 일부는 폭격의 와중에 탈출을 하였다. 이 중 황○천의 진술은 상당히 정확한 것으로 판단된다. 먼저 폭격 부분이다. 나고야 지역은 1944년 12월 13일 이래 5회의 대규모

---

[48] 이러한 내용은 비록 동원형태에 차이가 존재하지만, 노무자의 경우 이미 守屋敬彦의 연구(「企業資料 중 各種 名簿類의 記述內容에서 알 수 있는 朝鮮人 强制連行者에 관한 事實」, 『韓日民族問題研究』 16, 2009.6, 135~136쪽 참조)에서 확인된 바 있다.

폭격을 포함하여 총 63회의 폭격을 받았다.[49] 황○천이 동원된 1945년 3월 시점은 일본 본토에 대한 미군의 폭격이 더욱 격화되는 시점으로 그가 '폭격'에 대해 진술하고 있는 것은 '폭격'이 그의 기억 속에 각인되어 있기 때문일 것이다. 황○천은 파괴된 조병창을 탈출한 시기를 언급하지는 않았지만, 그가 탈출한 시기는 1945년 5월 중순경으로 판단된다.[50]

5. 조선여자근로정신대 동원

각 「명표」에서 또 한 가지 주목되는 점은 '조선여자근로정신대' 방식으로 동원된 인원들을 다시 조병창으로 동원하고 있는 모습이 확인된다는 점이다. '조선여자근로정신대'란 일제가 1944년부터 식민지 조선에서, 주로 1929~30년생(당시 14~16세)의 초등학교 6년생 및 졸업생 소녀들을 '여자근로정신대'라는 명목으로 진행한 동원형태를 말한다. 이들은 '상급학교 진학', '높은 임금' 등의 우수한 노동조건을 선전하는 '교장선생님과 담임선생님의 권유'로 일본 각 지역의 공장에 노무자로 동원되었다.[51] 현재까지 '조선여자근로정신대' 방식으로 동원된 주요 사례로는 다음과 같다.

---

49) 防衛廳防衛硏修所 戰史編纂室 編, 『戰史叢書』, 朝雲新聞社 및 *U.S. Army Air Forces in World War II Combat Chronology 1941-1945*, Compiled by Kit C. Carter and Robert Mueller, Center for Air Force History, Washington, DC 1991(Reprint of 1973 edition, 1991) 참조.
50) 이는 5월 14일과 17일 양일 각각 약 500대 정도의 B-29가 나고야에 약 2천5백 톤 및 약 3천6백 톤의 소이탄을 투하하여 시가지 절반 이상이 파괴되는 피해를 입기 때문이다(『전사총서』 참조).
51) 이하 '조선여자근로정신대'에 대해서는 『(직권조사보고서)'조선여자근로정신대' 방식에 의한 노무동원에 관한 조사』(일제강점하강제동원피해진상규명위원회, 2008)의 내용을 참조하였다.

(1) 미쓰비시(三菱)중공업㈜ 나고야항공기제작소 도토쿠(道德)공장 및 오에(大江)공장 : 300여 명
(2) 도쿄아사이토(東京麻絲)방적(주) 누마즈(沼津)공장 : 300여 명
(3) 후지코시(不二越)鋼材공업(주) 도야마(富山)공장 : 1,089명

먼저 미쓰비시중공업의 경우 1945년 8월 현재 272명이 동원된 것으로 자료상으로 확인되나, 1944년 6월 동원시점 당시에는 약 300명이 동원되었을 것으로 추정된다. 최초 아이치현(愛知縣) 나고야시 미나토구(港區) 오에정(大江町)에 위치했던 이 공장들은 미군의 폭격이 격화되자 1945년 2월 도도쿠공장은 도야마현(富山縣) 이미즈시(射水市) 다이몬(大門)공장으로, 오에공장은 도야마현 난토시(南礪市) 후쿠노(福野)공장으로 이전하였다.52) 다음으로 시즈오카현(靜岡縣) 누마즈시(沼津市) 오카(大岡)에 소재했던 도쿄아사이토방적(주) 누마즈(沼津)공장의 경우 1990년대 일본 정부가 인계한 『조선인 노무자에 관한 조사결과』라는 자료에 '1944년 300명 할당, 302명 고용'이라는 내용이 존재하여 그 동원규모가 확인된다. 마지막으로 도야마현 도야마시에 소재했던 후지코시강재공업(주) 도야마공장의 경우 자신들이 작성한 社史에 1945년 5월말 현재 '半島挺身隊 여성 1,090명'이 동원되었음이 기록되어 있다.53)

---

52) 2009년 12월, 일본 정부가 '후생연금탈퇴수당 99엔'을 '액면가'로 지급하겠다고 하여 한국 사회에 커다란 파장을 일으킨 소위 '99엔 사건'이 바로 이 나고야미쓰비시로 동원된 피해자 할머니들에 대한 것이었다. 한편 272명이라는 동원인원은 전후 미군이 자신들의 폭격효과를 확인·평가하기 위해 조직한 戰略爆擊調査團(The United States Strategic Bombing Survey:USSBS)에서 작성한 『美軍戰略爆擊調査團報告書』에서 확인된다. 戰後 미군은 독일 및 일본 지역에서 자신들이 행한 폭격효과를 확인·평가하기 위해 '조사단'을 조직하였고, 이를 통해 '보고서'를 작성하였다. 이 '보고서'는 조선인들이 다수 동원되었을 작업장의 폭격으로 인한 피해사항과 그로 인한 조선인들의 피해를 확인할 수 있는 주요한 자료임에도 불구하고, 현재 한국 내에는 존재하지 않고, 일본의 도서관들에만 영인본으로 존재하고 있다. 강제동원의 피해상을 파악하기 위해 추후 수집이 요구되는 자료이다.
53) 不二越鋼材株式會社 編, 『不二越25年史』, 1953, 35쪽 참조.

이렇듯 '조선여자근로정신대'라는 형태로 노무동원된 일부 여성들이 '사가미명표'에서 4명(1명 추정), '다카기명표'에서 2명이 확인된다. '사가미명표'의 경우 1928년생 1명, 29년생 2명, 30년생 1명으로 '高少 卒, 國初 卒, 高 卒' 및 '조병창 내 청년학교 본과 2년 입소' 등의 학력을 지니고 있다. '다카기명표'의 경우 1929·30년생 각 1명으로, 2명 모두 '국민학교 수료'의 학력을 지녔고, 1944년 12월 21일에 일본 아이치현 '가스가이(春日井)動員署'에서 동원한 것으로 기재되어 있다. 특히 이들의 경우 '女挺'이라는 글자가 기재되어 있다. 이들의 모습은 '조선여자근로정신대'의 동원형태와 유사한 내용을 보이고 있어 '조선여자근로정신대' 방식(노무동원)으로 동원된 이후 일본 현지에서 '군속동원'으로 전환된 것임을 파악케 해준다. 정확하게 어떠한 이유에서 어떤 경로를 거쳐 이들의 '동원전환'이 이루어졌는지는 확인되지 않으나, 다양한 형태로 전개된 일제의 강제동원 양상을 파악케 해준다는 점에서 그 의의를 지닌다고 할 것이다.

IV. 맺음말

본고에서는 1990년대 일본 정부가 한국 정부에 인계한 자료들 중의 하나인 『工員名票』중 「陸軍運輸部軍屬名簿」를 제외한 「工員名票」와 「工員名簿」상에 나타난 육군조병창 관련 「명표·명부」를 분석하여 조선인 군속동원의 양상에 대해 살펴보았다. 물론 일본 본토지역으로 송출된 군속동원에 대한 부분적인 고찰에 지나지 않는다. 그러나 현재까지 분석을 결여하고 있는 일본 정부 제공의 '명부'들을 살펴봄으로써 군속동원 실태를 일정 부분 파악할 수 있고, 강제동원의 전체상을 고찰해 나가는 작업이라는 점에서 의미를 지니고 있다. 이들 '사가미(相模)육군조병창 명표'와 '나고야(名古屋)육군조병창 명부' 그리고 '다카기(鷹來)제조소 명표'의 분석을 통해 다음과 같은 점을 확인할 수 있었다.

먼저 동원 시기와 동원 지역의 분포에서 확인되는 지역집단동원의 양상이다. 이는 다른 명부자료에서도 확인되는 내용으로, 사가미조병창의 경우 크게 1944년 11월 18일 및 12월 9일과 1945년 3월 6일에 전체 552명 중 약 88.6%에 해당하는 489명의 인원이 충북과 경북이라는 특정 지역에서 동원되었다. 나고야조병창의 경우 1945년 3월 15일에 전체 125명 중 100명이 경기도의 안성군·김포군 지역에서, 다카기제조소의 경우 1945년 3월 11일에 전체 79명 중 68명이 역시 경기도 수원군 지역에서 집단적으로 동원된 것이 확인된다. 한편으로 일본 현지를 '주소지'로 한 경우도 있어 노무자로 동원된 이후 다시 군속으로 '現員徵用'되는 양상도 확인된다.

두 번째로 육군조병창으로 동원된 조선인들의 연령은 20대 중후반이 다수를 차지하고 있다. 이는 이들의 동원시기가 「국민징용령」이 확대·강화된 이후라는 점에서 전쟁 말기 부족한 노동력을 보충하기 위하여 일제가 조선에서의 노동력 수탈을 보다 확대·강화한 것으로 판단된다. 한편 이들의 학력이, 일부의 경우 고학에서 대학 전문부 졸업에 이르기까지 다양한 양상을 보이기는 하나 다수가 '무학력'이었고, 동원 이전에 농업에 종사하고 있었던 점 등은 지역집단동원 양상과 더불어 노무동원과 큰 차이가 없는 단순한 '노동력'의 동원이었음을 확인시켜 준다.

셋째로 육군조병창으로 동원된 조선인들은 동원과 동시에 '普通工'으로 임명되어, 다양한 액수의 日給을 산정받은 후 여러 부서에 다수의 직종으로 노역에 투입되었음이 확인된다. 이들이 산정받은 日給은 이후 '昇給·改訂' 등의 내용을 통해 증액이 이루어졌다. 그러나 이들이 속한 부서의 성격과 이들의 작업 내용에 대한 파악은 자료상의 한계로 인해 일정한 유추만이 가능할 뿐이다. 일급의 산정 기준 및 증액의 기준 내용 파악에서도 역시 그러하다. 이는 군속(工員)동원의 실태를 파악하는 주요한 요소이기에 추후의 과제로 남겨 추가적인 연구가 필요하다. 한편 이 日給－賃金과 관련하여 분명하게 인식해야 할 것은 위 「명표」 등에서 확인되는 내용은 서류상에 기재된 내용에 불과한 것으로 실제 지급과는 차이가 있었을 것이라는 점이다. 생활 및 노동에 필수적인 물품에까지도 '貸與'하여 요금을 징수하는 등 賃金에 대한 다양한 공제가 있었기 때문이다.

  마지막으로 추가적인 명부자료와 기초 자료의 입수 및 데이터화의 필요성이 제기된다. 분석대상으로 삼은 3개 기관의 자료는 한정적인 것이다. 나고야육군조병창의 경우 일본 측 자료에서 확인되는 인원수에 비해 턱없이 부족한 인원수만 등재하고 있다. 또한 그 자료에서 언급하고 있는 도쿄 제1조병창의 경우 한국 정부가 인계 받은 명부자료들에는 존재하지 않고 있다. 특히 「명표·명부」 자료들의 상태를 볼 때, 원본 자료를 바탕으로 재작성된 자료로 판단되기 때문에 보다 많은 자료들이 아직도 일본 내에 존재할 것으로 판단된다. 이에 대한 지속적이고 적극적인 입수 노력이 필요할 것으로 판단된다. 아울러 『美軍戰略爆擊調査團報告書』 등과 같은 다수의 조선인 동원내용과 피해내용을 확인할 수 있는 '명부' 자료 이외의 기초 자료 수집에도 주의를 기울일 필요가 있다. 이외에도 보다 명확하게 조선인 군속동원의 현황 및 실태를 파악하기 위해서는, 육군조병창 관련 자료만이 아닌 『留守名簿』나 『舊海軍軍屬身上調査表』 등과 같은 군속 관련 명부자료들의 체계적인 데이터화 작업도 반드시 진행되어야 할 것이다.

[별첨표] 日本 陸軍에서 사용한 '職工' 명칭과 작업 내용

工名	① 「陸軍職工規則ニ關スル件」 '附表 第1'	② 「陸軍職工規則施行細則」 '附表 第1'
鍛工	-	×
鑄工	-	금속의 鑄造, 鑄入 작업 등에 종사하는 자
坩堝工	坩堝, 爐材 등의 제조에 종사하는 자	坩堝, 煉瓦 제조에 종사하는 자
調質工	금속의 燒鈍, 燒入, 燒戾 등에 종사하는 자	금속의 輭過, 健淬, 反淬 작업 등에 종사하는 자
壓伸工	금속의 압착, 壓出, 압연 등에 종사하는 자	×
板金工	-	×
鏨削工	-	×
鍍金工		도금 작업에 종사하는 자
著色工	塗料 이외로 染烘, 저색 작업에 종사하는 자	×
銅工	銅, 黃銅板 및 管類의 절단, 接金 등에 종사하는 자	×
鉛工	-	鉛罐, 鉛匣 등의 제조에 종사하는 자
綴鋲工	-	×
洗滌工	금속 세척작업에 종사하는 자	左同
旋工	-	旋削, 平削, 穿孔 작업 등에 종사하는 자
フライス工		'후라이스' 작업에 종사하는 자
鎔接工	-	×
研磨工	-	연마 작업에 종사하는 자
目立工	-	鑢의 날 세우는(目立) 작업에 종사하는 자
彫刻工	-	조각, 目盛, 度盛 등의 작업에 종사하는 자
銛工	-	×
製罐工	각종 機關의 공작에 종사하는 자	×
塗工	-	漆 기타 도료를 사용하여 塗抹 작업에 종사하는 자
發動機工	발동기(엔진)의 조립 수리 등에 종사하는 자	×
氣球工	기구의 조립, 수리 등에 종사하는 자	×
自動車工	자동차의 조립, 수리 등에 종사하는 자	×

工名	①「陸軍職工規則ニ關スル件」'附表 第1'	②「陸軍職工規則施行細則」'附表 第1'
眼鏡工	안경의 조립, 硝子의 연마, 氣泡管의 제조 등에 종사하는 자	안경, 氣泡管 제조 등의 작업에 종사하는 자
計器工	-	×
銃工	소총, 기관총 등의 小修理에 종사하는 자	×
仕上工	-	鑢削, 罫引, 仕上조립, 기능조정 등의 작업에 종사하는 자
檢査工	-	제조품, 구매품 등의 검사에 종사하는 자
火藥工	화약, 폭약 및 그 원료의 제조, 취급에 종사하는 자	화약 제조에 종사하는 자
火工	火工品의 제조, 취급에 종사하는 자	火工 작업에 종사하는 자
製藥工	약품의 제조에 종사하는 자	×
化學工	화학병기의 제조, 취급에 종사하는 자	×
分析手	-	분석 작업에 종사하는 자
電氣工	전기기구, 기계 등의 공작에 종사하는 자	×
電氣手	전기기구, 기계 등의 운용에 종사하는 자	×
瓦斯工	瓦斯의 발생 및 압착 등에 종사하는 자	×
無線工	무선통신기의 조립, 수리 등에 종사하는 자	×
製鋼工	-	×
紙函工	-	紙函 제조, 寒冷紗張 등의 작업에 종사하는 자
寫眞工	-	×
縫工	-	×
裁斷工	-	×
製靴工	-	×
紡績工	-	×
機織工	-	×
原毛工	選毛, 洗毛, 調毛 및 反毛 작업에 종사하는 자	×
染色工	-	×
フェルト工	-	×

工名	① 「陸軍職工規則ニ關スル件」'附表 第1'	② 「陸軍職工規則施行細則」'附表 第1'
整理工	製絨의 仕上, 정리 등에 종사하는 자	×
罐詰工	−	×
搗精工	−	×
馬糧工	마량의 제조, 가공 등에 종사하는 자	×
屠獸手	−	×
活版工	−	×
石版工	−	×
銅版工	−	×
植字工	−	×
製本工	−	×
木工	−	×
木型工	−	주물용 木型 제조에 종사하는 자
製材工	−	×
船木工	−	×
鐵船工	선박의 新造, 수리에서 주로 사용하는 철재에 관한 작업에 종사하는 자	×
船具工	−	×
製圖手	−	×
筆生	작업에 관계있는 필기, 계산 등에 종사하는 자	등사(謄寫), 계산에 종사하는 자
荷造工	−	×
運搬工	육상 하역, 운반, 노역 등에 종사하는 자	×
運輸工	○舟의 조종, 揚搭업무 등에 종사하는 자	×
手入工	−	×
機關工	각종 기관의 수리, 手入 등에 종사하는 자	×
機關手	각종 기관의 운용, 수입에 종사하는 자	×
射場手	射場에서 각종 병기의 手入 기타 잡역에 종사하는 자	×
電車運轉手	−	×
工夫	철도, 궤도, 架空線 공사 및 盛土, 除土, 콘크리트, 아스팔트 등의 공사에 종사하는 자	架線, 철도, 수도 등 공사 기타 左官, 屋根職手傳, 鳶職 등의 작업에 종사하는 자
舵夫	−	×

工名	①「陸軍職工規則ニ關スル件」'附表 第1'	②「陸軍職工規則施行細則」'附表 第1'
水夫	–	×
火夫	공장 또는 선박의 기관의 焚火에 종사하는 자	汽罐의 焚火에 종사하는 자
油差	선박 기관의 주유 작업에 종사하는 자	×
雜種工	직접생산 작업에 종사하는 자로 다른 工名에 해당되지 않는 자	직접생산 작업에 종사하는 자로 다른 工名에 해당되지 않는 자
雜工	직접생산이 아닌 잡역에 종사하는 자	간접생산의 雜役에 종사하는 자
手鍛工	×	手工으로 鍛造, 型打 작업 등에 종사하는 자
機鍛工	×	汽鎚, 空氣鎚, 吊鎚, 鍛工機 등을 이용하여 鍛造, 型打 작업 등에 종사하는 자
製罐工	×	주로 厚板製罐 작업에 종사하는 자
爐工	×	爐 조업에 종사하는 자
鈑金工	×	鐵葉鈑, 아연판 등의 薄板 세공에 종사하는 자
壓搾工	×	압착기, 수압기 등을 사용하여 압착, 搾出 작업에 종사하는 자
搾延工	×	롤 작업 또는 拉伸 작업에 종사하는 자
着色工	×	포신, 총신 등의 착색 혹은 染烘 작업에 종사하는 자
矯正工	×	총신 등의 교정 작업에 종사하는 자
手木工	×	수목공으로 木工 작업에 종사하는 자
機木工	×	機械鋸, 機械鉋 등을 사용하여 목공 작업에 종사하는 자
大工	×	건축에 필요한 목공 작업에 종사하는 자(목수)
鞍工	×	革具, 麻具, 製綱, 製繩 및 그 염색작업 등에 종사하는 자
煉瓦工	×	煉瓦, 石材 등의 여러 構築 작업에 종사하는 자
印刷工	×	인쇄 작업에 종사하는 자
電工	×	전기기구·기계 등의 수리, 제조 시험과 발전전기 공작 작업에 종사하는 자

工名	①「陸軍職工規則ニ關スル件」'附表 第1'	②「陸軍職工規則施行細則」'附表 第1'
電氣夫	×	전동기, 전동기중기 등의 취급에 종사하는 자 또는 電工을 보조하는 자
運轉手	×	자동차, 전차 등의 운전에 종사하는 자
交換手	×	전화 교환에 종사하는 자
機關夫	×	汽機, 瓦斯機, 水力機, 唧筒 등의 운전 및 취급에 종사하는 자
油差夫	×	機關夫 보조 및 기관에 기름 치는 일에 종사하는 자
搬夫	×	운반 일에 종사하는 자
庫手	×	창고 경비, 물품 정돈 및 창고 개폐 보조를 하는 자
圖生	×	製圖 작업에 종사하는 자
分析手	×	분석 작업에 종사하는 자
特技工	×	간접생산 업무에 종사하는 자로 특별한 기술을 지닌 자
看護手	×	환자 간병에 종사하는 자

※ '-'은 원자료상에 기재내용이 없는 것을, '×'은 두 개의 자료 중 해당 工名이 존재하지 않는 것을 의미한다.

【참고문헌】

「陸軍職工規則ニ關スル件」(1931년 7월 3일, 陸軍省令 제11호)[アジア歷史資料センター 소장자료. 『陸軍省-大日記甲輯』, R・C:C01001206900].
「陸軍工務規程改正の件」(1937년 6월 2일, 陸軍省令 제14호)[アジア歷史資料センター 소장자료. 『陸軍省大日記甲輯昭和12年』, R・C:C01001430600].
「工員徵用ノ件上申」(1942년 1월 13일, 燃料甲 제12호)[アジア歷史資料センター 소장자료. 『陸軍省-密大日記』, RC : C01004957900].
防衛廳防衛硏修所 戰史編纂室 編, 『戰史叢書』, 朝雲新聞社.
不二越鋼材株式會社 編, 『不二越25年史』, 1953.
座間美都治, 『相模原の歷史』, 1974.
名古屋陸軍造兵廠史編纂委員會 編, 『名古屋陸軍造兵廠史・陸軍航空工廠史』, 1986.
U.S.Army Air Force in World War Ⅱ Combat Chronology 1941~1945, Compiled by Kit C. Carter and Robert Mueller, Center for Air Force History, Washington, DC, 1991.
大濱徹也・小澤郁郎 編, 『(改訂版)帝國陸海軍事典』, 同成社, 1995.
太平洋戰爭硏究會 編, 『日本陸軍がよくわかる事典-その組織, 機關から兵器, 生活まで』, PHP硏究所, 2002.
原剛・安岡昭男 編, 『日本陸海軍事典』上, コンパクト版, 2003.
일제강점하강제동원피해진상규명위원회 편, 『(직권조사보고서)'조선여자근로정신대' 방식에 의한 노무동원에 관한 조사』, 2008.
일제강점하강제동원피해진상규명위원회 편, 『[강제동원기록총서1]강제동원 명부해제집 1』, 2009.12.
鈴木光男, 『學徒勤勞動員の日々-相模陸軍造兵廠と地下病院建設』, (株)近代文藝社, 2010.
노영종, 「일제하 강제연행자 현황에 대한 검토 : 정부기록보존소 소장 강제연행자 명부를 중심으로」, 『記錄保存』 제16호, 정부기록보존소, 2003.
정혜경, 「일제 말기 조선인 군노무자의 실태 및 귀환」, 『한국독립운동사연구』 20, 독립기념관 한국독립운동사연구소, 2003.
정혜경, 「국민징용령과 조선인 인력동원의 성격-노무자와 군속의 틀을 넘어서」, 『한국민족운동사연구』 56, 한국민족운동사학회, 2008.

정혜경,「國內 所藏 戰時體制期 朝鮮人 人的動員 關連 名簿資料의 實態 및 活用方案」, 『한일민족문제연구』 16, 한일민족문제학회, 2009.
정혜경, 「戰時體制期韓半島內人的動員(勞務動員)被害－死亡者現況を中心として」, 强制動員眞相究明ネットワーク, 强制動員眞相究明全國研究集會, 「日本の朝鮮植民地支配と强制連行」, 2011년 5월 28~29일 발표원고.
山崎志郎,「軍需工業における勞務動員の實施過程」,『商學論集』제62권 제1호, 1993.
山崎志郎,「陸軍造兵廠と軍需工業動員」,『商學論集』제62권 제4호, 1994.
守屋敬彦,「企業資料 중 各種 名簿類의 記述內容에서 알 수 있는 朝鮮人 强制連行者에 관한 事實」,『韓日民族問題研究』 16, 2009.
심재욱,「전시체제기 조선인 해군군속동원 실태－『舊海軍軍屬身上調査表』의 동원지 사례 분석을 중심으로」, 2010년 6월 5일 한일민족문제학회 10주년 기념학술회의 발표요지.
表永洙・吳日煥・金明玉・金暖英,「朝鮮人 軍人・軍屬 關聯 '供託書'・'供託明細書' 基礎分析」,『韓日民族問題研究』 14, 2008.
崔永鎬,「韓國政府의 對日 民間請求權 報償 過程」,『韓日民族問題研究』 8, 2005.

유골명부로 보는 일본 내 한국인 유골 실태
일본 정부에 의한 유골 실태·실지조사 결과를 중심으로

오 일 환

Ⅰ. 들어가며

　일제강점기 군인·군속·노무자·위안부 등으로 강제 징병·징용·동원된 한국인들은 연인원 약 750만 명에 달하는 것으로 알려져 있다. 그러나 강제동원 중 사망하거나 행방불명된 희생자들의 숫자는 정확히 파악되지 않고 있다. 해방 직후인 1948년, 연합군총사령부(SCAP/GHQ)의 지시로 일본 정부가 한국 측에 강제동원 희생자 유골·유품·위패 등 7천여 기를 송환하였으며, 이후 한일 정부 간의 오랜 협의 끝에 1971년부터 10여 차례에 걸쳐 1,600여 기의 유골이 송환되었다.[1] 그러나 이들 유골은 모두 군인·군속의 유골이며, 전체 강제동원 희생자 중 대다수를 차지하는 노무자[2] 등의 유골은 아직 정부 간에 송환된 사례가 없다.

---

1) 전후 한일 정부 간 유골봉환에 관한 협상 개요는 졸고, 「강제동원 사망자 유골 봉환을 둘러싼 한일 정부 간 협상에 관한 소고-1969년, 제3차 한일각료회의를 중심으로」, 『한일민족문제연구』 제17호(2009년 12월 30일) 참조.
2) 일본 정부는 한국인 군인·군속의 사망자는 2만 2천이라고 주장하지만, 실제

이는 군인·군속 사망자와 달리, 노무자, 위안부 등의 강제동원 책임에 대해 일본 정부가 '개별 민간기업의 책임일 뿐, 정부의 책임이 아니다'라는 입장을 고수해 왔기 때문이다.3) 그러나 지난 2004년 12월 한일 정상회담에서 양 정상 간에 '노무자 등 징용자 유골의 송환'에 관한 의견교환 이후, 한일 양국은 '유골협의'를 통해 일본 내 한국인 노무자 등의 유골에 관한 조사에 착수했으며, 조만간 유골의 국내 송환이 실현될 것으로 기대된다.

이에 본고에서는 2005년 이후 한일 양국 정부의 합의 아래, 일본 정부가 주도적으로 실시하고 있는 일본 내 한국인 유골의 실태 및 실지조사의 현황을 소개하고 현재까지 보고된 결과와 내용을 간략히 살펴보고자 한다.

  는 그 이상인 것으로 추정되며, 노무동원자 중 사망자에 관해서는 정확한 통계가 없는 실정이다. 1963년 한일회담 과정에서 한국 측은 일본 측에 강제동원 피해자 규모와 보상 금액을 제시하면서, 사망자를 7만 7천 명으로 제시하였으나 정확한 산출 근거와 내역은 확인할 수 없다. 그나마 1995년 정부 위탁으로 한국정신문화연구원이 조사한 내용이 전시 강제동원 희생자의 일면을 파악하는 데는 참고가 되지만, 이것은 당시까지 확인된 제한된 자료를 바탕으로, 전시기 이전의 지진·재해·사고 사망자 등을 망라한 것으로 전시기 강제동원의 정확한 피해자 규모를 파악하는 데는 한계가 있다. 이상 강제동원 피해자 규모 등에 관해서는, 한일민족문제학회 강제연행문제연구분과, 『강제연행·강제노동 연구 길라잡이』, 선인, 2005 ; 한국정신문화연구원 편, 『해외 희생자 유해 현황 조사 사업보고서, 일제시기 해외 한인 희생자 연구』, 1995.12 참조.
3) 한국 정부 역시 1965년 한일협정 체결 이후 군인·군속 유골의 송환에는 어느 정도의 관심을 기울였으나, 노무자 등의 유골 현황을 파악하려는 노력을 기울이지 않았으며 현재까지 밝혀진 내용으로는 일본 정부에 대해서도 책임과 송환을 요구하지 않았던 것으로 보인다.

II. 한국인 유골 실태·실지 조사의 배경 및 경위

1. 한일유골협의 및 유골 실태·실지 조사의 실시

2004년 12월 가고시마(鹿兒島)에서 열린 한일 정상회담에서 노무현 대통령이 '노무징용자 유골의 송환'을 언급하고, 고이즈미(小泉純一郎) 총리가 '협조방법을 검토하겠다'고 답변한 이후, 유골 문제를 구체적으로 추진하기 위해 한일유골협의체가 구성·운영되었다.[4] 그리고 2005년 5월의 제1차 한일유골협의에서 양국은 일본 내 한국인 유골의 실태를 조사한다는 데 합의했다.

이에 앞서 일본 정부는 6월경 일제강점기 노무동원과 관련이 있는 1백여[5] 기업들과 현재 유골을 보관하고 있는 사찰, 납골당 등의 시설, 그리고 한국인 사망사 정보 및 유골 소재 정보를 보유하고 있는 지자체 등에 '정보제공의뢰서'를 발송했다.[6]

또한 한일 양국은 동 조사결과에 따라 파악된 유골정보를 실제로 확인하는 조사업무를 실시해 나가기로 합의했다. 한일 양측은 일본 내 유골조사를 '실태조사'(實態調査)라 칭하고, 후자의 직접 실사(實査)를 '실

---

4) 한국 측은 2004년 일제강점하강제동원피해진상규명특별법을 제정, 동 위원회를 발족시켰다. 한일정상회담에서 강제동원 노무자 유골 문제가 협상테이블에 제기된 것은 동 위원회의 활동에 따른 것이며, 2005년 이후 한일유골협의체의 대표는 동 위원회의 사무국장과 일본 외무성의 심의관으로 구성되었다.
5) 2005년 5월 한일유골협의에서 일본 측은 '조사의뢰서'를 보낼 기업이 108개사라고 밝혔다. 위원회는 대상 기업의 숫자가 너무 적다고 문제를 제기하였는데, 일본 측은 '1991년 당시 조사된 회사가 431개사였는데, 그중 현존하는 회사가 108개사라고 밝혔다.
6) 총무성이 각 지자체 등에 통달한 문서는 総行国第147号「朝鮮半島出身の旧民間徵用者の遺骨について(情報提供依頼)」平成17年6月20日, 여기에는 별첨문서로서 内閣官房·外務省·厚生労働省이 공동 작성하여 의뢰하는 「朝鮮半島出身の旧民間徵用者の遺骨について(情報提供依頼)」지침서가 첨부되어 있다.

지조사'(實地調査)라고 칭하기로 했다.

이후 일본 정부의 유골 실태·실지 조사 현황은 초기에는 한일유골협의가 개최될 때[7] 일본 측에 의해 설명되거나 전달되었으며, '08년 이후에는 실태조사의 경우 1년에 1~2회, 실지조사의 경우 수시로 한국 측에 전달되고 있다.

2. 실태조사

2005년 중반부터 시작된 일본 측의 실태조사는, 한일유골협의 때마다 유골 관련 자료 또는 정보의 중간집계 내역이 보고되었다.[8] 2006년경 보고내용에는 125개[9] 기업 중 8개사가 제공한 사망자 또는 유골보관 현황이 일부 포함되어 있었다.[10] 그러나 그 이상 기업으로부터의 정보는 진전이 없었고, 대부분이 전일본불교회(全日本佛敎會)를 통한 불교종단 또는 개별 사찰들로부터의 유골 보관 자료에 의존하는 모습을 보였다.

초기 실태조사 결과의 최종 집계 예정은 2005년 6월이었으나, 이후 몇 차례 연기되어 2008년 8월, 유골 2천여 기의 실태조사 결과가 한국 측에 전달되었다. 이후 일본 정부는 증보되는 실태조사 결과를 연 1~2회 간격으로 총 5차에 걸쳐 한국 측에 전달했다.[11]

---

7) 2011년 4월 현재 한일유골협의 대표급 회의는 8회, 과장급·팀장급 실무회의는 10여 차례 진행되고 있다.
8) 이때 일본 정부는 사망자의 성명(창씨명 등)과 본적지, 소속 기업과 작업장, 사망연월일 등이 기록된 일부 문건을 한국 측에 전달하기도 했으나, 대부분의 자료는 주소와 사찰명이 특정되지 않은 'ㅇㅇ寺(또는 院)에 ㅇ위의 한국인 추정 유골이 보관되어 있다는 숫자 정보들이었다.
9) 2005년 11월 제3차 한일유골협의에서 일본 측은 종전의 108개 기업 외에 17개 사가 추가되었다고 밝혔다.
10) 일본 측은 조사대상 기업 125개사 '모두'로부터 회신이 있었다고 했지만, 대부분이 '해당자료 없음' 또는 '모른다'는 내용이었고, 8개 회사만 사망자·유골 소재, 또는 조선인노무자 고용자료를 보내왔다는 것이다.
11) 가장 최근에 수령한 5차분 결과는 2010년 8월 전달되었다.

〈표 1〉 유골 실태조사 결과 수령 현황(누계)

	수령 시기	시설 수(개)	유골 수(기)
1차	2008년 8월	281	2,346
2차	2009년 8월	301	2,442
3차	2009년 12월	301	2,601
4차	2010년 3월	323	2,643
5차	2010월 8월	327	2,662

일본 측의 실태조사 내용은 일본 전 지역을 (1) 北海道·東北, (2) 関東, (3) 中部, (4) 近畿, (5) 中国·四国, (6) 九州·沖縄의 6개 권역으로 나누어 분류하고, 각 사찰과 납골당 등 총 327개 시설에 고유번호를 지정하고, 해당 시설의 유골정보를 수록했다. 이때 총 2,662기의 유골 수는 대체로 개체성이 파악되는 유골만을 한정하고 있으며, 분골 또는 합골된 유골에 대해서는 그 구체적 숫자를 특정하기 어렵기 때문에 단지 보관 시설만 표시하고 있다. 따라서, 실제 유골의 개체 수는 2,662기를 훨씬 상회($+\alpha$)한다.

합골·분골된 시설의 유골에 대해서는 아예 숫자를 적지 않았거나 누락된 경우가 다수 있기 때문에 '2,662기 외의 유골' 개체 수를 파악하는 데 어려움이 있다.

3. 실지조사

한일 양측은 상기 실태조사가 개시된 직후, 동 조사결과의 내용을 정부관계자가 직접 참관하여 실사를 벌이는 문제에 대해 협의했다. 우리 측은 한일 공동 실지조사를 주장하였고, 일본 측은 모든 실지조사에 대해 한일 공동조사는 불가능하고 해당 시설 측의 요청 또는 양해(한일공동조사를 수용)가 있는 경우에만 가능하다는 입장을 관철시켰다. 이로써 2006년 8월 후쿠오카(福岡) 다가와시(田川市) 신마치(新町) 묘지납골당에 보관 중인 한국인 유골 4기에 대한 제1회 한일 공동실지조사가 실시되었다. 이후 일본 측은 주로 후생노동성 인도조사실 주도하에 단독 실지조사를 실시해 나갔고, 그 결과를 한국 측에 서면으로 전달했다. 이후 2011년 2월 현재 총 189차[12])에 걸친 실지조사 결과가 전달되었는데, 5년여 기간 동안 실태조사에서 파악된 2천6백여 유골 중 1천여 기의 유골이 확인되었다.

일본의 한 사찰에서 한일 공동 유골 실지조사를 진행하는 모습

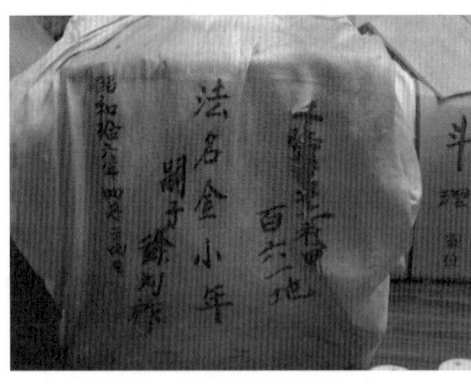

사찰 등에 보관된 한국인 유골의 모습. 대개 나무상자나 항아리 등에 담겨 있다.

---

12) 이 가운데 한국 측 관계자가 공동으로 참여한 실지조사는 19회이다. 공동조사는 해당 사찰 등 시설의 동의가 있는 경우에만 허용되고 한국 측의 예산·인력 부족 등으로 인해 충분하게 이루어지지 않고 있다.

한국인 사망자의 유골과 사진 등 유품이 담겨 있는 모습

실지조사를 통해 확인할 수 있는 가장 중요한 작업은 사망자의 신원과 유족찾기, 그리고 강제동원 사실확인이다. 이 점이 현재 진행하고 있는 실지조사의 가장 큰 성과이자 동시에 가장 큰 문제점이기도 하다.

위원회는 실지조사를 통해 확인된 사망자의 신원정보(성명, 본적지, 생몰년월일)를 토대로 본적지조회 또는 주민조회 등을 거쳐 사망자의 생전기록과 강제동원 피해사실 여부, 그리고 유족찾기에 착수한다.

아래 표는 현재까지 확인된 유족찾기 현황이다. 성명과 최소 면(面) 단위 이하 본적지가 기재되어 유족찾기가 가능한 대상자는 298기이다. 이 가운데 유족 등 연고자가 확인된 경우는 79위로서 조사대상자 중 26.5%에 불과하다. 보고된 유골 총수에 비하면 3%에도 미치지 못한다.

〈표 2〉 실지조사 결과에 따른 유족확인 현황(2011년 3월 현재)

합계	확인불가	조사대상		
		소계	유족확인	무연고*
298	181	117	79	38

※ 제적등본상 신원은 확인되나 무후손, 제적말소된 경우, 연고자의 주소가 일본, 미국 등 해외 거주로 추적 불가인 경우 등.

이처럼 유골의 생존자료 확인과 유족찾기의 성과가 저조한 근본적인 이유는, 유골 신원정보의 절대부족과 실지조사 시 관련 자료를 충분히 수집할 수 없기 때문이다.

유골의 신원정보를 파악하는 단서는 유골이 보존된 단지·유골함, 사찰 측이 보관한 해당 유골의 과거장(過去帳), 해당 지역 관공서에 남아 있는 매화장인허가증(埋火葬認許可證) 등의 기록물인데, 사망자의 성명이 불상(不詳)인 경우도 있고, 대부분의 경우 본적지에 대한 기록이 전혀 없거나 그마저도 시·도·군 단위까지만 기재되어 있을 뿐 상세한 본적지 정보가 없어서 사실상 조사가 불가능한 경우가 대부분이다.

과거장의 표지
유골을 납골하는 경우 사찰 측이 사망자의 간단한 신상을 기록하는 장부

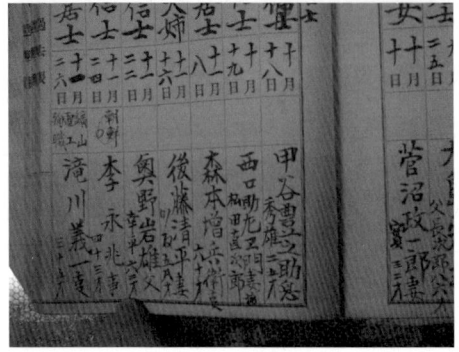

조선인 사망자의 출신(조선)과 성명이 과거장에 기록되어 있다.

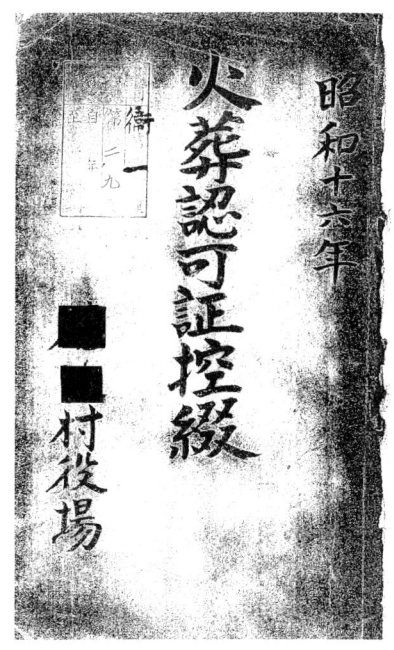

매화장인허가증의 표지
사망자를 매장·화장하는 경우 해당 행정관청에 사망자의 신상과 사망관련 정보를 신고하여 허가를 받아야만 한다.

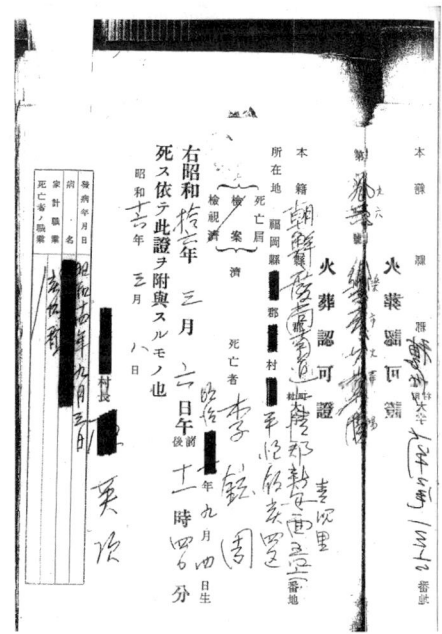

매화장인허가증의 사례
사망자의 본적, 성명, 사망일시 등이 기록되어 있다.

III. 실태조사 결과의 내용

1. 기본적 구성

일본 측이 보내온 실태조사 [양식 1]과 [양식 2]로 나뉘어 있다. [양식 1]은 일본의 전역을 6개 블럭으로 구분하고 각 블럭별로 개요를 정리하여 보여주고 있다. 주요 항목은, 시설번호(공통코드), 시설 등 명칭, 시설 등의 소재지, 실태조사에서 보고된 유골 수, 실지조사에서 확인된 유골 수와 차수, 보완조사 여부, 비고 등이다.

〈표 3〉 실태조사 [양식 1]의 사례

共通コード	施設等名称	施設等の所在地	実態調査	実地調査	補完的調査		備考
					一部補完	全部補完	
I 北海道・東北							
101	雲泉寺	04宮城県　大衡村	1				
102	昌源寺	04宮城県　大衡村	2				
103	福寿寺	05秋田県　北秋田市	2	2	第7回		
104	関興庵	06山形県　米沢市	3	4	第6回		
~~	~~~~	~~~~　~~~~	~~~~	~~~	~~~~	~~~~	~~~
151	-	-	1	1	第53回		
152	-	-	1				

시설번호는 각 블럭번호 아래에 1부터 99이하의 일렬번호를 부여하였는데, 50번까지는 시설명칭과 소재정보가 공개된 곳이고, 51번 이하는 공개를 기피하는 시설에 대해 번호만 부여하고 있다. 각 지역블럭별 시설 수와 유형은 다음과 같다.

〈표 4〉 실태조사 결과 지역별 시설 수 및 시설 유형 현황

	시설 수			시설 유형			
	계	공개	미공개	사찰 등	납골당 등 시설	市町村 행정기관	미공개
Ⅰ 北海道 및 東北	50	31	19	30		1	19
Ⅱ 關東	48	19	29	16	3		29
Ⅲ 中部	52	35	17	33	2		17
Ⅳ 近畿	41	15	26	14	1		26
Ⅴ 中國 및 四國	55	16	39	15		1	39
Ⅵ 九州 및 沖繩	81	34	47	28	4	2	47
계	327	150	177	136	10	4	177

총 시설 수는 327개소인데 시설명칭과 소재가 공개된 곳은 150개, 미공개가 177개이다. 공개된 시설 150개 중 사찰, 사원이 136개(90%)로 대부분을 차지하고 나머지는 일반 납골당, 위령당 등이다.

실태조사에서 보고된 유골 수와 실지조사에서 확인된 유골 수가 일치하지 않는 경우도 확인된다. 실지조사 결과 한국인 유골이 아닌 일본인 등의 유골로 판명되었거나 한국인 유골이 분명치 않은 경우, 일본에 거주하는 유족이 확인되어 조사대상에서 제외하는 경우 등에 대해서는 '보완조사'에 유골 수를 표시하고 있다. 이때 한 시설의 모든 유골이 보류 또는 보완조사 대상인 경우에는 '전부보완'으로, 일부 유골이 그 대상인 경우에는 '일부보안'으로 분류하고 있다.

[양식 2]는 각 시설별로 유골의 구체적 정보를 수록한 명부이다. 주요 항목으로는, 유골별 일련번호, 성명(창씨명), 본적지, 생년월일, 사망연월일, 비고가 표시되어 있다.

〈표 5〉 실태조사 [양식 2]의 사례

No	氏名	本籍地	生年月日	死亡年	備考
Ⅳ近畿ブロック					
施設番号·施設名 453					
1	李景憲 豊田景憲	全羅南道光山郡大村面泥場里	1906-04-03	1945/11/4 (火葬日)	0
2	(対象外)	0	0	M33.1.0	1900	日本人と判明
3	(対象外)	0	0	M33.1.0	1900-	日本人と判明

성명 및 비고에는 실태·실지조사에서 확인된 유골의 상태를 설명하는 내용들이 기재되어 있는데, 일본인 등 한국인 유골이 아니거나 향후 봉환대상에서 제외되어야 할 경우 '오인'(誤認), '대상외'(對象外), '보완'(補完) 등으로 분류하고 있다. 성명, 본적지, 생년월일, 사망월일 항목에는 유골 또는 주변 기록물 등에서 확인된 신상정보를 기재하고 있는데, 판독불가능한 경우 또는 정보가 없는 경우가 다수이다.

관동대지진과 1945년 동경대공습 당시 사망한 희생자의 유골이 보관된 동경도위령당(東京都慰靈堂) 내부 납골당의 모습

동경도위령당(東京都慰靈堂)
정면에 보이는 작은 항아리는 조선인으로 확인된 유골이며, 뒤편의 큰 항아리에는 신원을 확인할 수 없는 조선인, 일본인 등의 유골이 합골되어 있다.

2. 주요 내용

일본 측은 5차에 걸친 실태조사에서 유골 총수를 2,662기라고 보고하는데, [양식 2]의 세부 내용과 별도로 제공된 실지조사 결과를 종합적으로 점검한 결과, 처음부터 유골 수가 보고되지 않은 다수 합골분을 제외하고 전체 개별 유골 수는 총 3,041기이며, 이 가운데 오인, 대상외, 보완 등의 보류 대상 유골 524기를 제외하면 유효한 한국인(추정)유골[13] 수는 총 2,517기로 추산된다.

〈표 6〉 실태·실지조사 결과 보류·보완대상 유골 및 실제 유골 수 현황

보류·보완 대상		524	보완	223
			오인	38
			대상외	263
한국인유골(추정)		2,517		
합 계		3,041		

---

13) 당초 모든 실태조사의 대상은 조선인·한국인 유골이었으므로 굳이 '한국인유골'이라고 할 필요는 없으나, 실제 조사결과 일본인 등의 유골을 오인했거나 여러 가지 사정으로 인해 조사대상에서 제외되어야 할 유골 등이 포함되어 있기 때문에, 이하에서는 한일 간 조사 목적에 부합하는 유효한 유골에 한해 '한국인유골'이라 표시하기로 한다.

이하에서는 실질적 한국인(추정) 유골 2,517기에 관해서만 살펴보기로 한다. 출신지역 또는 본적지가 확인된 유골 399기를 분류하면, 아래 〈표 7〉과 같다.

〈표 7〉 출신지역별 유골 수

지역	유골 수	지역	유골 수
경남	111	경북	84
경기도	22	전남	21
전북	16	충북	14
충남	12	황해도	11
강원도	8	경성부	6
평남	6	제주	5
함남	2	일본	2
평북	1	함북	1
합계			399

경상남도가 111기로 가장 많고, 경상북도 84기, 경성(6)을 포함한 경기도 28기, 전라남도 21기, 전라북도 16기, 충청북도 14기, 충청남도 12기, 황해도 11기, 평안남도 6기, 제주도 5기, 기타 순으로 나타나는 것을 알 수 있다. 경남과 경북, 경상 지역이 압도적으로 많은 것은, 정혜경의 연구에서 분석된 바와 같이, 1940년대 말부터 잦은 한발과 기근에 따른 경상 지역에서의 적극적인 송출 정책 때문인 것으로 해석된다.[14]

---

14) 전시총동원시기 한반도에서 국외로 송출된 조선인의 출신지역별 통계에 관해서는, 정혜경, 『일본 제국과 조선인 노무자 공출 – 조선인 강제연행·강제노동 연구Ⅱ』, 선인, 2011, 45~47쪽을 참조. 특히 '〈표 4〉 한반도 주요 본적지별 조선인 송출 현황'은 '왜정시 피징용자 명부' 등 강제동원 관련 각종 명부류를 종합적으로 정리하여 도출한 결과로서 각 지역별 특성과 다소(多少)의 원인을 설명하고 있다. 그 밖에 및 정혜경, 『조선인 강제연행·강제노동Ⅰ – 일본편』, 선인, 2006 참조.

〈그림 1〉 실태・실지조사 결과 출신지역별 현황

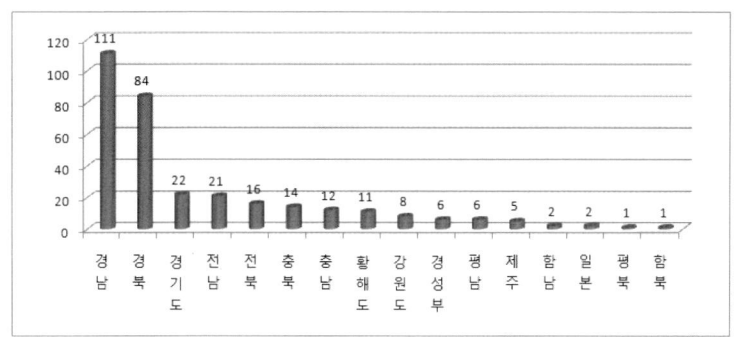

한편, 사망자의 출신지를 표시하는 방식, 즉 국적과 행정단위를 얼마나 구체적으로 명시하였는지 살펴보기로 한다. 이는 유골의 신원과 유족을 확인하는 데 직접적인 영향을 미치기 때문에 매우 중요한 단서라고 할 수 있다. 단순히 조선인, 또는 한반도인이라고만 명시한 유골에서부터, 마을의 번지수까지 정확하게 기재한 경우도 있다.

〈표 8〉 출신지역의 행정단위별 표시 현황

행정단위	유골 수	비율 (%)	
		최소대상 기준 (2517기)	총 유골 수 기준 (3041기)
조선・반도・한국	77	3.1	2.5
道	7	0.3	0.2
市・郡・邑・俯	16	0.6	0.5
面	35	1.3	1.1
里・村・洞・町	146	5.8	4.8
번지, 구역	120	4.8	3.9
합 계	399	16	13

출신지를 단순히 '조선'(朝鮮)이라고 표시한 유골은 64기, 한반도를 의미하는 '반도'(半島)라고 표시한 유골이 3기, '한국'(韓國)이라고 표시한

유골이 10기, 총 77기가 확인되었다. 단순히 도(道)까지만 명시한 경우는 7기, 시(市), 군(郡), 읍(邑), 부(俯)까지 명시한 경우는 16기가 확인되었다. 유골의 신원과 유족을 확인하는 경우 이상의 행정단위만 명시되어 있을 경우 그 범위가 너무나 광범위하기 때문에 본적지 조회를 하는데 한계가 있으며, 설령 해당 유골의 동명(同名)이 확인된 경우라 할지라도 동명이인(同名異人)일 가능성을 배제할 수 없기 때문에 신원을 특정하기 쉽지 않다.15)

면(面) 단위까지 명시된 유골은 35기, 마을(里·村·洞·町) 단위까지 명시된 유골은 146기로 가장 많고, '지번'까지 완전하게 명시된 경우는 120기에 달한다.

그러나, 조선, 반도, 한국 등 국명만 기재된 경우를 모두 포함시켜도 이를 대상범위 내 유골 또는 전체 유골의 비율로 보면 각각 16%, 13%에 지나지 않으며, 실제로 유골의 신원을 확인할 수 있는 최소 단위인 면(面) 단위 이하 상세 정보를 명시한 경우는 각각 11.9%, 9.8%밖에 되지 않는 것을 알 수 있다. 다시 말해, 유골의 신원을 확인해 볼 수 있는 대상은 전체 유골의 10% 내외에 불과하며 나머지 90%가량은 신원을 확인할 단서가 희박하다는 뜻이다.

생년월일이 명시된 유골은 전체 유골 중 193위에 불과하다. 이들 유골을 각 시기별로 분류하면, 1900~1909년 출생자가 51명으로 가장 많고, 1910~1919년 출생자가 39명, 1920~1929년 출생자가 29명, 1890~1899년 출생자가 28명이다. 1896년생이 2명 등 1900년 이전 출생자가 총 42명이며, 전쟁 전후기간인 1940~1949년 중 태어난 출생자도 19명이나 확인되고

---

15) 이 경우, 역으로 비교가능 대상자의 유족 또는 연고자에 대한 탐문, 면접조사 또는 강제동원 피해신고 사실 및 여타 강제동원 관련 기록물 등을 대조하여, 대상자의 강제동원 사실 및 사망 유무를 확인하여, 유골의 발견지역, 사망경위 등을 종합적으로 검토하는 등의 절차가 필요하다.

있다. 1950년 이후 출생자도 6명이나 확인되었다.

〈표 9〉 출생시기별 유골 현황

출생시기	유골 수	비율(%)
1869년 미만	2	1.0
1870~1879년	3	1.6
1880~1889년	9	4.7
1890~1899년	28	14.5
1900~1909년	51	26.4
1910~1919년	39	20.2
1920~1929년	29	15.0
1930~1939년	7	3.6
1940~1949년	19	9.8
1950~1959년	6	3.1
합 계	193	100

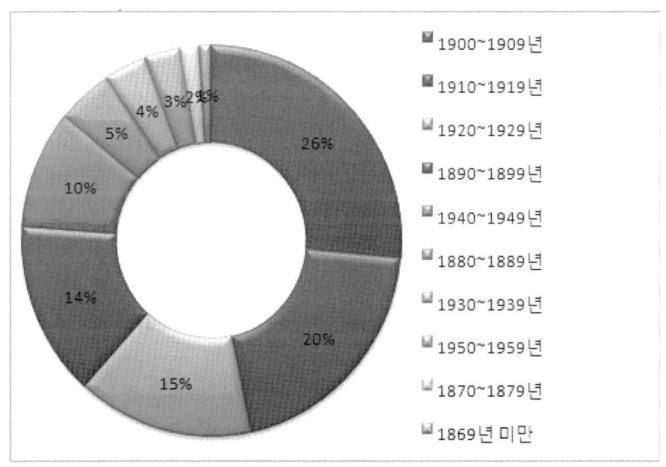

사망시기가 표시된 유골은 전체 유골 중 733위다. 사망시기를 10년 단위로 구분할 경우, 1940~1949년대가 428명으로 가장 많고, 전후 1950~1959년 사망자도 159명으로 두 번째로 많다. 사망시기를 좀 더 세분화하면 일제 말기 전시총동원시기인 1938~1945년간 사망자가 402명으로 나타나

는데, 이는 전체 사망자의 54%를 차지한다. 특히 전쟁 말기인 1945년 한 해에만 146명이 사망했다. 이는 사망시기를 확인할 수 있는 유골의 절반 이상이 전시총동원 시기에 사망했으며, 전쟁 말기에 집중적으로 사망했다는 사실을 보여주는 것이다.

그러나 실태·실지조사에서 확인된 유골 중 1945년 이전 사망자는 447명, 1946년 이후 가장 최근인 1989년까지 사망자가 286명으로 확인됨으로써, 전후 재일한국인16)의 유골이 상당수 포함되어 있음을 알 수 있다.

〈표 10〉 사망시기별 유골 현황

사망시기	유골 수	전시총동원시기	유골 수
1900~1909년	1	1938년	11
1910~1919년	1	1939년	15
1920~1929년	17	1940년	16
1930~1939년	52	1941년	34
1940~1949년	428	1942년	40
1950~1959년	156	1943년	60
1960~1969년	59	1944년	80
1970~1979년	16	1945년	146
1980~1989년	3	소 계	402
합 계	733		

이상에서 출생연도와 사망연도가 동시에 표시되어 사망 당시의 연령을 추정할 수 있는 유골은 207기이다. 사망 당시 연령은 50~59세가 44명으로 가장 많고, 60~69세가 34명, 18~29세가 28명, 30~39세가 27명 순으로 나타나며, 만 1세 이하 19명, 2~5세 11명으로 영유아 사망률도 매우 높다는 것을 알 수 있다.

---

16) 본고에서는 편의상 전전의 도일·도항자, 유학생, 재일조선인, 전후의 일본 거주자, 체류자 등을 모두 망라하여 '재일한국인'으로 칭하기로 한다.

〈표 11〉 사망 당시 연령 현황

사망 당시 연령	유골 수	사망 당시 연령	유골 수
1세	19	50~59세	44
2~5세	11	60~69세	34
8~13세	3	70~79세	9
18~29세	28	80~89세	5
30~39세	27	90세 이상	1
40~49세	26		
합 계			207

현재 유골의 보존 상태는 1인별로 납골된 경우가 1,232건, 매장이 2건, 조선인·한국인만으로 합골된 경우가 231건, 일본인 등 외국인과 함께 합골되어 분리할 수 없는 경우가 94건, 미확인 합골이 932건, 기타 유골의 소재가 불분명하여 확인할 수 없는 경우가 26건이다.

〈표 12〉 매장·화장·합장 상태 현황

구 분	유골 수
합장	1,257
매장	2
유골소재특정불능	26
개체(추정)	1,232
합 계	2,517

〈표 13〉 합골·합장 유골의 현황

합장 유골의 세분	유골 수
일본인 유골 등과 합골·합장	94
한국인 유골만 합골·합장	231
미확인	932
소 계	1,257

Ⅳ. 강제동원의 성격 문제

이상의 실태·실지조사에서 파악된 유골의 성명, 본적지를 단서로 위원회는 사망자의 신원과 유족, 그리고 강제동원 피해사실 등 사망경위를 파악하고 있다. 그러나 전술한 바와 같이 전체 유골 정보 중 도(道) 단위 이하의 본적지 정보를 알 수 있는 유골은 전체의 10% 내외에 불과하기 때문에 실제로 신원이 확인되는 비율은 매우 적은 편이다.

현재까지 신원이 확인된 총 유골은 110여[17] 위이며, 그중 유족이 확인된 경우는 70여[18] 위다.

신원이 확인된 유골 110여 위를 분류하면 다음과 같다. ① 매장된 경우, 일본인 등의 유골과 함께 합골된 경우, 사찰 경내에 매장되었으나 정확한 위치를 특정할 수 없는 경우 등이 모두 10%가량이다. ② 홋카이도(北海道) 서본원사 삿포로별원(西本願寺札幌別院)에 보관 중인 조선인 유골[19] 중 일부 신원이 확인된 경우가 30%가량 포함되어 있다. ③ 나머지 60%가량이 강제동원 피해자[20]와 기타 사망자 등의 유골이다.

---

17) 신원이 확인된 유골 중에는, 실태·실지조사 이후 민간이 국내로 송환한 유골도 포함되어 있다. 따라서 향후, 봉환대상에 포함될 신원 및 유족확인 결과는 약간 줄어들 것이다. 한편, 이상의 유골의 신원 및 유족확인 결과는 국내봉환을 전제로 현재 일본 정부와의 협의를 추진하고 있기 때문에 정확한 내역을 대외적으로 공표하는 데 한계가 있다. 향후 한일 정부간 협의를 통해 봉환이 결정 또는 완료된 이후 적법한 절차를 거치면 공개될 수 있을 것으로 기대한다.
18) 유골의 경우, 유족의 범위를 상속 또는 위로금 등 지급 대상인 유족의 개념에 한정할 수 없기 때문에 현재로서는 최대한 가까운 친인척 관계를 기준으로 조카나 당질 등 먼 친인척까지 포함하고 있다. 그러나 '05년 이후 확인된 먼 유족조차 고령과 질병 등에 의한 사망, 주소 및 연락처의 잦은 변경으로 인한 통신두절, 연고 포기 등의 사유로 인해 점차 그 숫자가 줄어드는 추세이기 때문에, 그 숫자를 확정하기 어려운 점이 있다.
19) 삿포로별원에는 조선인 노무동원 피해 사망자 유골 101기가 몇 차례에 걸쳐 합·분골되어 보관되어 있다. 따라서 해당 유골의 신원이 확인되었다고 해서 유골의 개체성을 구분할 수 있는 것은 아니다. 삿포로별원에 보관 중인 유골의 경위와 상세 내역에 관해서는, 白戸仁康, 「本願寺札幌別院の遺骨遺留品関係資料について－内容と若干の考察－」, 『在日朝鮮人史研究』 (35), 2005.10, 149~173쪽을 참고할 것.
20) 강제동원 사망자의 판단 여부는, 유족 등이 위원회에 신고한 피해신고 및 조사결과, 위인정(위원회가 소장·인정한 강제동원 관련 각종 명부류와 증빙서류 등)과 매화장인허가증 등 각종 참고자료DB 조회, 피해신고되지 않은 경우 유족 등의 증언 등을 종합적으로 검토하여 판단하고 있다.

①의 유골은 대부분 유골의 소재를 파악할 수 없거나 일본인 등과 합골된 상태로 거의 국내로의 봉환이 불가능한 상태라고 할 수 있다. ②는 삿포로별원에 보관된 유골로서 신원이 확인된 유골들은 대부분 노무동원 피해자의 유골로 파악된다. 문제는 ③의 유골이다. 이 중에는 강제동원의 피해사실이 명백한 유골도 있지만, 강제동원 피해자로 추정되나 명확한 객관적 증거가 불충분하거나, 강제동원과 전혀 관계 없는 유골 등이 혼재되어 있다. 특히 유골 중에는 10세 미만의 영유아나 여성, 그리고 1900년 이전의 초고령자,[21] 그리고 전후의 재일한인[22] 등의 유골이 다수 포함되어 있다.[23]

원래 노무동원자 등 한국인 강제동원 사망자 유골을 조사하기 이전 시기부터, 일본 정부는 한국 정부에 대해 일본 내 한국인 무연고유골의 인수를 요구해 왔다. 전후 일본의 각 사찰, 납골당 등은 후손이나 유족이 찾아가지 않거나, 공양을 하지 않는 재일한인의 유골이 점차 늘어남에 따라 이를 일본 정부를 통해 한국 정부가 인수해 갈 것을 요구해 왔다. 이에 대해 한국 정부는 일본 정부가 전전의 강제동원 사망자 유골조차 성의 있게 송환하지 않는 가운데, 전후 한국인 사망자의 무연고유골만을 인수할 수는 없다는 입장을 견지해 왔다. 이런 가운데 2005년 12월 한일정상회담을 계기로 노무동원자 등 한국인 유골의 송환 문제가 제기

---

21) 전시체제기 중에는 1900년 이전 출생자로서 강제동원된 경우도 확인되지만, 이 경우에는 1860~1880년대의 초고령자인 경우를 의미하므로 초고령자라고 한다. 특히 전전의 재일거주자에 관해서는 김광열, 『한인의 일본 이주사』, 논형, 2010 참조
22) 물론, 강제동원 피해자로서 전후 일본에 잔류하였거나 귀국 후 일본으로 재도항하였다가 일본에서 사망한 자도 포함될 수 있으므로 반드시 전후에 사망했다고 해서 강제동원 피해자가 아닌 것은 아니다. 그러나 이 경우에는 강제동원의 피해사실이 없는 일반적인 재일한인을 의미한다.
23) 전체 실태조사 유골 중 이상의 강제동원 사망자 이외의 다양한 유형의 사망자 숫자를 정확히 파악할 필요가 있으나, 현재로서는 이 작업이 완결되지 않고 있다.

됨에 따라, 일본 정부는 전국의 지방자치단체와 불교종단을 통한 각 사찰과 납골당 등에 대해, 한국인 강제동원 사망자 유골만을 제한하지 않는 대신, '한반도 출신 구 민간징용자 **등의 유골(강조는 필자)**'에 대한 정보를 제보할 것을 통달하였고, 이에 따라 사찰 등은 강제동원 사망자 유골뿐만 아니라 전전과 전후의 모든 조선인·한국인(재일한인 등 불문)의 유골을 신고하고 있다.[24]

이처럼 실태·실지조사에서 확인된 유골은 강제동원 사망자뿐만 아니라, 전전의 일본거주자, 부녀자, 유소년, 전후의 재일한인 등 다양한 성격의 조선인·한국인의 유골이 망라되어 있는데, 이상의 유골을 국내로 송환할 경우 강제동원 사망자 유골만 엄밀하게 구분할 수 있는가의 문제가 제기된다. 예를 들면, 한 사찰에 강제동원 사망자 유골 외에 그의 노부모, 처, 자녀 등의 유골이 함께 보관된 경우 또는 아예 합사된 경우도 있는데, 이때 강제동원 사망자 유골만 국내로 송환하는 것이 적절한지 또는 가능한지 여부가 논란이 될 수 있다.

---

24) 総行国第147号「朝鮮半島出身の旧民間徴用者の遺骨について(情報提供依頼)」平成17年6月20日. 통달 내용 중에는 신고대상 유골의 사망시기에 대해 '전전과 전후(昭和30年頃)'라고 한정하였으나, 실제 신고된 유골은 1970년대 사망자까지 망라되어 있다.

유골명부로 보는 일본 내 한국인 유골 실태

사찰 등에 한국인 유골이 일본인 유골과 함께 합골된 모습

합골된 유골은 위령비의 아래, 또는 지하에 매장되어 있다.

V. 나오면서

　2005년부터 현재까지 일본 정부가 일본 국내 사찰 등에 현존하는 조선인·한국인 유골을 조사한 결과, 아직 완전한 형태는 아니지만 2천5백여 기가 확인되었다. 대부분의 사망자는 경상지역, 특히 경남 지역 출신자가 많았고, 사망시기는 전시총동원 시기, 특히 1945년에 집중되어 있으며 사망 당시 연령은 30~50대의 중장년으로 주로 1900~1920년대 출생자가 많은 것을 알 수 있다. 대부분의 유골은 화장되었으며 개별적으로 보관되고 있는 유골과 여러 사람의 유골이 합장된 경우가 각각 절반 정도의 비율을 보이고 있는데, 합장된 유골 중 일부는 한국인뿐만 아니라 일본인 등 외국인 유골과 합장·합골된 것으로 확인되었다.

　실태·실지조사의 내용면에서 가장 큰 문제점으로 지적할 수 있는 것은 강제동원의 사실 확인 여부이다. 당초 유골봉환 노력과 정부 간 협의는 강제동원 희생자 유골이 최우선적 과제였음에도 불구하고, 실제로 현재 일본 각 사찰 및 납골당 등에 보관된 유골의 실태를 조사한 결과, 예상 밖으로 강제동원과 직결되는 유골의 숫자보다는 강제동원 당사자의 노부모, 처자, 유아, 그리고 1945년 이후 재일한국인 등의 유골이 적지 않은 것으로 파악된다는 점이다.

　이는 현재 파악된 유골 중에서도 사망자의 강제동원 사실 여부를 확인할 수 있는 관련 자료가 부족하고, 일본 정부의 확인 노력 역시 소홀하기 때문에 강제동원성 여부를 증명하기 어려운 점도 있지만, 보다 큰 이유는 현재 사찰과 시설 등이 보관하고 있는 유골 중 강제동원 피해자의 숫자가 실제로 많지 않은 데 기인하는 것이다. 실제로 현재까지 보고된 유골은 일본 전역의 사찰 등 납골시설 등에 대한 조사라고는 하지만, 강제동원 시기의 모든 해당 기업 등이 자료를 제공하지 않고 있으며, 불교계와 사찰 측이 자발적으로 신고한 경우만 포함되었기 때문에,

아직도 신고되지 않은 수많은 사찰과 납골당에 한국인의 유골이 있을 것으로 추정되며, 나아가 사찰과 납골당이 아닌 공동묘지, 비행장, 건설현장, 탄광산 등에 매장·매몰된 강제동원 피해자의 유골은 전혀 조사되지 않고 있다.

향후 이에 대한 한일 정부 간의 조사와 연구자의 연구가 요구되는 상황이라고 할 수 있다.

【참고문헌】

1. 기본자료

대일항쟁기강제동원피해조사및국외강제동원희생자등지원위원회 소장, 日本厚生勞働省職業安定局人道調査室作成, 『유골 실지조사 보고서, 1~189차분』 2010.5.

대일항쟁기강제동원피해조사및국외강제동원희생자등지원위원회 소장, 日本厚生勞働省職業安定局人道調査室作成, 『유골 실태조사표, 제5차분』 2010.9.

2. 기타 자료집, 논저 등

한국정신문화연구원 편, 『해외 희생자 유해 현황 조사 사업보고서, 일제시기 해외 한인 희생자 연구』, 1995.12.

総行国第147호「朝鮮半島出身の旧民間徴用者の遺骨について(情報提供依頼)」平成17年 6月20日.

白戸仁康, 「本願寺札幌別院の遺骨遺留品関係資料について-内容と若干の考察-」, 『在日朝鮮人史研究』(35), 2005.10.

한일민족문제학회 강제연행문제연구분과, 『강제연행·강제노동 연구 길라잡이』, 선인, 2005.

정혜경, 『조선인 강제연행·강제노동 I - 일본편』, 선인, 2006.

上杉聰, 「朝鮮人強制連行被害者の遺骨返還問題-日韓·日朝による共同作業の經緯と展望」, 『世界』759, 2006年 12月.

川瀬俊治, 「朝鮮植民地支配被害者の遺骨全體を視野に-動きはじめた返還問題」, 『部落解放』596, 2008年 4月.

홍제환, 「전시기 조선인 동원자수 추정치 활용에 대한 비판」, 『경제사학』 44호, 2008년 6월.

오일환, 「강제동원 사망자 유골봉환을 둘러싼 한일 정부 간 협상에 관한 소고 - 1969년, 제3차 한일각료회의를 중심으로」, 『한일민족문제연구』 17(2009년 12월 30일).

김광열, 『한인의 일본 이주사』, 논형, 2010.

정혜경, 『일본 제국과 조선인 노무자 공출-조선인 강제연행·강제노동 연구Ⅱ』, 선인, 2011.

일본 나가사키현 사키토정 「埋火葬認許證交付簿」
등재 조선인 사망자 분석(1940~1945)*

김 명 환

I. 머리말

일제말기 총동원체제가 성립되자 조선인의 도일이 급격히 증가하였다. 전시체제기 인력동원에 관한 연구는 대체로 조선인 동원과정과 현지실태 규명, 귀환 등에 집중되어 왔다. 조선인 사망자에 대한 관심도 적지 않았으나, 이에 대한 연구는 거의 이루어지지 않았다. 조선인 사망자에 관한 기록이 많지 않다는 점이 이유가 되었을 것이다. 일부 기업의 노동재해기록이 남아있는 경우가 있으나, 이것은 특수한 예에 속한다. 이와 같은 현실에서 일본 내 각 지방자치단체가 발급한 '埋火葬認許證[1]

---

* 이 글은 대일항쟁기강제동원피해조사및국외강제동원희생자등지원위원회 진상조사결과보고서『일본 나가사키현 사키토정 埋火葬認許證 기재 조선인 사망자 문제 진상조사』(연구자 김명환, 2011년 6월) 내용을 재구성하여 작성한 것이다.
1) 일본의 경우 埋葬 혹은 火葬 등 장례식을 치르기 위해서는 시정촌 등 각 관청에서 발행하는 매화장인허증(埋火葬認許證)이 반드시 필요하다. 埋火葬認許證은 호적사무 담당부서에서 취급하고 있고, 인허증철 혹은 교부부철 형태로 정리되어 해당관청에서 보관하고 있다. 埋火葬認許證 신청은 사망자와 연고

은 일제말기 조선인 사망자 연구에 유용한 분석자료로 활용될 수 있다.

埋火葬認許證은 기본적으로 사망자에 관한 기록이다. 埋火葬認許證에는 사망자의 인적사항, 사망시기, 사망이유 등 여러 가지 정보가 자세히 기재되어 있다. 따라서 관련정보를 치밀하게 분석해보면 사망자에 관한 여러 가지 사항들을 알아낼 수 있다. 아울러 埋火葬認許證을 둘러싸고 있는 시기적, 지리적, 사회경제적 배경 등을 함께 분석해보면 사망자 기록 이상의 사실을 확인할 수 있다.

이러한 점에서 나가사키현(長崎縣) 사키토정(崎戶町)의 「埋火葬認許證交付簿」는 분석대상으로써 좋은 조건을 구비하고 있다. 사키토정은 작은 섬으로 구성되어 있었고 정내의 산업분포도 탄광업 일변도로 매우 단순하였다. 전통적으로 사키토정에서는 어업이 중요한 산업이었으나 탄광개발 이후로는 큰 의미를 가졌다고 보기 어렵다. 그만큼 사키토정에서 탄광업은 압도적이었다. 사망자 발생은 그 지역의 지리적, 사회경제적 조건과 밀접한 연관관계가 있다. 따라서 사키토정 「埋火葬認許證交付簿」 분석은 그 지역 사망자에 대한 분석임과 동시에 사키토탄광(崎戶炭鑛)[2] 사망자에 관한 분석이기도 하다.

전시체제기 나가사키현의 埋火葬認許證은 비교적 이른 시기부터 수습되기 시작하였다. 사키토정의 「埋火葬認許證交付簿」 발굴은 초기사

가 있는 친족이나 동거자 등이 사망자의 본적지, 신청인의 주소지, 사망한 장소 등의 관청에서 할 수 있다. 이 글에서는 埋火葬認許證을 한자로 표기하고자 한다. 그 이유는 첫째, 이 용어가 일본에서는 상용되는 것이나 우리나라에서는 생소한 개념이고 용어표기에 대한 별도의 사례가 없다는 점이다. 둘째, 이 용어를 한글로 표기할 경우 의미전달이 모호해질 수도 있기 때문이다.

[2] 사키토탄광은 일본 나가사키현(長崎縣) 사키토정(崎戶町)에 소재하였다. 이 탄광은 1907년 규슈탄광기선(주) 사키토광업소로 시작되었으나 1940년 9월 미쓰비시광업(주)에 합병되었다. 따라서 사키토광업소라고 부르는 것이 정확한 표현이다. 그러나 일반적으로 사키토광업소보다 사키토탄광으로 지칭되고 있으므로 이 글에서도 통칭을 따라 기재하고자 한다. 다만 구체적인 회사명을 밝힐 경우에는 본래 회사명대로 표기하고자 한다.

례에 속한다고 볼 수 있다.3) 그러나 자료의 수습이 埋火葬認許證 자체에 대한 분석이나 연구로 이어지지는 못하였다.

사키토탄광에 대한 연구도 찾아보기 어렵다. 사키토탄광을 비롯한 나가사키현 내 해저탄광으로 동원된 조선인에 관한 르포르타주는 일찍이 보고되었다.4) 사키토탄광과 관련된 사료 및 증언내용을 정리한 문헌도 발간되어 있다.5) 그러나 이러한 조사활동이 본격적인 학술연구로 발전하지는 못하였다. 미쓰비시광업주식회사(三菱鑛業株式會社)의 발전과정이나 탄광경영, 개별사업장으로서 초기 다카시마탄광(高島炭鑛)에 관한 연구는 이미 보고되고 있다. 그러나 미쓰비시광업(주)의 탄광 중 출탄량이 가장 많았던 홋카이도(北海道) 비바이탄광(美唄炭鑛)과 그 뒤를 이었던 사키토탄광에 관한 연구는 없다. 사키토탄광의 조선인에 대하여 정리한 글이 한 편 있기는 하다.6) 그러나 이것은 학계에 정식으로 보고된 것이 아니라 연구자 개인의 웹사이트에 게재되어 있는 것이기 때문에 검증된 연구성과로 보기는 어렵다.

이 글에서는 사키토정의 「埋火葬認許證交付簿」 분석에 주력하고자 한다. 사망자에 대한 조사는 개개인의 사망이유와 경위를 밝히기보다는 통계처리를 통하여 경향성을 파악하는 데 주력하고자 한다. 이를 위해 사키토정 「埋火葬認許證交付簿」 전체를 목록화하고 이를 토대로 분석하려고 한다. 그리고 사키토정 「埋火葬認許證交付簿」 등재 사망자들에

---

3) 林えいだい 編, 『戰時外國人强制連行關係史料集』Ⅱ 朝鮮人1下卷, 明石書店, 1991 ; 長崎在日朝鮮人の人權を守る會, 『原爆と朝鮮人』 5, 1991 ; 竹內康人 編著, 『戰時朝鮮人强制勞動調査資料集 : 連行先一覽・全國地圖・死亡者名簿』, 神戶學生・靑年センター出版部, 2007.
4) 林えいだい, 『死者への手紙 : 海底炭鑛の朝鮮人坑夫たち』, 明石書店, 1992.
5) 長崎在日朝鮮人の人權を守る會, 『原爆と朝鮮人』 5, 1991.
6) 竹內康人, 「三菱崎戶炭鑛での朝鮮人强制勞働」(http://www16.ocn.ne.jp/~pacohama/kyosei/2sakitotan.html). 웹사이트에 밝혀둔 바에 의하면 다케우치 야스토는 2004년에 초고를 작성하였고 2007년에 재구성하였다고 한다.

대한 이해를 구하기 위하여 사키토정의 연혁과 탄광산업의 발전, 탄광에서 일한 조선인에 대해서도 간략하게 살펴보고자 한다.[7]

II. 사키토탄광(崎戸炭鑛)과 조선인

1. 사키토정(崎戸町)과 탄광산업

사키토정(崎戸町)은 일본 나가사키현(長崎縣) 니시소노기군(西彼杵郡)에 속하던 지방행정구역으로 가키노우라시마(蠣浦島), 사키토지마(崎戸島), 히라시마(平島), 에노시마(江島) 등 4개의 섬으로 구성되어 있었다.[8] 전체 면적은 13.904㎢에 불과하였다.[9] 행정구역명은 사키토정이었으나, 탄광 등 산업시설 및 행정기관은 대부분 가키노우라시마에 있었다.[10] 당연히 인구도 가키노우라시마가 가장 많았다.

사키토정 지역은 1871년 폐번치현(廢藩置縣)이 실행되자 나가사키부(長崎府) 관할에 속하게 되었고, 1890년에는 사키토촌(崎戸村)이 설치되었다. 촌 설치 당시 호수는 243호였고 인구는 1,605명이었다.[11] 이 지역은 원래 포경을 중심으로 하는 한적한 어촌이었다. 그러다가 19세기 말

---

7) 사키토정의 연혁 및 탄광산업 발전, 조선인 노동자 등에 대해서는 선행연구 성과를 충분히 반영하여 기술하고자 한다. 특히 '나가사키 재일조선인의 인권을 지키는 회(長崎在日朝鮮人の人權を守る會)' 및 다케우치 야스토(竹內康人)의 정리를 참조하고자 한다.
8) 가키노우라시마(蠣浦島)와 사키토지마(崎戸島)는 나가사키현 니시소노기반도 북서부 해안에 인접해 있으며, 히라시마(平島)와 에노시마(江島)는 니시소노기반도와 고토열도(五島列島) 나카도리지마(中通島) 사이의 중간 해역에 위치하고 있다.
9) 西海市 市勢要覽(http://www.city.saikai.nagasaki.jp/policy/img/saikaisi-de-ta.pdf).
10) 사키토탄광의 3개 갱구는 모두 가키노우라시마에 있었다. 가키노우라시마의 면적은 약 5㎢이다.
11) 長崎在日朝鮮人の人權を守る會, 『原爆と朝鮮人』 5, 196쪽.

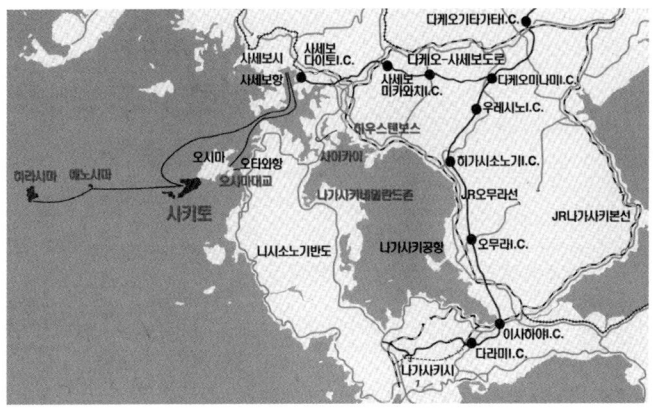

〈그림 1〉 나가사키현 사키토정의 위치

엽 섬 인근 해저에서 탄층이 발견되고 20세기 초엽 탄광이 개설되며 급속히 탄광촌으로 변모하기 시작하였다.

탄광업이 발전함에 따라 각지로부터 노동자들이 유입되어 촌내 인구가 급증하였다. 1890년 호수 243호 인구 1,605명이었던 것이 1914년 1,478호 7,422명, 1920년 2,063호 12,825명, 1930년 2,706호 17,228명으로 증가하였다. 1928년 당시 탄광의 전종업원은 6,318명이고 이 중 갱부수는 3,478명에 달하였다. 1929년 나야제도(納屋制度)[12]가 해체되자 갱부들은 탄광의 사원으로 등록되었다.[13] 촌의 인구가 계속 증가하여 1931년 17,639명에 이르자 동년 10월 1일 정제(町制)가 시행되어 사키토정이 되었다.[14]

---

12) 나야제도(納屋制度)는 함바제도(飯場制度)와 함께 일본 광산업에서 널리 사용되던 노무관리제도이다. 나야제도의 고전적 형태는 광업자본가에게 고용된 나야가시라(納屋頭)가 광부모집과 생활관리, 채굴·개항 등의 작업청부, 임금의 일괄관리를 맡는 것이었다(정혜경, 『조선인 강제연행 강제노동Ⅰ-일본편』, 선인, 2006, 107쪽). 즉 노무자를 나야라고 불리는 합숙소에 수용하고 나야가라시의 일상감시와 신분적 구속하에서 강제적으로 노동에 종사케 하던 제도였다. 나야가라시에 의한 노무자 관리는 폭력에 의지하였으므로, 나야는 노무자들에 대한 억압과 착취의 온상으로 인식되었다. 사키토탄광도 설립 초기부터 나야제도를 통하여 종업원의 일부를 조달하였던 것으로 알려져 있다(林えいだい, 『死者への手紙: 海底炭鑛の朝鮮人坑夫たち』, 93~97쪽).
13) 長崎在日朝鮮人の人權を守る會, 『原爆と朝鮮人』 5, 196쪽.

인구는 이후에도 꾸준히 증가하여 1965년에는 25,195명에 이르렀다. 그러나 탄광이 폐광한 후 인구가 급격히 줄어 2005년 행정구역 통폐합 당시에는 2,029명으로 감소하였다.15)

지방행정구역으로서의 사키토정은 2005년 4월 1일 사이카이시(西海市) 발족으로 소멸하였다.16) 이에 따라 사키토정사무소(崎戶町役場)는 사키토 종합지소(崎戶總合支所)가 되었다. 과거 사키토정 영역은 현재 사키토쵸 카키노우라고(崎戶町蠣浦鄕), 사키토쵸혼고(崎戶町本鄕), 사키토쵸히라시마(崎戶町平島), 사키토쵸에노시마(崎戶町江島) 등으로 불리고 있다.17)

1886년 한 어부가 가키노우라시마 남쪽에 인접한 무인도 이모시마(芋島)에서 조업하던 중 해저에서 탄괴(炭塊)를 발견하였다. 이후 섬 각지에서 시추조사를 벌인 결과 대규모 탄층이 존재하는 것으로 확인되었다. 탄층 존재가 확인되자 시굴희망자가 속출하였으나, 해저채굴이라는 조건 때문에 곧바로 개발되지 못하고 광구의 전매가 이어졌다. 1906년 사키토광업발기조합(崎戶鑛業發起組合)이 설립되어 다시 시추조사를 벌인 결과 15개소에서 탄층이 확인되었다. 이듬해 11월에는 자본금 500만 엔으로 규슈탄광기선주식회사(九州炭鑛汽船株式會社) 사키토광업소(崎戶鑛業所)가 설립되어 사키토광업발기조합의 광구 전부를 매수하였다.18)

규슈탄광기선(주)은 1909년 후쿠우라갱(福浦坑, 3갱)을 개설함으로써 본격적으로 탄광개발을 시작하였다. 후쿠우라갱은 경사 20도의 斜坑으

---

14) 崎戶町の歷史編纂委員会, 『崎戶町の歷史』, 崎戶町敎育委員會, 1978, 522쪽.
15) 西海市 市勢要覽(http://www.city.saikai.nagasaki.jp/policy/img/saikaisi-de-ta.pdf).
16) 사이카이시(西海市) 홈페이지 참조(http://www.city.saikai.nagasaki.jp/introduction/introduction02.html). 사이카이시는 니시소노기군의 사키토정(崎戶町), 세이히정(西彼町), 오세토정(大瀨戶町), 니시카이정(西海町), 오시마정(大島町) 등이 대등합병하여 발족하였다.
17) 사이카이시(西海市) 홈페이지 참조(http://www.city.saikai.nagasaki.jp/introduction/introduction06.html) ; Mapion 住所一覽(http://www.mapion.co.jp/address/42212/).
18) 長崎在日朝鮮人の人權を守る會, 『原爆と朝鮮人』 5, 196쪽.

로 1910년 492m 지점에서 着炭하였다. 이로써 실질적인 석탄채굴이 시작되었다. 1912년에는 아사우라갱(淺浦坑, 2갱)을 개설하였으나 착탄은 1915년에야 가능하였다. 아사우라갱은 수직갱[堅坑]으로 갱내출입을 위한 엘리베이터가 설치되어 있었다. 1924년에는 가키노우라갱(蠣浦坑, 1갱)이 개설되었다. 가키노우라갱은 경사 15도의 사갱으로 1926년 착탄하여 1927년부터 출탄을 개시하였다.19)

<그림 2> 사키토탄광 조감도

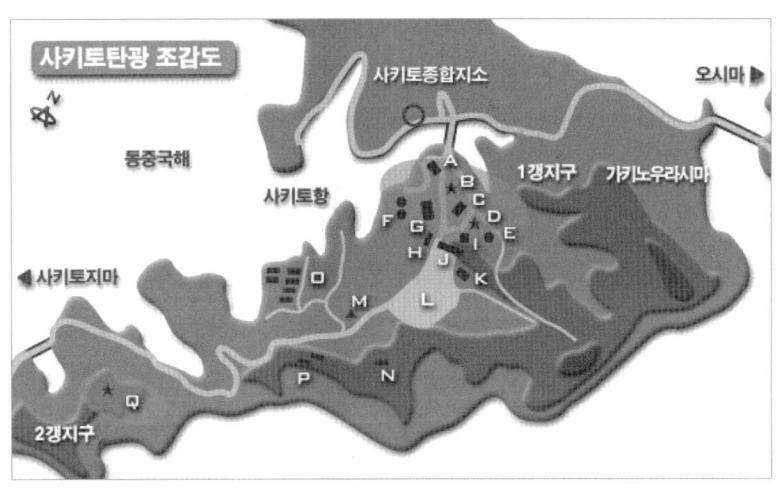

A: 후쿠우라갱(福浦坑) 捲座, B: 후쿠우라갱(3갱), C: 기름창고, D: 가키노우라갱(蠣浦坑, 1갱), E: 보일러 굴뚝, F: 후쿠우라 발전소 굴뚝, G: 선탄장, H: 폐탄 호퍼, I: 후쿠우라회관(사키토극장) 영사실, J: 헤이와료(平和寮), K: 사키토(崎戸) 鹽水 풀, L: 33건강元氣랜드, M: 스에히로(末廣)육교, N: 쇼와(昭和)소학교, O: 미사키(美咲)아파트, P: 간포(菅峰)아파트, Q: 아사우라갱(淺浦坑, 2갱).
※출전 : http://www.o-project.jp/Gallery-sakito1.htm).

사키토탄광의 본격적인 출탄은 1921년부터 시작되었다. 1921년 36만 8천 톤을 출탄한 데 이어 1926년 51만 4천 톤, 1929년 81만 3천 톤을 출탄하는 등 지속적으로 출탄량을 늘려나갔다. 1935년에는 95만 3천 톤을

---

19) 長崎在日朝鮮人の人權を守る會, 『原爆と朝鮮人』 5, 196쪽.

출탄하여 동년 전국탄광별 출탄량 7위를 차지하였다.

사키토탄광의 탄은 탄질이 우수하여 보일러용·가스·코크스용으로 적당하였고, 상하이(上海)·홍콩(香港) 등지에 수출되었다. 사키토탄광은 가스발생이 적고 해저로의 경사도 완만하였기 때문에 인근의 다른 탄광들에 비하여 비교적 사고가 적은 편이었다. 가장 잘 알려진 탄광사고로 1933년 아사우라갱에서 발생한 가스폭발사고가 있다. 이 사고로 광부 44명이 사망하였다. 1942년 7월 14일에는 제1갱(가키노우라갱)에서 가스폭발사고가 발생하여 조선인을 비롯하여 다수의 갱부가 사망하였다.

한편 1940년 9월 미쓰비시광업(주)은 규슈탄광기선(주)을 합병하였다. 원래 미쓰비시광업(주)은 규슈탄광기선(주) 설립 당시부터 석탄 판매를 담당하고 있었고, 주식도 소유하고 있었다. 1940년 합병 당시에는 규슈탄광기선(주) 주식의 63%를 소유하고 있었다.[20]

〈표 1〉 1943년도 계통별 50만 톤 이상 出炭鑛 조사

계통별		탄광명	광수
三井系	100만 t 이상	夕張, 砂川, 三池, 田川, 山野	5
	50만 t 이상	幌內, 美唄, 春採 (太平洋)	3
三菱系	100만 t 이상	美唄, 崎戶	2
	50만 t 이상	大夕張, 雄別, 新入, 鯰田, 方城, 上山田, 飯塚, 高島	8
貝島系	100만 t 이상	大之浦	1
明治系	50만 t 이상	赤池	1
日鐵系	50만 t 이상	二瀨	1
日産系	100만 t 이상	高松	1
常盤系	50만 t 이상	入山, 內鄕	2
宇部興系	100만 t 이상	沖ノ山	1
	50만 t 이상	東見初	1
高取系	50만 t 이상	杵島	1

※전거: 三菱鑛業セメント株式會社總務部社史編纂室 編, 『三菱鑛業社史』, 1976, 397쪽.

20) 長崎在日朝鮮人の人權を守る會, 『原爆と朝鮮人』 5, 197쪽.

1943년에는 126만 톤을 출탄하여 사키토탄광 사상 최대 출탄량을 기록하였다. 1943년 당시 일본 내에서 100만 톤 이상을 출탄한 탄광이 10개소에 불과하였다는 점에서 사키토탄광의 규모를 엿볼 수 있다.

1944년 상반기의 출탄량도 전체 7위에 해당하였다. 미쓰비시광업(주) 소속 탄광으로는 홋카이도 소재 비바이탄광에 이어 두 번째로 많았다. 단순히 순위만 두 번째가 아니라 출탄량도 압도적이었다. 사키토탄광이 59만여 톤을 출탄한데 비하여 3위를 차지한 오유바리탄광(大夕張炭鑛)은 34만 8천 톤에 그쳤다. 즉 사키토탄광은 홋카이도 비바이탄광과 더불어 미쓰비시광업(주)의 상징적인 존재였다.

1943년 11월 기획원이 폐지되고 軍需省이 탄생하였다. 군수회사법이 시행되자 사키토탄광은 1944년 4월 25일 군수공장으로 지정되어 하사관 1인, 1등병 2인 등 헌병이 상주하게 되었다.[21]

폐쇄된 사키토탄광의 현재 모습

제2차 세계대전 종전 후 출탄량이 일시에 37만 톤 규모로 하락하였으나, 1948년 이후에는 50~60만 톤 규모를 유지하였다. 1950년대 이후 계

---
21) 林えいだい, 『死者への手紙 : 海底炭鑛の朝鮮人坑夫たち』, 117쪽.

속된 석탄산업의 불황으로 인하여 1964년 후쿠우라갱이 갱구를 폐쇄하였고, 1968년에는 아사우라갱이 폐산하기에 이르렀다.[22]

한편 미쓰비시광업(주)은 1973년 미쓰비시시멘트주식회사(三菱セメント株式會社) 및 호코쿠시멘트(주)(豊國セメント株式會社)와 합병하여 미쓰비시광업시멘트(주)가 되었다. 1990년 12월 미쓰비시광업시멘트(주)는 미쓰비시금속(주)과 합병하여 미쓰비시머티리얼(주)이 되었으며 현재에 이르고 있다.[23]

〈표 2〉 주요탄광 출탄순위표(1944년도 상반기)

順位	炭鑛名	會社名	出炭高(t)	順位	炭鑛名	會社名	出炭高(t)
1	三池	三井鑛山	1,887,895	11	山野	三井鑛山	437,200
2	夕張	北海島炭礦	1,105,300	12	二瀨	日鐵鑛業	428,899
3	田川	三井鑛山	858,403	14	大夕張	三菱鑛業	348,000
4	美唄	三菱鑛業	740,100	16	鯰田	三菱鑛業	327,800
5	砂川	三井鑛山	717,900	20	高島	三菱鑛業	282,000
6	大之浦	貝島炭鑛	599,505	22	新入	三菱鑛業	257,910
7	崎戸	三菱鑛業	592,300	25	方城	三菱鑛業	238,300
8	沖ノ山	宇部興産	536,216	28	飯塚	三菱鑛業	232,000
9	美唄	三井鑛山	480,100	32	上山田	三菱鑛業	209,900
10	高松	日本炭鑛	475,937	42	勝田	三菱鑛業	148,000

※전거: 三菱鑛業セメント株式會社總務部社史編纂室 編, 『三菱鑛業社史』, 1976, 398쪽.

---

22) 崎戸町の歷史編纂委員会, 『崎戸町の歷史』, 162쪽 ; 長崎在日朝鮮人の人權を守る會, 『原爆と朝鮮人』 5, 195~197쪽.
23) 미쓰비시머티리얼(주) 홈페이지 연혁항목 참조(http://www.mmc.co.jp/corporate/ja/03/01/02-index.html).

2. 사키토탄광의 조선인 노동자[24]

사키토탄광과 관련하여 조선인이 처음으로 확인되는 것은 1912년이다. 즉 1912년 사키토탄광의 오쓰보 도라키치(大坪虎吉)이 경영하던 제65호 나야(納屋)에 조선인 갱부 金伴斯(혹은 金件斯)가 있었음이 확인된다.[25] 일본인의 증언에서도 이 시기 조선인의 존재가 확인된다. 모리야마 다케오(森山武雄)라는 현지인은 자신이 소학교 1학년이던 1913년 당시 박씨라는 조선인이 있었다고 증언하였다.[26] 이로써 1910년대 초반부터 이미 사키토탄광에 조선인 갱부가 있었음을 알 수 있다. 1920년 제11호 하시모토 나야(橋本納屋)에서 있었던 임금 미지급에 항의한 광부들의 움직임에서도 조선인 갱부의 이름이 확인된다.[27]

조선인 사망자도 확인되는데, 1923년 11월 아사우라갱 낙반사고로 사망한 사람 중 조선인으로 보이는 이름이 있다. 1926년 1월 낙반사고 당시에도 조선인 사망자가 있었다.[28] 1930년 4월에는 아사우라갱에서 조선인 노동자 100명이 관리인의 구타를 계기로 사무소에 난입하는 사건이 있었다. 이 사건으로 조선인 16명이 送檢되었다.[29]

이 시기 탄광에 속한 조선인들의 처지는 열악했던 것으로 보인다. 1928년 3월부터 사키토탄광에서 일한 전남 순천 출신 金仲錫은 나야의 관리인에게 "도망치면 용서하지 않겠다. 죽여서 바다에 던져버리겠다"

---

24) 이 절을 작성하는 데 있어서 조선인 강제동원 연구가인 다케우치 야스토(竹内康人)의 글「三菱崎戸炭鉱での朝鮮人強制労働」(http://www16.ocn.ne.jp/~pacohama/kyosei/2sakitotan.html)의 내용을 상당 부분 참조하였다.
25) 林えいだい,『死者への手紙 : 海底炭鑛の朝鮮人坑夫たち』, 105쪽 ; 前川雅夫 編,『炭坑誌 : 長崎縣石炭史年表』, 葦書房, 1990, 198쪽.
26) 長崎在日朝鮮人の人權を守る會,『原爆と朝鮮人』5, 201쪽.
27) 前川雅夫 編,『炭坑誌 : 長崎縣石炭史年表』, 250쪽.
28) 前川雅夫 編,『炭坑誌 : 長崎縣石炭史年表』, 261・269쪽.
29) 前川雅夫 編,『炭坑誌 : 長崎縣石炭史年表』, 294쪽.

고 협박당했다고 증언하였다.30) 폭풍이 치던 날 사키토에서 오시마(大島)로 도망쳐온 조선인을 붙잡아 반죽음이 되도록 구타하는 것을 보았다는 현지 일본인의 증언도 있다.31) 즉 당시에도 폭력을 사용하는 노무관리가 횡행하였던 것이다.

1933년 6월 3일에는 가스폭발사고가 발생하여 44명이 사망하였는데, 그중 9명은 조선인이었다.32) 사망자는 이후에도 계속 발생하였다.

전시체제 성립 이후 보다 많은 조선인들이 사키토탄광으로 동원되기 시작하였다. 이 시기 조선인 동원규모는 자료에 따라 다소 차이가 있다. 中央協和會의 「移入朝鮮人勞務者狀況調」에 의하면 1939년부터 1942년 6월까지 2,058명이 동원되었고, 현재 재주하는 조선인이 1,344명이라고 한다. 석탄통제회 자료에 의하면 1943년 5월에는 2,952명이 재주하고 있다고 되어 있는데, 그렇다면 약 1년 사이에 약 1,600명이 증가한 셈이 된다.33)

1943년 당시 사키토탄광의 전체 노동자수는 7,079명으로 갱내부는 5,134명이라고 하는데, 이 중 1/3인 약 1,700명이 조선인 노동자(강제동원 노무자 포함)였다는 기록도 있다.34)

1944년 2월 현재 사키토정 거주 7,055명의 노동자 중 '집단이입'된 사람은 2,623명이다.35) '집단이입'된 사람들은 모두 조선인이었던 것으로 이해된다.

1944년 8월말에는 사할린에서 전환배치36)된 노무자들이 사키토탄광

---

30) 林えいだい, 『死者への手紙 : 海底炭鑛の朝鮮人坑夫たち』, 120~124쪽.
31) 長崎在日朝鮮人の人權を守る會, 『原爆と朝鮮人』 5, 183쪽.
32) 前川雅夫 編, 『炭坑誌 : 長崎縣石炭史年表』, 323쪽.
33) 長澤秀 編, 『戰時下朝鮮人中國人連合軍俘虜強制連行資料集』Ⅰ, 綠蔭書房, 1992. ; 竹內康人, 「三菱崎戶炭鑛での朝鮮人強制勞働」(http://www16.ocn.ne.jp/~pacohama/kyosei/2sakitotan.html).
34) 長崎在日朝鮮人の人權を守る會, 『原爆と朝鮮人』 5, 197쪽.
35) 前川雅夫 編, 『炭坑誌 : 長崎縣石炭史年表』, 403쪽.

에 도착하였다. 사할린으로부터 전환배치된 조선인 노무자는 모두 501명이었던 것으로 확인된다.[37]

1944년 1월 사키토의 조선인은 2,987명으로 집계된다. 이것은 北炭夕張(4,759명), 貝島大之浦(3,539명), 三井三池(3,128명), 日炭高松(3,070명)에 이은 수치이다.[38] 당시 사키토탄광으로 동원된 조선인 규모가 전체 탄광 중에서도 손꼽히는 규모였다는 것이다.

조선인 동원은 전문모집인을 조선에 파견하여 실시하였다. 모집원들은 할당된 면(面)을 돌아다니며 조선인을 동원하였다. 1939년 당시 사키토탄광 서무과 직원이었던 야마무라 나오코(山村直子)는 타이프를 쳤기 때문에 조선총독부 수신 신청서류도 작성하였다고 한다. 그에 의하면 여비정산이 대단하였고, 대체로 경상남북도와 전라남북도 등 한반도 남쪽에서 동원하였다고 한다. 모집책임자인 노무과 도모사다 마사토(友貞正人)로부터 "젊은 사람을 발견하면 낚아채 왔다. 그렇게 하지 않으면 도망쳐 버려서 아무도 없다"는 이야기를 들었다고 한다. 동원된 조선인들은 제1~5 親和寮 및 제2갱 아마미(天見)의 게이텐료(啓天寮)에 수용되었다.[39] 조선인 함바(飯場)가 섬 도처에 있었다는 현지인의 증언도

---

36) '전환배치'라는 용어사용에 대해서는 정혜경의 정리가 있다. 정혜경에 의하면 戰前시기부터 일본기업은 동일계열의 사업장에 직원들을 '전환배치', '전환근무'라는 명칭으로 인력을 이동배치하는 경우가 일반적이었다고 한다. 이러한 관례는 국가총동원법 발효 이후에도 계속되었다고 한다. 그러므로 '전환배치'는 기업차원의 인력배치를 의미하는 용어로 이해할 수 있다고 보았다. 그런데 전시체제기 사할린으로부터 일본 본토지역으로 광부들을 이동시킨 사실은 일본 정부의 각의결정에 의거하여 실시된 것이므로 일본 정부의 공식문서에 명시된 용어인 '전환배치'를 사용하는 것이 바람직하다는 견해를 보이고 있다(鄭惠瓊,「1944年에 日本 本土로 '轉換配置'된 사할린(樺太)의 朝鮮人 鑛夫」,『韓日民族問題研究』14, 2008, 9쪽).
37) 일제강점하강제동원피해진상규명위원회,『사할린 '이중징용' 피해 진상조사』, 2007, 43·46쪽.
38) 長澤秀 編,『戰時下朝鮮人中國人連合軍俘虜强制連行資料集』Ⅰ, 174쪽.
39) 林えいだい,『死者への手紙: 海底炭鑛の朝鮮人坑夫たち』, 116~117쪽.

있다.[40]

　강제동원된 조선인들은 폭력적이고 억압적으로 관리되었다. 작업 중 쉬거나 도망치거나 하면 곤봉으로 구타를 당하였다. 갱내부의 경우 하루 10시간의 노동을 감내해야 했다.[41] 한 연구에 의하면 조선인에 대한 착취와 비인간적 대우는 1938년 이전부터 조선인을 고용했던 작업장에서 더욱 심하고, 전시체제 말기에 처음으로 조선인을 고용한 작업장의 경우 비교적 심하지 않았다고 한다.[42] 사키토탄광의 경우 조선인들은 전시체제기 이전부터 폭력적인 노무관리하에 놓여 있었으며, 이것이 전시체제기에도 반복되었던 것으로 보인다.

III. 사키토정「埋火葬認許證交付簿」분석

1. 사키토정「埋火葬認許證交付簿」자료현황

　사키토탄광을 비롯하여 나가사키현 내 탄광으로 동원되었던 조선인들에 대한 조사는 1980년대 말부터 본격화되었다. 그 결과 1990년대 초반 나가사키현 내 조선인 강제동원 문제에 관한 문헌들이 발간되기 시작하였다.[43]

　나가사키현 내 조선인 강제동원 실태에 관한 조사가 진행되면서 다수의 埋火葬認許證 관련 자료도 수집되기 시작하였다. 수집된 埋火葬認許證은 여러 문헌에 수록되어 공개되었다. 朝鮮人强制連行眞相調查團

---

40) 長崎在日朝鮮人の人權を守る會,『原爆と朝鮮人』5, 199쪽.
41) 百萬人の身世打鈴編集委員會,『百萬人の身世打鈴』, 東方出版, 1990, 395쪽.
42) 山田昭次・古庄正・樋口雄一,『朝鮮人戰時勞動動員』, 岩波書店, 2005, 30~31쪽.
43) 長崎在日朝鮮人の人權を守る會,『原爆と朝鮮人』5, 1991 ; 林えいだい,『死者への手紙 : 海底炭鑛の朝鮮人坑夫たち』, 明石書店, 1992.

은 나가사키현 사키토정 및 다카하마촌(高濱村)의 埋火葬認許證 중 조선인 358명분을 수습하여 1990년 10월 「火葬認許證及び變災報告書(長崎)」라는 표제로 편찬하였다.44) 동일한 埋火葬認許證 자료가 하야시 에이다이(林えいだい) 간행 조선인 강제동원 자료집에도 수록되어 있다.45) 동일한 자료가 각기 다른 문헌으로 편집된 것은 자료수집에 관여한 주체들이 각각 자료집을 편찬하였기 때문이다. 조선인강제연행진상조사단과 하야시 에이다이 편찬 자료집은 전체 埋火葬認許證 중 조선인만 발췌하여 편집한 것으로 원질서가 훼손된 측면이 있기는 하나 영인자료라는 측면에서 주목할 만하다. 다카하마촌의 火葬認許證은 1925년 사망자부터, 사키토정의 埋火葬認許證은 1940년 사망자부터 수록되어 있다.

사키토정의 「埋火葬認許證交付簿」는 다른 조선인 강제동원 관련 문헌에도 수록되어 있다. 먼저 나가사키 재일조선인의 인권을 지키는 모임(長崎在日朝鮮人の人權を守る會)이 간행한 분헌에 "미쓰비시광업 사키토광업소 사망자명부(三菱鑛業崎戶鑛業所における死亡者名簿)"라는 표제로 수록되어 있다.46) 제목은 달리 기재되어 있으나 자료의 구성항목이 사키토정의 「埋火葬認許證交付簿」와 동일하다. 이 자료에는 모두 242명의 조선인 및 중국인 사망자가 수록되어 있다. 재입력한 편집본으로 일부 원본과 다르게 입력되어 있는 것이 발견되기도 한다.

다케우치 야스토(竹內康人) 간행 강제동원 자료집에도 사키토정의 「埋火葬認許證交付簿」가 수록되어 있다.47) 다케우치는 하야시 에이다이

---

44) 이 자료는 현재 대일항쟁기강제동원피해조사및국외강제동원희생자등지원위원회에서 강제동원 피해를 입증하는 참고자료로 활용되고 있다. 위원회에서 부여한 자료명은 「화장인허증및변재보고서-나가사키(長崎1925~1945)/조선인강제연행진상조사단」이고 건한글명이 '화장인허증및변재보고서명부(358명)'로 되어 있다.
45) 林えいだい 編, 『戰時外國人强制連行關係史料集』Ⅱ 朝鮮人1下卷. 사키토정의 「埋火葬認許證交付簿」는 1693~1766쪽에 수록되어 있다.
46) 長崎在日朝鮮人の人權を守る會, 『原爆と朝鮮人』 5, 221~267쪽.

간행 자료집, 大日本産業報國會 간행 『殉職産業人名簿』 등을 근거로 조선인 사망자 128명의 인적사항을 정리하여 게재하였다. 목록 등재 인원수로 보아 15세 이하인 자와 부녀자는 수록대상에서 제외한 것으로 보인다. 다케우치 간행 자료집의 「埋火葬認許證交付簿」 정리항목은 본명, 일본명(창씨명), 본적·주소, 생년월일, 연행월일, 기업·사업소명, 도도부현명, 사망연월일, 사망연령, 사인, 출전문헌번호 등이다.

〈그림 3〉 사키토정 「埋火葬認許證交付簿」 원부

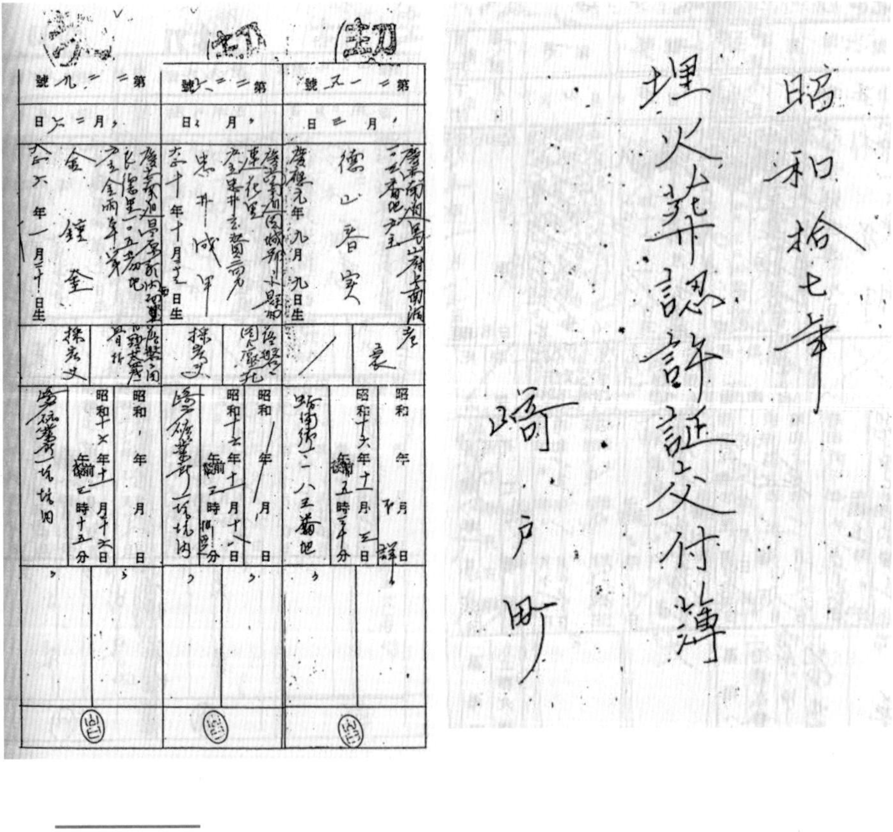

---

47) 竹内康人 編著, 『戰時朝鮮人强制勞動調査資料集: 連行先一覽·全國地圖·死亡者名簿』, 212~214쪽.

이 글에서는 조선인강제연행진상조사단과 하야시 에이다이 편찬 자료집 등 영인형태로 간행된 사키토정「埋火葬認許證交付簿」를 분석대상으로 하고자 한다. 분석대상으로 삼은 사키토정「埋火葬認許證交付簿」는 1940~1945년 사이에 사망한 조선인만 발췌하여 편집한 것이다. 사키토정이라는 지역과 시기적 한계설정으로 보아 미쓰비시광업(주) 사키토탄광을 염두에 두고 편집한 것으로 판단된다.[48] 실제로 사키토정「埋火葬認許證交付簿」 등재 조선인 사망자 211명 중 절반 이상은 사키토탄광 소속 노무자들이었다.

사키토정「埋火葬認許證交付簿」는 양식지에 사망자의 인적사항 및 사망관련 사실을 수기로 기입한 것이다. 사키토정「埋火葬認許證交付簿」 양식을 살펴보면 다음의 〈표 3〉과 같다.

〈표 3〉 사키토정「埋火葬認許證交付簿」

進行番號	下付番號	本籍	死因	發病年月日	墓地(火葬場)	主任印
		氏名	職業	死亡年月日時	土葬火葬ノ別	
		生年月日		死亡ノ場所		
第 號	月 日	年 月 日生		昭和 年 月 日		
				昭和 年 月 日 午前 後 時 分		

〈표 3〉의 양식에서 보는 바와 같이 사키토정「埋火葬認許證交付簿」에는 사망자에 대한 상세한 정보가 기재되어 있다. 사키토정「埋火葬認許證交付簿」에 등재된 사망자는 모두 216명이다. 이 중 4명은 본적지 기재 내용으로 보아 일본인으로 확인된다. 1명은 성명, 본적, 생년월일

---

48) 미쓰비시광업(주)은 1940년 9월 규슈탄광기선(주) 사키토광업소를 합병하였다.

등이 미상으로 되어 있어 인적사항을 확인할 수 없다. 따라서 사키토정 「埋火葬認許證交付簿」에 등재된 조선인 사망자는 모두 211명이다.

인적사항은 성명, 생년월일, 본적지 등이 자세하게 기재되어 있어 본인확인이 용이하다. 성명기재는 시기에 따라 약간 차이가 있다. 1940년의 경우 사망자 16명 중 15명이 조선명으로 기재되어 있다. 그러나 1941년 이후로는 일본식 성명을 사용한 사망자가 증가하였다. 1941년에는 18명 중 9명(50%), 1942년에는 38명 중 24명(63.2%), 1943년에는 46명 중 39명(84.8%), 1944년에는 58명 중 48명(82.7%), 1945년에는 35명 중 28명(80%)이 일본식 성명으로 기재되어 있다. 해를 거듭할수록 사망자 중 일본식 성명 사용자가 증가한 점을 확인할 수 있다.

사망원인은 2명을 제외하고 모두 기재되어 있다. 직업이 기록되어 있는 사람은 모두 114명이다. 질병사한 경우 발병일이 적혀 있고, 사고사의 경우는 사망일시만 기재되어 있다. 사망 이유도 비교적 자세히 기록되어 있다. 사망장소는 사고사의 경우 갱내 등 작업장이 기재되어 있으며, 그 외에는 주소지로 추정되는 지번이 적혀 있다. 211명 전원이 화장을 하였고 화장장은 가키노우라향(蠣浦鄉) 나가우라화장장(永浦火葬場)과 정(町) 직영화장장이 이용되었다.

2. 사키토정 「埋火葬認許證交付簿」 내용검토

먼저 사키토정 「埋火葬認許證交付簿」 등재 조선인 사망자들을 사망연도별 및 연령별로 분류하여 정리해보면 〈표 4〉와 같다.

전체적인 추세를 볼 때 해를 거듭할수록 사망자가 증가한 것을 확인할 수 있다. 1945년의 경우 전년도에 비해 사망자가 줄었으나, 이것은 9월까지의 집계이기 때문에 나타난 결과이다. 시기적으로 볼 때 1940년 및 1941년에 비하여 1942년부터 사망자가 크게 증가한 것으로 나타난다.

〈표 4〉 연령별 사망자수

연령(세)	1940년	1941년	1942년	1943년	1944년	1945년	계	(%)
0 ~ 5	10	10	7	16	14	12	69	32.7%
6 ~ 10			2	2		1	5	2.4%
11 ~ 15				2			2	0.9%
16 ~ 20	2	3	4	7	3	2	21	10.0%
21 ~ 25	1	2	9	6	13	3	34	16.1%
26 ~ 30	1	1	8	3	11	4	28	13.2%
31 ~ 35			1	2	7	2	12	5.7%
36 ~ 40	1		3	5	4	3	16	7.6%
41 ~ 45	1	1	3	2	2	4	13	6.2%
46 ~ 50				1	1	2	4	1.9%
51 ~ 55						2	2	0.9%
56 ~ 60					1		1	0.5%
60 이상		1	1		2		4	1.9%
계	16	18	38	46	58	35	211	100%
백분율(%)	7.6%	8.5%	18.0%	21.8%	27.5%	16.6%	100%	

사망 당시 연령별 구분에서도 몇 가지 특징이 확인된다. 첫째, 5세 이하 영유아 사망자가 69명으로 전체 211명의 32.7%에 달하는 것으로 확인된다. 이것은 영유아 사망률이 높았던 당시의 시대상이 투영된 결과인 것으로 생각된다.

5세 이하 영유아층에 이어 21~25세(16.1%), 26~30세(13.2%), 16~20세(10.0%) 등의 연령층이 높은 비율을 보이고 있다. 16~30세의 청년층이 전체 사망자의 39.3%를 차지하고 있는 것이다. 일반적으로 이 연령대는 신체적으로 가장 왕성한 시기이다. 따라서 이 연령대의 사망률이 높게 나타났다는 것은 이례적인 경우로 생각된다. 한창 노동할 연령대 사람들의 사망률이 높게 나타났다는 것은 그만큼 그들이 위험한 직종 혹은 위험한 작업현장에 몰려 있었다는 의미로 이해된다. 사키토정의 주요산업이 탄광업이었다는 점에서 탄광사고 등으로 인한 사망자 발생이 청년층 사망률을 높인 이유가 되었을 것으로 생각된다.

그런데 역시 노동자로서 충분한 역할을 할 수 있는 30세 이상 청장년층의 사망률은 상대적으로 낮았던 것으로 확인된다. 31~40세 사망자는 13.3%(28명)를 차지하고 있고, 41~45세 사망자는 6.2%(13명), 46~50세 사망자는 1.9%(4명)에 그쳤다. 51세 이상 사망자는 7명에 불과하다.

정리해보면 영유아 및 30세 이하 청년층 사망자에 비하여 31세 이상 50세 이하 장년층의 사망자수가 상대적으로 적었던 것으로 추정된다. 장년층 중에서도 46세 이상 사망자수는 11명으로 소수에 불과하였다. 노환으로 인한 사망자가 3명으로 확인되는 등 노년층으로 분류할 수 있는 사망자는 더욱 적었다.

〈그림 4〉 사망자 연령별 분포

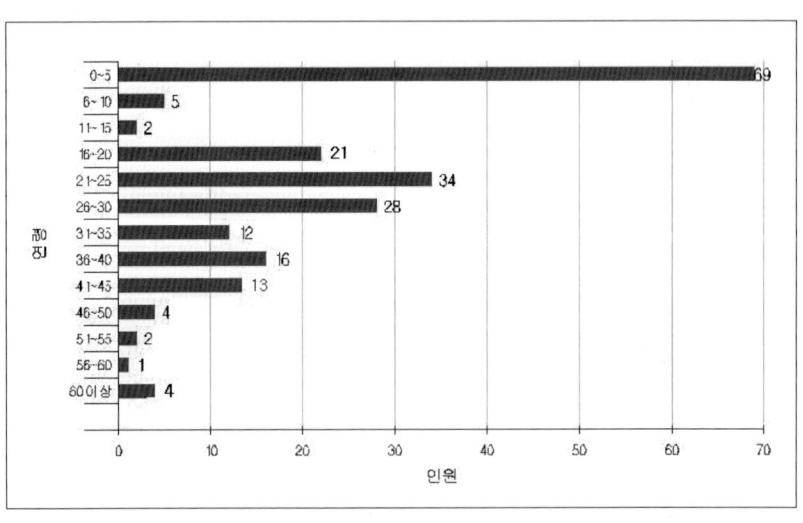

연령별 사망자 분포가 전체 인구상을 완전히 반영하고 있다고 볼 수는 없으나 어느 정도 연관성은 있을 것으로 생각된다. 그렇기 때문에 위의 결과는 당시 사키토정 거주 조선인들의 분포현황을 보여주는 것이

라고 해석할 수 있다. 앞에서 살펴본 바와 같이 30세 이상 장년층의 사망자비율이 상대적으로 떨어지고 노년층 사망자는 소수였던 것으로 확인된다. 이러한 점에서 1940년대 당시 사키토정 거주 조선인 중 청년층 인구가 장년층에 비하여 많았고 노년층 인구는 소수에 그쳤을 것으로 추정된다.

시기적, 지역적 특성을 감안하여 보더라도 1940년대 당시 사키토정 거주 조선인들은 청년층이 많았을 것으로 추정된다. 먼저 당시는 총동원체제하의 조선인 강제동원이 횡행하던 시기였다. 기본적으로 일제의 조선인 노무자 송출은 부족한 노동력을 보충하기 위한 것이었으므로 동원대상은 당연히 왕성한 노동력을 가진 젊은 남자들이었다. 따라서 당시 사키토정에도 험한 노동에도 견딜 수 있는 청년층 노무자들이 많이 동원되었을 것으로 생각된다. 둘째로 사키토정은 사키토탄광이 위치하고 있던 유수의 탄광시역이라는 점에서 젊은이들의 유입이 많았을 것으로 생각된다.

청년층이 많았기 때문에 나타난 결과로 해석할 수 있는 부분도 있다. 사망자 연령별 분포를 살펴보면 16~30세의 청년층 사망비율이 높다는 점이 확인된다. 사망자가 많은 것은 기본적으로 그 연령대의 사람들이 많기 때문이라고 생각된다. 다음으로 사망자 연령별 분포에서 5세 이하 영유아 사망자가 매우 많았다는 점이 확인되는데, 이것은 당시 사키토정에 젊은 조선인 부부가 많았기 때문에 나타난 결과가 아닌가 추측된다. 이러한 점은 다른 연령층과 비교해보면 알 수 있다. 즉 30대 사망자가 20대 사망자보다 적은 것은 20대 청년층에 비하여 상대적으로 거주자가 적었기 때문에 나타난 결과인 것으로 이해된다. 5세 이하 사망자가 69명인 것에 비하여 11세 이상 15세 이하 사망자가 2명에 그친 것에서도 이러한 사정을 엿볼 수 있다고 생각된다. 40대 사망자 및 51세 이상 사망자가 적은 것도 역시 그 연령대의 조선인들이 적었기 때문에 나타난 결과로 보인다.

5세 이하 영유아의 사망비율이 높은 것은 앞에서도 언급하였다. 연도별로 살펴보면 1940년 10명, 1941년 10명, 1942년 7명, 1943년 16명, 1944년 14명, 1945년 12명 등이다. 1942년을 제외하고는 모두 10명 이상으로 다른 연령층에 비하여 비교적 고르게 분포되어 있는 것을 확인할 수 있다. 이러한 점에서 사키토정에 젊은 조선인 부부들이 지속적으로 유입되고 있었다는 추론이 가능하다.

전시체제기 탄광지역에서 조선인 부부 혹은 가족의 존재가 광범위하게 발견된다. 이것은 당시 관계기관과 회사에서 노무자들의 가족 불러오기를 장려하였기 때문에 나타난 결과였다. 가족동반 혹은 가족 불러오기의 배경은 물론 생산성 증대와 노무관리의 효율성 때문이었다.[49]

강제동원 노무자들의 가족 불러오기는 관계당국의 권장사항이었다. 1941년 2월 27일 내무성 경보국 보안과장은 조선인 노무관리의 효율성을 기하기 위하여 가족을 불러오는 방법을 촉진할 것을 명하였다. 그런데 일선 회사에서는 이미 노무자들의 가족 불러오기가 시행되고 있었다. 후쿠오카현(福岡縣) 소재 메이지광업(明治鑛業) 히라야마광업소(平山鑛業所)가 1940년 4월 작성한 『移住半島勞働者呼寄家族名簿』의 존재는 이러한 사실을 보여주는 것이다. 홋카이도 스미토모(住友) 고노마이광업소(鴻之舞鑛業所)에서 적용한 「半島勞務員統理要綱」(1941.1)에서는 가족 불러오기를 조선인 노무자의 성적 문제 해결을 위한 방법의 하나이자 심리적 안정을 도모하는 방법으로 채용한다는 취지가 밝혀져 있다.[50]

---

49) 일제강점하강제동원피해진상규명위원회, 『사할린 '이중징용' 피해 진상조사』, 26쪽.
50) 朴慶植 編, 『在日朝鮮人關係資料集成』 第4卷, 東京: 三一書房, 1976, 14~15쪽 (鄭惠瓊, 「1944년에 日本 本土로 '轉換配置'된 사할린(樺太)의 朝鮮人 鑛夫」, 19~20쪽에서 재인용).

가족 불러오기 사례도 확인된다. 홋카이도 고노마이광산이 대표적인 예이다. 고노마이광산 작성 '1942년 가족초청관계'에서 다음과 같은 내용이 확인된다. 고만득과 이병우는 1940년 3월 고노마이광산에 입산하여 모토야마갱(元山坑)에 투입되었다. 이들은 1942년 6월 고향의 가족을 불러들일 수 있게 되었다. 고만득은 "성격이 유순하고 품행이 좋으며 도박을 한번도 하지 않고 출가성적도 양호하여 매월 4~50원 이상의 실적을 올리며 가족 중에 노동가능자가 4명 있다"는 것이 이유였다. 이병우는 성격과 실적은 물론 양호하고 가족부양의 필요성이 제기된 점을 들고 있다.51) 두 사람의 사례를 통하여 당시의 가족 불러오기는 송출시점에 허용된 것이 아니라 적어도 10개월 이상 경과한 이후에나 가능하였고, 작업장 내에서 일정한 실적을 내고 적응도가 뛰어난 노무자를 대상으로 하였던 것을 알 수 있다. 가족 불러오기의 목적은 노동력 활용이 가능한 가족이 있는 노무자이거나 가족에 대한 걱정을 덜어주어 안정적인 노동환경을 유지하려는 것이었음이 확인된다.52)

또한 일본 정부는「昭和19年度ニ於ケル滿期移入朝鮮人勞務者契約期間延長指導要綱」을 통해 1944년 중에 계약기간이 만료되는 조선인 노무자에 대하여 1년 이상 계약기간을 연장한 자는 가족을 불러오는 것과 일시귀선을 허락하도록 하였다.53)

일본 정부는 1923년 관동대지진 발생 이후 조선인의 일본도항을 금지하는 정책을 실시해왔었다. 조선인의 일본도항은 1938년 3월 조선총독 미나미 지로(南次郎)가 일본 내무대신 앞으로 보낸 '조선인의 내지도항

---

51) 守屋敬彦 編,『戰時外國人强制連行關係史料集』Ⅲ 朝鮮人2下卷, 明石書店, 1991, 1903쪽(鄭惠瓊,「戰時體制期 日本 本土 朝鮮人勞務者의 '轉換配置'」,『韓日民族問題硏究』17, 2009, 126~127쪽에서 재인용).
52) 鄭惠瓊,「戰時體制期 日本 本土 朝鮮人勞務者의 '轉換配置'」, 126~127쪽.
53) 朝鮮人强制連行實態調査報告書編集委員會,『北海道と朝鮮人勞働者』, 札幌學院大學生活協同組合, 1999, 241쪽.

제한에 관한 건', 같은 해 7월 일본내무성과 조선총독부가 맺은 '内鮮協定', 1939년 7월 28일 내무·후생 차관명의의 통첩 '조선인 노무자 내지 이주에 관한 건'이 하달되면서 비로소 열렸다. 그러나 탄광 등 특수한 직종을 제외하고는 가족도항이 엄격히 금지되었다.54)

이와 같은 배경하에 젊은 조선인 부부 혹은 가족들이 사키토정으로 유입되었을 것으로 추정된다. 한편 일반도일자들의 존재도 영향을 미쳤을 것으로 생각된다.

〈표 5〉 나가사키현 거주 조선인 추이(1910~1945)

연도	조선인수	연도	조선인수	연도	조선인수	연도	조선인수
1910	173	1919	1,844	1928	4,324	1937	7,625
1911	195	1920	2,242	1929	4,564	1938	8,852
1912	245	1921	2,718	1930	4,944	1939	11,343
1913	283	1922	2,008	1931	4,320	1940	18,144
1914	304	1923	1,717	1932	4,917	1941	22,408
1915	350	1924	2,318	1933	5,589	1942	34,515
1916	381	1925	2,407	1934	5,934	1943	47,415
1917	580	1926	2,664	1935	7,229	1944	59,573
1918	1,372	1927	3,045	1936	7,046	1945	61,773

※전거: 田村紀之, 「內務省警保局調査による朝鮮人人口(1)」, 『經濟と經濟學』 46, 東京道立大學, 1981, 60~66쪽.

사키토정 조선인 거주현황 추이를 보여주는 자료는 아직 발견되지 않고 있다. 나가사키현의 경우 연도별 조선인 거주현황이 알려져 있어 이를 통하여 대략적인 추이를 유추해볼 수 있다. 〈표 5〉에 의하면 나가사키현 거주 조선인은 1939년 이후 크게 증가하는 것으로 확인된다. 그러나 적지 않은 조선인들이 이미 전시체제기 이전부터 나가사키에 거주

---
54) 정혜경, 「일본 '제국'의 틀로 본 조선인 노무동원」, 『일제 식민지배와 강제동원』, 경인문화사, 2010, 237쪽.

한 점도 확인할 수 있다. 사키토탄광은 1935년 출탄량 전국 7위를 차지한 유수의 탄광이었고 1910년대 초기부터 조선인 광부가 있었던 것으로 확인된다. 이와 같은 점에서 전시체제기 이전부터 적지 않은 조선인들이 사키토정에 거주하고 있었을 것으로 추정된다.

다음으로 사키토정「埋火葬認許證交付簿」등재 사망자들의 출신지역별 분포를 정리해보면 〈표 6〉과 같다.

〈표 6〉 출신지역별 분포

출신지	강원	경기	경남	경북	전남	전북	충남	충북	평남	계
계	2	7	44	47	38	58	3	10	2	211
%	1.0%	3.3%	20.9%	22.2%	18.0%	27.5%	1.4%	4.7%	1.0%	100%

〈표 6〉에서 확인되는 바와 같이 전북·경북·경남·전남 출신자들이 전체의 88.6%를 차지하고 있다. 이러한 사망자 분포를 보았을 때 사키토정 거주 조선인들은 대부분 영남과 호남지역에서 동원되어 온 것으로 추정해볼 수 있다. 이것은 당시 사키토탄광의 노무자들이 영남과 호남지역에서 모집되었다는 증언과 부합되는 것이다.[55]

비록 소수이기는 하나 충청, 경기 및 강원 지역 출신자도 확인된다는 점에서 남한지역 전역으로부터 조선인들이 사키토정으로 이동하였음을 알 수 있다. 이에 비하여 북한 출신은 평남 2명에 불과하여 남한지역 출신자들과 커다란 대조를 보이고 있다.

사키토정「埋火葬認許證交付簿」등재 사망자 중 직업이 기재된 사람은 모두 114명으로 전체 등재자의 54%에 해당된다. 전체 등재자 211명 중에서 영유아나 유소년으로 분류할 수 있는 15세 이하 사망자 76명을 제하면 135명이 남는다. 성인으로서 직업이 확인되지 않은 사망자는 21명이다.

---
55) 林えいだい, 『死者への手紙 : 海底炭鑛の朝鮮人坑夫たち』, 116쪽.

직업 미기재자 중에는 광부로 추정되는 사망자가 섞여 있다. 먼저 사망원인이 '흉부압박에 의한 질식사'인 26세 남자, 사망장소가 '사키토광업소 1갱 갱내'인 33세 남자 등 적어도 이들 2명은 탄광노무자였던 것으로 판단된다. 노쇠로 인한 남자사망자도 2명 발견되며, 부녀자인 것이 확실한 사망자도 9명으로 확인된다. 나머지 8명은 성인 남성으로 직업이 기재되지 않은 뚜렷한 이유를 발견할 수 없다.

사키토정「埋火葬認許證交付簿」등재 사망자 중 직업이 기재되어 있는 이들의 직업별 분포를 정리해 보면 〈표 7〉과 같다.

〈표 7〉 직업 기재 사망자 114명의 직업별 분포

직업	1940	1941	1942	1943	1944	1945	계
仕繰夫			4		3	4	11
採炭夫	3	3	15	7	17	8	53
掘進夫			3	8	9	4	24
運搬夫		1			1	1	3
炭坑稼	1	2			2		5
積込夫					1		1
坑夫	1		1	1	4	1	8
雜夫		1		1		1	3
臨時夫				1			1
棹取夫						1	1
工作夫					1		1
음식점					1		1
농업			1				1
고물상					1		1
계	5	7	24	18	40	20	114

직업이 기재된 사람들 중 仕繰夫, 採炭夫, 掘進夫, 運搬夫, 炭坑稼, 積込夫, 坑夫, 棹取夫 등은 탄광노무자인 것이 확실하다. 잡부 중 1인은

회사잡부로 기재되어 있는데, 사키토정이라는 지역의 특성으로 보아 역시 탄광노무자였던 것으로 추정된다. 다른 잡부 1인은 사망장소가 사키토광업소 기숙사 尙志寮라고 되어 있다. 인부로 기재된 사망자는 사망장소가 사키토광업소 1갱 탄차수선장 방공호로 되어 있다. 농업으로 기재된 사망자는 사망장소가 사키토광업소 2갱 갱내인 것으로 보아 농업은 잘못 기재된 것이고 실제로는 갱부였던 것으로 생각된다. 임시부는 사망지가 사키토광업소 餠小島 저탄장이라고 되어 있다. 工作夫로 기재된 22세의 남자도 정황상 탄광소속이었을 개연성이 높다. 이렇게 본다면 음식점, 고물상으로 되어 있는 2명을 제외한 112명은 탄광노무자였다는 것을 확인할 수 있다. 여기에 직업 미기재자 중의 2명을 합치면 사키토정 「埋火葬認許證交付簿」 등재 사망자 중 탄광노무자는 모두 114명으로 집계된다.

사망자수는 채탄부(53명), 굴진부(24명), 사조부(11명), 갱부(8명) 등의 순서를 보인다. 이들 직종의 특징은 갱내작업이라는 것이다. 갱외작업으로 분류할 수 있는 적립부(1명)나 운반부(3명) 등은 사망자가 매우 적었다. 이와 같은 사망자 분포에서 갱내작업이 매우 위험하였다는 점을 확인할 수 있다.

연도별로 보면 1940~1941년에 비하여 1942년 이후 사망자가 많이 발생한 것으로 나타난다. 이런 추세를 설명해줄 명확한 자료는 없다. 당시의 정황으로 볼 때 여러 가지 측면에서 해석이 가능할 것으로 보인다.

먼저 생각해 볼 수 있는 것은 무리한 조업추진이다. 사키토탄광은 일본 내 탄광 중 출탄량이 10위 안에 드는 유수의 탄광이었다. 1943년의 경우 126만 톤을 출탄하여 자체기록을 세우기도 하였다.[56] 탄광 측에서 출탄량 증가를 위해 무리하게 채탄작업을 추진하다가 사고가 증가하였

---

56) 長崎在日朝鮮人の人權を守る會, 『原爆と朝鮮人』 5, 197쪽.

을 가능성이 있다. 사키토탄광은 가스발생이 적고 갱의 경사가 완만하여 비교적 사고가 적은 탄광으로 알려져 있다. 그러나 이것이 탄광의 작업조건이 좋았음을 의미하는 것은 아니었다. 기본적으로 사키토탄광은 해저탄광으로 내륙의 탄광에 비하여 작업조건이 열악할 수밖에 없었다. 1940년대 나가사키현 지역 해저탄광의 작업조건은 탄광시설이 오래되고 전적으로 인력에 의존하였다고 한다. 이것은 사할린으로부터 전환 배치된 조선인 노무자들의 증언에서 확인된다.57) 즉, 불리한 작업조건과 무리한 조업추진이 맞물려 사망자가 증가하였을 가능성이 있다.

전시체제기 막바지로 갈수록 조선인들의 작업장 배치상황이 더욱 열악해졌고, 이것이 사망자 증가로 이어졌을 가능성도 있다. 실제로 후기로 갈수록 갱내부에서 차지하는 조선인의 비중이 높아졌다. 홋카이도 호로나이탄광(幌內炭鑛)의 경우 1944년 약 2,000명의 조선인을 동원하였는데, 이것은 갱내부의 60~70%, 갱외부의 15% 정도를 점하는 것으로 주로 채탄과 굴진과 같은 과격한 노동에 투입되었다고 한다.58) 앞에서 살펴본 바와 같이 사키토탄광의 경우도 채탄부나 굴진부 등과 같은 갱내부 사망자가 전체 사망자에서 차지하는 비율이 매우 높았다.

다음으로 조선인들은 대부분 탄광노동에 익숙하지 않고 언어소통도 원활하지 않아 사고에 적절히 대처하지 못하는 경우가 많았다는 점을 생각해 볼 수 있다. 전시체제기 탄광지역으로 동원된 조선인들은 대부분 고향에서 농업에 종사하던 사람들이었다. 따라서 갱내작업을 비롯한 탄광노동은 생소할 수밖에 없었다. 신규노무자를 대상으로 사전교육을 실시하기는 하였으나, 생존자들의 증언을 들어보면 충분하지는 않았던

---

57) 鄭惠瓊, 「1944年에 日本 本土로 '轉換配置'된 사할린(樺太)의 朝鮮人 鑛夫」, 43~44쪽.
58) 北海道開拓記念館, 『明治初期における炭鑛の開發 : 幌內炭鑛における生活と歷史』, 北海道開拓記念館調査報告 第7號, 1974, 7쪽.

것으로 보인다.59) 조선인 노무자들은 대부분 일본어를 하지 못하였다고 한다. 이것은 위급상황 발생시 상황을 인지하고 대처하는 데 장애요인이 되었다. 생소한 작업, 충분하지 않은 교육, 의사소통의 곤란 등이 조선인의 재해율을 높인 이유가 되었을 것이다.

마지막으로 단순히 조선인들의 이입이 증가하며 사망자가 늘어났다고 볼 수 있을 것이다. 전시체제가 성립되며 조선인 동원이 크게 늘어난 것은 잘 알려진 사실이다. 사키토탄광도 예외는 아니었을 것이다. 1944년 1월 당시 일본 내 탄광지역 중 사키토탄광의 조선인 규모가 다섯 번째로 컸다60)는 사실은 의미하는 바가 크다.

사키토정「埋火葬認許證交付簿」死因 항목은 전문적인 의학용어로 기재되어 있다. 사망자들의 사망원인은 사고, 부상, 질병, 자살, 익사, 기타 등 다양하다. 〈표 8〉은 등재 사망자들의 사망원인을 임의로 탄광사고, 변사, 병상사, 기타 등으로 구분하여 정리한 것이다.

〈표 8〉 사망원인별 분포

사망원인	1940	1941	1942	1943	1944	1945	계
탄광사고	1	6	16	2	3	2	30
변사			1	8	14	5	28
병상사	15	11	18	34	39	26	143
기타		1	3	2	2	2	10
계	16	18	38	46	58	35	211

탄광사고는 탄광 내에서 발생한 사고에 의해 사망한 경우를 정리한 것이다. 탄광사고 사망자는 30명으로 14.2%를 차지하고 있다. 1942년이

---

59) 사할린의 미쓰비시계열 탄광으로 동원되었던 정복수는 일본어를 못하였으나 1주일간 간단한 교육을 받고 곧바로 갱내에 투입되었다고 한다(일제강점하강제동원피해진상규명위원회, 『지독한 이별』, 2007, 332~333쪽).
60) 長澤秀 編, 『戰時下朝鮮人中國人連合軍俘虜强制連行資料集』Ⅰ, 174쪽.

16명으로 다른 해에 비하여 사망자가 많은데, 이것은 7월 14일 발생한 갱내 가스폭발사고로 인한 희생자 8명이 포함되어 있기 때문이다. 사고의 종류는 낙반 혹은 낙탄에 의한 사망 13명, 가스폭발에 의한 사망 8명, 각종 골절에 의한 사망 7명, 흉부압박에 의한 질식사 2명 등이다.

병상사는 탄광 밖에서 병이나 부상에 의해 사망한 경우를 정리한 것이다. 병상사로 분류된 사망자는 모두 143명으로 67.8%를 차지하고 있다. 병상자로 분류된 사망자 중 절반이 넘는 76명은 15세 이하의 영유아나 유소년들이다. 특히 0세와 1세가 각각 46명과 15명이다. 사망원인으로는 폐렴이 31건이나 확인되고, 소화불량 19건, 기관지염 17건, 복막염 14건, 뇌막염 5건 등이 뒤를 이었다.

변사는 사망원인에 變死(혹은 變傷死)로 기재되어 있는 것을 정리한 것이다. 변사자는 28명으로 13.3%를 점유하고 있다. 연령별로 구분하여 살펴보면 18세 사망자 1명, 20~29세 사망자가 18명, 30~39세 사망자가 5명, 40세 이상이 4명이다. 20대의 변사자가 상대적으로 많은 것을 알 수 있다. 변사장소는 갱내 17건, 숙소 2건, 탄차수선방공호 1건, 저탄소 1건, 기타 7건 등이다. 변사원인으로는 골절상이 13건으로 가장 많았고 내장파열 등이 4건, 낙반사고가 3건, 기타가 8건이다. 증상으로는 '頭蓋低骨折', '頭蓋內出血', '심장폐장 파열', '흉부압박증', '천연성 쇼크사 의심', '頭蓋破碎' 등이 확인된다.

변사자들의 사망장소가 갱내인 경우가 많다는 점에서 탄광사고로 인한 사망으로 볼 수도 있다. 그러나 낙반 등 갱내사고는 별도로 분리하여 기재하였다는 점에서 석연치 않다. 변사의 원인 중에는 내출혈이나 심장 등 장기파열, 흉부압박증, 두개저골절, 두개파쇄 등이 많이 포함되어 있다. 변사원인으로 보아 구타 등 가혹행위에 의한 사망인 것으로 추정된다. 또한 변사의 원인으로 낙반사고도 있다. 낙반사고에 의한 사망을 굳이 변사로 기재한 점이 의심스럽다. 이것은 공상(公傷)을 줄이기 위한 의도가 포함되어 있는 것이 아닌가 의심된다. 탄광사고에 의한 사망의 경우 사망부조료 등 상당한 액수의 부조료를 지급하도록 규정되어 있었다. 이것을 회피하기 위하여 사망원인을 탄광사고가 아닌 다른 것으로 희석시킨 것이 아닌가 의심된다.

직업이 탄광노무자인 것으로 확인되는 114명의 출신지를 살펴보면 전북 42명, 전남 27명, 경북 20명, 경남 15명, 경기 6명, 강원 2명, 충북 2명으로 확인된다. 호남권이 69명, 영남권이 35명으로 영호남 출신이 91.2%를 차지하고 있다. 등재 사망자 전체를 비교한 것보다 영호남 출신 사망자가 2.6% 높게 나타난다.

사망장소를 분류해 보면 114명 중 갱내에서 사망한 사람은 모두 47명이다. 이 중 17명은 변사로 기재되어 있다. 이외에 낙반에 의한 사망 13명, 가스폭발에 의한 사망 8명, 두개골절 등 4명, 질식사 3명, 늑골골절 1명, 경부절단 1명 등이다.

갱외에서 사망한 사람은 67명이다. 갱외 사망자 중 변상사가 10건을 차지하고 있다. 이외에 골절에 의한 사망 4건, 익사 2건, 내장 손상 등 내상 2건, 심장마비 1건, 질식사 1건, 기타 4건 등 24건은 병에 의한 사망이 아닌 것으로 보인다. 질병에 의한 사망자는 43명으로 뇌막염이나 늑막염, 폐결핵, 급성장카타르, 급성폐렴 등에 의하여 사망한 것으로 확인된다. 사인으로 보아 당시 탄광노무자들의 위생 및 영양상태가 좋지 않았음을 유추해볼 수 있다.

IV. 맺음말

이상과 같이 일본 나가사키현 사키토정의 탄광산업을 개괄하여 보고, 사키토정 「埋火葬認許證交付簿」 등재 조선인 사망자에 대하여 다각도로 분석해 보았다. 분석결과 확인된 내용을 정리해 보면 다음과 같다.

사키토정은 나가사키현 니시소노기반도 북서쪽에 인접한 도서지역이다. 원래 어업을 중심으로 한 지역이었으나, 19세기 말엽 지역 내 해저에서 탄층이 발견되면서 탄광촌으로 변하기 시작하였다. 해저탄광이라는 불리한 여건으로 인해 쉽사리 개발되지 못하고 광구전매만 이어지다가 1907년 규슈탄광기선(주) 사키토광업소가 설립되면서 본격적으로 개발되기 시작하였다.

사키토탄광은 1909년 최초의 갱 개설 이래 꾸준히 출탄량을 늘려나갔다. 1935년에는 전국 탄광별 출탄량 7위를 차지할 정도로 성장하였고, 1936년에는 출탄량이 100만 톤을 넘어섰다.

미쓰비시광업(주)은 규슈탄광기선(주) 발족 당시부터 판매를 담당하고 있었고 주식도 상당량을 보유하고 있었다. 그러다가 1940년 9월 이를 합병하여 미쓰비시광업(주) 사키토광업소로 삼았다. 1943년에는 126만 톤을 출탄하여 탄광 자체기록을 세웠다. 사키토탄광은 홋카이도 비바이 탄광과 더불어 미쓰비시광업(주)의 주요한 탄광으로 자리잡았다.

사키토탄광에서 조선인이 확인되는 것은 1910년대 초반부터이다. 그러나 조선인들이 대거 투입되기 시작한 것은 전시체제기 이후인 것으로 확인된다. 사키토탄광으로 동원된 조선인의 규모에 대해서는 자료에 따라 다르게 나타난다. 1943년 당시에는 갱내부의 1/3인 약 1,700명의 조선인이 있었던 것으로 알려져 있다. 조선인들은 주로 호남과 영남 등 한반도 남쪽에서 동원되어 온 것으로 알려져 있다.

1940~1945년 사키토정 「埋火葬認許證交付簿」 등재 조선인 사망자에 대하여 분석해본 결과 다음과 같은 내용이 확인되었다.

첫째, 사망자들의 연령별 분포를 살펴보면 5세 이하 영유아와 16세 이상 30세 이하의 청년층 사망자가 많은 것으로 확인된다. 가장 왕성한 노동력을 가진 청년층에서 사망자가 많은 것은 이들이 위험한 직종에 몰려 있었다는 것을 의미한다. 이러한 결과가 나타난 것은 사키토탄광과 관련이 있는 것으로 생각된다. 5세 이하 영유아 사망자가 많았다는 점에서 당시 사키토정에는 젊은 조선인 부부 혹은 가족이 많이 거주하고 있었던 것으로 추정된다. 당시 일본당국은 조선인 노무관리의 효율성을 기하기 위하여 가족 불러오기를 권장하고 있었다. 실제로 일선 회사에서는 조건을 충족한 강제동원 노무자의 가족 불러오기를 시행하고 있었다는 점에서 이와 같은 추론이 가능하다.

둘째, 사망자들의 출신지역을 살펴보면 경상남북도 및 전라남북도 출신이 전체 사망자의 88.6%를 차지하고 있다. 이것은 당시 사키토탄광으로 동원된 조선인들이 대부분 영호남 지역에서 모집되었다는 증언에 부합하는 것이다.

셋째, 사망자들의 직업을 살펴보면 사키토정「埋火葬認許證交付簿」에 직업이 기재된 조선인 사망자 114명 중 112명은 탄광노동자였던 것으로 해석된다. 그리고 직업이 기재되지 않은 사람 중에도 사망장소 및 사망이유로 보아 2명은 탄광노무자였던 것으로 파악된다. 이것으로 보아 사키토정「埋火葬認許證交付簿」등재 조선인 사망자 211명 중 114명은 탄광노무자였던 것으로 확인된다.

넷째, 사망원인으로는 갱내 탄광사고가 14.2%를 차지하고 있으며, 이 중에서 낙반사고에 의한 사망이 가장 많이 발견된다. 작업유형으로 볼 때 갱내부의 사망자 비율이 압도적으로 높은 것으로 확인된다. 변사(변상사)가 28건이나 확인되는데, 사망원인으로 보아 구타 등 가혹행위에 의하여 사망한 것으로 추정된다. 갱외 부상 및 질병 등에 의한 사망은 143명으로 전체의 67.8%를 차지하는데, 여기에는 15세 이하인 자가 76명 포함되어 있다. 탄광노무자로 확인되는 114명 중 갱내 사망자는 47명으로 역시 낙반에 의한 사망이 가장 많다. 갱외에서 사망한 67명 중 24명은 질병이 아닌 부상으로 사망한 것으로 보인다. 질병에 의한 사망의 경우 뇌막염이나 늑막염, 폐결핵, 급성장카타르 등으로 사망한 경우가 많았다.

　이상과 같이 사키토정「埋火葬認許證交付簿」를 근거로 하여 조선인 사망자에 대해 분석해 보았다. 그런데 이 글에서 다루지 못하여 한계로 남은 측면도 있다.

　먼저 조선인 사망자들의 특징을 보다 면밀히 살펴보기 위해서는 동일한 시기 일본인의 경우와 비교해볼 필요가 있다. 당시 사키토정 혹은 나가사키현 내 탄광지역 일본인의 위생 및 사망과 관련된 연구를 분석하고 이를 조선인과 비교해 보았다면 보다 풍부한 분석이 가능하였을 것이다. 그러나 이 글에서는 그와 같은 시도를 하지 못하였다.

　사키토정 거주 조선인 인구현황에 관한 자료를 확보하지 못한 점도 문제이다. 사망자에 대해 분석하며 기본적으로 제시되어야 하는 정보를 제공하지 못하였다. 이를테면 전체 거주자 중 사망자 비율 혹은 각 연령별 분포현황 등에 관한 분석은 이루어지지 못하였다. 다만 사망자 분포 등 추세를 바탕으로 하여 조선인 인구분포 추이를 추정하는데 그쳤다. 노동조건 및 사고 등과 관련하여 생존자 증언을 활용하지 못한 점도 한계로 남았다.

　전시체제기 조선인 사망자 문제와 관련하여 비교검토해 볼 만한 다른 연구성과가 없었던 점은 아쉬움으로 남는다. 관련자료를 좀더 확보하고 일본인 관련 선행연구를 검토한다면 지금보다 진일보한 연구가 가능할 것으로 생각된다. 추가자료 발굴 및 관련연구 추진은 추후의 작업으로 남겨두고자 한다.

【참고문헌】

朴慶植 編, 『在日朝鮮人關係資料集成』 第4卷, 東京: 三一書房, 1976.
崎戸町の歴史編纂委員会, 『崎戸町の歴史』, 崎戸町教育委員会, 1978.
林えいだい 編, 『戰時外國人强制連行關係史料集』Ⅱ 朝鮮人1下卷, 明石書店, 1991.
守屋敬彦 編, 『戰時外國人强制連行關係史料集』Ⅲ 朝鮮人2下卷, 明石書店, 1991.
長澤秀 編, 『戰時下朝鮮人中國人聯合軍俘虜强制連行資料集』Ⅰ, 綠蔭書房, 1992.
朝鮮人强制連行眞相調査團, 「火葬認許證及び變災報告書(長崎)」, 1990.10.
일제강점하강제동원피해진상규명위원회, 『사할린 '이중징용' 피해 진상조사』, 2007.
일제강점하강제동원피해진상규명위원회, 『지독한 이별』, 2007.
百萬人の身世打鈴編集委員會, 『百萬人の身世打鈴』, 東方出版, 1990.
정혜경, 『조선인 강제연행 강제노동Ⅰ-일본편』, 선인, 2006.
北海道開拓記念館, 『明治初期における炭鑛の開發 : 幌內炭鑛における生活と歷史』, 北海道開拓記念館調査報告 第7號, 1974.
山田昭次·古庄正·樋口雄一, 『朝鮮人戰時勞動動員』, 岩波書店, 2005.
三菱鑛業セメント株式會社總務部社史編纂室 編, 『三菱鑛業社史』, 1976.
林えいだい, 『死者への手紙: 海底炭鑛の朝鮮人坑夫たち』, 明石書店, 1992.
長崎在日朝鮮人の人權を守る会, 『原爆と朝鮮人 5 : 長崎縣朝鮮人强制連行, 强制勞働 實態調査報告書』, 1991.
前川雅夫 編, 『炭坑誌: 長崎縣石炭史年表』, 葦書房, 1990.
朝鮮人强制連行實態調査報告書編集委員會, 『北海道と朝鮮人勞働者』, 札幌學院大學 生活協同組合, 1999.
竹内康人 編著, 『戰時朝鮮人强制勞動調査資料集: 連行先一覽·全國地圖·死亡者名 簿』, 神戸學生·靑年センター出版部, 2007.
鄭惠瓊, 「1944年에 日本 本土로 '轉換配置'된 사할린(樺太)의 朝鮮人 鑛夫」, 『韓日民族 問題硏究』 14, 2008.
정혜경, 「일본 '제국'의 틀로 본 조선인 노무동원」, 『일제 식민지배와 강제동원』, 경인 문화사, 2010.
鄭惠瓊, 「戰時體制期 日本 本土 朝鮮人 勞務者의 '轉換配置'」, 『韓日民族問題硏究』 17, 2009.

田村紀之,「內務省警保局調査による朝鮮人人口(1)」,『經濟と經濟學』46, 東京道立大學, 1981.

사이카이시(西海市) 누리집(http://www.city.saikai.nagasaki.jp).

전시체제기 죠반(常磐)탄전 관련 명부자료를 통해 본 조선인 노무자의 사망실태*

정 혜 경

　세계에서 일본의 총동원전쟁에 동원된 조선인에 관한 명부를 가장 많이 소장하고 있는 곳은 강제동원위원회(대일항쟁기강제동원피해조사및국외강제동원희생자등지원위원회)이다. 그러나 아쉽게도 이 많은 명부가 연구자들에 의해 활발히 연구되고 있는 것은 아니다. 이유는 자료가 기록관이 아니라 위원회라는 기관에 소장되어 있고, 명부가 갖고 있는 특성(개인정보)상 방문연구자들에게만 열람이 가능하기 때문이다. 그러나 더 큰 이유는 연구를 하기에 충분하지 않은 정보의 내용이다. 이 문제

---

* 이 글은 「전시체제기 죠반(常磐)탄전 관련 명부자료를 통해 본 조선인 노무자의 사망실태」, 『한국민족운동사연구』 59호(2009.6)에 게재된 내용을 일부 수정 보완하여 정혜경, 『일본 제국과 조선인 노무자 공출-조선인 강제연행·강제노동 연구Ⅱ』(선인, 2011)에 수록했다. 그러나 다쓰다 코지 선생이 2010년 12월 5일 필자에게 보낸 서신과 2011년 6월에 보내온 논문 「常磐炭田における戰時勞働動員朝鮮人死亡者名簿について-鄭惠瓊氏の關聯論文を讀んで」를 통해 조전범(16)과 황인범(18)이 동일인일 것이라는 점을 비롯해 여러 의견을 제시하고 오류를 지적해주었다. 이 의견 가운데 적절하다고 판단한 점을 반영하여 분석대상을 304명으로 수정·보완하여 다시 수록하게 되었다. 선생의 지적에 감사드린다. 물론 다쓰다 선생은 이 논문을 통해 358명의 사망자 명단을 제시하였으나 필자가 확인할 수 없는 점도 있어서 이 글에서는 모두 반영하지 않았다.

에 대해서는 이 책에 실린 총론 「한줄기 빛을 '세상을 밝히는 해'로 바꾸기 위해-명부자료의 활용 방안」을 통해 해법을 제시해보았다.

이 글은 이미 나가사와 시게루(長澤秀)가 공개한 사망자명부를 미시적 방법론에 의해 분석하여 새로운 명부를 생산하고, 명부에 대한 내용분석을 시도한 결과물이다. 사망자 실태부분에는 학회지 지면상 담지 못한 내용을 보완했다. 죠반탄전에 동원되었다가 목숨을 잃은 사망자문제에 대한 학계의 관심이 제기되었으면 하는 바람에서 글을 완성했다.

특히 죠반탄전은 일본 지역 3대 탄광지대의 하나이지만, 다른 탄전에 비해 채탄규모가 작고 동원인원도 적어 그다지 주목받지 못했다. 이 탄전에 대해 일본 연구자 나가사와 시게루가 초기부터 연구를 시작했으나 여전히 홀로 작업이다. 최근에 다쓰다 코지(龍田光司)의 가세로 연구가 조금 활성화되어 가고 있다. 다쓰다 선생은 현지조사를 위해 한국의 어학당에서 한국어를 배웠고, 전국의 유족과 생존자를 찾아 현지조사를 벌였다. 또한 이에 그치지 않고 '평화를 이야기하는 모임' 도 한국 현지조사에 참여했다. 다쓰다 선생과 '평화를 이야기하는 모임' 회원들의 노고 덕분에 죠반탄광 피해자에 대한 현지조사결과물이 착착 쌓여가고 있었다. 감사한 일이다.

그런데 지난 2011년 3월 일본을 휩쓴 쓰나미와 지진으로 인해 죠반탄광의 일부인 이와키시가 사라짐에 따라 다쓰다 선생과 '평화를 이야기하는 모임' 회원들은 엄청난 피해를 입었다. 삶의 터전을 잃었고, 인적 손실도 엄청났다. 이 지역에서 있었던 탄광노동의 역사를 잘 보여주었던 석탄화석관은 무사할지.

그간 다쓰다 선생 부부의 헌신과 노력에 늘 감사했고, 학문적으로 많은 신세를 졌던 필자의 입장에서 그분들의 고통은 이루 표현할 수 없을 정도로 애통하다. 그저 하늘이 원망스럽고, 자연의 교훈을 무시했던 인간들의 미련이, 무능한 정치가들이 한스럽다. 그러나 그간 역사가 보여준 '인간이 스스로 바닥을 짚고 일어나는 기적'을 이번에도 기대하며, 빌고 또 빌었다.

* 그 바람이 도달했는지 지난 5월 29일 후쿠시마에서 먼 거리에 있는 고베에서 열린 강제동원진상구명네트워크 연구집회에 참석하여 꿋꿋한 모습을 보여주셨다. 또한 6월에는 필자의 부족한 논문을 통해 학문적 자극을 받아 지진과 원전피해의 정신적 고통에서 조금이나마 벗어날 수 있게 되었다고, 논문 「常磐炭田における戰時勞働動員朝鮮人死亡者名簿について－鄭惠瓊氏の關聯論文を讀んで」을 보내주셨다.

죠반탄광에 동원된 노무자의 입소식 장면
(在日韓人歷史資料館, 『在日韓人歷史資料館圖錄』, 2008, 50쪽)

Ⅰ. 머리말

죠반(常磐)탄전이란 일본 후쿠시마(福島)현의 후타바(双葉), 이와키(石城)탄전과 이바라키(茨城)현의 이바라키(茨城)탄전을 총칭하는 명칭이다. 일본 본토에는 홋카이도(北海道)탄전이 가장 많은 석탄 매장량을 기록하고 있고, 규슈탄전이 뒤를 잇는다. 이에 비해 죠반탄전은 일본 3대 탄전이기는 하지만, 1930~1945년간 생산량이나 광부 인원수에서 전국 대비 7% 정도인 소규모 탄전이었다.[1]

그동안 죠반탄전은 일본에서 규모가 작은 탄전이었고, 다른 탄전에 비해 동원한 조선인 노무자의 수도 적었기 때문에 연구도 활발하지 못했다. 국내에서는 전무한 상황이고, 일본에서도 나가사와 시게루(長澤秀)와 지역 연구자에 의해 기본적인 현황이 소개되는 정도이다. 그러나 나가사와 시게루의 노력으로 관련 자료와 통계가 소개되면서 향후 연구 토대가 마련되었다.

현재 국내에 알려진 죠반탄전 조선인 노무자 관련 명부는 7종이고, 그 가운데 4종은 사망자 명부이다. 사망자 명부 가운데 일제하피징용자명부에 수록된 [常磐炭田朝鮮人勞働者殉職者名簿]와 나가사와 시게루가 정리한 [戰時下常磐炭田の朝鮮人鑛夫殉職者名簿](이하 [戰時下常磐炭田朝鮮人鑛夫殉職者名簿(長澤秀 정리)])가 대표적인 죠반탄전 조선인 사망자 명부이다.

사망자 명부를 대상으로 한 연구도 전무한 상황인데, 최근 나가사와가 정리한 [戰時下常磐炭田朝鮮人鑛夫殉職者名簿(長澤秀 정리)]에 대해 후쿠시마지역 연구자인 다쓰다 코지(龍田光司)가 분석을 했다(미공개).[2]

---

1) 長澤秀, 「戰時下常磐炭田における朝鮮人鑛夫の勞働と鬪い」, 『朝鮮人强制連行論文集成』, 明石書店, 1993, 148·151쪽.
2) 龍田光司, 「常磐炭田における'朝鮮人戰時勞働動員被害者を訪ねて」(미공개, 2006

다쓰다는 순직자명부의 출신도별, 탄광별 사망자 통계를 중심으로 관련 통계(작업장별 조선인 노무자 동원 통계)에 생존자 및 유족조사 결과를 반영해 연도별·도별 현황을 분석했다.[3]

필자는 별고(別稿)를 통해 전시체제기 조선인 인적동원 관련 명부자료를 연구에 활용하는 방법을 제시했다.[4] 이 글은 필자가 제시한 연구방법론에 의거해 죠반탄전에 동원된 조선인 노무자의 사망 실태를 살펴보고자 하는 사례연구이다. 이를 위해 국내 소장 죠반탄전 관련 명부에 대한 미시적 분석을 실시하고, 이 가운데 [戰時下常磐炭田朝鮮人鑛夫殉職者名簿(長澤秀 정리)]를 중심으로 필자가 검증한 [常磐탄전조선인사망자명부(鄭惠瓊 정리)](부록 참조. 수록인원 304명)를 대상으로 사망 실태를 분석해보고자 한다.[5] 이를 통해 죠반탄전의 조선인 노무자 사망 실태를 규명함과 동시에 명부자료의 연구방법론을 구체화하는 데 도움이 되길 기대한다.

물론 304명의 명부가 완결성을 의미하지는 않는다. 이 논문은 강제동원위원회 조직 변천에 따라 2008년 11월 15일 기준 강제동원위원회 조사 결과만을 적용했다. 그러므로 304명이라는 인원수는 의미가 없다.

년 작성으로 추정) ; 「常磐炭田における戰時勞働動員朝鮮人死亡者名簿について－鄭惠瓊氏の關聯論文を讀んで」(미공개, 2011 작성).
3) 다쓰다는 2006년 논문에서는 나가사와의 명부 수록인원수 296명에 자신이 확인한 2명을 추가한 298명을 분석 대상으로 했는데, 구체적인 명부나 근거를 제시하지 않았다. 그러나 2011년 논문에서는 정혜경 명부 305명을 비롯한 관련 명부 전체에 대한 미시적 분석을 통해 358명의 명부를 제시했다. 다쓰다의 분석은 죠반탄전 현지 조사 결과를 바탕으로 관련 자료 분석이 치밀하여 매우 신뢰성이 높다. 현재 강제동원위원회 피해조사가 완결되지 않았고, 피해조사 결과에 대한 분석도 완결되지 못했다. 이 결과를 반영한 최종적인 죠반탄전 조선인 사망자 명부는 향후 다쓰다의 수고에 의해 마무리될 것으로 기대한다.
4) 정혜경, 「국내 소장 전시체제기 조선인 인적동원관련 명부자료의 활용방안」(정혜경, 『일본 제국과 조선인 노무자 공출－조선인 강제연행·강제노동 연구 Ⅱ』, 선인, 2011)
5) 長澤秀 編, 『戰時下强制連行極秘資料集 4』, 綠陰書房, 1996 수록.

다만 사망자 명부에 대한 분석 과정과 방법을 제시하는 데 의미가 있을 뿐이다. 현재 다쓰다의 치밀한 연구가 진행되고 있으므로 향후 강제동원위원회 조사 결과가 완료되어 추가 자료 분석이 이루어지면 완결성을 갖는 명부에 접근할 수 있을 것으로 생각된다.

II. 전시체제기 죠반(常磐)탄전에 동원된 조선인 노동력 실태[6]

죠반탄전에서 근대적인 탄광경영은 1885년 이와키(磐城) 탄광사(炭礦社) 창립에서 비롯된다.[7] 이후 동북지방과 북관동지방의 노동력으로 탄광을 가동했다. 죠반석탄광업회 회원 탄광(1937년) 현황을 보면 다음과 같다.[8]

---

6) 죠반탄전에 동원된 조선인의 노동실태에 대해서는 이미 나가사와의 연구에서 상세하게 언급하였으므로 이 글에서는 다루지 않는다.
7) 福島縣, 『福島縣史18 - 産業經濟』, 1970, 978쪽.
8) 일본의 탄전(炭田)은 1887년에 출탄고(出炭高)가 170만 톤에 불과했으나 제1차 세계대전 이후에는 기존 탄산(炭山)의 확장과 새로운 탄산 개발 등으로 급증했다. 1920년대에 들어서 출탄고 급등과 경제 불황으로 해운업계와 공업계가 부진해지자 탄가(炭價) 하락은 심각한 상태에 이르렀다. 이에 석탄광업회사로 구성된 석탄광업연합회는 송탄(送炭)을 조절하고, 탄산을 정리하며, 설비를 기계화하는 등 자구책을 강구하여 대응해나갔다. 특히 석탄광업은 국가의 기초산업이었으므로 정책적인 관리 대상이었다. 당국은 석탄을 '연료 국책'이라 하여 중시하고 각종 법령과 연합체를 통해 수급통제와 조절을 해나갔다. 1941년 11월에 설립된 석탄통제회, 석탄통제조합 이전에 설립되었던 석탄광업연합회 및 구성단체, 석탄광업 호조회(互助會) 등은 자치를 내세우고 있었지만 생산통제기관의 성격을 가지고 있었다. 석탄광업연합회는 대기업 중심으로 1921년에 창립되었는데, 비록 생산통제기관으로 성격을 가지고 있었으나 출탄의 자치적 제한을 통해 탄가를 유지하는 방법으로 수급 조절을 했다. 그러나 1936년 이후 전시체제기에 들어서는 증산조장기관으로 전환되었다. 석탄광업연합회는 도쿄(東京)본부를 비롯해 지쿠호(筑豊)석탄광업회, 홋카이도(北海道)석탄광업회, 죠반(常磐)석탄광업회, 우베(宇部)석탄광업회, 히치쿠(肥筑)석탄광업회가 소속되었는데, 결성 시기는 지역에 따라 차이가 있다. 久保山雄三, 『日本石炭鑛業發達史』, 公論社, 1942, 1~3·171~172쪽.

〈표 1〉 죠반석탄광업회 회원 탄광 현황(1937년)

탄광회사 이름	자본금(만원)	광구면적(만평)	출탄량(톤)	노동자수
磐城탄광주식회사	1,075	採掘 1,154 試掘 3,953	824,149	5,481
入山채탄주식회사	600	채굴 551 시굴 1,148	171,601	3,475
中鄕무연탄광		채굴 402 시굴 440	82,328	296
古河석탄광업주식회사	1,000	채굴 259	310,270	1,516
대일본탄광주식회사	510	채굴 568 시굴 199	329,989	1,501
제2磐城탄광주식회사	150	채굴 255 시굴 165	77,450	816
계 ⓐ			2,195,787	13,085
같은 기간 전체 죠반탄전 ⓑ			2,967,052	17,015
ⓐ/ⓑ(%)			74.1	76.9

*자료: 福島縣, 『福島縣史18-産業經濟』, 1970, 995쪽.

위 표에 의하면, 광구면적과 출탄량, 노동자수, 자본금 등 모든 항목에서 선두는 단연 이와키탄광주식회사이고, 그다음은 후루카와탄광이다. 이러한 탄광회사의 현황은 조선인 노무자 동원 현황과도 비례한다. 그러나 전체적으로 보면, 죠반탄전에서 전시체제기 이전에 조선인 취로 인원수는 미미했다. 후쿠시마현 경찰부 조사 기록에 의하면, 1929년 6월 말 현재 관내 거주 조선인 1,283명(남 1,009명) 가운데 광산노동종사자는 531명(모두 남성)이다. 『福島縣史18-産業經濟』에서는 광산관계자 가운데 대부분을 탄광관계자로 파악하고 있다.9) 나가사와도 죠반탄전 지역의 조선인 광부수가 428명(1931년)에 달한 통계를 제시했다. 그러나 이바라키 지역은 후쿠시마와 다른 작업장 분포를 보인다. 히다치(日立)광

---
9) 福島縣, 『福島縣史18-産業經濟』, 1002~1003쪽.

산의 조선인 노동자 수가 다수라는 점을 감안하면, 실제 탄광부의 수는 428명에 미치지 못한다고 판단된다.10)

이러한 조선인 노동력 상황은 일본이 전시체제기에 들어서면서 변화를 가져오게 된다. 1937년 9월 석탄광업연합회는 상공대신에게 '노동력보충진정서'를 제출하고, "석탄광업은 공장에 비해 노무모집에서 늘 불리한 입장에 놓여 있으므로 매년 상당수의 조선인 노무자 도입을 단행해야 한다"고 언급했다. 이러한 진정서 제출이 일정한 효과를 거두었는지 알 수 없으나 당국은 1937년 말에 사회국장 명의로 각부도현 지사에게 보낸 통첩에서 "내지 거주 조선인 노동자로서 취업상태에 있지 않는 자가 있는 지방에서는 이들을 극력 석탄산으로 소개할 것"(밑줄 인용자)을 지시한다. 그리고 1939년에 후쿠시마에는 1,500명의 조선인이 새로이 발을 딛게 되었다.11)

죠반탄전 내 탄광 가운데 석탄통제회 동부지부 산하 탄광(연산 5만 톤 이상 탄광)의 조선인 동원현황은 다음과 같다.

〈표 2〉는 전후에 작성한 자료이므로 여러 차례 이루어진 통폐합 및 변천 과정을 반영하고 있지 않다. 이리야마(入山)채탄의 경우에는 1944년 4월 이와키탄광과 합병되어 죠반탄광 소속이 되었다.12)

〈표 2〉에서 '입산13)'현황을 보면, 회사별로는 죠반(常磐)탄광에 가장 많은 조선인(14,709명. 68.7%)이 입산했다. 후루카와(古河)광업이 그 뒤를 잇고 있는데, 2,258명(10.5%)으로 죠반탄광과 차이가 크다.

시기별로 보면, 1944년의 조선인 입산자가 가장 다수이고, 그 뒤를 1942년과 1940년, 1943년이 기록하고 있다. 특히 죠반탄광은 1940년에

---

10) 長澤秀, 「戰時下常磐炭田における朝鮮人鑛夫の勞働と鬪い」, 149쪽, 〈표 1〉.
11) 福島縣, 『福島縣史18 - 産業經濟』, 1003쪽.
12) 「常磐炭田朝鮮人勞働者殉職者名簿」, 『일제하피징용자명부철』, 910쪽.
13) '입산과 '착산'은 당시 자료에 나타나는 용어인데, 탄광종사자의 상황을 잘 나타내주므로, 이하에서는 별도 인용부호 없이 사용하고자 한다.

〈표 2〉 죠반탄전으로 강제동원된 조선인 '입산(入山)' 현황
(석탄통제회 동부지부 산하 탄광)

구분	광업권자	탄광	소재	군수회사 지정여부	강제동원된 조선인 총수							
					1939	1940	1941	1942	1943	1944	1945	계
석탄통제회 회원 탄광	常磐탄광(주)	內鄕	福島	○	501	1,851	814	1,144	1,194	1,649	228	7,381
		磐崎	福島	○								
		湯本	福島	○	496	1,764	731	1,720	1,392	616	68	6,787
		中鄕	茨城					146	142	112	38	438
		神山	茨城							77	26	103
	古河광업(주)	好間	福島	○	46	275	141	559	399	815	23	2,258
	대일본탄광(주)	勿來	福島					362	191	457	18	1,028
	東邦탄광(주)	櫛形	茨城					99	134	220	6	459
석탄통제조합 탄광	ㅂ曹광업(수)	赤井	福島			278		148	138	204	9	777
		常磐	福島									
	鳳城탄광(주)	小田	福島							149	2	151
	大昭광업(주)	上山田	福島						87	171	33	291
	關本탄광(주)	關本	茨城							75	23	98
	山口탄광(주)	山口	茨城							22		22
	山一탄광(주)	山一	茨城							75		75
	불분명									147	34	181
常磐탄전합계					1,043	4,248	1,868	4,508	4,086	5,122	538	21,413

*자료: 석탄통제회 동부지부 문서(長澤秀, 「戰時下常磐炭田における朝鮮人鑛夫の勞働と鬪い」, 『朝鮮人强制連行論文集成』, 明石書店, 1993, 160~161쪽. 재인용)

3,615명(24.6%)으로 가장 많은 조선인이 입산했다. 이는 전체적으로 1944년 입산자가 가장 많은 점과 대조된다. 인원수는 많은 편이 아니지만, 1939년 입산자도 천 명이 넘는다. 1939년에 곧바로 조선인이 입산한 탄광 2개소는 모두 후쿠시마에 소재하고 있으며, 관내 탄광 가운데 가장 많은 조선인이 취로를 한 곳이기도 하다.

1944년에는 처음으로 조선인이 '입산'한 탄광이 6개소로 가장 많은데, 지역적으로는 이바라키현에 집중된다. 6개소 가운데, 4개소는 남사할린 서안지역의 조선인 탄광부가 '전환배치'된 작업장이다. 조선인들이 '전환배치'된 탄광은 모두 연간 5만 톤 이상의 생산고를 가진 대규모 탄광이면서도 군수회사로 지정되지 않았다. 오다(小田, 149명), 야마구치(山口, 22명)탄광은 이입조선인수와 '전환배치' 조선인수가 일치하고, 세키모토와 야마이치탄광은 2~3명의 오차를 보인다.[14]

〈표 3〉 죠반탄전 관내 탄광회사별 소속탄광 변천 현황[15]

탄광회사 이름	소속 탄광	소재	통칭	통폐합
常磐炭鑛(주)	內鄕 鑛業所	福島	內鄕鑛	1888: 大越佐助, 內鄕村 白水立石下갱구를 양도. 전신: 磐城탄광
	湯本 鑛業所	福島	湯本鑛	1930: 三井광산, 湯本탄광을 휴업하고 가동중지. 전신: 入山湯本
	鹿島 鑛業所	福島	鹿島鑛	1938: 磐城탄광, 小名浜갱(이후 鹿島갱) 개착 착수
	磐崎 鑛業所	福島	磐崎鑛	전신: 磐城탄광

14) 일본은 1942년부터 인적·물적자원의 통제 및 운용에 관한 법적 근거에 의해 노동력의 전환배치를 했다. 1944년 8월 11일 각의결정「화태(樺太) 및 구시로 탄광근로자, 자재 등의 급속전환에 관한 건」을 근거로 남사할린의 탄광부를 본토로 이송하는 전환배치가 실시되었다. 일본 각의결정에 의해 1944년 9월에 화태 지역에 가동중이던 26개소 탄광 가운데 서해안 탄전지구의 14개소 탄광이 정리되고 노동력 및 생산자재가 일본 본토로 긴급 배치되었다. 조선인들은 1944년 8월 19일부터 3일간 통보받고, 8월 25일부터 9월 16일까지 일본 본토에 입항했다. 이들은 후쿠시마와 이바라키현을 비롯해 총 4개현 26개소 탄광으로 전환배치되었다. 작업장 배치 원칙은 동일한 계열 회사이다. 그러나 배치 과정에서 약간의 변경이 이루어졌다. 당초 3,022명이 징용령을 받았으나 필자가 조사한 바에 의하면, 실제로 '입산'한 조선인은 3,191명이고, '전환배치' 지역도 변경 배치되기도 했다. 자세한 내용에 대해서는 정혜경,「1944년에 일본 본토로 '전환배치'된 화태(樺太)의 조선인 광부」(정혜경,『일본 제국과 조선인 노무자 공출-조선인 강제연행·강제노동 연구Ⅱ』, 선인, 2011) 참조.

	中鄕無煙탄광	茨城	中鄕礦	1925: 茨城無煙炭砿(주), 中鄕炭砿을 매수 1944.9: 神ノ山탄광과 같이 常磐탄광주식회사에 흡수 합병됨
	神山	茨城	神山礦	1943: 關東연료주식회사, 神ノ山탄광주식회사 설립. 1944.9: 中鄕無煙탄광과 같이 常磐탄광주식회사에 흡수 합병됨
	石岡	茨城	常磐石岡	1911: 茨城無煙炭砿第二坑(石岡) 開坑 1912.1: 採炭 開始
	1944.3: 磐城탄광과 入山탄광이 합병하여 설립 1944.9: 磐崎본갱의 출탄 개시 1945.5: 茨城광업소 설치			
磐城탄광(주)		福島	磐城	1884: 磐城炭礦社 창립. 小野田탄광에서 개착 1893.11: 磐城탄광주식회사로 개칭 1894: 內鄕・好間・岩崎村에 개광. 內鄕탄광 매수 1896: 小野田채탄사무소・湯本촌본사・小名浜町 석탄취급소 인가 1901.6: 茨城炭砿(주), 茨城無煙炭砿(주)로 개조 1913: 磐城砿業(주), 平炭砿買收 1915: 磐城炭砿, 三星炭砿綴坑・広畑坑買收 1925: 磐城炭砿(주), 茨城採炭(주)과 合併契約 締結 1929: 茨城탄광, 千代田本坑 등 채탄중지 1930: 內鄕탄광 住吉坑 채탄 중지 1932: 內鄕탄광 高坂본갱을 폐쇄 1934: 三井광산과 같이 제2磐城탄광주식회사를 창립 1938: 제2磐城탄광주식회사를 합병 1938: 日支탄광기선회사 소유 광구를 매수하여 山神갱으로 개착 1938: 小名浜갱(이후 鹿島갱) 개착 착수 1938: 杉山탄광을 매수 1939: 重內갱을 戶部光衛에 양도 1939: 町田갱의 조업 중지서류를 제출 1940: 山神갱을 關東연료주식회사에 매각 1944.3.31: 常磐탄광에 합병

入山채탄(주)		福島	入山	1894: 入山탄광, 內鄕촌 등지에서 채굴 착수 1895: 入山채탄 설립 1902: 三星炭砿 枥窪坑 買收 1920: 合名会社 大倉組, 人山採炭의 経営 取得 1930: 川平第1갱 등 출탄 중지 1934: 大倉무연탄광 中鄕광을 大倉광업에서 매수하여 中鄕무연탄광으로 개칭 1940: 中鄕무연탄광주식회사 설립 1944.3.31: 常磐탄광에 합병
古河광업(주)	好間鑛業所	福島	好間	1881: 炭礦組 설립, 白水, 好間, 小野田 탄갱 인수. 好間갱에서 코크스 제조 개시 1904: 好間炭砿, 採掘 開始 1905.3: 古河鉱業会社 設立 1906: 白井遠平이 好間탄광을 北好間에 창립 1914: 隅田川탄광에서 광구 일부를 매수 1915.6: 好間炭砿, 古河合名会社에 経営移讓 1915: 古河광업소 매수 1919: 古河好間炭砿, 隅田川・津川両炭鉱買收 1921: 古河好間炭砿, 第二斜坑을 小田炭砿에 譲渡 1922: 생산의 주력을 小舘방면으로 이전 1923: 古河好間炭砿, 元山第一坑 事業廃止 1927: 元山갱을 휴산. 北好間탄광을 小田탄광에 매각 1933: 금속부문을 古河합명회사로 이관하고 古河석탄광업주식회사로 개명 1945.5: 山一탄광(茨城 소재)과 공동경영
大日本탄광(주)	勿來炭礦	福島	勿來	1907: 勿來軌道(주) 設立 1909.3: 開業 1912.5: 三星炭砿(주), 勿來炭砿(주)을 併合. 窪田炭砿으로 개칭 1917.9: 本山탄광주식회사, 대일본탄광주식회사로 개칭 1917: 大日本炭砿, 三星炭砿 藤原炭砿와 窪田炭砿을 吸收合併 1917: 大日本炭砿, 磐城砿業(주)에서 平炭砿 買收 1918: 大日本炭砿, 東海炭砿(주) 合併 1921: 大日本炭砿, 平砿과 本山炭砿休山

				1922: 大日本炭砿, 臨時株主総会에서 会社 経営을 三井鉱山에 委託하기로 決定 1925: 大日本炭砿, 湯本砿・平砿을 三井鉱山(주)에 譲渡 1930: 磯原광을 위탁경영으로 이관 1931: 高萩, 磯原광을 정리, 勿來광에 전력을 기울이기로 1939: 鳳城탄광이 勿來山田의 경영권 인수 1940: 高萩갱을 菊池寬實에 양도 1941: 山添탄광주식회사 매수
				1914: 古賀春一, 高萩탄광・秋山탄광・清水탄광을 매수하여 茨城탄광주식회사를 설립 1915: 茨城탄광주식회사, 三星탄광 綴갱・廣畑갱 등 매수 1916: 茨城탄광주식회사, 清田탄광주식회사와 공동 출자하여 千代田탄광주식회사 조직 1917.7: 茨城탄광주식회사, 本山탄광주식회사에 흡수 합병됨 1917.9: 本山탄광주식회사, 대일본탄광주식회사로 개칭
日曹광업(주)	赤井광업소	福島	日曹赤井	1906: 赤井軌道(주) 設立 1922: 品川白煉瓦(주) 赤井炭砿, 조업 중지 1937: 日曹광업이 赤井村 比良에 개광
	常磐광업소	福島	日曹常磐 (도키와)	
	小田탄광	福島	小田	1918: 小田炭砿, 斜坑 開削에 着手 1921: 古河好間炭砿, 第二斜坑을 小田炭砿에 譲渡 1936: 小田탄광을 매입, 日曹小田탄광으로 개칭 1941: 鳳城탄광에 매각
鳳城탄광(주)	小田탄광	福島	鳳城小田	1927: 小田吉治가 古河好間탄광 제1사갱 인수 1936: 日曹광업에 小田탄광을 매각 1939: 鳳城탄광, 勿來山田의 경영권 인수 1941: 日曹小田탄광을 다시 사들여 鳳城탄광 籬광업소 탄생
大昭광업(주)	上山田광업소	福島	上山田	

東邦탄광(주)	櫛形광	茨城	櫛形	1937.7: 櫛形탄광으로 창업 1942.7: 東邦광산 櫛形광으로 명칭 변경 1945.5: 高萩탄광, 東邦탄광 櫛形광을 매수. 高萩탄광 櫛形광으로 명칭 변경
關本탄광(주)	關本	茨城	關本	1939.2: 창업
山口탄광(주)	山口	茨城	山口	1894: 鈴木久次郎가 개광 1896: 山口嘉三, 山口탄광을 설립 1908.1: 山口嘉三, 西明寺의 阿部吾市 소재 鑛区를 買収 1908.5: 山口炭砿 設立 1910.3: 山口嘉三, 山口無煙炭砿合資会社 設立 1936: 山口一郎가 야마구치탄광으로 재건
山一탄광(주)	山一	茨城	山一	1940.5: 上田長一가 설립 1943.1: 채탄 개시 1945.5: 古河탄광과 공동경영
常磐合同탄광(주)				1937.3: 常磐合同탄광주식회사 설립
茨城採炭(주)		茨城		1896.5: 竹內綱이 설립 1919: 茨城採炭(주), 千代田炭砿(주) 吸収合併 1925: 磐城탄광주식회사와 합병조약 체결
福島炭砿(주)		福島		1916: 山下龜三郎, 福島탄광주식회사 설립 1925: 福島炭砿, 第二坑·第六坑을 採炭終了로 인해 閉鎖
大倉鑛業(주)		茨城		1926: 茨城無煙炭砿(주)을 買収하여 大倉無煙炭砿로 개칭
王城탄광(주)		福島		1893: 竹內綱 등, 白水탄광주식회사 설립 1903: 白水탄광, 王城탄광주식회사로 개조

죠반탄전에 걸쳐 있는 두 개 현 가운데, 이바라키현의 조선인 현황을

15) 이 표는 각종 관련 자료를 종합해 작성했다. 참고한 자료는 다음과 같다. 相澤一正,「茨城における縣朝鮮人中國人強制連行に關するノート」,『朝鮮人強制連行論文集成』, 明石書店, 1993 ; 長澤秀,「戰時下常磐炭田における朝鮮人鑛夫の勞働と鬪い」; 長澤秀 編,『戰時下強制連行極秘資料集 4』, 263쪽 ;『いわき市史 別卷-常磐炭田史』중 常磐炭田史年表(http://www.jyoban-coalfield.com/public/pu_sepa/iwakisisi.html).

살펴보자. 일본의 각종 통계서에 이바라키 거주 조선인의 존재는 1910년부터 파악된 15종의 기존 통계를 분석해 재일조선인의 추계를 작성한 다무라(田村紀之)의 연구에 의하면, 이바라키현 거주 조선인 현황은 다음과 같다.

〈표 4〉 이바라키현 거주 조선인 현황(1910~1945)

연도	조선인수	연도	조선인수	연도	조선인수	연도	조선인수	연도	조선인수
1910	6	1917	100	1924	510	1931	669	1938	2,086
1911	7	1918	73	1925	484	1932	795	1939	2,316
1912	9	1919	28	1926	536	1933	948	1940	3,877
1913	11	1920	42	1927	368	1934	1,150	1941	5,367
1914	11	1921	54	1928	550	1935	1,306	1942	6,684
1915	21	1922	140	1929	606	1936	1,348	1943	9,482
1916	38	1923	215	1930	656	1937	1,658	1944	13,149
								1945	13,635

*자료: 田村紀之, 「內務省警保局調査による朝鮮人人口(1)」, 『經濟と經濟學』 46, 東京道立大學, 1981, 60~66쪽.

1933년까지 천명대에 미치지 못하던 이바라키현 거주 조선인수는 1934년에 1,150명이 되고, 1938년에는 2,086명으로 증가했다. 1910년대와 1920년대 거주 조선인수는 증감을 거듭하고 있는데, 이는 이바라키현 노동시장이 제한되었기 때문에 인구이동이 빈번했을 것으로 판단된다.[16] 점진적인 증가세를 보이던 조선인수는 침략전쟁 수행을 위한 조선인 강제동원으로 급증하여 1944년에는 1만 명이 넘게 되었다.

'노무자 집단이입'이라는 인력동원정책에 의해 조선인이 이바라키현에 발을 딛게 된 것은 1939년 12월 하네다(羽田)精機주식회사 류가자키

---

16) 相澤一正의 연구에 의하면, 1937년 거주 조선인의 직업은 고물상(447명)과 학생(184명), 토공부(70명), 雇人(69명), 접객업(48명) 등이 다수를 차지하고 있다. 相澤一正, 「茨城における縣朝鮮人中國人强制連行に關するノート」, 210쪽.

(龍ヶ崎)공장이다. 조선인 노무자 200명의 모집승인을 받았으나 156명을 동원할 수 있었다. 1939년에는 하네다정기주식회사 외에 간자키구미(神崎組, 300명), 다카가미네(鷹峯)광산(100명), 히다치(日立)광산(368명) 등에 총 924명이 이입되었다. 그 후 1940년에 414명, 1941년에 756명, 1942년 943명, 1943년에 1,998명(관알선 1,742명, 모집 256명) 등 1943년까지 총 5,030명이 이입되었다. 이 가운데에는 가족을 동반한 경우도 있었다.17) 가족의 동반은 '조선인노무자의 정착'을 위해 장려되었는데, '모집'에 의해 동원된 조선인의 15.4%가 가족을 동반했다.18) 그러나 이입조선인의 수가 증가하면서 탈출하는 조선인의 비율도 늘어났다. 1940년에 10.4%였던 탈출율은 1941년에 13.1%, 1942년 14.1%, 1943년에는 22.9%로 비율이 늘어났다. 물론 이러한 탈출율의 증가는 이바라키현만의 특성은 아니었다.

이바라키현에는 세키모토(關本), 야마구치(山口), 야마이치(山一), 죠반 이시오카(常磐石岡), 도호 구시타카(東邦櫛形), 나카고(中鄕)무연탄광, 가미노야마(神ノ山) 등 7개 탄광이 있다. 이들 탄광은 전시체제기에

---

17) 탄광노무자의 가족동반은 일본당국이 정책적으로 추진한 사항이다. 가족동반 또는 가족 불러오기의 배경이 생산성 증대와 노무 관리의 효율성 때문임은 물론이다. 일본 본토나 남사할린은 주로 탄광에서, 남양군도는 농장노무자를 대상으로 각각 실시되었다. 1940년 4월자로 후쿠오카현에 있던 메이지(明治)광업 히라야마(平山)광업소가 작성한 문건「移住半島勞働者呼寄家族名簿」(「일제하피징용자명부」수록)에서 확인된다. 관련 공문서는 1941.2.27에 내무성 경보국 보안과장이 조선인 노무관리의 효율성을 위해 가족을 불러오는 방법의 촉진을 명한 문건과 스미토모(住友) 고노마이(鴻之舞)광업소에 적용한「半島勞務員統理要綱」(1941.1)이 해당된다. 半島勞務員統理要綱에 의하면, 조선인 노무자의 性的 문제 해결을 위한 방법의 하나이자 심리적 안정을 도모하는 방법으로 채용한다는 취지가 밝혀져 있다. 특히 가족을 불러올 수 있는 노무자는 가동 성적이 우수한 사람으로 선정 대상자를 제한하고 있었고, 모집 조건에 가족동반을 제시함으로써 모집과 생산성 제고를 촉진하고자 하는 목적도 있었다. 朴慶植,『在日朝鮮人關係史料集成』4, 三一書房, 14~15쪽 ; 小澤有作 編,『近代民衆の記錄10－在日朝鮮人』, 新人物往來社, 1978, 459~466쪽.
18) 현재 1944년과 1945년의 통계자료는 확인되지 않는다.

모두 조선인을 동원했는데, 선행연구에 의하면, 1945년 4월 현재 통계에 죠반 이시오카탄광(296명), 도호 구시타카탄광(260명)에 총 556명이 취로중인 것으로 기록되어 있다.19) 이 숫자는 전시체제기 이전부터 취로중인 일반도일자 숫자도 포함된 것으로 판단된다.20)

전시 체제기 이전에 이바라키현에서 일하던 조선인 탄광부 현황은 상세히 밝혀져 있지 않다. 1930년 국세조사에 의하면, 이바라키현에는 14명의 조선인이 탄광에서 일을 한 것으로 나타난다. 이들은 채탄부와 후산부(後山夫), 지주부(支柱夫) 등 갱내부가 대부분을 차지하고 갱외부는 소수였다.21) 1944년 11월에 702명(전체 대비 8.9%)이었던 조선인 노무자는 1945년 5월에 500명(6.7%)으로 줄어들었다. 1944년 9월에 남사할린(樺太)에서 조선인 204명이 '전환배치'되었음을 볼 때, 이후에 이 지역에서 다른 지역으로 노무자가 '전환배치'되었을 것으로 추정된다.

이바라키현 소재 탄광 7개소 가운데 1944년 9월에 남사할린의 조선인이 '전환배치'된 탄광은 세키모토, 야마구치, 야마이치, 도호 구시타카탄광이다. 문헌자료를 통해 주요 탄광의 조선인 동원 현황을 보면 다음과 같다.22)

세키모토탄광(北茨城市 關本町 關本上 소재)은 1939년 2월에 창업하여 1969년 8월에 폐산했다. 노동자수는 1945년 5월에 202명이었는데 조선인 노무자 수는 1944년 4월에 26명이었다가 8월에 6명으로 줄었으나, 1945년 5월에는 45명이 되었다. 남사할린의 도요하타탄광에서 1944년 9월

---

19) 石炭統制會 勤勞部 文書(長澤秀, 「戰時下常磐炭田における朝鮮人鑛夫の勞働と鬪い」, 『朝鮮人强制連行論文集成』, 165쪽 표 13 재인용)에는 1944년 9월 말 현재 常磐石岡을 제외한 6개 탄광에 조선인이 취로중인 것으로 명기되어 있다.
20) 相澤一正, 「茨城における縣朝鮮人中國人强制連行に關するノート」, 213쪽.
21) 長澤秀, 「常磐炭田における朝鮮人勞働者について」, 『朝鮮人强制連行論文集成』, 明石書店, 1993, 124~125쪽.
22) 이 내용은 이바라키현 거주 연구자인 相澤一正이 일제강점하강제동원피해진상규명위원회 조사1과 현지조사(2005.11.20) 시 제공한 자료에 근거했다.

14일에 조선인 72명이 전환배치되었으므로 1944년 말 기준 조선인 입산자는 늘었다고 판단된다. 그러나 1945년 5월에는 도리어 인원이 줄어드는 기현상을 보였다.

야마구치탄광(北茨城市 磯原町 大塚 소재)은 연 생산고가 1944년에 66,562톤이었다가 1945년에는 34,798톤에 달했다. 1945년 5월 현재 노동자수는 616명이었다. 이 가운데 조선인의 수는 21명이다. 이들 조선인은 1944년 9월 15일에 남사할린 산부쿠(三福)탄광에서 전환배치된 22명을 포함한 숫자이다. 그러므로 1944년 9월 이전에는 조선인 노무자의 존재가 없었던 것으로 판단된다. 야마구치탄광의 경우에도 1944년에 '전환배치'된 조선인이 22명인데, 1945년 5월에는 1명이 줄었다.

야마이치탄광(北茨城市 高萩市 島名 소재)의 연 생산량을 보면, 1944년에 26,709톤에서 1945년에 22,320톤을 기록하고 있다. 1945년에 생산량이 줄어든 이유에 대해 1945년 11월 29일자 『이바라키신문』은 '취업을 정지한 조선인이 도주무단이탈자 31명, 사할린 귀환 11명, 귀국 11명, 근로보국대원의 귀환, 일반 광부의 직장 이탈' 등으로 언급하고 있다. 신문기사에 의하면, 이들은 모두 남사할린에서 전환배치된 조선인들이다. 야마이치탄광의 노무자수는 1945년 5월 현재 245명인데, 이 가운데 조선인의 수는 41명이다. 그런데 이미 1944년 9월에 남사할린에서 전환배치된 조선인이 73명이라는 점을 볼 때, 역시 32명의 차이를 보인다. 이러한 대규모 인원의 차이는 다른 지역으로의 이동에서 원인을 찾을 수 있다.

도호 구시타카탄광(日立市 十王町 友部 소재)의 연 생산고는 1944년에 48,170톤이었으나 1945년에 28,566톤으로 줄었다. 노무자수는 1945년 5월 현재 518명이고, 이 가운데 조선인은 159명으로 다수를 차지했다. '1943년 3월에 100명이 입산 예정'이라는 내용(1943년 4월 20일자)이 조선인 노무자가 이 탄광에 입산한 최초의 기록이다. 또한 1944년 10월 16일에는 조선총독부에 100명의 징용을 신청한 기록이 있다. 남사할린에서는 1944년 9월에 조선인 27명이 '전환배치'되었다.

〈그림 1〉 이바라키(茨城)현 죠반(常磐)탄광(주) 가미노야마(神ノ山)광이 있었던 자리. 화차에 석탄을 싣는 콘크리트 호퍼(hopper)는 1970년대 건축물(2005.11.20 이병희 촬영).

다음으로 후쿠시마현의 조선인 노무자 현황을 살펴보자. 후쿠시마현은 이바라키현과 함께 죠반탄전이 걸쳐 있는 곳이다. 다무라(田村紀之)의 연구에 의해, 후쿠시마현 거주 조선인의 추이를 살펴보면 다음과 같다.

〈표 5〉 후쿠시마현 거주 조선인 추이(1910~1945)

연도	조선인수	연도	조선인수	연도	조선인수	연도	조선인수	연도	조선인수
1910	32	1917	46	1924	687	1931	1,030	1938	1,906
1911	36	1918	214	1925	1,242	1932	1,121	1939	2,805
1912	45	1919	116	1926	1,376	1933	978	1940	5,549
1913	52	1920	207	1927	1,151	1934	930	1941	7,696
1914	43	1921	128	1928	1,038	1935	1,292	1942	10,168
1915	48	1922	321	1929	1,803	1936	1,464	1943	12,148
1916	24	1923	335	1930	1,954	1937	2,086	1944	18,133
								1945	18,803

*자료: 田村紀之, 「內務省警保局調査による朝鮮人人口(1)」, 『經濟と經濟學』 46, 60~66쪽.

후쿠시마현은 이바라키현에 비해 조선인수가 많은 편이지만, 지역 규모가 작으므로 전체적인 거주 인구수는 소수이다. 후쿠시마현의 경우에도 '모집'과 '관알선'이 실시되는 시기에 조선인수가 증가하는 추이를 보인다.

후쿠시마현의 탄광은 이와키(磐城), 이리야마(入山), 후루카와 요시마(古河好間), 다이니혼 나코소(大日本勿來), 닛소 아카이(日曹赤井), 다이쇼 가미야마다(大昭 上山田), 호죠 오다(鳳城小田)탄광이다. 이들 탄광은 이후 합병과 통폐합을 거쳤다. 이들 탄광회사는 여러 작업장을 가동한 경우도 있어서 실제 작업장의 수는 이보다 많고, 갱의 이름으로 기록된 작업장도 있다.

전시 체제기 이전에 후쿠시마현에서 일하던 조선인 탄광부 현황은 상세히 밝혀져 있지 않다. 후쿠시마현 경찰부 조사 기록에 의하면, 1929년 6월말 현재 관내 거주 조선인 1,283명(남 1,009명) 가운데 광산노동종사자는 531명(모두 남성)이다. 이들 가운데 대부분은 탄광노동자로 판단된다.23) 1930년 국세조사에서는 후쿠시마현 관내 탄광에 321명의 조선인이 일을 한 것으로 나타난다. 이들은 채탄부와 후산부(後山夫), 지주부(支柱夫) 등 갱내부가 대부분을 차지하고 갱외부는 소수였다.24) 〈표 2〉의 1944년 석탄통제회 동부지부 통계에 의하면, 13개 탄광 가운데 조선인을 동원한 탄광은 우치고·이와자키·유모토·요시마·나코소·아카이·닛소 죠반·오다·가미야마다·오죠 제3·후쿠야마 등 11개소이다.25)

후쿠시마 지역 연구자인 다쓰다의 연구에 의해 몇몇 탄광의 조선인

---

23) 福島縣, 『福島縣史18 – 産業經濟』, 1002쪽.
24) 長澤秀, 「戰時下常磐炭田における朝鮮人鑛夫の勞働と鬪い」, 124~125쪽.
25) 石炭統制會 勤勞部 文書(長澤秀, 「戰時下常磐炭田における朝鮮人鑛夫の勞働と鬪い」, 『朝鮮人强制連行論文集成』, 明石書店, 1993, 165쪽 〈표 13〉 재인용).

동원 상황을 살펴보면,26) 후루카와 요시마탄광은 전시체제기에 출탄량이 34만 톤 정도였는데 1944년에 47만 톤까지 증가했다. 가장 많은 노동자를 가동한 시기에는 2,700명을 기록했는데, 조선인 노무자 가동수는 1,000명 정도로, 1/3을 넘는 수치이다. 조선인 입산자는 1939년 10월에 처음 기록에 나타나고 그 이후 찾을 수 없다가 1941년 6월에 다시 나타난다. 1941년 9월 이후 1945년 7월까지 매월 조선인 입산자 기록을 찾을 수 있다.

오다탄광의 출탄량은 1942년 7월 현재 1만 톤 정도로 큰 규모는 아니었다. 조선인이 동원된 갱은 제2사갱이었는데, 1944년 9월에 남사할린의 조선인 149명이 전환배치됨으로써 처음 조선인이 입산한 탄광이다.27)

후쿠시마 소재 탄광 가운데 출탄량이 큰 탄광은 이와키와 이리야마탄광이다. 1943년 출탄량은 각각 62만 톤과 59만 톤으로 다른 탄광과 차이가 크다. 나가사와가 편집한 자료집의 관련 통계에 의하면, 이와키탄광은 1939년 10월에 301명의 조선인이 입산한 이후 조선인 입산기록이 나타나지 않다가 1941년 6월부터 매월 천 명이 넘는 조선인이 입산했다.

다이니혼 나코소탄광은 출탄량이 1943년에 28만 톤으로 죠반탄전의 4대 탄광이라고 불리지만, 조선인 입산은 뒤늦었다. 1940년경에 수십 명의 독신 조선인이 입갱했다는 증언은 있으나 일본 정부의 공식 통계에서는 1942년 4월 이후부터 기록되었다. 강원도(2회)와 경기도(1회)에서 조선인 모집활동을 한 것으로 나타나 있다. 이후 1945년 7월까지 매월 입산자를 기록했다.

닛소 아카이탄광은 1943년의 출탄량이 10만 톤으로 규모가 큰 탄광은 아니다. 조선인은 1940년부터 입산한 것으로 기록되어 있다. 그러나 그

---

26) 龍田光司, 「韓國調査團巡檢資料」 2005년 11월 19일 조사자료.
27) 龍田光司, 「韓國調査團巡檢資料」 2005년 11월 19일 조사자료.

후 조선인 입산기록이 보이지 않다가 1942년에 148명 입산기록이 있다. 그 후 1943년 4월부터 매월 입산자를 기록하고 있다.

그 외 다이쇼 가미야마다탄광은 규모가 작은 탄광인데, 가장 많은 출탄량을 보이는 시기에도 총 종업원은 401명에 불과했다. 1943년 4월에 조선인이 8명 고용되고 있다는 기록이 있으나 집단 동원된 조선인 여부는 분명하지 않다. 집단적으로 입산한 조선인은 1943년 12월에 87명을 시초로 본다. 그 이후 매월 입산자를 기록하고 있다.[28]

〈그림 2〉 후쿠시마(福島)현 죠반(常磐)탄광(주) 나카고(中鄕)탄광이 있었던 자리. 1970년대까지 사용하던 현장 사무실(2005.11.19 이병희 촬영).

III. 관련명부의 미시적 분석

현재 국내에 알려진 죠반탄전에 동원된 조선인 노무자에 대한 명부는 7종이다.[29] 7종의 명부는 ㉠ [常磐炭田朝鮮人勞働者殉職者名簿], ㉡ [産

---

28) 龍田光司, 「韓國調査團巡檢資料」, 16~30쪽.
29) 강제동원위원회는 이 외에 1종의 후쿠시마현 관련 명부를 소장하고 있다. 「福島縣耶麻郡猪苗代町役場 所藏 埋葬許可願」(등록번호 A000582. 일본 滋賀현립대학 박경식 문고 소장 자료)에 26명의 명단이 있는데, 이 지역은 탄광지역이 아니라 일본유황회사가 있던 지역이므로 죠반탄전 관련 명부로 볼 수 없다. 그 외 石田眞宮이 1975년에 작성한 「조사카드-福島」(등록번호 A002700)에도

業殉職者名簿]의 '福島縣'('일제하피징용자명부'에 편철),[30] ㉢ [殉職產業人名簿]의 '福島縣之部'와 '滋城縣之部'('소위 조선인징용자등에 관한 명부'에 편철), ㉣ [滋城縣]('조선인노무자에 관한 조사결과'에 편철), ㉤ [名好탄광피징용광부유가족명단](원제목은 '名簿(現在 生存) 被徵用鑛夫遺家族'. 국무총리 소속 대일항쟁기강제동원피해조사및국외강제동원희생자등지원위원회 소장. 이하 강제동원위원회), ㉥ 이중징용피해자 진술서(안명복 제공, 강제동원위원회 소장), ㉦ [戰時下常磐炭田朝鮮人鑛夫殉職者名簿](長澤秀 작성)이다. 이 가운데 ㉢은 탄광을 포함한 후쿠시마현과 이바라키현 작업장 전체를 대상으로 하고 있고, ㉣도 탄광을 포함한 이바라키현의 주요 작업장을 대상으로 하고 있다.

이 가운데 ㉠~㉣명부는 일본의 후생노동성이 한국 정부에 제공한 명부로서 '일제하피징용자명부', '소위 조선인징용자등에 관한 명부', '조선인노무자에 관한 조사 결과' 등 3종의 명부철에 편철되어 있다. 현재 국가기록원과 강제동원위원회가 소장하고 있다. 국가기록원의 누리집 (http://www.ar-chives.go.kr)과 나라기록포털(http://contents.archives.go.kr) 에서 검색이 가능하고, 명부 개요도 볼 수 있다. 그러나 이들 명부의 작업장 현황과 수록 인원에 대해 국가기록원이 파악하고 공개한 수치는 정확하지 않은 것으로 판단된다. 그 점에 대해서는 이미 필자가 소개한 바 있으나 이후에도 오류는 계속 수정되지 않고 있다. 이러한 한계가 있음에도 4종 명부에 대한 이해를 위해 명부가 편철된 명부철의 개요를 살펴보면 다음과 같다.

'조선인 노무자에 관한 조사결과'는 1946년 일본이 지역별로 조선인

탄광에 동원된 사람들이 포함되어 있으나 개인별 조사 자료이므로 명부라 할 수 없다.
30) 이 명부에는 '滋城縣'도 포함이 되어 있으나 히다치광산 소속 노무자이므로 죠반탄전과는 관련이 없다.

노무자에 대한 일제조사를 실시한 결과물로, 한국 정부의 명부 이관요 청에 따라 1991년 3월 외무부를 통해 한국 정부로 인계된 명부이다. 나라기록포털사이트를 통해 국가기록원이 밝힌 내용에 의하면, 탄광 등 일본기업에 동원된 조선인이 수록되어 있으며, 모두 15권에 69,766명이 등재되어 있다. 일본 지역별로(縣別) 그 안에서 기업별로 작성되어 있다. 그러나 일본 정부로부터 이관받은 당시에 이미 원질서가 파괴되어 작성 주체가 여러 종류인 명부가 단일한 작성 주체인 듯 편철되어 있으나 현재 국가기록원에 보관된 편철 상태로는 복원 내용을 확인할 수 없다. 이 가운데 「秋田縣 花岡鑛山 龜田製炭所 名簿・三菱鑛業株式會社崎戶鑛業所 朝鮮人勞務者解雇狀況調・振興炭坑 日本福岡縣振興광웅 名簿・長崎縣 半島人徵用者 名簿」 등 4건에 대해서는 강제동원위원회가 심층 조사방법을 통해 명부의 작성 주체 및 소속 작업장, 명부의 수록인원 등 항목에서 오류를 찾아내고, 사실을 확인했다.[31]

'소위 조선인징용자등에 관한 명부'는 한국 정부의 명부 이관요청에 따라 1991년 3월 외무부를 통해 한국 정부로 인계받은 명부 중 한 종류로서, 나라기록포털사이트를 통해 국가기록원이 밝힌 내용에 의하면, 총 6권으로 구성되어 있고 기업별로 27,949명이 수록되어 있다. 이 명부도 일본 정부로부터 이관받을 당시에 이미 원질서가 파괴되어 있었으므로 강제동원위원회가 심층조사방법을 통해 2건 명부의 작성 주체 및 소속 작업장, 명부의 수록인원 등 항목에서 오류를 찾아내고, 사실을 확인했다.[32] 권별 수록 내역 가운데 죠반탄전 관련 명부를 보면 제1권의 殉職産業人名簿(大日本産業報國會)가 해당된다.

---

31) 확인한 구체 내용에 대해서는 鄭惠瓊, 「日帝强占下强制動員被害眞相糾明委員會調査を通してみる勞務動員」, 『季刊 戰爭責任研究』 55, 2007 참조.
32) 확인한 구체 내용에 대해서는 鄭惠瓊, 「日帝强占下强制動員被害眞相糾明委員會調査を通してみる勞務動員」 참조.

일제하피징용자명부는 일본 노동성이 보관해 오다가 일본 정부가 외무부를 통해 1992년 12월 인계한 것이다. 나라기록포털사이트를 통해 국가기록원이 밝힌 내용에 의하면, 총 3권 8종으로 구성되어 있으며, 일본 기업별로 총 17,107명의 명단이 수록되어 있다. 이 명부도 일본 정부로부터 이관 받은 당시에 이미 원질서가 파괴되어 있었다. 권별 수록 내역 가운데 죠반탄전 관련 명부를 보면 대일본산업보국회가 작성한 산업순직자명부(産業殉職者名簿, 982명)33) 중 해당 지역명부와 죠반탄전조선인노동자순직자명부(常盤炭田朝鮮人勞働者殉職者名簿, 310명) 등 2종이 해당된다.

죠반탄전이 소재한 후쿠시마와 이바라키현 지역 명부 4종에 담긴 정보에 대해 살펴보면 다음과 같다.

㉠ [常磐炭田朝鮮人勞働者殉職者名簿]('일제하피징용자명부철'에 편철. 사망자 명부)34)는 해설 2매와 명부 78매(총 310명 수록), 인명색인 11매로 구성되어 있다. 해설은 총 4개 항목으로 구성되어 있는데, 명부의 생산배경, 기재항목 소개, 6개 관계사찰의 보관 현황, 7개 탄광회사, 명부 작성의 근거자료 등이 기재되어 있다. 이 해설에 의해 이리야마와 이와키탄광이 1944년 4월에 죠반탄광으로 합병되었음을 알 수 있다.

해설에 의하면, 이 명부는 6개 사찰의 과거장(217건)과 『조사자료순직자명부』(재일본조선인연맹·태평양전쟁 중 희생동포위령실행위원회 발행), 공문서 「조선인 유골에 대한 회답」(1958년 3월 13일자 후쿠시마현 총무부장이 재일본조선인총연합회 후쿠시마현 본부 사무국장 앞으

---

33) 1944년 9월 23일 제2회 산업순직자위령제를 지내기 위해 각 도도부현(都道府縣)별로 작성한 '殉職産業人竝遺族調査報告書'를 토대로 작성되었다.
34) 이 명부는 入山 등 福島縣 所在 7개 炭鑛會社 朝鮮人 殉職者 名簿인데, 국가기록원 정리 과정에서 福島縣明治鑛業所平山鑛業所 名簿로 분류했다. 따라서 현재 국가기록원에서는 福島縣이 아닌 福岡縣明治鑛業所平山鑛業所 명부로서 민원인들에게 공개서비스를 하고 있다.

로 보낸 문서), 『죠반(常磐)탄광주식회사자료』(후쿠시마대학 경제학부가 기증받은 자료)를 근거로 작성되었다. 작성시기는 "패전 후 30년 이상이 경과"했다는 문장으로 볼 때, 1970년대 중반 이후로 추정된다.

인명색인은 범례 2항이 담긴 표지와 색인으로 구분되는데, 색인은 일본어 히라가나의 あかさ行 순서로 구성되어 있다. 명부는 1인당 정보가 횡(橫)으로 총 6행씩 수록하게 되어 있고, 1면에 3~4명 정도 수록되어 있다. 행별 구성항목을 보면 다음과 같다.(원문: 한자)

⑤	④	③	②	①	⑤	④	③	②	①	⑤	④	③	②	①
사망원인	사망년월일	생년월일	탄광회사 소속寮 직종	본적	일련번호 이름-창씨명 관계사찰명	사망원인	사망년월일	생년월일	탄광회사 소속寮 직종	본적	일련번호 이름-창씨명 관계사찰명	사망원인	사망년월일	생년월일	탄광회사 소속寮 직종	본적	일련번호 이름-창씨명 관계사찰명

대부분은 6행에 모든 정보를 채우고 있고, 일부만이 1~2개 항목을 비워두었다. 310건의 정보 가운데 ⑤(사망원인)이 기재되지 않은 경우는

44건이고, 그 외 266건은 원인이 기재되어 있다. 이 가운데 '업무상'이나 '병사' '공병사' '공상사' '傷死'라 하여 구체적인 원인을 기재하지 않은 경우가 99건이다. ②(작업장 및 직종)에 대한 정보는 "여성으로 추정된다"고 특기한 1건을 제외하면, 모두 기재되어 있다. 이를 통해 309명이 탄광 노무자였음을 알 수 있다. ③(생년월일)항 정보는 연도만 기재한 경우도 적지 않다. 이 항목의 정확성을 검증하기 위해 2008년 12월 말 기준, 강제동원위원회 결과통계(피해신고를 받아 조사를 거쳐 피해자로 확정한 명단)를 통해 산출한 죠반탄전의 사망자는 39명의 제적부 기록과 비교한 결과, 10명의 생년월일이 일치하고, 29명이 일치하지 않음을 알 수 있다. 이를 볼 때 생년월일 항목의 정확도는 떨어진다고 생각된다. 310건 가운데 생년월일이 기재되지 않은 경우가 16건이다. ④(사망연월일)이 기재되지 않은 경우가 2건이다. 310면 가운데 중복자 16명을 제외하면, 실제 인원은 294명이고, 여성 1명을 제외하면, 293명이 탄광노무자이다.

ⓒ [産業殉職者名簿]의 '福島縣'('일제하피징용자명부'에 편철. 사망자명부)은 표지에 '昭和19년 9월 23일 집행 제2회 산업순직자위령제 – 産業殉職者名簿 – 대일본산업보국회'라고 기재된 자료이다. 목차 2매와 본문으로 구성되어 있는데, 명부가 47개 도도부현별로 배열되어 있다. 이 가운데 죠반탄전은 후쿠시마현 4매가 해당된다. 총 26명이 수록되어 있는데 죠반탄전 소속 노무자는 22명으로 추정된다.35)

기재항목은 순직연월일, 순직원인, 순직 당시 소속산업회명(작업장),

---

35) 2건은 玉山광산이고, 2건은 구미(組)소속 사망자이므로 탄광과 관련성을 찾기 어려워 죠반탄전 소속 탄광으로 확인되지 않는다. 22명 가운데 1명은 三松탄광 소속이다. 다쓰다 선생의 조사에 의하면, 이 탄광은 勿來지역에 있었던 작은 탄광인데, 그 후 羽幌탄광으로 바뀌었다고 한다. 「常磐炭田における戰時勞働動員朝鮮人死亡者名簿について–鄭惠瓊氏の關聯論文を讀んで」, 4쪽(미공개 논문).

순직자이름, 연령, 유족이름, 관계, 유족 현주소 등 8개 항목이다. 이름에는 창씨명이 병기되어 있다. 26건 가운데 2건은 유족과 유족 현주소, 관계 등 유족 관련 항목이 기재되어 있지 않다. 또한 1건은 유족의 현주소가 일본 '石城郡'으로 기재되어 있고, 그 외에는 모두가 조선으로 기재되어 있다.

이들 가운데 17명이 ㉠[常磐炭田朝鮮人勞働者殉職者名簿]과 중복된다. 유족의 현주소를 통해 사망자의 본적지를 추정할 수 있는데, 도별 현황을 보면, 강원도가 5명(현재 경기 2, 경북 1명 포함), 전남 4명, 전북 3명, 충북 4명, 경남과 경북이 각각 2명씩, 충남 1명이다. 생년월일은 모두 연도만 기재되어 있으나 사망연월일은 상세하다. 사망자의 작업장은 모두 3개 탄광인데, 이 가운데 이리야마가 14건으로 다수를 차지한다. 사망연도는 1942년과 1943년이 해당하는데, 1943년이 15건으로 다수를 차지한다. 22명의 사망자 가운데 13명의 이름에는 일본인 이름이 병기되어 있다.36)

㉡ [殉職産業人名簿]의 '福島縣之部'와 '茨城縣之部'('소위 조선인징용자등에 관한 명부'에 편철)

이 명부는 아스카구미(飛島組), 후루카와 요시마탄광, 닛소 쵸반탄광, 이와키탄광, 사카에(榮)탄광(이상 후쿠시마현), 쵸반합동, 히다치광산광업보국온교회(이상 이바라키현) 등 총 7개 소속 산업회(작업장)별로 후쿠시마현 40명과 이바라키현 5명 등 총 45명의 조선인 사망자 명단을 수록하고 있다. 이 가운데, 아스카구미와 히다치광산광업보국온교회 등 2명을 제외한 쵸반탄전 관련 작업장 해당 조선인은 39명(후쿠시마 37명,

---

36) 국가기록원이 작성한 DB에 의하면, 순직자명부인데도 '생존'으로 기재되어 있고, 기록물 건명을 '순직산업인유족조사보고서명부-복도현(26명분)'이라고 부여하고 있어, 실제 자료의 표지와 차이를 보인다. 또한 26명의 명부이지만 실제 입력된 인원은 39명이다. 26명과 병기된 일본인 13명을 추가 입력하여 총 39명의 데이터가 생산된 것이다.

이바라키 2명)이다. 39명 중 16명(41%)이 ㉠ [常磐炭田朝鮮人勞働者殉職者名簿]와 중복된다. 그러나 같은 사망자 명단인 ㉡과 겹치는 이름은 없다.

이 자료는 별도의 공문서 없이 명부만이 수록되어 있다. 명부는 순직 연월, 순직 당시 소속 산업회명, 순직자 이름, 연령, 유족 이름, 관계, 유족 현주소 등 총 7개 항목으로 구성되어 있다. 이를 통해 1940년부터 1942년간 사망했음을 알 수 있다. 39명 가운데, 1명의 유족 주소는 이와테(岩手)현이고, 그 외는 모두 한반도이다. 유족의 주소를 통해 38명의 본적지 분포를 보면, 경남 13명, 경북 12명, 충북 5명, 전북 4명, 전남 2명, 불상 2명이다. 경남 관내에서는 함양(5명)이, 경북 관내에서는 의성(4명)이 가장 많다.

㉣ [茨城縣]('조선인노무자에 관한 조사결과'에 편철)은 공문서 1건과 명부를 첨부한 자료이다. 공문서(勤處제95호)는 1946년 7월 24일자 이바라키현 내무부장이 후생성근로국장에게 보낸 문서(조선인 노무자에 관한 조사의 건)로서, 6월 17일자 통첩에 대한 보고문인데, 본문과 도표(제1호표: 연도별고용인원수), 작업장별 명부가 첨부되어 있다. 명부에는 히다치광산, 하네다정기 등 총 5개 작업장 소속 조선인 노무자 3,433명이 수록되어 있는데, 죠반탄전 소속 조선인 노무자는 가미노야마광 100명, 세키모토탄광 95명 등 총 195명이다. 세키모토탄광 95명 외 7명의 이름이 별지에 기재가 되어 있는데, 95명과 달리 기재항목이 이름, 지급액, 비고 등 3개 항목에 불과하다. 이들은 앞이 95명과 중복된다. 그럼에도 국가기록원이 기재한 건한글명에는 95명에 7명을 합산한 102명으로 이해하여 '자성현다하군관본촌 관본탄광주식회사(102명)'으로 표기되어 있다.

가미노야마광의 인원수도 실제와 차이가 난다. 국가기록원에 소장되어 있는 MF의 숫자를 확인해보면, 가미노야마광이 124명이다. 그 이유는 일본에서 MF 촬영당시에 중복 촬영했기 때문이다. 21면과 22면은 동일한 자료이므로 124명에서 24명을 제외하면, 100명이다.

가미노야마광과 세키모토탄광의 명부는 별도의 공문서가 첨부되어 있지 않고, 명부만이 기재되어 있다. 명부는 입소경로별, 이름, 생년월일, 본적, 직종, 입산일, 퇴소일, 해고이유, 미불금, 퇴소시 대우, 후생연금 지급 여부, 적요 등 총 12개 항목으로 구성되어 있다. 입산일 기록을 통해 입소연도가 두 탄광 모두 1944~1945년임을 알 수 있다.

본적지는 세키모토탄광이 충남 67명(연기, 부여, 논산, 공주군 가운데 연기군이 52명으로 다수, 논산군이 13명), 전남 영광군 23명, 전북 3명(완주군, 금산군), 경남 울산군 1명, 황해도 서흥군 1명으로 충남 연기군과 전남 영광군에 집중되어 있다. 가미노야마광은 경남 44명(하동군 42명, 양산군 2명), 전북 32명(완주군 28명, 임실군 4명), 전남 25명(영암군 20명, 기타 나주군, 화순군, 장흥군, 강진군)으로 경남 하동과 전북 완주, 전남 영암군에 집중되어 있다.

입소시기별 주요 본적지별 관계를 보면, 충남 연기군의 세키모토탄광 입산시기는 1944년 9월 14일이고, 경남 하동군의 가미노야마광 입산시기는 1945년 1월 15일이다. 세키모토탄광은 입산시기가 명부 기재자 전원이 1944년 9월 14일이지만, 가미노야마광은 입산시기가 지역에 따라 차이가 있다. 전북 출신 조선인은 2개 군(郡)이 모두 1944년 12월 11일이고, 전남 출신 조선인은 4개 군이 모두 1945년 6월 4일에 입산을 했다. 경남 하동군의 입산시기는 1945년 1월 15일이지만, 같은 경남이라도 양산군은 차이를 보인다. 양산군의 인원은 2명이지만 입산일은 1944년 9월 13일과 12월 22일이다. 그런데 양산군 출신 2명은 입소경로가 다른 것으로 판단된다. 명부에 기재된 전원의 입소경로는 '징용'으로 기재되어 있는데, 양산군 출신 2명의 입소경로란에는 '국내'로 기재되어 있다. 자료상 명시된 '국내'는 1944년 이전에 도일한 경우를 의미하는 것으로 판단된다. 그러나 전시체제기 이전에 도일한 일반도일조선인으로 단정할 근거는 없다.

양산군 출신 2명에 대해 다른 자료를 통해 확인해보자. 金城壽明(1905년생. 세키모토탄광 입산 당시 39세)과 金城道明(1928년생. 세키모토탄광 입산 당시 16세)은 본적지 주소가 동일하고, 이름 항렬이 동일한 것으로 보아 가족관계(형제)로 추정된다. 이 가운데 金城壽明은 왜정시피징용자명부(경남 양산군 하북면)에서 동일한 인물을 확인할 수 있다. 비록 왜정시피징용자명부와 한자 이름(□守明) 1자가 차이를 보이기는 하지만 동원당시 연령과 본적지 주소, 이름의 한글 독음이 일치하는 점, 왜정시피징용자명부 기록에서 한자 표기상 오류가 일반적으로 발견된다는 점으로 볼 때 동일인으로 판단된다. □수명은 왜정시피징용자명부에 의하면, 34세에 동원된 것으로 기재되어 있다. 세키모토탄광명부에서 입산일이 1944년 9월이므로, 두 명부를 비교해보면, □수명은 1939년에 송출되어 일본 지역의 다른 작업장을 거쳐 1944년 9월에 세키모토탄광에 입산한 경우로 추정된다. 그러나 金城道明의 도일 경로나 시기는 전혀 알 수 없다.

㉥ [名好탄광피징용광부유가족명단과 ㉦ 이중징용피해자 진술서(안명복 제공, 강제동원위원회 소장)는 남사할린에서 이바라키현 나요시(名好)탄광으로 '전환배치'된 노무자에 대한 명부이다. 이에 대해서는 별고(전시체제기 연구와 화태 전환배치 조선인 관련 명부)에서 상세히 분석하였으므로 이 글에서는 언급하지 않는다.

㉧ [戰時下常磐炭田朝鮮人鑛夫殉職者名簿(長澤秀 정리). 사망자 명부]는 나가사와가 각종 사망자 명부를 분석하여 작성한 죠반탄전 사망자명부로서, 1988년에 팜플렛 형식으로 발간했다. 이후 보완하여 1996년에 발간한 자료집에 수록했다. 나가사와는 재일조선인단체가 작성한 「조사자료·순직자명부」를 재검토하고 관련 자료를 비교 분석하는 방식으로

이 명부를 작성했다. 명부작성에 사용한 자료는 태평양전쟁중희생동포위령사업실행위원회 편「조사자료·순직자명부」(발행연도 불명), 福島현 총무부장이 재일본조선인총연합회 福島현 본부 사무국장 앞으로 보낸 문서「조선인유골에 대하여」(회답. 1958년 3월 13일자), 석탄통제회 동부지부「災害原簿」, 常磐탄광(주)문서(福島대학 경제학부에 기탁한 자료) 중「稟議綴(1944년 1월~1945년 5월)」,「稟議綴(1945년 4월~1946년 4월)」,「昭和20年下期職員給與臺帳」, 현지 10개 사원의 사원과거장 및 비문, 신문(福島民報), 내무성 경보국 편,『특고월보』, 대일본산업보국회 편,「순직산업인명부」(발행연도 불명) 등 총 8종이다. 나가사와가 작성한 해설에 의하면, 이들 자료를 대상으로 "중복, 탈루한 내용을 찾아내고, 비광부를 제외한" 결과물이 이 명부이다.

이 명부는 대일본산업보국회가 편찬한「순직산업인명부」및 이 글에서 분석한 ㉠자료와 형식은 크게 다르지 않다. 이름, 본적, 소속탄광 및 광업소·갱·숙소·직종 명칭, 생년월일~사망연월일·사망시 연령, 사망원인, 기타 사항(입소일, 稼번호, 사망지 주소, 관계사원) 등 총 5개 항목으로 구성되어 있다. 인명색인은 일본어 히라가나의 あかさ行 순서로 구성되어 있다. 명부는 1인당 정보가 횡(橫)으로 총 6행씩 수록하게 되어 있고, 1면에 3~4명 정도 수록되어 있다. 행별 구성항목을 보면〈그림 3〉과 같다.[37]

대부분은 6행에 모든 정보를 채우고 있고, 일부는 1~2개 항목을 비워두었다. 특히 사망원인이 구분되지 않거나 광부 여부를 판단하기 어려운 경우에는 빈 항목이 많음을 알 수 있다.

「순직산업인명부」와 차이는 사망원인별로 4개군으로 구분한 점과 작업장이나 입소일자, 가(稼)번호, 사망지 주소, 관계사원 등 정보를 추가

---

37) 長澤秀 編,『戰時下强制連行極秘資料集 4』, 264쪽.

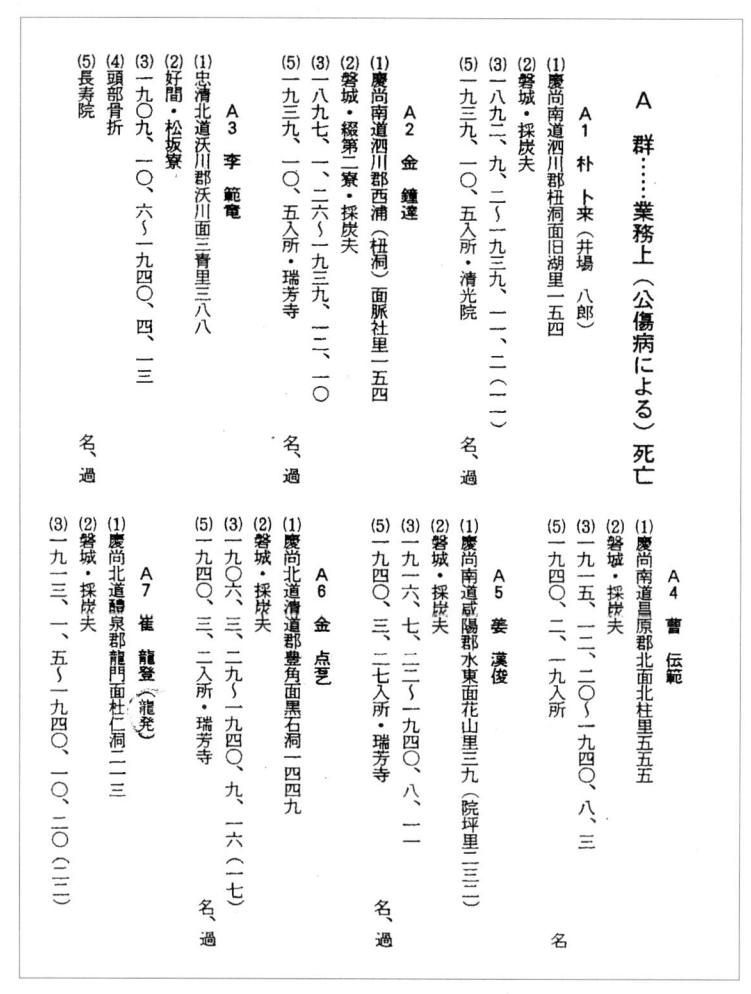

〈그림 3〉 행별 구성항목

한 점이다. 사망원인별로 A(업무상 사망), B(업무 외 사망), C(업무상 관련 여부 구분 불능), D(광부와 비광부의 구분 불능)로 구분했다. 특히 제5항 기타 사항(입소일, 稼번호, 사망지 주소, 관계사원)은 다른 명부에 나타나지 않은 정보로서 죠반탄전 사망자의 입소에서 사망까지 전 과정을 알 수 있다. 이를 통해 다양한 연구가 가능할 것으로 생각된다. 이

명부가 죠반탄전 관련 다른 명부와 달리 연구 활용가치가 높아진 것은 바로 명부 정리자(나가사와)의 노력의 산물이다. 나가사와의 노력에 경의를 표하며, 앞으로 다른 지역에서도 이러한 검증된 명부를 찾을 수 있게 되길 기대한다.

Ⅳ. [常磐탄전조선인사망자명부(鄭惠瓊 정리)]를 통한 죠반탄전 조선인 노무자 사망 실태

앞장에서 소개한 7종의 명부(㉠~㉣) 가운데 죠반탄전의 조선인 노무자 사망자 현황을 살펴볼 수 있는 명부는 ㉣을 제외한, ㉠ [常磐炭田朝鮮人勞働者殉職者名簿](310명 중 293명), ㉡ [産業殉職者名簿]의 '福島縣'(26명분 중 22명), ㉢ [殉職産業人名簿]의 '福島縣之部'(37명분)와 '滋城縣之部'(52명분), ㉾ [戰時下常磐炭田朝鮮人鑛夫殉職者名簿(長澤秀 정리)] 등 4종이다.

이 가운데 ㉠을 중심으로 3종 명부의 중복기재여부를 살펴보면, 각각 ㉡명부가 17명(5.5%), ㉢명부가 16명(41%) 중복된다. 그러나 ㉡과 ㉢만을 대조해보면, 전혀 중복되지 않는다. 그 외 2008년 11월 15일 기준, 강제동원위원회 결과통계(피해신고를 받아 조사를 거쳐 피해자로 확정한 명단)를 통해 산출할 수 있는 죠반탄전의 사망자는 47명이다.[38]

필자는 ㉾명부와 앞에서 소개한 관련명부(3종)를 비교분석하는 방법을 통해 중복자를 확인하고, 누락자를 추가하여 304명이 수록된 별도의 명부를 작성했다.(부록 참조) 그러므로 ⓞ [常磐탄전조선인사망자명부

---

38) 강제동원위원회는 내부 사정(위원 공석)으로 인해 2008년 11월 15일 이후 2009년 4월 30일까지 피해판정을 내리지 못했으므로 기준일을 2008년 11월 15일로 설정했다.

(鄭惠瓊 정리)]는 ㉠ [戰時下常磐炭田朝鮮人鑛夫殉職者名簿(長澤秀 정리)]의 일부 수정판이자 기존 사망자명부 4종 및 추가 관련 자료를 교차 분석한 결과물이다. 필자는 기존 명부의 모든 정보를 항목별로 비교하여 상이한 항목은 관련 자료를 교차 분석하는 방법으로 이 명부를 작성했다. 그 과정을 통해 기존 명부의 오류나 착오를 수정할 수 있었으며, 명부 각각이 가진 한계를 파악할 수 있었다. 나아가 사망자 개인에 대한 정보를 좀 더 객관화할 수 있었다.

그러나 이 명부도 완벽한 명부는 아니므로 추가 자료의 발굴과 분석 방법에 따라 오류가 지적될 수 있다. 향후 강제동원위원회 조사 결과가 완료되어 추가 자료 분석이 이루어지면 보완될 것으로 기대한다.

편의상 이 명부는 ◉ [常磐탄전조선인사망자명부(鄭惠瓊 정리)]로 명명하고 이를 중심으로 조선인 노무자(사망자) 실태를 살펴보고자 한다. 명부 명칭에 대해 나가사와가 '순직자'로, 다쓰다가 '사망희생자'로 사용하고 있으나 이 글에서는 '사망자'로 사용한다.

㉠명부는 A군(업무상 사망) 176명, B군(업무 외 사망) 61명, C군(업무상 관련 여부 구분 불능) 21명, D군(광부와 비광부의 구분 불능) 38명 등 총 296명이 수록되어 있다. 필자가 이 명부를 분석해본 결과, 약간의 차이를 보인다. 즉 총 수록인원수가 296명(A군 176명, B군 61명, C군 21명, D군 38명)인데, A군 58번 이천일랑과 D군 21번 이연술은 중복자로 추정된다. 이를 감안하면 실제 인원수는 295명이 된다.[39]

---

39) 이연술과 이천일랑의 중복 추정은 추후 검토가 필요하다. 필자가 중복자로 추정하는 근거는 이연술과 이천일랑은 사망일(1943.7)과 작업장(이와키)이 일치하고, 사망 당시 연령(35세, 1910년생. 출생 월일 미상)이 일치한다. 사망원인이 일치(이연술－십이지장/이천일랑－逸走탄차)하지는 않지만, 연관성(탄차에서 떨어져 생긴 탈장)은 유추할 수 있다. 이천일랑은 나가사와가 A군에 분류하였음에도 개인 정보를 확인할 수 없는 데 비해 D군의 이연술 관련 항목은 상세한 편이다. 이 명부에서 D군의 사망자가 대부분 개인정보 기재현황이 소략한 것과 대조적이다.

◎명부의 주요 내용을 살펴보자. 필자가 확인한 죠반탄전 관련 모든 명부의 총 수록인원은 318명(Ⓐ명부의 검증 이후 수록 인원 295명, ㉠명부 310명)이다. 318명 가운데 중복건수를 제외하고, 다시 Ⓐ명부 기록에서 여성으로 추정한 2명(김다네요, 중촌여량)과 작업장을 알 수 없는 8명을 제외하면, 300명이다.40) 여기에 강제동원위원회 피해판정(2008년 11월 15일 기준)을 받은 죠반탄광 사망자로서 ㉠~Ⓐ명부에 등재되지 않은 4명을 추가하면, 304명이다.41) 그러므로 이 글에서는 304명을 대상으로 분석을 하고자 한다.

304명의 작업장 소재지는 후쿠시마지역이 301명이고, 이바라키현이 3명으로 후쿠시마현에 집중되어 있다. 가장 큰 원인은 이바라키현 동원 조선인 노무자의 수가 적다는 점이다. 〈표 2〉에 의하면, 이바라키 지역 탄전에 동원된 조선인은 1,199명이다. 이를 일본 전국의 조선인 탄광사망자 비율인 0.9%를 대입하면, 11명의 사망자를 상정할 수 있다. ㉠~Ⓐ명부의 주요 근거자료가 인근 사찰의 과거장이므로 중소 규모 탄광의 경우 사망자에 대한 기록을 남기지 않았을 가능성이 높다고 볼 수 있다.

먼저 사망자의 본적지 분포 현황을 보면 다음과 같다.

---

40) 8명은 작업장을 알 수 없기도 하지만, 연령이나 사망원인, 사망일시 등을 볼 때 탄광 내 가동(稼動)인력으로 추정할 만한 근거를 확인하지 못했기에 제외했다. 아울러 여성 2명은 여성이므로 제외한 것이 아니라 작업장이나 사망원인 등 정보가 없어서 탄광노무자로 유추할 근거를 확인하지 못했기 때문이다.
41) 강제동원위원회 조사과정을 거쳐 죠반탄전에서 사망한 탄광노무자로 확인한 인원수는 71명이다. 이 가운데, 기존 명부와 중복되지 않은 인원수가 4명이다. 이 가운데, 1명은 이바라키현에 동원된 사망자이다. 이들 가운데 일부는 창씨명이 제적부 기재내용과 다른 경우도 있으나 명부에는 작업장에서 부여한 일본이름이 기재되어 있으므로 동일인으로 판단했다. 강제동원위원회는 2011년 말까지 피해신고접수에 대한 조사를 진행하므로 향후 명부는 추가될 수 있다.

<표 6> 사망자의 사망연도별 본적지 현황(단위: 명)

	경기	강원	충북	충남	전북	전남	경북	경남	평남	평북	함남	황해	-	합계
1939							1	2						3
1940			1	2			7	12	1					23
1941			1	1	3		4	16						25
1942	1		5		6	3	12	6				2		35
1943	4	12	3	1	8	5	5	5				2		45
1944	3	33	2	8	6	6	9	5	5		6	4		87
1945	7	31	3	6	6	4	11	3	4	1	4	2		82
1946		1			1									2
-							1			1				2
총계	15	77	15	18	30	18	50	49	9	2	1	10	10	304

위 본적지 분포에서 강원이 가장 다수를 차지하고 있는데, 드문 현상이다. 그 뒤를 경남과 경북이 잇고 있다. 강원이 집중된 현상은 물론 행정구역에서 울진(5명, 현재 경북 관내)과 이천(8명, 현재 경기 관내), 홍천군(5명, 현재 경기 관내)이 당시에는 강원도에 포함되어 있었다는 점도 반영이 되었으나, 이들을 제외한다 해도 59명으로 다수임은 변함이 없다.42)

강원출신 77명의 작업장 분포를 보면, 죠반(常磐)탄광이 56명으로 가장 다수이고, 이리야마(入山)채탄이 7명, 후루카와 요시마(古河 好間)탄광이 5명, 이와키(磐城)탄광이 5명, 불상이 4명으로 죠반탄광이 단연 다수이다. 특히 이와키와 이리야마 채탄은 1944년 4월에 죠반탄광으로 합병이 되므로 이 숫자를 합하면, 죠반탄광은 68명으로 늘어난다.

나가사와가 편집한 자료집에서 확인한 이와키탄광 입산자 가운데 강원도 출신자의 집단 입산 기록은 1942년 10월에 105명(양양군 100명, 평

---

42) 당시 행정구역의 문제는 다른 도에도 그대로 적용되므로 굳이 현재 행정구역으로 구분할 필요는 없다. 현재 강원도 관내인 고성군도 당시에는 경남 고성군이었다.

강군 5명), 1943년 5월 296명, 1943년 9월 94명이다. 이리야마 유모토탄광의 강원도 출신자의 집단 입산 기록은 1942년 9월과 10월에 총 300명, 1943년 1월 93명(평창군과 정선군)을 비롯해 12월까지 1,554명으로 강원도 출신자만이 입산하는 집중현상을 보이고 있다. 1944년 7월에도 71명이 입산했다.

이와 같이 강원도 출신자의 입산시기가 늦은 편인 데 비해 가장 많은 사망자를 냈다는 점은 무엇을 의미하는가. 이 점은 강원도 출신 입산자의 입산시기 연령이나 근무기간 등을 고려해야 정확한 해답을 얻을 수 있다. 지금으로서는 전체 입산자의 본적지 통계를 확인할 수 없으므로 추정에 그칠 수밖에 없다. 그러나 상식적으로 볼 때, 입산이 늦은 지역의 조선인이 가장 많은 사망자를 냈다는 점은 당시 노동환경을 충분히 짐작할 수 있다.[43]

두 번째로 사망시기 분포 현황을 살펴보자.

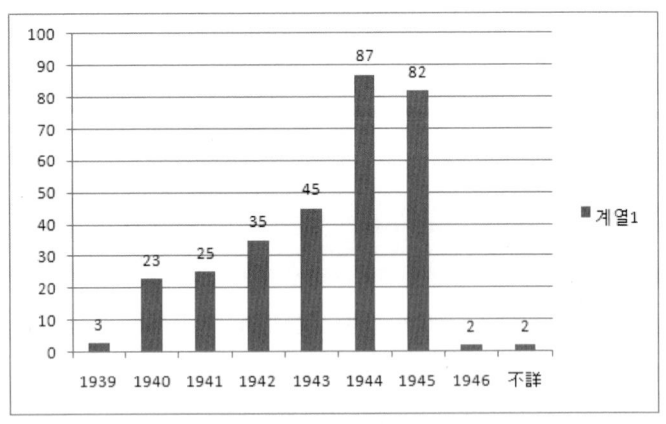

〈그림 4〉 사망시기 분포현황

[43] 위 죠반탄광(이리야마, 이와키 포함) 사망자 68명 가운데 입산시기를 알 수 있는 사망자는 53명이다. 1942년(7.21~9.28)이 4명, 1943년(1.28~12.23)이 32명, 1944년(2.11~10.30)이 17명이다. 특히 1943년은 강원도 출신자의 입산인원수도 가장 많지만, 1년 내내 입산한 점이 특징이다.

위 분포현황을 보면, 1944년이 87명(28.52%)으로 압도적 다수를 차지하지만, 조선인 가동시기로 보면, 1944년에 비해 4개월이 부족한 1945년이 82명(26.88%)으로 의미 있는 사망자 통계를 보여주고 있다. 물론 1944년과 1945년에 사망자가 집중된 것은 가동조선인의 수와 관련이 있다. 1942년부터 1944년은 신규 입산자가 가장 많은 시기이다. 더구나 1944년 8월에는 남사할린(樺太) 조선인 탄광부들이 '전환배치'되기도 했으므로 1944년과 1945년은 가동조선인수가 최고점에 달한 시기이다. 그러나 1944년과 1945년에 사망이 집중된 배경에는 가동조선인수가 다수라는 점 외에 열악한 작업환경, 교육 및 훈련 미비 등 무리한 작업장 투입, 영양 상태 등이 더 큰 영향을 미쳤다고 생각된다. 구체적인 사례를 통해 연도별 사망자 현황 및 특징을 살펴보자.

1939년 사망자는 모두 3명이다. 이들 가운데 작업장이 확인된 2명(□복래, □종달)은 모두 경남 사천 출신자로서 10월 5일에 입산했는데, 11월 2일과 12월 10일에 각각 사망했다. 이와키탄광에 투입된 후 1~2개월 이내에 사망했으므로, 사망원인을 작업 및 안전에 대한 교육 미비, 작업장의 열악한 환경으로 볼 수 있다. 특히 □복래는 제적부에 기록된 생년월일이 1888년생으로 사망 당시 연령이 50세였다.

1940년 사망자 23명 가운데 경남 12명, 경북 7명이다. 이 가운데 1940년 11월 1일에 이와키탄광에 입소한 산본병하(1922년생. 경북 김천 출신)는 17세 나이로 1940년 11월 20일에 사망했다. 입산한 지 19일 만에 사망한 것으로 볼 때, 작업 투입 직후 사망했음을 알 수 있다. 23명 가운데 9명의 입산기간을 확인할 수 있는데, 대부분 입산한 지 3~6개월 만에 사망했다.

1941년 사망자 25명 가운데 경남이 16명으로 최다 인원을 기록하고 있다. 최연소 사망자는 1941년 8월에 18세에 사망한 조동훈(전북 옥구 출신. 이와키탄광 소속)이다. 최고령자는 1882년생인 청목치홍(1941년

10월 사망)인데, 작업장과 입소기간을 확인할 수 없다. 작업장을 확인할 수 있는 최고령자는 아카이탄광 소속 대원호방이다. 1891년생으로 1941년 10월에 사망했으므로 사망 당시 연령은 50세가 된다. 25명 가운데 11명의 입산시기를 확인할 수 있는데, 1940년 입산자가 10명으로 최다를 기록하고 있다.

1942년 사망자 35명은 경북 12명, 경남 6명, 전북 7명 등 3남 지방에 고루 분포되어 있다. 최연소 사망자는 이리야마탄광 소속으로 1925년생인 국산칠랑(전북 출신)인데, 1942년 9월에 변사했다. 사망 당시 연령이 16세이다. 최고령자는 1894년생인 김상준(충북 보은군 출신. 후루카와 요시마탄광 소속. 사망 당시 연령 47세)으로 1942년 5월에 폐장출혈로 사망했다. 35명 가운데 6명의 입산기간을 확인할 수 있는데, 1941년 12월 28일 입산자 2명이 1942년 10월 8일에 모두 사망하는 특이한 현상을 나타내고 있다.

1943년 사망자 45명 가운데 강원(12명)이 최다를 기록하고 있다. 이전 시기에는 강원도 출신 사망자를 찾을 수 없었다. 앞에서 언급한 바와 같이 강원도 출신자들의 입산은 나코소탄광의 1942년 4월을 제외하면, 후쿠시마지역 대부분의 탄광에서는 1942년 9월과 10월이 시점이다. 그러므로 강원도 출신 사망자는 1942년 9월 이전시기에는 발생할 수 없었다. 1943년 최초의 강원도 출신자의 사망일은 1943년 2월이다. 1942년 9월 28일에 입소한 이수준은 입소한 지 5개월도 못 된 시기에 24세의 나이로 사망했다. 이와 같이 강원도 출신자들의 입산시기가 늦은 데 비해 1943년 사망자 가운데 가장 높은 비율을 보인다는 점은 이들의 노동환경을 충분히 짐작할 수 있다.

1943년에는 특히 8월(7명)이 최다 사망 기록을 보이고 있다. 이들의 사망이 탄광 내 사고와 연결되어 있을 가능성이 높다. 최연소 사망자는 19세에 사망한 송천병하(충북 옥천군 출신. 1923년 9월 12일생)이다. 후루카와 요시마 탄광소속으로 1943년 1월에 변사했다. 1874년생인 이강길(전북 익산 출신. 후루카와 요시마 소속. 사망 당시 연령 68세)이 최고령 사망자이다. 1943년 8월에 공병사한 것으로 기록되어 있다. 같은 작업장 소속으로 1943년 4월에 공병사를 한 신정광봉(신정선봉. 충북 제천군 출신)도 1875년생으로 사망 당시 연령이 67세이다. 고령자들의 입소일과 도일배경은 알 수 없다.

1944년 사망자는 87명으로 가장 많은데, 그 가운데에서도 강원도가 33명으로 최다 인원수이다. 황해도 금천군 출신으로 후루카와 요시마탄광에 소속되었던 김해행오는 15세로 최연소 사망자인데, 1944년 10월에 뇌출혈로 사망했다. 입소일은 확인할 수 없으나 사망 당시 연령으로 볼 때 1944년 이전으로 보기는 어렵다. 강원도 이천군 출신 금강영수(1927년생. 1944년 6월에 입소하여 10월에 사망)는 16세로 소년 사망자인데 입산 4개월 만에 사망했다. 최고령은 1882년생인 청천명석(청천명돌. 경남 창원 출신)인데, 1944년 5월에 폐침윤으로 사망했다. 비록 ⓐ명부에 등재되어 있으나 작업장과 입산일을 확인할 수 없다. 작업장을 확인할 수 있는 최고령자는 1944년 10월에 사망한 안덕삼(강원도 강릉군 출신. 1888년생)이다. 안덕삼은 후루카와 요시마와 오다탄광 등 두 군데에서 일을 한 기록이 있다.

1945년 사망자 82명 가운데에서도 단연 최다는 강원도(31명)이다. 사망월을 보면, 4월 11명, 5월 6명, 8월이 8명으로 집중되어 있고, 사망원인은 주로 낙반과 병시이다. 특히 1928년생(15세) 사망사가 3명이 있는 점이 특이하다. 이 가운데 압축사를 당한 김중국(1945년 8월 사망)은 변재보고서 기록이 있다. 최고령자는 풍전창훈(1884년생)으로 대일본탄광 소속인데, 1945년 3월에 뇌일혈로 사망했다. 나가사와의 명부에는 나코소탄광에 근무한 기록이 있다. 이를 통해 대일본 나코소탄광에서 일을 했던 것으로 추정된다. 이 기록에 의하면, 사망 당시 풍전창훈의 나이는

60세이다. 또 한 명의 고령자는 1886년생인 금촌동성인데, 일제하피징용자명부에 의하면, 대일본탄광 소속으로 1945년 8월 사망했다. 나가사와의 명부에 나코소탄광에 근무한 기록이 있다. 이 기록에 의하면, 사망 당시 금촌동성의 나이는 59세이다.44) 고령자의 도일 배경과 노동의 성격에 대해서는 추후 논의가 필요하다.

사망일이 집중된 현상은 어떻게 볼 수 있는가. 수십 명 또는 여러 명이 같은 날 사망했다는 것은 작업장 사고와 무관할 수 없다. 동일한 작업장 소속으로 2인 이상의 조선인 사망자 기록을 찾아보면 다음과 같다.

〈표 7〉 사망일 집중 실태

번호	사망일	작업장	사망원인	사망자
1	1940.9.15	日曹赤井	미확인	2인(66,75번)
2	1941.5.19	常磐(磐城)	업무상	4인(113,247,250,296). 채탄부 ※사고사
3	1942.5.18	磐城	업무상	2인(87,103)
4	1944.1.31	磐城	뇌출혈, 압박사	2인(147,259) ※사고사 추정
5	1944.7.17	磐城	전신타박, 타박	2인(207,304) ※사고사 추정
6	1944.8.30	常磐	병사, 두개골절	2인(137,262) ※사고사 추정
7	1945.4.13	常磐	두개골절, 장내출혈	2인(149,151) ※사고사 추정
8	1945.4.21	常磐	병사	2인(100,229) ※사고사 추정
9	1945.4.22	小田	질식사(갱내화재)	5인(15,17,118,143,217) ※사고사
10	1945.5.9	古河好間	두부골리, 폐염	2인(32,179)
11	1945.7.21	常磐	병사, 충수염	2인(64,154)
12	1945.7.25	古河好間	병사, 업무상 타박	2인(200,300) ※사고사 추정
13	1945.9.11	常磐	압사	2인(36,287) ※사고사 추정

* 괄호 안의 숫자는 부록의 번호를 의미

---

44) 금촌동성은 강제동원위원회 신고인이기도 하다. 그의 제적부에는 1889년생으로 기재되어 있다. 그러나 제적부 출생연도는 실제 연령과 차이를 보이는 경우가 종종 있다. 이 글에서는 제적부 출생연도가 다른 자료보다 이른 경우를 제외하고는 나가사와 명부 기재 사항을 채택했다.

13건의 사망일 집중 사례 가운데 2번과 9번은 명확히 사고사로 판단된다. 2번은 사망원인이 업무상으로만 기재되어 있으나 모두 동일한 작업장에 소속된 채탄부(2명은 동일한 숙소)이고, 동일한 날 4명이 사망한 것으로 볼 때 사고사로 판단된다. 9번은 사망원인이 갱내화재로 인한 질식사로 명시되어 있으므로 의심의 여지가 없다.[45] 그 외 4번의 뇌출혈과 압박사, 5번의 타박, 6번의 병사와 두개골절, 7번 두개골절, 장내출혈, 8번의 병사, 12번의 병사와 업무상 타박, 13번의 압사 등 6건도 사고사의 여지가 높다.

세 번째로 입산시기 분포 현황을 살펴보자. 304명 가운데 입산시기가 확인된 사망자는 총 127명이다. 이 가운데 Ⓐ명부에서 입산시기가 기재된 사망자는 124명이고, 강제동원위원회 사망자가 3명이다. 이 가운데 Ⓐ명부에 등재된 사망자는 모두 죠반과 이와키, 이리야마 등 모두 죠반탄광 소속 탄광 노무자들이다. 1939년 10월 5일이 최초 입산일이고, 1944년 10월 30일이 마지막 입산기록이다. 죠반탄광 소속 조선인 입산시기를 연도별로 보면, 1939년 7명, 1940년 21명, 1941년 6명, 1942년 16명, 1943년 48명, 1944년 25명이다.

네 번째로 사망연령별 현황을 살펴보자. 304명 가운데, 사망 당시 연령이나 생년월일을 확인할 수 있는 사망자는 289명이다. 이 가운데 최연소자는 1928년생(4명)이다. 이들은 모두 1944년 말과 1945년에 사망을 했으므로 사망 당시 연령은 15~16세이다. 이들을 포함한 20세 이하의 사망자는 32명으로 290명 대비 11%이다.[46]

10대 사망자 가운데 21명이 1944년과 1945년에 집중적으로 사망했다.

---

[45] 이 사고는 전체 사망자가 65명, 부상자 6명이 발생한 대형 화재사고로 기록되어 있다. 강제동원위원회 누리집(www.gangje.go.kr) '일본 내 조선인 관련 재해재난 사고도' 참조.
[46] 32명 가운데 3명은 작업장을 확인할 수 없다.

이는 이 시기 입산자 가운데 10대 비율이 높음을 알 수 있다.[47] 또한 10대 사망자들은 산본병하와 같이 입산 19일 만에 사망하는 등 전원이 입산 이후 1년 이내 사망했다. 이를 통해 죠반탄광의 노동 상황이 얼마나 열악했는가를 짐작할 수 있다. 탄광 측이 10대 조선인의 동원을 적극 추진했고, 가혹한 노역으로 입산 이후 1년 이내에 사망했음을 알 수 있기 때문이다.

다섯 번째, 작업장별 사망자 분포현황을 살펴보자. 304명 가운데 사망자의 작업장을 알 수 있는 인원은 284명이다. 이를 작업장별로 살펴보면, 죠반탄광(이리야마와 이와키 포함) 사망자가 209명으로 가장 많고, 요시마탄광이 36명, 나코소탄광 14명, 오다탄광 10명, 닛소 아카이와 닛소 죠반탄광이 10명, 가미야마다탄광이 3명, 오쿠라(大倉)탄광과 죠반합동탄광이 각각 1명이다. 죠반탄광 사망자 가운데 2명은 요시마탄광에서 노역을 했던 조선인 노무자이고, 3명은 이바라키 소재 죠반탄광 소속 조선인이다. 요시마탄광 소속 조선인 가운데 3명은 오다탄광에서도 일을 했던 조선인이다.

죠반탄광의 조선인 사망자가 284명(작업장 확인 가능 숫자)의 74%에 달할 정도로 높은 이유는, 단연 죠반탄광에 동원된 조선인의 수가 많았기 때문이다. 앞의 〈표 2〉에서 알 수 있는 바와 같이 죠반탄광에 동원된 조선인은 11,709명으로 죠반탄전 전체 조선인 노무자 가운데 54.68%에 달한다. 죠반탄광 사망자 209명은 11,709명의 1.78%에 달한다.

---

47) 11~20세 사망자 32명 가운데 입산시기를 확인할 수 있는 사망자는 18명이다. 이들의 입산시기는 1944년이 8명으로 가장 많고, 1943년이 7명, 1940년과 1941년, 1942년이 각각 1명씩이다. 이들의 입산 당시 연령을 보면, 15세 2명, 16세 1명(이상 1944년 이후 입산자), 17세 6명, 18세 4명, 19세 2명, 20세 3명 등이다.

〈표 8〉 석탄통제회 동부지부 산하 탄광회사별 동원자 수와 사망자 관계

구분	광업권자	탄광	소재	조선인 (피동원자)㉠	사망자 인원㉡	비율(㉡/㉠)
석탄통제회 회원 탄광	常磐탄광(주)	內鄕	福島	14,709명	209명	**1.43%**
		磐崎	福島			
		湯本	福島			
		中鄕	茨城			
		神山	茨城			
	古河광업(주)	好間	福島	2,258	36	1.6
	대일본탄광(주)	勿來	福島	1,028	14	1.4
	東邦탄광(주)	櫛形	茨城	459		
석탄통제 주합탄광	日曹광업(주)	赤井	福島	777	10	1.3
		常磐	福島			
	鳳城탄광(주)	小田	福島	151	10	6.6
	大昭광업(주)	上山田	福島	291	3	1.03
	關本탄광(주)	關本	茨城	98		
	山口탄광(주)	山口	茨城	22		
	山一탄광(주)	山一	茨城	75		
	기타			181	2	1.1
常磐탄전합계 21,413(1.33%)						

마에다(前田一)의 『특수노무자의 노무관리』에 의하면, 1939년 10월부터 1942년 10월까지 죠반탄전은 일본 전국 탄전에서 조선인 사망비율이 전국 평균에 근접한 탄전이었다. 일본 전국의 조선인 사망비율이 0.9%인데, 죠반의 조선인 사망비율이 0.8%, 규슈는 0.5%, 홋카이도는 2.1%였다.[48]

이 점을 볼 때, 285명의 비율(1.33%)은 죠반탄전은 물론이고 일본 전체 조선인 사망률 0.9%에 비해서도 매우 높음을 알 수 있다. 작업장을

---

48) 『いわき市史 別卷－常磐炭田史』, 제8장 제5절, 〈표 169 조선인탄광노무자의 이동〉 재인용.

알 수 없는 인원을 포함한 304명을 죠반탄전 조선인 21,413명과 비교하면, 1.4%로 더욱 높아진다. 더구나 285명이 죠반탄전 내 모든 작업장을 포괄한 명부라고 보기 어려운 점을 감안하면, 향후 비율은 더욱 높아질 가능성이 있다.

사망원인을 살펴보면, 나가사와는 ㋁명부에서 크게 A군(업무상 사망, 176명)과 B군(업무 외 사망, 61명), C군(업무상 관련 여부 구분 불능, 21명), D군(광부와 비광부의 구분 불능, 39명)으로 구분했다. 그러므로 176명은 중복되는 명부(㉠과 ㋁)에서 모두 '업무상'이나 '공상' 등 업무와 관련한 사망원인이 기재되어 있다. 그리고 '업무상'이나 '공상'이라는 단어는 없어도 '두개골절'이나 '압사', '낙반사' 등 업무와 관련성을 유추할 수 있는 원인을 기재하고 있다. 그러나 나가사와가 '업무 외 사망'으로 구분한 B군에서도 '두개골절'을 찾을 수 있고, B군의 대부분을 점하는 '병사'도 업무 외 사망으로 볼만한 근거는 찾을 수 없다.[49]

B군 이하 사망원인 가운데 특이한 사례는 폐렴과 폐결핵, 폐침윤 등 폐 관련과 복막염 등이다. 폐 관련은 탄광이라는 작업장의 특성이나 열악한 식량 사정 등을 고려해 볼 때, 업무상 사망으로 볼 개연성이 크다.[50]

---

49) 나가사와는 이보다 전에 발표한 논문에서는 A(두부, 안면, 경부골정 및 손상, 전신타박, 압사, 기타 傷死), B(내장파열, 흉부출혈, 사지골절, 내출혈), C(낙반, 추락, 감전, 익사, 질식, 개스중독, 폭상사, 화상), D(성인병, 노쇠), E(변사, 자살) 등 5개군으로 분류를 하고, 변사와 자살 사례 13건을 구체적으로 소개하기도 했다. 長澤秀, 「常磐炭田における朝鮮人勞働者について」, 『朝鮮人强制連行論文集成』, 1993, 141쪽.
50) 필자는 이전에 발표한 논문에서 익사에 대해 '죠반탄전은 해저탄광을 가동하는 지역은 아니고, 후쿠시마와 이바라키 두 지역이 모두 바다에 연해 있으나 손쉽게 찾을 수 있는 거리는 아니므로 익사는 탄광사고의 가능성이 있거나 탈주 및 외출 중 사고와 관련이 있는 것'으로 추정했다. 그러나 다쓰다 선생의 죠반탄전이 온천지역이고, '석탄 1톤에 물 10톤'이라는 말이 있을 정도로 채탄 작업은 물과의 싸움이었다는 지적에 따라 삭제했다. 「常磐炭田における戰時 勞働動員朝鮮人死亡者名簿について – 鄭惠瓊氏の關聯論文を讀んで」, 21쪽(미

그 외 자살로 추정가능한 건이 3건 있는데, 2건은 '호송 중 자살'과 '호송 중 사망'으로, 1건은 '목졸림'으로 기재되어 있다. '목졸림'은 구체적인 발생 원인을 확인할 수 없다. 가산술봉(경북영천 출신. 入山탄광 소속. 1942년 11월 7일 사망)은 Ⓐ명부의 정보에 의하면, 磯原부근에서 기차에서 뛰어내려 사망한 것으로 기재되어 있다.[51] 자살인지, 탈주과정에서 발생한 사고인지 확인할 수 없으나 호송 중 사망임은 분명하다. 나가사와는 Ⓐ명부에서 '목졸림' 사망자는 D군에, '호송 중 자살자'와 '호송중 사망자'는 B군(개인사정에 의한 사망)으로 각각 분류했다. 그러나 '호송 중 사망'은 동원 과정에서 일어난 일이므로 업무 외 사망으로 보기 어렵다. '호송 중 자살'(미구시랑) 또한 개인사정에 의한 사망(사병사)으로 볼 근거는 미약하다. '호송 중 자살'에 대한 근거 자체가 없고, 호송 중에 무슨 이유로 자살을 했는지 알 수 없기 때문이다. 그렇다면, '호송 중 사망'이나 '호송 중 자살'은 당연히 '공무중 사망(公傷)'의 범위에 들어가야 한다.[52]

특히 죠반탄광과 후루카와탄광은 1944년부터 군수공장으로 지정되어 군대와 헌병이 배치되었던 지역이다. 그러므로 감시도 심해졌지만, 구타나 폭행 등 노동조건도 가혹해졌을 것으로 예상된다. 이 점은 1944년 이후에 사망자수가 급증한 점과 아울러 업무 외 사망원인인 '병사'나 '변사'의 이면을 유추할 수 있는 근거가 되기도 한다. 이러한 점을 볼 때, 304명의 사망원인 가운데 업무와 무관한 경우를 구별해내는 것은 의미

공개 논문).
51) 나가사와는 가산술봉을 자살사례에 포함했다. 長澤秀,「常磐炭田における朝鮮人勞働者について」, 140쪽 〈표 17〉.
52) 명부DB와 나가사와 명부 등에는 尾口市郎이라 기재되어 있다. 이에 대해 다쓰다는 尾口六郎일 것이라는 의견을 제시했다. 과거장에 선을 확인하고, 竹內康人의 지적에 따라 사진을 확인한 결과 '六'으로 확인했다고 한다.「常磐炭田における戰時勞働動員朝鮮人死亡者名簿について－鄭惠瓊氏の關聯論文を讀んで」, 8쪽(미공개 논문). 필자는 이에 따라 부록의 명부도 수정했다.

가 없다.

  석탄통제회 노무부 문서에 의하면, 1943년 4월 기준 죠반탄전 조선인 사망자 현황을 보면, 5명(업무상 2명, 업무 외 3명)이고, 상병(傷病)은 업무상 215명, 업무 외 386명으로 사상병(死傷病) 비율은 총 인원수 대비 업무상 2.8%, 업무 외 6.8%이다. 같은 시기 일본인의 사상병 비율은 1.4%(업무상)와 4.7%(업무 외)로 조선인의 절반에 그친다. 그런데 채 1년이 안 된 1944년 1월 기준 조사결과를 보면, 조선인 사상병은 366명(업무상)과 566명(업무 외)으로 급증한다. 사상병 비율도 5.3%(업무상)와 7.8%(업무 외)로 특히 업무상 비율이 급증하는 것을 볼 수 있다. 1943년 4월 이후 노동조건이 더욱 악화되었음을 알 수 있는 통계이다. 이 조선인 사상병 비율은 같은 시기 전국 평균(1943년 4월 기준. 업무상 1.8%, 업무 외 6.8% / 1944년 1월 업무상 4.1%, 업무 외 8.4%)을 상회함은 물론이고, 규슈에 비해 높은 비율이다.[53] 이 통계에서 업무상과 업무 외 구분기준은 제시되어 있지 않고, 당시 노동 실태로 볼 때, 구분은 의미가 없다고 판단된다.

  사망자 명부에서 나타나지 않는 사망원인 가운데 상정 가능한 원인은 공습으로 인한 사망이다. 당시 관동지역과 인접했던 죠반탄전지대는 연합군의 공습에서 자유로운 지역이 아니었다. 특히 일본의 공식 기록에 의하면, 이바라키는 1945년 5월 28일에 첫 공습을 당한 이후, 6월 10일과 23일, 7월 17일, 31일 등 여러 차례에 걸쳐 공습을 당한 지역이다.[54] 공습의 방향이나 사정거리로 볼 때, 이바라키와 해안선을 연해 인접한 후쿠시마도 이 공습에서 피해가지는 못했을 것으로 추정된다.

---

53) 長澤秀, 「戰時下常磐炭田における朝鮮人鑛夫の勞働と鬪い」, 『朝鮮人强制連行論文集成』, 182쪽 〈표 23〉.
54) 강제동원위원회 조사3과 심재욱 팀장 제공 자료.

면담자: 공습空襲이 많았나봐요?
구술자: 아유! 엄청나지요. 뭐야! 미군美軍 비항기(비행기〈飛行機〉)가 들어와 가지고 소이탄(燒夷彈)55)을 막 들이면 타고 할 적에는. 일본이 산이 높은 데가 별로 없어요. 이 동경 같은 데는 산이 정말 웬만한 산이 높다고 하는데, 가서 들다봐야. 근데 해방됐다 하고 내려와서 돌아보니까요. 우리가 또 돌아 댕겨봤는데, 눈이 모자라게 홀랑 타고. 여기 제사공장製絲工場 같은 데는 굴뚝만 서있어요.56)

1944년 정월에 27세 나이로 이리야마 유모토탄광에 동원되었던 권오열(강원도 춘천 출신. 1917년생)이 기억하는 전쟁 말기의 상황이다. "해방 될 적에 소이탄 갖다가 들이 뿌리고 밤잠을 잘 못 잤다"고 기억하고 있으나 공습과 관련한 사망원인은 명부에서 찾을 수 없다.

공습과 관련해 조선인 피해가 있었을 것으로 추정할 수 있는 근거는 박경식의 현지조사기록에서도 찾을 수 있다. 다카하키(高萩) 지역의 조사 과정에서 조선인들과 함께 일했던 일본인 여성으로부터 채록한 증언에 의하면, "공습경보가 울리면 일본인 노동자는 재빨리 피난을 했지만 조선인은 피할 장소도 없이 불쌍했다"고 한다.57) 피할 데 없는 조선인이 소이탄과 공습의 포화 속에서 어찌되었을지는 충분히 상상할 수 있다.

사망자의 유골은 어떻게 처리되었는가? 앞에서 소개한 명부에는 과거장이 보관된 사찰은 기재되어 있지만, 유골봉환 여부에 대해서는 기재되어 있지 않다. 1944년 정월에 27세 나이로 이리야마 유모토탄광에 동원되었던 권오열은 작업 현장에서 "여러 사람 죽는 거 많이 봤지요.

---

55) 소이제를 써서 목표물을 불살라 없애는 데 쓰는 포탄이나 폭탄.
56) 일제강점하강제동원피해진상규명위원회, 『구술기록집6-수족만 멀쩡하면 막 가는 거야』, 2007, 155쪽.
57) 朴慶植, 『朝鮮人强制連行の記錄』, 未來社, 1965, 131쪽.

저 전라도 경상도 이런 사람들 갖다가 죽은 거, 거 화장(火葬)하는 것도, 정말 모두 죽은 것도, 싣고 가는 것도" 보았다. 사망자에 대해서는 "화장하죠. 화장해서 저희 집으로 모두 부쳐준다고. 부쳐준다고 그러더라"는 이야기를 들었다.58)

강제동원위원회에서 피해판정을 받은 48건 가운데 39건의 신고인은 유골을 봉환했다고 신고를 했다. 기타 9명(미봉환 7, 불상 1, 기타 1)도 신고인이 유골봉환여부에 대해 명확히 인지하지 못하는 경우가 많으므로 미봉환으로 확정하기는 어렵다. 이로 볼 때, 대부분의 사망자 유골은 고국에 봉환된 것으로 보인다.

사망자 304명은 어떤 과정을 통해 죠반탄전에 입산하고, 어떠한 노동 상태에 놓여 있다가 亡者가 되어 사망자 명부의 기록을 남기게 되었는가. 이 가운데 이들이 망자가 된 원인은 앞에서 살펴보았다. 이들의 노동 상태에 대해서는 죠반탄전 조선인 노무자들의 노동 상태에 대한 선행연구가 있으므로 별도로 다루지 않고, 입산과정에 대해서만 살펴본다.

당시 국내 일간지에는 죠반탄전 입산 관련 신문기사가 전혀 실리지 않았다. 이들의 입산은 다른 지역에 동원되는 일과 차이가 없는, 특별한 일이 아닌 일상이었기 때문이다. 나가사와의 조사에 의해 조선인들의 입산과정을 살펴보자.59)

먼저 이리야마채탄이다. 모집허가가 내려지면, 회사는 노무과장 이하 3명 정도의 계원이 수시로 조선에 파견되어 1개월 정도 모집을 했다. 계원이 경성의 조선총독부에 가서 허가를 받으면, 세 방면으로 나누어 1명씩 1개군을 할당받아 모집을 했다. 당시 직접 모집에 참가했던 노무과

---

58) 일제강점하강제동원피해진상규명위원회, 『구술기록집6 – 수족만 멀쩡하면 막가는 거야』, 158~159쪽.
59) 長澤秀, 「常磐炭田における朝鮮人勞働者について」, 『朝鮮人强制連行論文集成』, 1993, 129쪽.

원 A씨의 구술에 의하면, 2년 동안 네 차례 모집을 하러 갔는데, 매회 1개군에서 300명 정도를 송출했다. 노무계 직원들이 이들을 특별히 편성한 열차를 태워 부산항으로 수송을 하면, 부산항에서 시모노세키(下關)까지는 회사 측이 특별히 빌린 선박을 이용해 수송을 했다. 관부연락선 안에는 시모노세키(下關)수상경찰서와 해항경비서 형사 2~3명이 상주했다. 시모노세키에 도착한 조선인들은 엄중한 경계 아래 후쿠시마 유모토역까지 철도로 수송되었다. 이때 일본어를 할 수 있는 조선인 1명을 반장으로 20명 정도의 조선인으로 반을 편성했다. 반별로 조선인 통역이 1명씩 동행을 했다. 그럼에도 시모노세키에서 이리야마채탄에 입산할 때까지 3~4%의 도주자가 생겼다. 이들의 일부는 시모노세키에서 탈출했으나 대부분은 오사카에서 탈출했다고 한다. 나가사와는 이상의 내용을 1939~40년 당시 직접 모집에 참가했던 노무과원 A씨(조선인)의 구술에 의해 구성했다.

또한 갱내현장담당자 채탄계 B씨의 구술에 의하면, 조선인들이 착산(着山)을 하면, 이들에게 1주일 동안 간단한 작업도구나 금지사항에 대해 교육을 하고, 조선인의 이름을 기억하기 위해 임의로 일본어 이름을 부여했다. 이름은 주로 이치로(一郎)에서 쥬로(十郎)까지로 하고, 성은 일본의 지역명으로 했다. 그래서 미야자키 이치로(宮崎一郎)이나 홋카이니로(北海二郎) 등의 이름이 탄생한 것이다. 이때 일본어가 가능한 자는 이시로(一郎)가 되곤 했다.

실제로 〈부록〉을 보면, '닌파필랑'이나 '도전오랑', '대시십랑', '대도팔랑', '대궁이랑', '수정팔랑', '반택팔랑', '진교십랑', '대뢰일랑', '암호일랑', '풍전칠랑', '진사일랑', '도본일랑', '삼병팔랑', '하야육랑', '하야구랑' 등의 이명을 볼 수 있다. 이들의 입산일은 조선에서 창씨개명정책을 실시하기 이전이다. '하야육랑'과 '하야구랑'은 동일한 시기에 입산했다. 동일시기 입산자 가운데 연번으로 이름을 부여했다는 채탄계 B씨의 구술과 일치한다.

일본식 이름을 부여한 방법은 경험자인 권오열의 구술에서도 확인할 수 있다.

> 면담자: 할아버지 일본 이름이 뭐예요?
> 구술자: 네? 일본 이름? 일본서 부른 거? 미야마치 고로(宮町五郎)라고. 미야마치고로라고 거기 써 있을 걸? 그 사람들네가 다시 지어 가 불러요.
> 면담자: 가시기 전에는 그렇게 안 불렀어요?
> 구술자: 그 이름은 인제 그럼 권오열인데, 권오열을 거기서 안 써줘요. 거기서 부른 건, 글쎄 '미야마치 고로'라고 불렀다고. 거기 사람들이 자기네가 이찌로(一郎), 지로(二郎), 삼(三)으로 이렇게 부르기 좋게. 저가 지어가지고 불러요. 거기서.[60]

1942년부터 조선인이 입산한 나카고탄광의 경우는 어떠한가. 나가사와가 조사한 노무계주임 D씨의 이야기를 들어보자.

> "먼저 조선인 노동자집단이입신청서를 현에 제출하고 허가를 받으면, 3~4명의 부하를 데리고 조선에 갔습니다. 경성의 조선총독부에 가면, 1주일 후에 도에 할당을 해줍니다. 도청에 가면, 몇몇 군을 알려줍니다. 군에서는 군장(郡長)[61](조선인)이나 부군장(일본인)을 만나고 몇몇 읍(촌)에 가게 됩니다. 읍에서는 역장(役場. 실제는 읍사무소)의 게시판에 취업규칙이나 임금규칙을 명시한 삐라를 붙여서 모집을 합니다. 역장에서 설명을 한 후 계약을 하고 명부를 만듭니다. 〈중략〉 나카고무연탄 시대에 다섯 번째로 모집을 할 때에는 가미노야마탄광주식회사에 계신 분과 같이 모집을 했습니다."

---

60) 일제강점하강제동원피해진상규명위원회, 『구술기록집6 – 수족만 멀쩡하면 막 가는 거야』, 146~147쪽.
61) 실제명칭은 군수.

수송과정이나 조선인들에게 일본식 이름을 부여하는 방법도 이리야마채탄의 경우와 다르지 않았다.

이상의 내용에서 조선인 송출은 회사의 신청과 허가 절차를 마친 이후에 조선총독부의 협조를 받아 회사 노무담당직원이 직접 모집을 했고, 경찰의 도움을 받아 수송을 했음을 알 수 있다. 이 과정에서 도와 군, 읍직원의 도움을 받았고, 지역은 조선총독부에서 직접 할당해주었음도 알 수 있다. 이러한 송출과정은 일반적인 조선인 송출과정 가운데 할당모집단계의 송출과정과 일치한다.[62]

1939년부터 시작된 이들의 입산은 1944년 10월 30일까지 계속되었다. 일본의 다른 지역에 조선인 '이입(移入)'이 1945년 상반기까지 계속된 데 비해 사망자 304명의 '入山'은 이른 시기에 종결되었다. 물론 이 점은 죠반탄전의 조선인 입산이 1944년 10월에 종결되었음을 의미하는 것은 아니다. 1944년 10월에 입산자가 작업장에 투입된 이후 1~2개월 이내에 사망한 사례를 감안한다면, 이후 입산자 가운데 사망자가 발생할 가능성은 있다. 다만 이들의 사망 기록을 확인할 수 없을 뿐이다.

실제로 죠반탄광 우치고광과 이와키광에 조선인 입산 기록은 1945년 7월에도 38명(본적지는 불명)이 있고, 대일본탄광에도 1945년 7월에 13명이 입산했다. 물론 이 시기에 해고인원수는 338명과 62명으로 입산자를 능가한다.[63] 1945년 7월 입산자들의 본적지가 확인되지 않은 점으로 볼 때, 한반도에서 송출된 인원이라기보다는 일반도일자 가운데 입산했을 가능성도 있다. 그러나 중요한 것은 1944년 10월 이후에도 쇼반탄전에는 조선인들이 입산하고 있었다는 점이다. 그러므로 이들의 사망기록을

---

62) 상세한 내용은 정혜경, 「조선총독부의 노무동원 송출관련 행정조직 및 기능 분석」(정혜경, 『일본 제국과 조선인 노무자 공출 - 조선인 강제연행·강제노동 연구Ⅱ』, 선인, 2011) 참조.
63) 龍田光司, 「常磐炭田における'朝鮮人戰時勞働動員被害者を訪ねて」, 16~30쪽.

확인할 수 없다 해서 사망자가 발생하지 않았다고 볼 수는 없다. 이들의 사망기록이 남지 않은 점에 대해서는 이후 입산자의 사망 처리가 방치되었거나 기록을 남길 수 없었던 상황이었을 것으로 추정된다.

V. 맺음말

박경식의 저서 『조선인강제연행의 기록』에 의하면, 죠반탄전의 조선인 노무자들은 "맨발인 채로 2, 3일간 아무것도 먹지 못하고 도망치고" "기차에서 회사 감시원에게 발각되자 뛰어내려 자살한 동포"도 있고, "도망가는 도중에 배가 고파 사망하는 사람이 있을 정도"였으며, "1944년 경에는 20세 안팎의 조선인이 가혹한 중노동으로 병이 나 하루를 쉬었다는 이유로 구타와 뜨거운 온도로 학살당하고도 '병사'로 처리되었다. 죠반은 '학살의 땅'이었다. 이러한 내용은 박경식이 현지조사를 통해 제시한 내용이다.[64]

물론 박경식의 연구만으로 전시체제기에 모든 조선인들이 이러한 가혹행위 속에서 노예처럼 신음했다고 확신할 수 없다. 죠반탄전에 동원된 조선인들이 이러한 노동 상황에 놓여 있었다고도 단언할 수 없다. 그러나 1944년 7월에 '호송 중 자살'한 '미구육랑'이라는 일본식 이름과 죠반탄광이라는 작업장 정보만이 남은 사망기록은 분명히 남아 있다. 비록 "1944년경에는 20세 안팎의 조선인이 구타로 학살당한" 청년의 이름은 확인할 수 없지만, 이 청년의 사망원인인 '병사'의 기록은, 1944년에만 10명을 찾을 수 있다. 그는 누구일까. 평남 용강 출신의 평강범호일까. 강원도 울진 출신의 송산삼봉일까. 서산 출신의 안전상순일까. 10대

---

64) 朴慶植, 『朝鮮人强制連行の記錄』, 127~134쪽.

젊은이였던 전북 완주 출신의 최석동이었을까. 여러 명이 같은 날 동일한 원인으로 사망했다는 것은 작업장 사고와 관련은 없는가. 의문부호는 그치지 않는다.

이러한 점은 명부자료가 보여주는 빙산을 실감하게 해준다. 물론 수면 아래 빙산의 실상을 완벽하게 볼 수는 없다. 그러나 빙산의 존재는 확실하다. 그렇다면 죠반탄전의 사망자 명부자료를 통해 관심을 기울여야 하는 대상은 바로 명부에 나타나지 않는 빙산의 실체이다. 사망자 명부에 남아 있지 않으나 발생한 것으로 추정(이바라키현 소재 탄광의 사망자 현황이나 공습으로 인한 사망자, 1944년 10월 이후 입산자 가운데 사망자)되는 사망자의 실태이다. 기록에 남아 있지는 않지만, 결코 잊어서는 안 되는 '이름 없는 죠반탄전 조선인 사망자'의 실태를 규명하는 것은 여전히 남은 우리의 과제이다.

머리말에서 언급한 바와 같이 이 글은 필자가 제시한 연구방법론에 의거해 죠반탄전에 동원된 조선인 노무자의 사망 실태를 살펴보고자 하는 사례연구이다. 이를 위해 국내 소장 죠반탄전 관련 명부에 대한 미시적 분석을 실시하고, 이 가운데 [戰時下常磐炭田朝鮮人鑛夫殉職者名簿(長澤秀 정리)]를 중심으로 필자가 검증한 [죠반탄전조선인사망자명부(鄭惠瓊 정리)]를 대상으로 사망 실태를 분석했다.

그러나 이 글을 통해 죠반탄전에 동원되었다가 사망한 조선인들의 전반적인 사망실태를 제시할 수는 없다. 다만 명부자료에 대해 기록학적인 분석방법은 어떠한 것이며, 명부자료를 역사학적으로 분석하는 방법은 어떠한 것인가 하는 사례를 제시할 뿐이다.

죠반탄전의 조선인 사망자의 실태를 파악하기 위해서는 먼저 사망자의 명부가 있어야 한다. 아울러 이들의 노동실태 및 사망과 관련한 문헌자료와 구술자료가 필요하다. 이러한 요건은 어느 정도 충족되어 있다. 나가사와의 노력에 의해 문헌자료(석탄통제회 문서 등)가 공개되었다. 박경식과 나가사와, 다쓰다 등의 현지 조사에 의해 관련자의 구술도 채록되었다. 비록 소수이지만 강제동원위원회는 피해신고조사결과와 생존자의 면담기록을 생산했다. 이러한 결과를 토대로 향후 새로운 시각의 분석이 가능할 것이다.

【참고문헌】

「常磐炭田朝鮮人勞働者殉職者名簿」, 『일제하피징용자명부철』(일본후생노동성 제공, 국가기록원 소장).
「産業殉職者名簿」, 『일제하피징용자명부철』(일본후생노동성 제공, 국가기록원 소장).
「殉職産業人名簿」, 『소위 조선인징용자등에 관한 명부』(일본후생노동성 제공, 국가기록원 소장).
「茨城縣」, 『조선인노동자에 관한 조사결과』(일본후생노동성 제공, 국가기록원 소장).
「名簿(現在 生存) 被徵用鑛夫遺家族」(안명복 제공, 강제동원위원회 소장).
「이중징용피해자 진술서」(안명복 제공. 강제동원위원회 소장).
「戰時下常磐炭田の朝鮮人鑛夫殉職者名簿」(長澤秀 編, 『戰時下强制連行極秘資料集 4』, 綠陰書房, 1996 수록).
福島縣, 『福島縣史18-産業經濟』, 1970.
朴慶植, 『在日朝鮮人關係史料集成』 4, 三一書房, 1975.
小澤有作編, 『近代民衆の記録10-在日朝鮮人』, 新人物往來社, 1978.
長澤秀 編, 『戰時下强制連行極秘資料集 4』, 綠陰書房, 1996.
일제강점하강제동원피해진상규명위원회, 『구술기록집6-수족만 멀쩡하면 막 가는 거야』, 2007.
정혜경, 『일본 제국과 조선인 노무자 공출-조선인 강제연행·강제노동 연구Ⅱ』, 선인, 2011.
常磐炭田史年表(http://www.jyoban-coalfield.com/public/pu_sepa/iwakisisi.html).

久保山雄三, 『日本石炭鑛業發達史』, 公論社, 1942.
朴慶植, 『朝鮮人强制連行の記錄』, 未來社, 1965.
長澤秀, 「戰時下常磐炭田における朝鮮人鑛夫の勞働と鬪い」, 『朝鮮人强制連行論文集成』, 明石書店, 1993.
長澤秀, 「常磐炭田における朝鮮人勞働者について」, 『朝鮮人强制連行論文集成』, 明石書店, 1993.
相澤一正, 「茨城における縣朝鮮人中國人强制連行に關するノート」, 『朝鮮人强制連行論文集成』, 明石書店, 1993.

龍田光司, 「常磐炭田における'朝鮮人戰時勞働動員被害者を訪ねて」(미공개, 연도 미상).

龍田光司, 「韓國調査團巡檢資料」, 2005년 11월 19일 조사자료.

龍田光司, 「常磐炭田における戰時勞働動員朝鮮人死亡者名簿について－鄭惠瓊氏の關聯論文を讀んで」, 2011년 6월 작성(미공개).

田村紀之, 「內務省警保局調査による朝鮮人人口(1)」, 『經濟と經濟學』 46, 東京道立大學, 1981.

정혜경, 「조선총독부의 노무동원 송출관련 행정 조직 및 기능 분석」, 『한국민족운동사연구』 54, 2008.

정혜경, 「국내 소장 전시체제기 조선인 인적동원관련 명부의 실태 및 활용방안」, 『한일민족문제연구』 16, 2009.

〈부록〉 죠반탄전 명부(鄭惠瓊 정리) [사망일자 순서]

번호	이름	작업장	본적	사망원인	생년월일	사망일1	사망일2	입소일	유골봉환	특기	전거
1	안본길남	小田	경북 고령		19241215	불상					長/피
2	천촌정길	小田	함남 원산		19010212	불상					長/피
3	계쌍수		경북 성주		28세	19391100					長
4	□복래	磐城/常磐	경남 사천	업무상	18920902	19391102	19391111	19391005	봉	18880902생 (제적부기록)	長/피/신고
5	□종달	磐城	경남 사천	업무상	18970126	19391210		19391005	봉		長/피/신고
6	□일제	入山	충남 부여		19080000	19400119	19400128		봉	19081125생[65]	長/피/신고
7	□신덕	日曹赤井/日曹常磐	경북 영주		19090223	19400219	19400220		봉	19110223생	長/피/소위/신고
8	이병화		평북 창성		49세	19400300					長
9	최경백		경남 창녕		19030000	19400400					長/피
10	□범룡	古河好間	충북 옥천	두부골절	19091006	19400413			봉		長/피/신고
11	이상룡	入山/常磐	경남 산청	병사	19150907	19400423		19391026			長/피
12	조채영	入山/常磐	경남 산청	병사	19140602	19400501		19391026			長/피
13	유성록	常磐	경남 산청	병사		19400525		19391026			長/피
14	김방양	磐城	경북 의성		19151100	19400600					長/피
15	상덕식		충남		19060000	19400600					長/피
16	□무생	磐城	경남 하동		19070900	19400700			봉	19081008생	長/피/신고
17	도안만	磐城	경남 함양		19050500	19400700					長/피
18	조전범	磐城/常磐	경남 창원	업무상	19151220	19400803		19400219		나가사와 명부의 D8황인범과 동일인	長/피

19	최연섭	日曹赤井	경남 산청		19151116	19400813				長/피
20	강외주	磐城	경남 함안			19400900				長/피
21	강정석	日曹赤井	경남 밀양		19160000	19400904				長/피
22	□순도	日曹赤井	경남 밀양		19150704	19400915			봉	19150708생	長/피/신고
23	김인갑	日曹赤井	경남 밀양		19141212	19400915				長/피
24	김점돌	磐城	경북 청도	업무상	19060329	19400916	19400917	19400302		長/피
25	금산부진	磐城	경북 의성	병사	19131010	19401002		19400924		長/피
26	최용발	磐城	경북 예천	업무상	19130105	19401020	19401022	19400603		長/피
27	산본병하	磐城	경북 김천	업무상	19220330	19401120		19401101		長/피
28	임의동	磐城	경북 예천	업무상	19090918	19401219		19400603		長/피
29	박승철	磐城	충북 영동		19140000	19410100				長/피
30	김우민	磐城	경남 진주		19071000	19410317				長/피
31	오극환	磐城	경남 함양	업무상	19190518	19410318		19400328		長/피/소위
32	□삭불	磐城	경북 의성	업무상	19070318	19410321		19400613	봉	長/피/소위/신고
33	박달래	磐城	경남 함안	병사	19050403	19410506	19410507	19400219		長/피
34	□연근	磐城	경북 의성	업무상	19210130	19410519		19400924	미	長/피/소위/신고
35	정성기	常磐	경남 함안	업무상	19181116	19410519		19400219		長/피
36	정종수	磐城/常磐	경남 함안	업무상	19200720	19410519		19400219		長/피
37	하정개	磐城	경남 함양	업무상	19060102	19410519		19400328		長/피/소위

38	송원문록	入山	경남		19070000	19410531				長/피
39	정상근	磐城	경남 함양	업무상	19090201	19410710		19400327		長/피/소위
40	문촌종만	好間/小田	경남 함양	뇌출혈	19110300	19410800				長/피
41	조동훈	磐城	전북 옥구		19231200	19410800				長/피
42	강한준	磐城	경남 함양	업무상	19160722	19410811		19400327		長/피
43	창산동환	入山	경남 함양	두개 골절	19210500	19410904				長/피
44	김원복	入山	경남 의령	감전사	19210800	19410919				長/피/소위
45	노명석	磐城	경남 함양	병사	19130321	19410927		19400328		長/피
46	□오찬	磐城	전북 옥구		19091002	19411000	19411007	봉	19091010생	長/신고/대일민간
47	청목치흥		충남 논산	뇌출혈	18820800	19411000				長/피
48	□영환	磐城	경남 하동	업무상	19060416	19411008		19391005	봉	長/피/소위/신고
49	안용술	日曹赤井	경남 밀양		19140811	19411011				長/피
50	대원호방	赤井	경북 고령	내장 압사	18910000	19411023				長/피
51	송본재람		경북 영주		19160000	19411100				長/피
52	천원상전	磐城	경남 칠곡			19411200				長
53	유태문	入山	전북 남원	전신 타박	19110700	19411204				長/피
54	김천세	入山	경남 함양	근골 골절	19011000	19420125				長/피
55	□강순	入山	전남 진도	두개 골절	19150800	19420129	19420127		봉	19151207생	長/피/신고
56	권병장	入山	경기	대장 꼬임	19171100	19420200				長/피

번호	이름		지역	사유						
57	곽순출	古河好間	경북 상주	낙반	19100315	19420308				長/피/소위
58	원재식	入山	경남 함양	두개 골절	19211100	19420310				長/피
59	변자칠	古河好間	충북 진천	두개 골절	19120912	19420320	19420308			長/피/소위
60	□종근	磐城	전북 익산		19200000	19420400		봉	19211212생	長/피/신고
61	청원영치	磐城	경남 함안		19160800	19420403				長/피
62	안곡성태	磐城	충북 음성	업무상	19031227	19420404		19410108		長/피
63	금성진수	日曹赤井/日曹常磐	경북 영주		19180503	19420410				長/피
64	송전춘옥	磐城	경북 청도		19200300	19420423				長/피/소위
65	안광출	入山	경남 의령	전신타박	19191200	19420429				長/피
66	평산팔준	磐城	경북 김천			19420500				長
67	김상준	古河好間	충북 보은	폐장출혈	18940000	19420501				長/피
68	이천금하	磐城	전남 강진	압사	19130000	19420511				長/피
69	□병시	磐城	경북 의성	업무상	19200724	19420518		19400304	봉	長/피/소위/신고
70	목촌영대	磐城/常磐	경북 김천	업무상	19190604	19420518		19400927		長/피/소위
71	해주정식	入山	경남 의령	요추 골절	19190400	19420520				長/피
72	□수성	磐城	경북 안동	업무상	19010419	19420526			봉	19040419생	長/피/신고
73	□을범	入山	경북 경주	흉골 골절	19060400	19420607			봉	진교십랑(동일)/19060310생	長/피/소위/신고
74	금정경공	大日本勿來	전북 완주	감전사	19150000	19420610				長/피
75	황경수	大倉	경북 성주		18970000	19420700			일반도일자	長/피

76	암본두영	好間/常磐	충북 음성	업무상	19171028	19420805	19420806	19410811		長/피/소위
77	국산칠랑	入山	전북	변사	19251200	19420912				長/피
78	금산영만	入山	경북 영천		19210500	19420913				長/피
79	금산성길	常磐合同				19421000			일반도일자	長
80	김백수	古河好間	경북 상주	고환 파열	19040715	19421006				長/피
81	평산덕균	入山	경남 김해	복막염	19211200	19421006				長/피
82	평산용	磐城/常磐	전북 장수	병사	19120107	19421008		19411228		長/피
83	천본재영	磐城	전북 익산	업무상	19230604	19421008	19421009	19411228		長/피
84	가산 술봉66)	入山	경북 영천	두개 골절		19421107				長/피
85	권복동	入山				19421121				長/피
86	성역복	磐城	전남 광산	중상 사망	19060300	19421121	19421120		안동내운 (동일)	長/피
87	□귀성	古河好間	충북 옥천	압사	19200227	19421217			봉	長/피/소위/신고
88	□귀공	入山	전북 고창	압박사	19210100	19421221	19420321		봉	19210111생	長/피/소위/신고
89	□대두	磐城	전남 해남	업무상	19140512	19430108		19420307	봉		長/피/신고
90	송천병하	古河好間	충북 옥천	갱내 변사	19230912	19430112				長/피/소위
91	이천육수	入山	전남 담양	전신 타박	19210217	19430119	19430120	19421128	고산영이 (동일)	長/피/소위
92	□일국	入山	충남 대덕	복막염	19130000	19430200			봉	19100315생	長/피/신고
93	□수준	磐城/常磐	강원 강릉	업무상	19130909	19430203	19430213	19420928	봉	19180909생	長/피/신고
94	□경열	磐城/常磐	전북 장수	업무상	19100928	19430225	19421009	19411228	봉	19090928생	長/피/신고
95	박수복	入山	경남 울산	폐결핵	19140404	19430300				長/피

96	신정용암	入山	경북 영천		19210900	19430300				長/피
97	□성환	入山	전북 고창	두개 골절	19190000	19430308	19430304		미	19200226생	長/피/ 소위/ 신고
98	□만식	磐城	전북 전주	복부 압사	19190000	19430319			봉	19180922생	長/피/ 신고
99	□영준	日曹赤井	경북 군위		19090000	19430328			봉		長/피/ 소위/ 신고
100	평자근호	入山/常磐	강원 이천	심장 마비	19181024	19430329		19420721			長/피
101	신정춘근	磐城	경기	심장 마비	18930000	19430400					長/피
102	신정광봉	古河好間	충북 제천	공병사	18750216	19430411					長/피/ 소위
103	김봉술	磐城	전북 익산	두개 골절	19130500	19430422	19430413				長/피
104	□명이	入山/常磐	전남 담양	패혈증	19071018	19430423	19430422	19420228	미		長/피/ 소위/ 신고
105	□순언	常磐 (茨城縣) /磐城	강원 강릉	병사	19061005	19430428		19420928	미		長/피/ 신고
106	이종덕	大日本勿來	전북 완주	사병사 복막염	19180000	19430513					長/피
107	강촌상옥	磐城/常磐	경기 장단	외상	19070116	19430517		19430228			長/피
108	진판용	常磐	경북 칠곡	병사	19030222	19430519		19400603			長/피
109	이장복	磐城	강원 평창	폐염	19200000	19430600					長/피
110	금천복동	入山/磐城 /常磐	전남 해남	업무상	19140908	19430605		19421212			長/피
111	이연술	磐城	경남 양산	십이 지장	19100000	19430700				이천일랑 (동일)	長/피
112	산가종열	磐城	경북 의성	뇌진탕	19190000	19430729	19430829				長/피
113	□병태	好間	전북 익산		19180303	19430800			봉		신고

전시체제기 죠반(常磐)탄전 관련 명부자료를 통해 본… 223

114	해운원동	磐城	경남 진주	기관지염	18930000	19430800				長/피
115	이강길	古河好間	전북 익산	공병사	18740303	19430803	19430804			長/피
116	최갑태	入山	강원 울진	익사? (병사)	19220315	19430808	19430807	19430412		長/피
117	강성만	入山	강원 회양	경추 골절	19181225	19430809		19430423		長/피/ 소위
118	□영식	磐城	경북 의성	감전사	18960000	19430812			봉	18970305생	長/피/ 신고
119	임성순	磐城	경기 장단	업무상	19211215	19430816		19430228		長/피
120	임문현	入山	전남 구례	대퇴 골절	18981205	19430829		19421121		長/피/ 소위
121	□병윤	入山	강원 화천	두개 골절	19230505	19430902	19430903	19430620	봉		長/피/ 소위/ 신고
122	중광을준	入山	경남 창녕	요부 열창 폐염	19160000	19430913	19430912			長/피/ 소위
123	남관문길	勿來		폭약 파열	29세	19430917				長/피
124	임전시종	大日本勿來		폭상사		19430917			일반도일자	長/피
125	□세복	入山/磐城 /常磐	강원 평창	패혈증	19120407	19430917		19430128	봉		長/피/ 소위/ 신고
126	도주택	入山	강원 울진	감전사? (병사)	19150120	19431008		19430420		長/피/ 소위
127	목곡만수	磐城/常磐	강원 홍천	업무상	19040923	19431017		19430506		長/피
128	□범수	入山	전북 무주	업무상	19230213	19431023		19421212	봉(67)	19210213생	長/피/ 소위/ 신고
129	능성연흥	磐城	경기 장단	사병사 복막염		19431119				長/피
130	이금태성	磐城	강원 홍천	병사	19150417	19431123		19430528		長/피
131	박두훈		강원 인제	뇌막염	19141100	19431200				長/피

132	□갑수	磐城	경남 하동	낙반	19140903	19431213		19430602	봉		長/피/신고
133	□후동	古河好間/入山	충북 청원	두골 골절	19160823	19431221			봉	유산동태(동일)	長/피/소위/신고
134	안전강일		경남 함안	익사	19240000	19440100					長/피
135	삼면수렬	磐城/常磐	전남 장흥	업무상	19190120	19440102		19421209			長/피
136	이유성	磐城	전남 장흥	낙반	19160000	19440103				변사	長/피
137	□용환	磐城	전남 강진	업무상	19090204	19440111		19421207	봉		長/피/신고
138	□봉득	磐城	강원 원주	업무상	19100210	19440113	19440114	19430506	봉	19140320생	長/피/신고
139	고령보식	入山/磐城/常磐	전남 구례	업무상	19090220	19440120		19431121			長/피
140	김두삼	入山	강원 울진	폐결핵	19201200	19440124					長/피
141	지귀복	入山/常磐	강원 강릉	내출혈	19141225	19440130	19440131	19431219			長/피
142	송촌재선	入山/常磐	강원 강릉	압박사	19130101	19440131		19431203			長/피
143	□무섭	磐城	경북 의성	업무상	19080702	19440201	19440131	19420316	봉		長/피/신고
144	□상순	磐城	충남 서산	병사	19230607	19440201	19440131	19430904	봉	19230215생	長/피/신고
145	김대쇠	入山	강원 횡성	요골절	19090100	19440205	19440204				長/피
146	금강규향	磐城	경기 광주	두개 골절	19160514	19440217		19420525			長/피
147	대원광철	入山	강원 회양	신장염	19181200	19440300					長/피
148	□병길	小田	경북 달성	업무상	19090201	19440300	19441219		봉		長/피/신고/왜정시
149	김열모	入山	평남 용강	간질	19151200	19440301	19440322				長/피
150	박봉화	日曹赤井			19130000	19440302					長/피

전시체제기 죠반(常磐)탄전 관련 명부자료를 통해 본… 225

151	□롱춘	常磐	강원 명주	두개 골절	19080421	19440309	19440307	19431219	봉	19090808생	長/피/신고
152	유장금	大日本/上山田	충남 공주	사병사	19100000	19440317					長/피
153	□명근	磐城/常磐	전북 완주	병사	19130206	19440331		19431129	미	삼병팔랑(동일)/19220220생	長/피/신고
154	청천명석		경남 창원	폐침윤	18820000	19440400					長/피
155	김문겸	常磐	강원 양구	신장염	19000308	19440405		19430419			長/피
156	□득철	大日本勿來	충북 제천	방광 파열	19060000	19440426			봉	19100304생	長/피/신고
157	평산대진	常磐	강원 이천	두개 골절	19220500	19440426					長/피
158	금정용칠	常磐	전북 옥구	업무상	19200606	19440427		19431227			長/피
159	금택장순	古河好間	황해 옹진	폐침윤	19150000	19440430					長/피
160	임달국	常磐	경북 예천	담염	19060100	19440500					長/피
161	중촌기태	常磐	강원 이천	폐염	19130800	19440502				김지복(동일추정)	長/피
162	이용문	常磐	충남 제천	늑골 골절	19220605	19440520	194503				長/피
163	□종필		전북 무주	목졸림	19110400	19440600			미	19130601생	長/피/신고
164	금정귀서	勿來		압사		19440607					長/피
165	고산청	常磐	전북 군산	업무상	19191109	19440613		19431012			長/피
166	산본봉선	常磐	전북 군산	업무상	19190810	19440613		19431012			長/피
167	□필환	古河好間	충남 연기	감전	19180602	19440619			봉		長/피/신고
168	난파팔랑	常磐				19440700					長/피
169	신농유홍		전남 강진	폐침윤	19080200	19440700					長/피
170	중본필수		강원 이천	익사	19210200	19440700					長/피

171	화전돌산	常磐	경북 봉화	심장 마비	19170100	19440703				長/피
172	□삼채	常磐	전남 장성	요추 골절/괴사	19190300	19440711		봉	19150403생	長/피/신고
173	미구육랑	常磐		호송중 자살		19440716				長/피
174	□천식	常磐	강원 횡성	복막염	19220509	19440716		19431203	봉	長/피/신고
175	□양원	常磐	강원 강릉	전신 타박	19141119	19440717	194407(16)(18)	19431219	봉 19121210생	長/피/신고
176	□봉남	磐城/常磐	강원 정선	타박상	19220407	19440717	194407(16,18,19)	19430128	봉	長/피/신고
177	송산원경	常磐	평남 중화	유행성 감염	19170303	19440724	19440725	19430520		長/피
178	송본표선	常磐	강원 회양	업무상	19071021	19440803		19420926		長/피
179	금택만상	常磐	경북 영천	개스 중독사	19181100	19440803	19440813			長/피
180	김종원	常磐	강원 횡성	두개내 출혈	19210000	19440806				長/피
181	□학수	常磐	강원 홍천	병사	19180220	19440812	19440813	19431211	봉	長/피/신고
182	이은봉	古河好間	충남 논산	익사	19180602	19440816				長/피
183	산본요섭	大日本勿來	충남 서천	간장 파열	19140000	19440824	19440825			長/피
184	송산상봉	常磐	강원 울진	병사	19240328	19440830	19440901	19430922		長/피
185	지전봉남	常磐	강원 영월	두개 골절	19240110	19440830	19440829	19430128		長/피
186	금본종삼	常磐	강원 이천	두개 골절	19211020	19440831		19440715		長/피
187	광산봉학	古河好間	강원 평창	갱내 상사	19020000	19440920	19440930			長/피
188	□특이	常磐	강원 울진	두개 골절	19190622	19440925	19440930	19430831	봉	長/피/신고
189	고산학이	常磐	경북 경산	병사	19040000	19440926	19430916	19420316		長/피
190	□영산	大昭上山田	충남 아산		19050113	19441000		1944	봉	신고

191	윤익중	常磐	경기 연천	복막염	19220000	19441000				長/피
192	금본봉석	常磐	강원 회양	대퇴 골절	19221031	19441006		19430422		長/피
193	금강영수	常磐	강원 이천	낙반	19270411	19441010		19440715		長/피
194	김해행오	古河好間	황해 금천	내출혈	19280207	19441013				長/피
195	금촌영일	大日本 /上山田	충남 아산	업무상	19030000	19441015				長/피
196	금촌창선		충북 청주	업무상	19110000	19441015				長/피
197	송산영태	常磐	강원 평창	두개 골절	19161227	19441016	19441018	19430128		長/피
198	유수근	常磐	경북 의성	두개 골절	19100116	19441018	19441019	19400304		長/피
199	서산화춘	古河好間	황해 벽성	내장 출혈	19180527	19441019				長/피
200	김연봉	常磐	강원 인제	병사	19100413	19441020		19431206		長/피
201	안덕삼	古河好間 /小田	강원 강릉	폐염	18880000	19441022				長/피
202	□석동	常磐	전북 완주	병사	19250201	19441029		19431129	봉	長/피/ 신고/ 왜정시
203	청수승렬	常磐	황해 곡산		19230500	19441100				長/피
204	송산희석	常磐	평남 강동			19441102				長/피
205	유산점수	常磐	경남 창녕	병사	19131114	19441106	19441107	19430507		長/피
206	□봉종	常磐	강원 철원	매독 (병사)	19220708	19441107	19441109	19440620	봉	長/피/ 신고
207	원변용수	磐城	강원 원주	업무상	19221201	19441111		19430506		長/피
208	이본용덕	常磐	평남 중화	낙반	19230203	19441114	19441115	19441015		長/피
209	안본갑생	小田	경북 달성	감전사	19240000	19441119	19441121			長/피

210	동도춘길	常磐	강원 강릉	변사	24세	19441123	19441124				長/피
211	평강범호	常磐	평남 용강	병사	19230505	19441123	19441124	19441015			長/피
212	정비화		경남 창원	폐염	19240000	19441200					長/피
213	단산순명	古河好間	황해 연백	내출혈	19090219	19441210					長/피
214	상촌봉손	常磐	강원 이천	병사	19001031	19441214	19441217	19440821			長/피
215	옥산경환	常磐	강원 횡성	업무상	19211005	19441217	19441218				長/피
216	안본병운		강원 홍천	골절 변사	19260000	19441219					長/피
217	□삼석	磐城/常磐	경북 의성	업무상	19080527	19441223		19400924	불	창씨명 (추언부언)/ 가족동반자/ 제적부기록	長/피/ 신고
218	정갑수	常磐	경남 사천	업무상	19180917	19441223	19441225	19391005			長/피
219	국본범진	常磐	경기 장단	업무상	19200505	19441225	19441226	19430228			長/피
220	고도성춘	古河好間	황해 신천	상사	19220312	19441231					長/피
221	박영수		경남 산청		19040000	19450100					長/피
222	□월성	古河好間	충남 연기	요부타박	19181225	19450107			봉	19171225생	長/피/ 신고
223	영천유석	常磐	강원 양양	업무상	19210730	19450113	19450603	19440622			長/피
224	정상술	常磐	전남 광산	업무상	19160522	19450120	19450121	19421006			長/피/ 신고
225	관촌조복	大日本勿來	경기 여주	변사	19180000	19450121	194701			194501사망	長/피
226	□동성	大日本勿來	경북 김천	사병사 /패혈증	18860000	19450130	19450610		봉	18890215생	長/피/ 신고
227	이주옥	常磐	경북 김천	뇌독사	19011000	19450200					長/피
228	평천봉우	常磐	경남 하동	병사	19190613	19450201		19430602			長/피

229	송산열석	常磐	강원	업무상	19230122	19450205		19441030			長/피
230	안본다영	常磐	강원 원주	업무상	19220201	19450216	19450220	19430506			長/피
231	평강의부		경북 안동	농흉		19450300					長/피
232	천원유진	常磐	강원 원주	업무상	19200518	19450304	19450312	19430506			長/피
233	산본윤명	古河好間	경기 옹진	늑막염	19250124	19450311					長/피
234	□운용	常磐	전북 장수	경골 골절	19250000	19450313			봉	19150923생	長/피/신고
235	청송박택	古河好間	황해 금천	공병사	19201225	19450313					長/피
236	풍전창훈	大日本勿來	충북 진천	사병사 뇌일혈	18840000	19450316					長/피
237	금본광은	古河好間	충북 청주	공상사	19150701	19450321					長/피
238	□경모	古河好間	충북 청주	두개 골절	19050000	19450321			미		長/피/소위/신고
239	암본성봉	大日本勿來		사병사 뇌일혈		19450325					長/피
240	금림부공	常磐			19280000	19450400					長/피
241	옥천석길	常磐	강원 통천	업무상	19000221	19450402		19440606		정장팔랑, 박팔랑(동일)	長/피
242	□중현	常磐	강원 홍천	병사	19200221	19450402	19450405	19440614	봉	191904생	長/피/신고
243	금산삼반	常磐	강원 인제	병사	19220704	19450406		19441013			長/피
244	장서엽	古河好間	평남 성천	뇌마연	19070504	19450408					長/피
245	금촌부길	常磐	강원 인제	낙반	19280301	19450408	19450718	19440829			長/피
246	수원윤준	常磐	강원 양구	두개 골절	19091213	19450413		19430419			長/피
247	신무영	常磐	강원 이천	장내 출혈 (변사)	19180000	19450413					長/피

248	금원선덕	常磐	평남 평원	병사	19230405	19450418		19441013			長/피
249	인동기철	常磐	전북 옥구	병사	19010923	19450419	19450421	19410310			長/피
250	매전여부	常磐	강원 인제	병사	19000602	19450421	19450420	19440622			長/피
251	공전일호	小田	경북 달성	질식사 갱내 화재	19200320	19450422					長/피
252	□정식	小田	경북 달성	질식사 갱내 화재	19190512	19450422			봉		長/피/ 신고/ 왜정시
253	배재은	小田	경북 달성	질식사 갱내 화재	19130708	19450422					長/피
254	송원복기	小田	경북 달성	질식사 갱내 화재	19181016	19450422					長/피
255	□위권	小田	경북 달성	질식사 갱내 화재	19230221	19450422			봉	19131201생	長/피/ 신고
256	대산진문	小田	경북 달성	질식사 갱내 화재	19191101	19450422	19450423				長/피
257	연택수동	常磐	강원 인제	낙반	19180329	19450427	19450426	19441012			長/피
258	영송상근	常磐	강원 횡성	업무상 (변사)	19131010	19450430	19450503	19430519			長/피
259	평산임순	古河好間	황해 연백	갱내 상사	19220328	19450503					長/피
260	마장명복	常磐	강원 원주	두개 골절	19260220	19450504		19441015		사망진단서	長/피
261	산주성광	常磐	강원 횡성	업무상	19120228	19450505	19450511	19430519			長/피
262	천본전룡	常磐	전북 장수	변사	19151200	19450507					長/피
263	□종철	常磐	경북	압사	19220005	19450508	19450510	19430519	불	19200306생	長/피/ 신고
264	금본안전	古河好間	전남 나주	두부 골리	19260923	19450509					長/피

265	우본명순	古河好間	황해 연백	폐염	18980411	19450509				長/피
266	김성환	大日本勿來	충남 홍성	화상	19140000	19450516				長/피
267	□영현	磐城	전남 나주	압사	19260923	19450517		4408	미	신고/ 대일 청구권
268	강명환	大日本勿來	경기 포천	사병사 패혈증	19230000	19450522	19450519			長/피
269	금길석순	常磐	강원 원주	병사	19240210	19450525	19450604	19430506		長/피
270	지경환	常磐	경기 여주	병사	19160407	19450526	19450604	19440821		長/피
271	국본업기	常磐	강원 횡성	병사	19060227	19450528		19440211		長/피
272	□응택	常磐	강원 양양	복막염	19051209	19450600			봉	長/피/ 신고
273	완산동신	大日本勿來	경기 포천	사병사 뇌수 탈구	19180000	19450622				長/피
274	□덕재	常磐	전북 옥구	업무상	19030911	19450628		19440211	봉	長/피/ 신고
275	□육복	常磐	경기 포천	흉내 출혈증	19210710	19450630		19440221	봉	長/피/ 신고/ 왜정시
276	□창수	常磐(茨城 縣) /楢形	충남 서산		19220211	19450700		1944	미	신고
277	손성정운	古河好間	평남 대동	흉부 타박	19060328	19450713				長/피
278	김성순	常磐	전남 해남	병사	19100514	19450721		19440925		長/피
279	신정철규	常磐	선북 무주	충수염	19220227	19450721		19421212		長/피
280	□대덕	古河好間	강원 평창	병사	19040414	19450725			봉	19060414생	長/피/ 신고
281	홍무남	好間/小田	충남 공주	업무상 타박	19230000	19450725				長/피
282	송본영복		평북 의주	복막염	19220300	19450800				長/피

283	이완순	常磐	강원 춘천	폐염	19270201	19450800				長/피
284	홍천영학	古河好間	평남 개천	공상사	19180103	19450801				長/피
285	유순영	常磐	강원 횡성	골절	19161005	19450804		19431223	사망진단서	長/피
286	송전만복	常磐	충남 청양	안면 찰과상	19110500	19450808				長/피
287	김보달	常磐	경북 영양	두부 골절	18961100	19450812				長/피
288	김중국	常磐	강원 양양	압축사	19280204	19450829		19440705	변재보고	長/피
289	암본용	常磐	강원 인제	병사	19170512	19450830		19441012		長/피
290	방산희섭	常磐	경기 고양	익사	19260315	19450830	19451123	19440209		長/피
291	청한명보	常磐	강원 인제	복막염	19170913	19450831	19450803	19431206		長/피
292	□팔손	常磐(茨城縣)/櫛形	충남 태안		18980215	19450900		1943	기타 사진자료	신고/왜정시
293	□현춘	常磐	강원 양양	요추 골절	19160605	19450900	19451118	19440705	봉	가동자사망계 /19160307생	長/피/ 신고
294	광금필중	常磐	강원 회양	폐침윤	19101200	19450907				長/피
295	여광석	古河好間	강원 횡성	병사	19171203	19450910				長/피
296	금산삼반	常磐	강원 횡성	압사	19211016	19450911		19430519	변재보고	長/피
297	평문남수	常磐	전북 옥구	압사	19210105	19450911		19431013	변재보고	長/피
298	복전두현	古河好間	황해 신천	병사	19130514	19450921				長/피
299	목촌삼봉	常磐	강원 인제	결핵	19220000	19450928				長/피
300	연원봉원	磐城/常磐	강원 회양	질식사	19110900	19451010				長/피
301	삼상휘	常磐	경남 양산	병사	19030323	19451030		19401018	경성법학원 출신	長/피
302	지원순복	常磐	강원 횡성	병사	19210125	19451100	19451108			長/피

| 303 | 박원근 | | 전북 무주 | 담염 | 19241100 | 19460100 | | | | 長/피 |
| 304 | 송포기순 | 古河好間 | 강원 평강 | 병사 | 19141116 | 19460100 | | | | 長/피 |

* 長: 나가사와 시게루 정리 명부/ 피: 피 왜정시: 왜정시 피징용자명부/ 소위: 소위조선인징용자등에관한명부/ 신고: 강제동원위원회 신고/ 대일민간:대일민간청구권보상금지급결정대장
* 사망원인은 자료 기재내용 그대로를 전재(全載)
* 이름 기재 방식: 개인정보보호를 위해 위원회 신고자의 경우는 성(姓)을 벽자로 처리
* 특기난: 생년월일이나 사망연월일은 기타 자료에서 확인된 내용. 자료는 구체적인 사망관련 자료명
* 사망일 관련: 사망일2는 기타 자료에 기재된 사망일
* 유골봉환 여부: 위원회 신고자에 한함. 봉-봉환, 미-미봉환, 기타-봉환여부를 확인하지 못한 경우

---

65) 나가사와 조사 내용에 의하면, 그의 사망을 계기로 파업이 발생.
66) 나가사와 조사내용에 의하면, 磯原부근에서 기차에서 뛰어내리던 중 사망.
67) 신고내용에 의하면, 이장과 친형이 현지에서 유골을 봉환.

'조선인 제5방면군 유수명부'*로 본 사할린·쿠릴·홋카이도 부대의 조선반도출신 군인**

기타하라 미치코(北原道子)·번역(오일환)

I. 들어가며

1993년 10월 일본 정부가 한국 정부에 인도한 강제연행 관련 명부 가운데 '조선인 유수명부'(朝鮮人留守名簿)[1]가 포함되어 있다.

이 명부는 전시 중 '외지'(外地)에서 일본 육군으로 동원된 조선인의 유수담당자[가족의 씨명, 주소, 관계][2]를 부대별로 기재한 것으로, 본인의 씨명, 본적지[在留地], 생년월일, 부대편입년월일, 징집년도 등 외에,

---

* 표지에는 「108北方 第五方面軍留守名簿全」, 두 번째 장에는 「朝鮮 第五方面軍留守名簿」로 되어 있다. 세 번째 장이 「朝鮮人 五方面軍留守名簿」인데, 여기에서는 이것을 제목으로 인용한다. 네 번째 장은 「第五方面軍 北方(千島·華太)」로 되어 있다. 일본의 후생노동성과 대한민국 행정자치부 국가기록원에 소장되어 있다.

** 본 논문은, 在日朝鮮人運動史研究会 編, 『在日朝鮮人史研究』 No.36, 2006.10에 실린 「朝鮮人第五方面軍留守名簿」にみる樺太·千島·北海島部隊の朝鮮半島出身軍人을 번역한 것이다.

1) 역자 주, 이하 일본어 원문을 병기할 경우는 ( ) 안에 표시한다.
2) 역자 주, 이하 본문상에 필자가 ( )로 강조한 경우는 [ ] 안에 표시한다.

전사(戰死)[合祀濟], 자살, 도망, 전후(戰後)[復員・不明] 상황, 공탁금번호 등을 확인할 수 있다. 1990년 7월 5일자『아사히신문(朝日新聞)』에 따르면, 이 '조선인 유수명부'는 '한 권당 약 3백~6백명분의 명부가 실려있고 모두 150권가량이 (당시 후생성에) 보관되어' 있다고 한다. 또한 한국 일제강점하강제동원피해진상규명위원회[이하 '진상규명위']의 남상구에 따르면, '114권, 14만 3,211명분[그밖에 중복등록자 1만 2,706명]인데 114권의 제목은 제각각으로 군(軍)이나 방면군(方面軍)이 기본'이라고 한다.

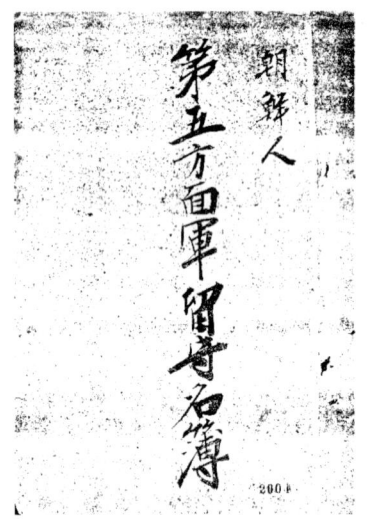 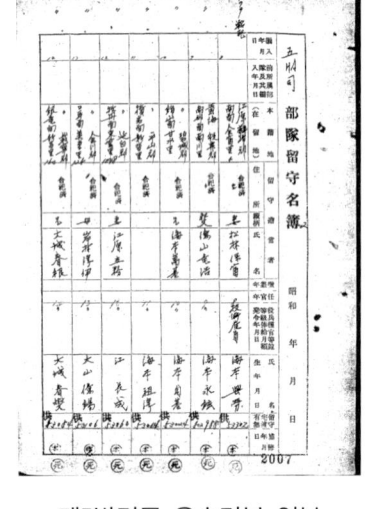

제5방면군 유수명부 표지   제5방면군 유수명부 일부

'조선인 제5방면군 유수명부'(朝鮮人第五方面軍留守名簿)라는 제목의 명부는 그중 한 권인데, 구(舊) 일본육군의 사할린(華太)[3]・쿠릴(千島)[4]・홋카이도(北海道) 부대에 소속된 조선인 군인・군속 6백명 정도의 인원

---

3) 역자 주, 당시 사할린은 '가라후토'(からふと)라고 불렸으나, 편의상 이하 '사할린'으로 번역한다.
4) 역자 주, 쿠릴 지역은 일본에서 '치시마'(ちしま)로 불리는데, 편의상 이하 '쿠릴'로 번역한다.

이 수록된 명부이다. 여기에서는 그 가운데 420명의 조선인 군인을 분석함으로써, 일본육군이 한반도출신 군인을 어떻게 북방부대로 배치하고 편성하였는가에 대해 살펴보기로 한다. 이들 중에는 쿠릴에서 홋카이도 부대로 이동하던 중에 미 잠수함의 공격으로 희생된 사람도 있고 [홋카이도에서도 미군의 공습 등으로 희생자가 발생했다]. 또한 소련이 1945년 8월 9일 구 만주(滿洲)로 침공한 이후에는 사할린·쿠릴에서도 소련군과의 전투로 사망자가 발생했고, 살아남은 사람들 대부분은 일본인 장병들과 함께 소련군에 억류되었다. 조선인이 시베리아·북사할린에 억류되었던 것에 대해서는 아직도 그 전모가 밝혀지지 않고 있는데, 여기에서는 명부에 근거해 이러한 실태에 대해서도 살펴보기로 한다.

후생노동성은 이 '조선인 유수명부'를 공개하지 않고 있다. 전체 114권, 인원수 14만 명에 이르는 '조선인 유수명부' 전체에서 '조선인 제5방면군 유수명부'는 책 1권, 군인 420명에 불과하지만, 이를 분석함으로써 '조선인 유수명부' 전체에 대한 문제를 제기하면서 또한 일본육군이 한반도출신 군인을 어떻게 배치하였는가, 그들을 어떻게 취급하였는가의 실태를 규명하는 데 일조할 수 있기를 기대한다.

II. '조선인 제5방면군 유수명부'에 대해

1. 북방부대의 한반도출신 군인

'제5방면군'이란 홋카이도·사할린·쿠릴 등 북방부대를 관할했던 구 일본육군부대를 이른다. 1945년 벽두, 대본영은 미군의 본토 상륙을 상정하고 '본토결전'(本土決戰)을 위해 내지 각지에 방면군을 발족시켰다. 북방의 육군부대 편성의 변천과정을 보면, 1940년 12월 북부군(北部軍)

이 창설되고, 1943년 2월 북방군(北方軍)으로 개편된 후 1944년 3월 홋카이도·사할린·쿠릴의 작전담당으로 삿포로(札幌)에 제5방면군을 신설, 1945년 2월에는 각 지역 방면군과 함께 본토방어 임무를 맡게 되었다.5)

제5방면군 전체에 배속된 조선인 군인의 인원수에 대해서는 자료의 제약 때문에 좀처럼 전체 규모를 알 수 없지만6) 여기에서는 제한된 자료로나마 조선인 군인의 인원수를 개관해 보고자 한다.

우선 〈표 1〉의 『朝鮮軍槪要史』에 게재된 '昭一九朝鮮現役兵各軍配當區分表'에 따르면, 북방군으로 1944년 징병된 조선인 현역병 1,745명이 배속될 예정이라고 되어 있다.7)

〈표 1〉昭一九朝鮮現役兵各軍配当区分表

[표 이미지]

---

5) 防衛廳防衛硏修所戰史室, 『戰史叢書北東方面陸軍作戰〈2〉－千島·華太·北海道の 防衛』, 朝雲新聞社, 1971.3, 2~7쪽.
6) 육군 북방부대의 조선인 병사동원에 대해서는, 졸고 「北海道における朝鮮人兵士動員」, 『在日朝鮮人史硏究』第26号, 綠蔭書房, 1996.9 ; 「樺太における朝鮮人兵士動員」, 『在日朝鮮人史硏究』第28号, 綠蔭書房, 1998.12 ; 「朝鮮人學徒兵經驗者吳昌祿さんに聞く」, 『在日朝鮮人史硏究』第30号, 綠蔭書房, 2000.10 ; 「朝鮮人兵士を主に編成された日本軍特設作業隊·臨時勤務隊について－北海道と樺太の場合」, 『在日朝鮮人史硏究』第32号, 綠蔭書房, 2002.10를 참고할 것.
7) 戰後補償問題硏究会 編集, 『戰後補償問題資料集(「兵力動員實施」關係資料集)』 1991.10, 78쪽.

방위청 방위연구소에 소장된 '本土配備部隊行動槪況表'에는 제5방면 군 홋카이도부대의 조선인 군인은 패전 후 현지제대자를 빼고 아사히카 와(旭川)에 집결하여 하카타(博多) 및 센자키(仙崎)를 경유하여 귀국했 다는 사실과 그 인원수가 2,612명이라고 기재되어 있다. 더욱이 사할 린·쿠릴부대의 조선인 약 500명은 일본인과 분리된 듯 다음과 같이 기 록되어 있다.8)

> 소화 20년(1945년)9) 8월 9일부터 8월 22일까지 사할린 및 쿠릴로부터 진격해 온 소련군과 교전하여 상당한 피해가 발생했는데, 조선·대만인의 피해에 대해서는 자세히 알 수 없다.
> 홋카이도부대는 미군의 공습을 받았는데, 피해가 경미하고 조선인 군 인은 1명의 전사자가 있을 뿐이다.
> 종전 후 홋카이도부대의 조선인 군인은 현지제대자를 빼고 아사히카와 사관구(師管區)부대에 집결, 제1차 1945.9.28, 제2차 1945.9.29 아사히카와 역(驛) 출발, 철도수송으로 하카타 및 센자키에서 승선·귀국시켰다. 그 인원은 2,612명이다. 또 조선출신 군속 4,051명은 1945.9.22부터 동년 10.21 사이에 8개 부대로 나누어 각각 삿포로에서 출발, 귀국시켰다.
> 종전 후 쿠릴·사할린부대의 조선인 [약 500명]은 현지에서 일본인과 분 리되어 단독행동을 한 것 같다. 대만인 및 오키나와인은 매우 소수여서 일본인과 행동을 같이 하여 소련군의 작업대대(大隊)에 편입된 것 같다.10)

또한 일반 현역병 이외에 제1보충병 가운데 '자활요원'(自活要員)으로 불리며 무기도 없이 식량생산부대에 동원된 사람들도 있다. '조선군관 구참모장이 일본으로 보낼 조선인 병사의 선박 수배를 선박사령부참모

---

8) 北 p.1(中央/軍事行政/編成421).
9) 역자 주, 이하 昭和 표기 연도는 西紀 연도로 바꿔서 번역한다.
10) 「朝鮮人第五方面軍留守名簿」에 따르면, 홋카이도에서 사망한 조선인 전사자 는 2명이다. 그리고 사할린과 쿠릴에 있던 조선인 군인들도 처음에는 일본인 과 함께 작업대로 편성되어 북사할린과 시베리아로 억류되었다가 나중에 일 본인과 분리되었을 것으로 추정된다.

장에게 의뢰하는 전문(1945.4.7)'[11])에 따르면, 현지 자활요원으로 홋카이도에 2,670명이 송출될 예정인데, 그 내역은 나남(羅南)에서 삿포로에 1,300명, 나남에서 오비히로(帶広)에 530명, 나남에서 오타루(小樽)에 840명으로 되어 있다. 사할린에는 나남에서 시스카(敷香)[12]로 280명이 송출될 예정이라고 되어 있다.

1945년 봄 본토방어를 위해 북방군에서는 보소(房總)반도나 가고시마현(鹿兒島縣)으로 부대가 이동하였고, 더욱이 홋카이도의 구멍 난 방어선을 메우기 위해 쿠릴에서 부대를 이동시키는 등, 이동·재편성이 되풀이되는 바람에 조선인 군인의 정확한 인원수를 파악하기 어렵다. 그러나 1945년 9월 시점에서 상기의 숫자가 정확하다면, 홋카이도·사할린·쿠릴 부대에 최소 약 3,100명의 조선인 군인이 있었다고 볼 수 있다.

전술한 바와 같이 '조선인 제5방면군 유수명부'에는 겨우 420명이 기재되어 있었을 뿐인데, 이는 제5방면군 전체 중의 극히 일부에 지나지 않는다. 그러나 극히 일부지만 이 420명을 분석함으로써 북방부대에서 조선인 출신자 배치의 전체상을 규명하는 데 일조할 수 있기를 기대한다.

---

11) 『機密作戦日誌(乙綴)昭和二〇·四』防衛庁防衛研究所図書館所蔵(塚崎昌之)「朝鮮人徴兵制度の実態-武器を与えられなかった「兵士」たち」, 『在日朝鮮人史研究』第34号, 緑蔭書房, 2004.10, 54쪽 ; 同「労働者としての朝鮮人「兵士」と朝鮮人強制連行―一九五四年四月以降を中心として」(제3회 在日朝鮮人運動史研究会大会에서의 보고, 2003.7).
一九四五年二月二八日「陸亜機密第117号「在内地,朝鮮師団,独立混成旅団及師管区部隊等臨時動員,編成改正,称号変更並第三百二十八次復員(復帰)要領細則規定ノ件」속에 있는 「付表第二基三増加配属区分表」에는 현지 자활요원 가운데 북부군관구부대로 2,475명이라는 숫자가 있는데, 숫자에 오류가 있다. 부표의 비고란에는 '병사 중 괄호 속의 자는 조선에 본적을 둔 1944년 징집병이다'라고 기재되어 있다(防衛庁防衛研究所図書館所蔵,中央/軍事行政·動員·編成/232).
12) 역자 주, 현재 남사할린의 포로나이스크(Поронайск) 지역을 가리킨다. 당시 '시키카' 또는 '시쿠카'로도 불렸다.

2. '조선인 유수명부' 작업의 경위

'유수명부'란 후생성 사회·원호국 『援護50年史』에 따르면, '외지부대소속자의 현황, 유수택(留守宅) 관계 사항 등을 처리할 때 근간이 되는 자료로서, 유수부대가 작성한 것이다'라고 되어 있고, 1945년에 '동부군(東部軍) 유수부(留守部)를 거쳐 육군 유수작업부로 이관'되었다. 패전 후 '유수명부'는 '육군성(陸軍省)의 폐지와 함께 제1복원성으로 인계되었고, 그후 복원청·후생성 유수작업국[부], 미귀환조사부', 후생성 사회·원호국 업무부 제1과 조사자료실을 거쳐13) 현재 후생노동성이 보관하고 있다.

1945년 9월 23일자로 된 '陸普제1880호' '外地部隊留守業務處理要領14)에 따르면, '유수명부'는 1통을 '유수택에 전달할 송금정리용으로 하고 특히 유수택 전달의 유무 및 현지 제대 등의 연월일은 분명하게 해 둘 것'이라 하고, 유수택에 대한 송금정리용으로 사용할 목적이었음을 알 수 있다. 각 부대장이 부대 복원 종료 후 1주일 이내에 '사망자 및 생사불명자 연명부', '처형자 연명부' 등과 함께 '유수명부'를 육군유수업무부에 제출하도록 하고, '완전히 정비해야만 할 것'을 제출하도록 했다. 예를 들면 '1943년 12월 3일 전사(戰死)[병사(病死)][전상사(戰傷死)][불여사(不慮死)] / 1944년 2월 5일 모처에서 생사불명 / 1945년 10월 30일 현지

---

13) 厚生省社会·援護局援護50年史編集委員会監修, 『援護50年史』, ぎょうせい, 1997.3, 271~272쪽.
   필자가 직접 후생노동성 업무과 조사자료실에 '유수명부'에 관해 문의한 결과, 답변은 다음과 같다. '원래는 군인군속 외지부대의 유수택명부이다. 1944년 육군 유수업무부 규정에 따라, 육군 유수업무부가 부대장의 보고를 받아 작성했다. '조선인 유수명부'는 전후, 미지급 급여에 대해 특수한 사무처리를 위해 행정권이 미치지 않는 사람들[조선인·대만인·류큐의 아마미(奄美) 출신자]을 가려낸 것인데, 조선·대만에 대해서는 후쿠오카현(福岡県)이 담당했다. 전시 병적부 등에 따라 추가로 기재되었고, 내지를 포함한 경우도 있다.'
14) アジア歴史資料センター Ref・C01007874200「外地部隊留守業務處理要領(陸蜜陸普其他綴昭和20年)」一九四五・九・二三(防衛庁防衛研究所).

제대[소집해제(召集解除)][해고(解雇)]' 등과 같이 명확하게 기입하도록 지시하고 있다. 또한 사할린·오키나와·조선·대만에 본적을 둔 자의 유골·유류품에 대해서는, '내지'에 유수담당자가 없을 경우에는 각각 토요하라(豊原)15)연대구(聯隊區)는 아사히카와연대구사령부에, 오키나와연대구는 가고시마연대구사령부에, 조선·대만은 후쿠오카(福岡)연대구사령부에 송부하고, '해당 연대구사령부는 별도 지시할 때까지 이를 보관할 임무를 진다'로 되어 있다.

이 '조선인 유수명부'는 1990년 노태우 대통령이 방일했을 때 강제연행 관련명부의 인도 요청에 따라, 1993년 10월 후생성이 당시 한국 외무부에 인도하여 국가기록원에 보관되고 있다.16)

3. '조선인 제5방면군 유수명부'의 구성

'조선인 제5방면군 유수명부'의 구성은, 사할린·쿠릴·홋카이도 부대의 군인·군속 602명17)으로 되어 있는데, 이 중 군인은 420명이다. 지역별로 보면, 사할린 163명,18) 쿠릴 82명, 홋카이도 175명이다. 명단에 있는 항목과 구성은 다음과 같다.19)

---

15) 역자 주, 일제 점령기 현재 남사할린의 주도(州都)인 유즈노사할린스크(Южно-Сахалинск) 지역을 가리킨다.
16) 『援護50年史』, 452쪽.
17) 군속은 180명, 군인·군속 중 어느 쪽인지 불명인 경우가 2명이다. 4명은 삭제했다. 삭제 내역은 중복 3명[p.2012, p.2046-no.230, p.2060]과 일본인 1명[p.2103]이다. 또한 그밖에도 이중선이 그어져 삭제된 자들도 있는데, 1945년 8월 15일 이전에 전속된 자 등으로 그대로 인원수에 포함시켰다. 한편, no.453-459, no.479, no.480은 결번으로 되어 있다.
18) 여기에서는 토요하라(豊原)지구헌병대에 소속된 헌병보(憲兵補) 3명을 제외했다. 원래 헌병보라는 신분은 군속인데[防衛廳防衛研究所 編, 『戰史叢書陸海軍年表付兵語·用語의解説』, 朝雲新聞社, 1980.1, 342쪽], 여기에서는 군인에 포함시켰다.
19) 용지에 따라 표현에 다소 차이가 있다.

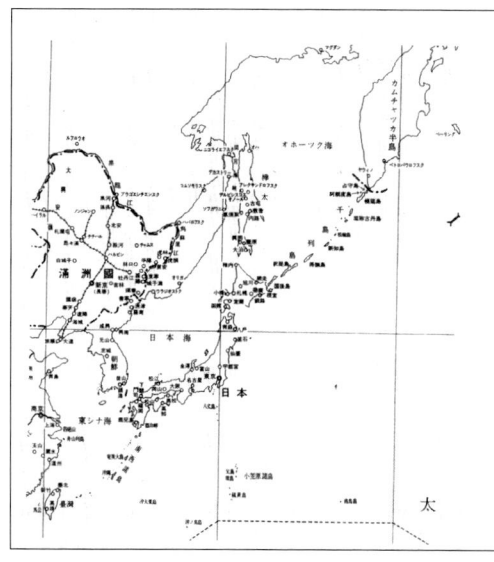

〈그림 1〉 제2차 세계대전 말기 사할린·쿠릴·한반도 관련 지도(『戰史叢書北東方面陸軍作戰』〈2〉 부록에서)

```
부대명20)              [통칭번호 / 정리번호]
편입년월일
전 소속부대
전 소속부대 편입년월일
본적지                 [재류지(在留地)]
유수담당자              [주소 / 관계 / 씨명]
징집년도
임관년도
징병종류·관등 및 등급·봉급월액·발급년월일
씨명·생년월일
유수퇘 진달 유무
보수년월일
```

　항목 밖이나 공란에 합사제(合祀濟)·전사지(戰死地)·전사년월일·복원·공탁금번호 등이 기재되어 있다. 그밖에 '死·不·除·本·軍·供'

---

20) 일반 중대별 기재는 없다.

등이 ○표시로 날인되어 있다. '生', '生見', '사표(死票)에 의한 추기(追記)', '선원명부로부터 옮겨 적음' 등의 기재가 있는 자도 있다. 원래 '유수명부'는 '외지'부대의 명부라고 하는데, '조선인 제5방면군 유수명부'에는 홋카이도부대도 기재되어 있다. 전술한 바와 같이 육군의 북방부대는 본토방어를 위해 부대이동을 반복했기 때문에 엄밀한 의미에서 지역을 나눌 수 없다.21)

III. '조선인 제5방면군 유수명부'의 자료로 본 조선인 군인의 실태

이번에 '조선인 제5방면군 유수명부'에 있는 군인 420명분을 엑셀에 입력, 집계를 해 보았다. 이하에서는 엑셀 데이터를 근거로 북방부대에 배속된 조선인 군인의 실태에 대해 살펴보기로 한다.22)

1. 징집년도별 배속 부대

〈표 2〉는 '제5방면군 조선인 유수명부'에서 징집년도를 알 수 있는 자 가운데, 어느 부대로 몇 명 배속되었는지 추려서 살펴본 것이다. 이 가운데 1943년 징집된 186명은 특별지원병과 학도동원에 따른 학도병이고, 1944년 징집된 167명은 징병 1기생,23) 1945년 징집된 53명은 징병 2기생

---

21) 지역 구분은 1945년 8월 15일 패전시 부대의 소재지로 했다. 쿠릴에 있던 제91사단 독립보병 제285대대는 1945년 5월에 북쿠릴에서 홋카이도로 이동했기 때문에 여기서는 홋카이도에 포함시켰다. 이처럼 지역을 엄밀하게 나눌 수는 없지만, 편의상 나누었다. 또 부대의 이동에 대해서는 미처 확인되지 않은 것이 있을 수 있으므로 계속적인 확인이 필요하다.
22) 명부에 기재된 사항은 완벽하지 않으며, 데이터 항목이 반드시 기재되어 있는 것도 아니다. 각각의 집계와 합계가 차이나는 것은 그 때문이다.
23) 1943년 징집자 가운데 제88사단 제25연대의 1944년 징집자인 것으로 추정되는

이다.

〈표 2〉 부대별 징집표[24]

地域	部隊名	5期生	1940	1943	1944	1945	総計
樺太	第88師団司令部				47		47
	第88師団歩兵第125連隊			17	8		25
	第88師団歩兵第25連隊			15	69	1	85
	豊原地区憲兵隊						
	樺太 計			32	124	1	157
千島	第89師団独立歩兵第419大隊				2		2
	第89師団独立歩兵第420大隊				16		16
	第89師団独立歩兵第421大隊				4		4
	第91師団戦車第11連隊	2					2
	第91師団通信隊				1		1
	第91師団独立歩兵第286大隊						
	第91師団独立歩兵第292大隊				27		27
	第91師団独立歩兵第293大隊				27		27
	第91師団防空隊				1		1
	千島 計	2			77	1	80
北海道	高射砲第141連隊				18	14	32
	高射砲第24連隊					1	1
	第7師団工兵第7連隊				7		7
	第7師団第3作業隊				1		1
	第7師団歩兵第26連隊				1	4	5
	第7師団歩兵第27連隊				5	30	35
	第7師団歩兵第28連隊					1	1
	第7師団輜重兵第7連隊				6		6
	第91師団独立歩兵第285大隊			27			27
	独立自動車第294中隊		1				1
	独立守備歩兵第2大隊→独立歩兵第649大隊			25			25
	独立守備歩兵第4大隊→歩兵第130連隊			25		1	26
	独立高射砲第31大隊				1	1	2
	独立混成第101旅団司令部				1		1
	独立高射砲第68大隊				2		2
	北海道 計		1	77	42	52	172
	合計	2	1	186	167	53	409

2명이 잘못 포함되어서 이를 수정했다.[이하 동일]
24) 각 부대의 창설시기, 소재지, 패전시 상황 등에 대해서는 다음과 같다(괄호 안

2. 징집년도별 병종

다음으로 징집년도별 병종을 살펴보면 〈표 3〉과 같다. 보병(步兵)이 압도적으로 많은데, 1943년에 183명, 1944년에 82명, 1945년이 31명, 징집년도 불명이 3명, 합계 299명이다. 그밖에 1944년에 공병(工兵)이 7명, 치중병(輜重兵)이 6명, 고사병(高射兵)이 1944년에 18명, 1945년에 16명, 통신병(通信兵)과 병기병(兵技兵)으로 추정되는 자가 각각 1943년과 1944년

은 부대 통칭번호). (1)樺太 a 제88사단 1945.2 편성 ① 제88사단사령부(要22951) 上敷香 → 豊原(1945.8.25 무장해제) ② 보병 제125연대(要2232) 1943.5 편성 札幌 → 古屯 ③ 보병 제25연대(要 2221) 1941.7 편성 旭川 → 逢坂・小沼 ④ 豊原지구 헌병대 1945.3 편성 豊原 (2)千島 a 제89사단 1945.2 편성 ① 독립보병 제419대대(推12698) 択捉島(1945.8.30 무장해제) ② 제420대대(推12699) 択捉島(1945.8.29 무장해제) ③ 제421대대(推12623) 志発島(주력) → 色丹島(2중대)・多楽島(3중대)・勇留島(4중대)(1945.9.3 무장해제), b 제91사단 1944.4 편성 千島제1수비대 주력, 독립수비보병 제7, 8, 9대대를 근간으로 편성 ① 전차 제11연대(先497) 1940.3 편성 斐徳 → 小樽 → 幌筵島 → 占守島(1945.8.23 무장해제) ② 제91사단 통신대(先12666) 幌筵島(阿頼度島・温禰古丹島・占守島)(1945.8.23 무장해제) ③ 보병 제73여단 독립보병 제286대대(先12686) 幌筵島 → 占守島(1945.8.22 무장해제) ④ 보병 제74여단 독립보병 제292대대(先12692) 幌筵島・温禰古丹島 → 占守島(1945.8.23 무장해제) ⑤ 제293대대(先12693) 占守島(1945.8.23 무장해제) ⑥ 제91사단 방공대(先12664) 幌筵島 (3)北海道 a 고사포 제141연대(達9557) 1944.4 편성 室蘭 b 고사포 제24연대(達91) 1942.4 편성 札幌 → 帯広 c 제7사단 ① 공병 제7연대(熊9218) 1943.5 편성 旭川 → 帯広 ② 제7사단 제3작업대(熊9241) ③ 보병 제26연대(熊9203) 1943.5 편성 旭川 → 帯広 → 札幌 ④ 보병 제27연대(熊9205) 1943.5 편성 旭川 → 釧路 ⑤ 보병 제28연대(熊9207) 1943.6 편성 旭川 → 北見 ⑥ 치중병 제7연대(熊9223) 1943.6 편성 旭川 → 芽室 d 제91사단 보병 제73여단 독립보병 제285대대(先12685) 占守島 → 函館 e 독립자동차 제294중대(達2294) 1945.5 편성 旭川 → 上敷香 → 札幌 f 宗谷요새 ① 독수보 제2대대 → 독립보병 제649대대(達28789) 1945.7 편성 만주 → 北千島 → 稚内 g 제42사단 ① 독수보 제4대대(達14014) → 보병 제129, 130연대(勳11903,4) 1944.2 편성 仙台 → 得撫島 → 滝川 h 津軽요새 ① 독립고사포 제31대대(達9563) 1941.11 편성 函館 i 독립혼성 제101여단사령부(達12624) 1945.2 편성 標茶 → 早来 → 苫小牧 j 독립고사포 제68대대 1945.7 편성 滝川『戰史叢書北東方面陸軍作戰〈2〉』및「昭和二十.八.一五現在陸軍部隊(主として)内地)調査票」厚生省援護局業務第一課一九六八・七調整(防衛庁防衛研究所所蔵. 中央・軍事行政・編成／117)에 따름].

에 각 1명씩, 징집년도는 불명이나 전차병(戰車兵)이 2명이다. 제1보충병이 1944년에 47명, 1945년에 1명이 기재되어 있다. 병종은 보병으로 되어 있지만, 무기도 없고 사실상 노무동원과 다름없이 작업만 하는 병사일 가능성이 있다.

또한 〈표 2〉를 보면 홋카이도의 제7사단 제3작업대에 1명을 확인할 수 있다. 병종은 알 수 없지만 1944년에 징집된 현역병이다. 작업대에 대해서는 좀처럼 자료가 없어서 실태를 알기 어렵지만, 부대가 존재한다는 사실을 확인할 수 있다. 이 부대는 도로나 요새를 건설하는 등 노

〈표 3〉 징집년도별 병종

徵集年	兵種	計
5期生	戰車兵	2
	5期生 計	2
1940	独立自動車中隊	1
	1940 計	1
1943	通信兵	1
	步兵	183
	1943 計	184
1944	第一補充兵步兵	47
	工兵	7
	高射兵	18
	兵技兵?	1
	步兵	82
	輜重兵	6
	1944 計	161
1945	第一補充兵步兵	1
	高射兵	16
	步兵	31
	1945 計	48
徵集年不明	第一憲兵補	3
	步兵	3
	徵集年不明 計	6
	総計	402

동을 주로 하는 부대로서 조선인을 중심으로 편성된 부대로 추정되는데, 1명밖에 기재되어 있지 않아서 조선인 출신 군인으로 편성된 부대인지 어떤지 알 수 없다. 또한 징집년도는 불명이지만, 헌병보(憲兵補)[신분은 군속]가 3명 배속되어 있는 것을 알 수 있다.

3. 징집년도별 본적지[25]

여기에서는 각 부대로 배속된 자의 본적지를 징집년도별로 살펴보자. 〈표 4〉[26]를 보면, 1943년에 전라남도와 전라북도를 합쳐서 97명으로 유난히 많은 것을 알 수 있다. 전라북도에서 53명, 전라남도에서 16명이 쿠릴부대에 배속되었다. 독립보병 제285대대에도 전라북도에서 26명이 배속되었다. 당초 제285대대는 관동군에서 쿠릴 슈무슈섬(占守島)[27]의 91사단으로 보내졌는데, 패전 직전에 하코다테(函館)로 이동했기 때문에 지역적으로 홋카이도에 포함되었다.[28]

다음으로 많은 지역은 27명의 황해도, 23명의 평안남도 순이다. 1943년 징집자는 모두 186명인데, 거의 대부분이 조선인 전체에 대한 징집제에 앞서 1938년부터 적용된 육군특별지원병제도로 징집된 자로 생각되며, 나머지는 학도동원에 의한 것이다.

그리고 『조선군개요사』에 있는 「소화18년도 조선특별지원병 각 도별 병종별 채용 일람표」[29]에 따르면, 1943년도 특별지원병 가운데, 전술한

---

25) '조선인 제5방면군 유수명부'의 해당란에는 '본적지[在留地]'라고 기재되어 있는데, 이하에서는 편의상 '본적지'라 한다.
26) 편의상 도표는 본문 뒤로 배치.
27) 역자 주, 쿠릴열도 내 북동단에 위치한 섬. 러시아에서는 о.Шумшу, 영어로는 Shumshu라고 한다.
28) 이 부대는 1945년 5월, 홋카이도 하코다테로 이동하던 중에 미군의 공격을 받고 조선인 군인 12명이 전사했다. 부대는 하코다테에서 패전을 맞이했다.
29) 『戰後補償問題資料集 第四集』, 73쪽.

방법의 채용인원은 전라북도 358명, 전라남도 618명, 황해도 421명, 평안남도 328명이다.

　1944년의 징집자는 조선인 전체에 대한 징병제에 따라 처음으로 일본군에 동원된 징병 1기생인데, 함경남도와 함경북도를 합쳐 117명으로 압도적으로 많다. 함경남도의 77명이 사할린부대(이 중 67명이 보병 제25연대), 22명이 홋카이도부대, 함경북도의 18명이 홋카이도부대로 배속되었다.

　강원도의 47명은 사할린 제88사단사령부로 보내진 제1보충병이다. 1945년 징병2기생 47명도 함경남도에서 홋카이도부대로 배속되었다. 이 가운데 28명이 제7사단 보병제27연대에 배속되었다. 홋카이도의 부대 중에서 특별히 이목을 끄는 것은 무로란(室蘭)의 방위 임무를 맡은 고사포제141연대에 배속된 18명[1944년], 14명[1945년] 모두가 함경도 출신이라는 점이다.

　이와 같이 제5방면군에 배속된 조선인 군인의 본적지는 압도적으로 한반도 북부가 많음을 알 수 있다. 즉, 본적지는 북부의 함경남도, 강원도, 함경북도, 황해도, 평안남도, 남부의 전라도 순이다.

　이제부터 이들이 어떤 형태로 동원되어 한반도에서 어떤 경로로 북방부대에 배속되었는지, '유수명부'에서 본적지와 함께 부대별로 살펴보기로 하자.

　전술한 바와 같이, 1943년 징집은 특별지원병 제도와 학도병 동원에 의한 것이며, 1944년과 1945년의 징집은 징병제에 의한 것이다.

　특별지원병에 응모하여 합격한 자들은 도별로 어느 정도 모여서 관동군에 입영하여 훈련을 받은 후, 쿠릴로 보내진 것으로 생각된다. 즉, 제91사단 독립보병 제292대대의 27명(전라북도 26명과 경상북도 1명)은 1944년 1월 관동군 독립수비대보병[이하, '독수보'(獨守步)] 제9대대에 입영 후, 5월에 슈무슈섬으로 배속되었고, 제293대대의 28명(전라북도 25명, 황해도 2명, 불명 1명)도 슈무슈섬으로 배속되는데, 이 가운데 27명은 당초 독수보 제9대대에 입영했던 자들이다. 제285대대의 27명(전라북도 26명, 평안북도 1명)은 독수보 제8대대에 배속되었다가 슈무슈섬으로 보내졌다. 또한 전라남도의 16명 가운데 14명은 마찬가지로 독수보 제29대대로 입영했는데, 이들은 입영부대를 알 수 없는 2명과 함께 독립보병 제420대대로 편성되어 남쿠릴의 에토로후(択捉)섬으로 보내졌다.

독수보 제2대대에는 평안남도 출신 20명을 포함해 25명이, 제4대대에는 황해도 출신 23명을 포함한 26명이 각각 배속되었고, 1944년 봄, 부대가 관동군에서 북방부대로 재편·이동함에 따라 모두 중부 쿠릴의 온네코단(温禰古丹)30)섬으로 보내졌다.31) 이들도 1943년에 징집된 특별지원병으로 생각된다.

1943년 1월 20일에 입영한 학도병들은 사할린 제88사단 보병제25연대에 12명, 제125연대에 15명인 것을 확인할 수 있다.32) 본적지로는 함경북도가 11명으로 많다. 이들은 관동군 독수보 제2, 4, 7, 8, 9대대로 입영, 초년병훈련을 받은 후, 간부후보생 훈련을 위해 사할린으로 보내져 훈련이 끝나고 현지에서 채용된 자들이다. 실제로는 이보다 많은 수의 조

---

30) 역자 주, 쿠릴열도의 북부에 위치한 섬. 영어표기는 Onekotan, 러시아어 표기는 Онекотан.
31) 모든 부대는 1945년 5월에 홋카이도로 이동했다. 독수보 제2대대는 소야(宗谷) 요새수비대로 편입되어 독립보병 제649대대로 개편되었고, 제4대대는 소야에 있던 제42사단 제129, 130연대로 편입되어 패전을 맞이했다. 한편, 독수보 제2대대는 제2중대만이 온네코단섬 근처에 있는 샤스코단(捨子古丹)섬에 남겨졌는데, 패전후 소련에 억류된 것으로 추정된다. 남겨진 부대에도 조선인 군인이 있었을 가능성이 있다「北海道の朝鮮人兵士動員」, 『在日朝鮮人史硏究』 제26호, 32쪽].
32) '조선인 제5방면군 유수명부'에는 '학도병'(學徒兵)이라는 기재는 없지만, '前部隊編入年月日'이 학도병 입영일인 1943년 1월 20일인 자와, 만주 건국대학(建國大學) 출신자를 골랐다. 상등병(上等兵) 이하는 포함되지 않았다. 건국대학 출신자에 대해서는 이전에 조사한 적이 있는데, 대부분 간부후보생 훈련을 위해 사할린에 배속된 것을 알 수 있다.[졸고「満州建国大学における朝鮮人学徒動員」(1),(2), 『むくげ通信』 198, 199호] 그밖에 일본대학 출신자가 1명 포함되어 있다.

선인 학도병들이 사할린으로 보내졌고, 간부후보생 훈련을 받은 후 각지의 부대로 배속되었다.

1944년 징병 1기생 가운데 함경남도 출신 69명이 사할린 보병 25연대로 배속되었는데, 이들은 황해도의 보병 제26연대(64명)와 제27연대(5명)에서 전속된 자들이다. 제125연대에는 보병 제27연대에서 전속된 8명이 포함되어 있다. 이들의 대부분은 1944년 3월에 홋카이도의 부대로 입대하여, 아마도 초년병훈련을 받은 후 사할린으로 보내졌을 것이다.

4. 전사자와 행방불명자

여기에서는 제5방면군에 소속된 조선인 군인의 사망자[전사자(戰死者)·전상사자(戰傷死者)]와 행방불명자에 대해 살펴보자.

'조선인 제5방면군 유수명부'에서 확인할 수 있는 사할린·쿠릴·홋카이도에서 조선인 군인 전사는 23명, 전상사자는 1명으로 모두 24명이다. 사할린·쿠릴에서는 소련과의 전투나 선박에 의한 부대이동 중 미군의 공격으로 사망했고, 홋카이도에서는 미군에 의한 공습으로 희생자가 생겼다.

이 가운데 사할린·쿠릴에서 전사자·행방불명자·일본으로 복귀한 자(또는 일본을 경유하여 귀국)의 상황을 부대별로 살펴보면 〈표 5〉와 같다.33)

---

33) 홋카이도부대에서 전사자는 2명이다. 그밖에 홋카이도 무로란을 방위했던 고사포 제141연대에서는 패전 직전인 1945년 7월에 자살자 1명이 있다. 또한 그해 4월에는 1944년 징집자인 고사포병 1명이 도망했다[金江瀅吉〈no.176, 1924.11.12 출생, 함경북도 명천군(明天郡) 하우면(下雩面) 출신)].
한편 군속은 전병사자 1명을 포함 169명의 전사자가 나왔다. 그중 165명[기술고원(技術雇員)]은 1944년 7월에 미군 잠수함공격으로 침몰한 太平丸에 승선했던 강원도와 황해도 출신자들이다.['1942.7.9 전사. 북쿠릴아라이도(阿頼度)섬 북방 50km에서 수송중 적 잠수함의 어뢰공격을 받아 침몰함(太平丸 침몰)' 그리고 전사자로 추정되는 ㊥ 163명'이라는 기재가 있다.] 전사자 165명에는, 기재된 사항은 없지만 전사 일자나 위치 등으로부터 太平丸의 희생자로 판단

〈표 5〉 사할린·쿠릴에서의 부대별 전사자·행방불명자 상황

地域	部隊名	戰死·復員·除隊	計
樺太	第88師団司令部	㊖	47
	第88師団司令部 計		47
	第88師団步兵第125連隊	㊖	18
		㊖入ソ	1
		㊖函館上陸	1
		㊖落合残留	2
		除隊/復員函館	3
		除隊/落合残留/復員函館	1
	第88師団步兵第125連隊 計		26
	第88師団步兵第25連隊	㊖	74
		㊖, ㊗	1
		除隊/現場除隊復員先札幌	1
		除隊/召解1945.8.25	1
		戰死/合祀済	9
	第88師団步兵第25連隊 計		86
	豊原地区憲兵隊	除隊/解雇帰鮮1945.8.18	1
		除隊/復員	1
	豊原地区憲兵隊 計		2
	樺太 計		161

되는 자들이 포함되어 있다.
생존자 증언에 따르면, 太平丸에는 조선인 군속 천 명 정도가 승선해 있었고, 그중 반 정도가 사망했다고 한다(伊藤孝司, 「太平丸事件とは-生存者たたが語る真相」, 『北千島に眠る太平丸事件と朝鮮人強制連行』, 北千島に眠る刊行会, 2002.4, 40쪽].
그리고 駒宮真七郎의 저서 『戰時船舶史』에는 太平丸에 대해 다음과 같이 기록되어 있다. '1944년 7월 5일 14시 : ○○분 오타루 출발, 호로무시로(幌筵)섬 카시와바라(柏原)를 향해 항해중, 9일 09시 53분 우현에 어뢰를 맞아 회피, 이어서 1분 후 또다시 어뢰를 맞아 첫 번째가 우현 선교 아래에, 두 번째가 1번선창에 명중, 침수 때문에 선체가 갑자기 우현 25도로 기울어 침몰하는 모습이므로, 10시 05분경 전원 퇴선명령이 하달되었다. 그리고 10시 45분 선미가 수직으로 들려서 완전히 침몰함, 승선중인 제91사단 관계 병사들 외에 1,812명 중 902명, 선원 54명이 전사함. 침몰위치 N51·23-E155·48〈호로무시로섬 북북서 120km 부근〉'(『北千島に眠る太平丸事件と朝鮮人強制連行』, 42쪽, 각주 4).

千島	第89師団独立歩兵第419大隊	㊥	2
		第89師団独立歩兵第419大隊 計	2
	第89師団独立歩兵第420大隊	㊥	16
		第89師団独立歩兵第420大隊 計	16
	第89師団独立歩兵第421大隊	㊥	3
		第89師団独立歩兵第421大隊 計	3
	第91師団戦車第11連隊	㊥	1
		除隊/復員函館	1
		第91師団戦車第11連隊 計	2
	第91師団通信隊	除隊1947.9.5	1
	第91師団通信隊 計		1
	第91師団独立歩兵第286大隊	㊥	1
	第91師団独立歩兵第286大隊 計		1
	第91師団独立歩兵第292大隊	㊥	26
		戰死/合祀済	1
		第91師団独立歩兵第292大隊 計	27
	第91師団独立歩兵第293大隊	㊥	27
		除隊/復員函館召解	1
		第91師団独立歩兵第293大隊 計	28
	第91師団防空隊	㊥	1
	第91師団防空隊 計		1
	第91師団独立歩兵第285大隊	㊥	1
		戰死/合祀済	9
		戰死/合祀済/公	3
		第91師団独立歩兵第285大隊 計	13
	千島 計		94
合 計			255

사할린에서의 전사자는 제88사단 보병제25연대 9명,[34] 치시마 지역은

---

34) 北海道民生部社会課, 『昭和二十・八・九~八・二三樺太八十八師団』戰後状況 調査記録 「熊笹峠戦斗局面田代行動郡編成表」에 따르면, 1944년 현역징집된 제4중대에 소속된 白仁渉도 전사한 것으로 추정된다[樺太における朝鮮人兵士動員」, 『在日朝鮮人史研究』第28号, p.87]. '조선인 제5방면군 유수명부'에는

슈무슈섬에서의 미군과의 전투에서 1명, 그 밖에 독립보병 제285대대의 12명이다. 제285대대의 12명은 슈무슈섬에서 하코다테로 이동하던 중에 미 잠수함의 공격으로 전투중 사망한 것으로 보인다. 전사자・전상사자에는 군속도 포함되어 모두 '合祀濟'라는 도장이 찍혀 있다. 말할 것도 없이, '야스쿠니신사(靖國神社)에 합사(合祀)'되었다는 뜻이다.

또는 ○표 안에 '不'라는 표시가 찍혀 있는 경우가 많이 눈에 띈다. 정확하지는 않지만, 생사불명자나 억류된 자 등 전후 소식이 불명확한 자로 생각된다.35) 사할린・쿠릴에서의 불명자는 생사불명인 자, 소련에 억류된 자 등으로 추정되는데, 여기에서는 '행방불명자'라는 표현을 사용한다. 사할린・쿠릴에서의 행방불명자 수는 221명36)이다.
한국인 시베리아억류자 모임인 삭풍회(朔風會)에 따르면, 조선인 억류자는 2,500명, 이중 사망자는 1,200명에 이른다고 한다.37)

한편, 행방불명자 중에 구 '만주건국대학' 출신자로 해방 후 한국에서 건재한 것으로 확인된 자가 몇 명 있는데[한국에 돌아온 사람 외에, 해방 후 북한으로 귀국한 것으로 추정되는 사람도 있다], 그대로 두었다.38)

白仁涉에 대해 전사한 기록은 없고 행방불명으로 되어 있어 여기 숫자에는 포함하지 않았다.
35) 『戰後50年史』에는 '상황불명자'로, '외지부대유수업무처리요령'에는 '생사불명자'라는 표현이 사용되고 있다. 홋카이도부대의 경우에도 '㊜'이라는 도장이 찍혀 있는 자가 있는데, 복귀 후의 행방이 확인 안 된 것으로 거의 다 귀국했을 것으로 추정된다.
36) 독립보병 제285대대의 1명은 행방불명으로 되어 있다. 쿠릴과 홋카이도, 어디에서 행방불명되었는지 알 수 없지만, 여기서는 쿠릴에 포함시켰다. 또 위의 白仁涉은 유수명부에 따라 여기에서는 행방불명자에 포함시켰다.
한편, 후생성원호국이 1962년 2월에 작성한 '朝鮮在籍舊陸軍軍人軍屬의 所屬部隊所在地域別統計表'(樋口雄一,『戰時下朝鮮民衆と徵兵』, 総和社, 2001.10, 298~299쪽)에는 사할린・쿠릴에서의 전사자 23명, 복귀자 372명이라는 숫자가 보인다. 아마 이 23명에 白仁涉이 포함되어 있을 것으로 추정된다.
37) 「週刊MDS」2003.6.27 刊行, 794号 http://www.mdsweb.jp/index.html.
38) 예를 들면, 조선인 학도병으로 1943년 1월 20일에 구 만주, 신징(新京, 현재의 창춘長春)에 입영한 후, 간부후보생 훈련을 위해 사할린으로 보내져 제88사단

〈표 5〉를 보면, 소련에 억류된 후 '하코다테로 복귀' 등 일본으로 상륙한 자가 8명 확인된다.39) 이 가운데는 유수택이 만주나 북한인 사람도 있다. 복귀지역이 삿포로인 사람도 있다.40) 사할린 보병제25연대의 1명과 북쿠릴 제91사단 통신대의 1명41)은 전후 '제대'했다고만 기재되어 있어서 그 후 어떻게 되었는지 알 수 없다.

그밖에 유수택이 만주인 사람,42) 북한인 사람도 있는데, 그들이 과연

보병 제25연대 제12중대에 소속된 吳昌祿[창씨명 = 福田昌祿 no.402]은 일본 패전 후 부대장의 판단으로 부대가 해산했기 때문에 민간인으로 잔류했다. 그는 50여 년을 사할린에서 살다가 2000년 3월 가족과 함께 한국으로 영주귀국했는데, 그해 가을에 사망했다. 또한 吳昌祿은 그와 같은 부대 소속으로 1944년에 징집된 함경남도 출신자 3명[梅山映? no.341, 木戸榮培 no.373, 瑞原義一 no.407]이 북한으로 귀국했을 것이라고 했다[「吳昌祿さんに聞く」, 『在日朝鮮人史研究』 제30호, 106쪽].

39) 『函館援護局史』에 따르면, 1946년부터 1949년까지 소련에서 하코다테로 귀환한 '제3국인 귀환자'는 425명이다. 이 가운데는 '전 군인으로서 복귀한 자가 포함'되어 있다. 이 중 조선인은 308명으로 민간인도 포함되어 있다. 제3차 귀환 시 시베리아의 나홋트카에서 하코다테로 입항한 배가 있는데, '복귀한 군인으로서 약간 명의 조선인과 함께 남서제도[류큐(琉球)]인이 섞여 있었다. 송환 대상이 되는 사람들은 각각 필요한 수속을 마친 후 송환원호국이 있는 사세보(佐世保)로 이관시켰다.' 일본을 경유하여 조선·대만으로 귀국한 자는 육군이 16명, 해군이 7명, 합계 23명이다[「樺太における朝鮮人兵士動員」, 『在日朝鮮人史研究』 제28호, 75~80쪽].

40) 제88사단 보병 제25연대 소속 金田有司[no.351, 1922.3.6출생, 경기도 양주군 호해면(戸海面)]. 유수택은 하얼빈시(哈爾濱市)이다. '조선인 제5방면군 유수명부'에는 1960년대에 '유수택으로부터 조회'라는 메모가 적혀 있는 것으로 볼 때, 어쩌면 중국 동북부에 있는 고향으로 귀국하지 못한 채 홋카이도에 잔류했을지 모른다.

41) 姜靜悅[no.484, 1925.6.3 출생, 황해도 황주군 황주읍(黃州邑)]. 유수택은 樺太塔路郡浜塔路汐見町18-3. 소속은 제91사단 통신대[쿠릴 호로무시로(幌筵)] 통신병이다.

42) 예를 들면, 新井重雄[no.439, 1921.7.12 출생] 본적지는 함경북도 청진부(淸津府), 유수택은 東滿総省延吉県大平村雙鳳屯4-13이다. 그는 1947년 5월 하코다테에 상륙했다. 제125연대 통신중대 소속 일본인에 따르면, 그의 소속은 통신중대본부라고 한다. 그는 니혼대학(日大) 출신으로 1944년 학도병으로 입영, 북사할린에서 1년 5개월 억류생활을 보낸 뒤 일본인 부대원들이 1946년 12월에 구 마오카(眞岡, 홈스크)에서 第2新興丸을 타고 귀국할 때, 본인의 신청으

무사히 가족의 품으로 돌아갔을지 의문이다.

5. 공탁금에 대해

'조선인 제5방면군 유수명부'에는 공탁금이 있는 사람의 경우, 공탁금 번호가 기재되어 있다. 〈표 6〉은 부대별로 본 공탁금의 유무이다.[43]

공탁금이 있는 사람은 301명, 없는 사람은 119명이다. 사할린·쿠릴 지역의 부대는 거의 공탁이 되어 있다. 소련군이 상륙한 이후 복귀처리가 되지 않았기 때문인 것으로 추정된다. 반대로 홋카이도지역 부대는 공탁금이 없는 사람이 많은데, 그 대부분이 패전 후 복귀하여 귀국했기 때문일 것이다. 다만 홋카이도지역 부대에서도 공탁된 사람이 있다. 무로란에 있던 고사포 제141대대의 27명은 공탁금이 있다. 복귀처리를 할 수 없었던 어떤 이유라도 있었던 것일까? 하코다테의 독립보병 제285대대에서도 전사자를 포함하여 27명에게 공탁금이 있다. 하코다테에서 패전을 맞이한 사람은 1945년 9월에 '조출병(朝出兵)'으로서 전속(轉屬)'이라고 기재되어 있다. 왓카나이(稚內)에서 패전을 맞이한 독립보병 제649대대에서는 다른 부대원들과 마찬가지로 1945년 9월 7일에 왓카나이에서 제대복귀했음에도 불구하고 공탁은 1명만 있다.

전술한 바와 같이, 『援護50年史』에 따르면, '외지'에서 '일본을 경유하여 출신지로 송환된 자에 대해서는, 일본의 상륙지에서 정산, 지급한다'고 적혀 있다.[44] 실제로 명부상으로는 사할린·쿠릴에서 하코다테로 복

로 사할린에 잔류했다고 한다[「樺太における朝鮮人兵士動員」, 『在日朝鮮人史研究』 第28号, 81·96쪽].
43) 供□□□(숫자)'라는 형태로 기록된 경우, 그중에는 '供号□□□(숫자)'라고 병기된 자도 있다.
44) 『戰後50年史』, 25쪽, 한편 이 책에는 미지급 급여금 등이 공탁된 경위에 대해 다음과 같이 적고 있다. '(생략) 외지에서 직접 출신지로 송환된 자나 조선 및 대만에 있는 전몰자의 유족에 대해서는, 1945년 10월 이후 외국환관리법 개정에

〈표 6〉 부대별 공탁금 유무

地域	部隊名	供託	無	総計
樺太	第88師団司令部	47		47
	第88師団歩兵第125連隊	21	6	27
	第88師団歩兵第25連隊	85	1	86
	豊原地区憲兵隊	2	1	3
	樺太 計	155	8	163
千島	第89師団独立歩兵第419大隊	2		2
	第89師団独立歩兵第420大隊	16		16
	第89師団独立歩兵第421大隊	3	1	4
	第91師団戦車第11連隊	1	1	2
	第91師団通信隊	1		1
	第91師団独立歩兵第286大隊	1		1
	第91師団独立歩兵第292大隊	27		27
	第91師団独立歩兵第293大隊	27	1	28
	第91師団防空隊	1		1
	千島 計	79	3	82
北海道	高射砲第141連隊	27	5	32
	高射砲第24連隊		1	1
	第7師団工兵第7連隊		7	7
	第7師団第3作業隊	1		1
	第7師団歩兵第26連隊		6	6
	第7師団歩兵第27連隊	1	36	37
	第7師団歩兵第28連隊		1	1
	第7師団輜重兵第7連隊	6		6
	第91師団独立歩兵第285大隊	27		27
	独立守備歩兵第2大隊→独立歩兵第649大隊	1	24	25
	独立守備歩兵第4大隊→歩兵第130連隊	3	23	26
	独立高射砲第31大隊		2	2
	独立混成第101旅団司令部	1		1
	独立自動車第294中隊		1	1
	独立高射砲第68大隊		2	2
	北海道 計	67	108	175
	合 計	301	119	420

의해 외국으로의 송금이 불가능하여 청산지급을 할 수 없게 되었다. 따라서 GHQ의 지시에 따라 정부는 「국외거주외국인 등에 대한 채무의 변제를 위한 공탁의 특례에 관한 정령」(1950년 정령 제22호)을 제정하고, 이에 의거하여 1951년부터 1957년까지 동경법무국에 공탁했다.'

귀한 사람은 확인되는데, 삿포로로 복귀한 자 외에는 공탁금이 없다.

또한 '유수택 전달 유무'란에는, 반 수 이상[420명 중 279명]이 '無'라고 기재되어 있다. '有'라고 기재된 사람은 없지만, 공란인 사람에게 '유수택 전달'된 무엇이 있는지 여부는 알 수 없다. 예를 들면, 거의가 공탁된 사할린·쿠릴지역 부대에 소속된 사람의 일부에게만, 유수택에 '본인의 물건이 전달'됐을 수 있다고 생각하기 힘들기 때문이다.

Ⅳ. '조선인 제5방면군 유수명부'에 나타난 조선인 희생자

여기에서는 '조선인 제5방면군 유수명부'를 통해 북방부대에서의 조선인 군인 전사자 및 사할린·쿠릴에서의 행방불명자 등 희생자 명부(〈표 7〉)[45]를 작성했다.[46]

1. 사할린·쿠릴·홋카이도에서 조선인 군인 전사자·전상사자

1945년 8월 8일, 소련군은 일본에 대해 선전포고를 하고 다음날인 9일 만주 국경을 넘었다. 소련과 국경을 접하고 있던 사할린과 북쿠릴의 슈무슈섬에서는 8월 11일 이후 소련과 전투를 벌이기 시작하여 15일이 지나도록 전투가 이어졌고 마침내 23일에 정전이 성립되기까지 특히 사할린에서는 민간인을 포함, 수많은 희생자가 나왔다.

---

45) 역자 주, 〈표 7〉은 본문 뒤에 배치.
46) '조선인 제5방면군 유수명부'에는 본인의 본적지[재류지], 생년월일, 유수담당자의 주소 등이 기재되어 있는데, 식민지조선에 대한 군사동원을 해명하는 데 중요한 역사적 자료이며, 또한 당사자 대부분, 특히 북한에 거주하는 사람들에게는 전시동원에 대한 사실이 거의 알려지지 않았기 때문에 (가족들에게 전사 사실마저 알리지 않은 경우가 있었을 것이다), 공개해야만 한다고 판단한다. 한편, 독수보 제285대대는 전술한 바와 같이 북쿠릴 슈무슈섬에서 홋카이도 하코다테로 이동하던 중에 사할린 앞바다에서 전사자가 생겼기 때문에, 여기에서는 쿠릴에 포함시켰다.

① 사할린에서의 전사 상황

사할린에서는 8월 11일부터 북위50도 국경 근처에 배치된 보병 제125연대를 중심으로 소련과 전투가 시작되어, 여전히 '자위전투'(自衛戰鬪)라는 명분 아래 15일이 지나도록 전투가 이어졌고, 19일에 이르러서야 마침내 소련군에 무기를 인도함으로써 국경지대의 전투가 종식되었다. 전사자는 568명(배속부대를 포함. 125연대의 전사자는 340명47))이다. 특히 전사자가 가장 많은 배속부대는 치중병 제88연대 제2대대로 전사자가 144명에 이른다. '유수명부'에는 보병 제125연대, 치중병 제88연대 등 사할린 북부의 전사자는 포함되어 있지 않다.

이렇게 많은 전사자 가운데 조선인 희생자가 없을 리 없는데, 확인할 방법은 없다. 이와 관련하여, 홋카이도 제7사단 보병 제27연대 위생병이었던 일본인은, 1945년 봄, 조선출신 병사가 입대하여 7월말에 사할린에 배속되었을 때 구호반으로 따라 왔다는 기록을 남기고 있다.48) 그들은 사할린북부의 케톤(氣屯)49) 부대에 배속되었기 때문에 아마도 125연대가 관련부대였을 것으로 생각되는데, '유수명부'에는 보병 제27연대에서 사할린부대로 전속된 자가 14명이 확인된다. 이들 모두 본적지가 함경남도이며 그 가운데 13명은 1944년에 징병되었고 나머지 1명은 학도동원으로 추정된다. 이 14명 가운데 전사자는 없다.

한편, 사할린남부에서는 소련군이 8월 20일, 마오카(眞岡)50) 앞바다에서 함포사격을 개시하며 상륙했다. 22일에는 사할린 제88사단 간부와 소련군 아리모프 소장 간에 정전(停戰)이 성립되었지만, 이날 늦게까지

---

47) 『戰史叢書北東方面陸軍作戰⟨2⟩』, 490쪽.
48) 「樺太における朝鮮人兵士動員」, 『在日朝鮮人史研究』 第28号, 83쪽.
49) 역자 주, 남사할린 시스카에 있던 지역으로 古屯이라고도 한다.
50) 역자 주, 마오카(まおか), 지금의 홈스크(ホルムスク, Холмск, Kholmsk), 사할린 남부 서안의 항구 도시

전투가 이어졌다. 마오카 방면의 전투에서 제88사단 고유부대의 전사자 총 수는 137명(이 중 보병 제25연대 전사자는 105명)이었다고 한다.[51]

그밖에 '유수명부'에서 확인할 수 있는 사할린부대에 배속된 조선인 출신 전사자는 10명이다.[52] 모두 소속부대는 보병 제25연대이다. 전사한 내용은 다음과 같다.[53]

青海永吉와 金田永河[제2중대 소속]은 소련군이 마오카에서 함포사격을 가한 8월 20일에 정전협정을 위해 파견된 군사(軍使)의 수행원이었다. 金山重男[제1기관총중대 소속]은 러시아어를 할 수 있었던 모양인지 통역으로 군사를 수행했다. 명부를 보면, 그는 1944년 1월 20일 관동군에 입대했는데, 아마도 학도동원이었던 것 같다. 구 만주의 간도(間島) 시(市)에 부친이 있다. 협상을 위해 간 군사를 향해 소련군이 발포하여 거의 다 전사했다. 군사 일행 7명 중 살아남은 자는 3명뿐이다.

제2중대는 마오카에 상륙한 소련군을 荒貝沢에서 맞이해 응전했다. 제2중대에 소속된 伊藤禹赫은 이때 전사했다. 제4중대 소속 白仁渉과 松田秋水는 마오카에서 내륙으로 들어온 쿠마자사 고개(熊笹峠)[54]에서 전사했다. 제4중대는 8월 21일 서해안의 羽母舞에서 쿠마자사 고개로 파견되었는데, 그중 절반이 전사했다. 松田秋水도 학도병이었던 것 같다. 제10중대의 金海淳協도 熊笹峠에서 8월 22일에 전사한다. 제5중대 소속 金澤平治는 8월 20일 逢坂에서 전사한 것으로 되어 있는데, 자세한 것은 알 수 없다. 南光雄은 11중대 소속인데, 이 부대는 홈스크에서 유즈노사할린에 이르는 토요마선(豊眞線) 철도가 나선형으로 산을 넘어

---

51) 『戰史叢書北東方面陸軍作戰〈2〉』, 537쪽.
52) 전술한 바와 같이 '조선인 제5방면군 유수명부'에 기재된 사할린 희생자 외에 白仁渉도 전사자였던 것으로 추정되므로「樺太における朝鮮人兵士動員」, 『在日朝鮮人史研究』 第28号, 87쪽] 사망자명단에 포함시켰다.
53) 사할린전투에서의 조선인 희생자의 상세 내용에 대해서는 「樺太における朝鮮人兵士動員」을 참조할 것.
54) 역자 주, 쿠마자사 고개(くまざさとうげ), 지금은 '홈스크 고개'로 불리는 곳.

가는 다카라다이(宝台)역 부근에서 소련군과 격렬한 전투를 벌였다. 金谷東春은 '유수명부'에 8월 20일 '逢坂에서 전사'로 되어 있다.55) 함경남도 혜산군(惠山郡)에 그의 처가 있다.

학도병으로 추정되는 金山重男과 松田秋水 이외에 8명은 1944년에 징병된 자들로 본적지는 함경남도이다. 이들은 1944년 3월에 홋카이도의 보병 제26연대에 입대하여, 아마도 초년병 훈련을 받은 후 사할린으로 보내진 것 같다.

② 쿠릴에서의 전사 상황

제91사단 독립보병 제285대대 12명은 북쿠릴 슈무슈섬에서 하코다테로 이동하던 도중, 1945년 5월 29일 사할린 앞바다에서 미군의 공격을 받기 시작, 다음날인 30일까지의 전투에서 전사한 것으로 추정된다.『北東方面陸軍作戰(2)』에 따르면 그때의 상황은 다음과 같다.

> 1945년 5월 26일 북쿠릴을 출항한 '치' 선단 天領丸(2231톤), 吳竹丸(1924톤), 春日山丸은 해방함(海防艦) 슈무슈, 제112호 해방함, '白埼'의 호위 속에 오츠크해를 항해하던 중, 5월 29일 21시 02분 북위 46도 46분 동경 144도 16분[사할린 동해안 愛明岬, 시레토코(知床)반도 북부 앞바다에서 天領丸이 어뢰를 맞아 약 30분에 걸쳐 침몰했다. 이어서 吳竹丸이 어뢰에 맞아 대파되어 30일 06시 25분 침몰했다. 이 때문에 제91사단에서 전속중이던 보병 약간 명, 고사포부대[제91사단 방공대 杉尾秀隆 대위(54기)가 지휘하는 제2대대본부, 제7, 제8중대 및 제1, 제5, 제12중대 일부] 및 야포 1개 중대[제91사단 제1포병대 增井중대(제1중대)]를 잃게 되었다.
> 또한 무사히 홋카이도 본섬에 상륙한 독립보병 제285대대, 제29대대는 쓰가루(津輕) 요새수비대로 편입되어 해협지구 및 오누마(大沼) 부근의 수비 임무를 맡았고, 고사포 각 부대는 군령 陸甲제110호(7월 16일)에 따라

---

55) 高橋憲一 著,『札幌步兵二十五連隊誌』(大昭和興産出版部, 1993.7, 1005쪽)에 따르면, 소속은 제11중대이다.

독립고사포 제67, 제68대대, 독립야전고사포 제66, 67중대로 편성되는데 그 부대원으로 충원되었다. 또한 야포중대도 야포병 제62연대(제42사단), 독립야포병 제36~37대대로 충당되었다.56)

이상에서 吳竹丸과 天領丸이 어뢰공격으로 침몰하고, 독립보병 제285대대는 무사히 홋카이도에 도착하였다고 하는데, 실제로는 전사자가 있었다. 아마도 항공기 등에 의한 공격으로 사망한 것으로 추측된다. 한편, 침몰한 吳竹丸과 天領丸의 두 척에 타고 있던 제91사단에서 전속중이던 부대원 가운데 조선인은 없었을까.

제91사단 보병 제74여단 독립보병 제292대대의 金子鐘漢은 8월 15일 슈무슈섬에서 전사했다. 1944년 1월 관동군에 입대하였으니, 아마 특별지원병이었을 것이다. 북쿠릴의 슈무슈섬은 좁은 해협을 끼고 캄차카반도에 접해 있는데, 패전 후인 8월 18일 새벽, 소련군이 공격하며 상륙해 들어왔다. 전차 제11연대, 보병 제 73여단, 74여단 등을 중심으로 격렬한 전투가 벌어졌다. 군사 교섭의 결과, 8월 21일 정전이 성립되고 23~24일에 걸쳐 무장해제가 이루어졌다. 金子鐘漢은 8월 15일 전사로 되어 있는데, 이날은 아직 소련군과의 본격적인 전투가 벌어지기 전이었다. 소규모 전투가 있었던지, 혹은 날짜가 잘못되었을 가능성이 있다. 한편, 슈무슈섬에서는 약 600명이 전사·전상자가 나왔다.57)

③ 홋카이도에서의 전사 상황

홋카이도에서는 1945년 7월 14, 15일 이틀에 걸쳐 미군의 대규모 공습이 있었는데, 특히 쿠시로(釧路)·무로란(室蘭)이 큰 피해를 입었다.

---

56) 『戰史叢書北東方面陸軍作戰⟨2⟩』, 331~332쪽, 한편 제91사단 방공대에 대해서는 「昭和二十.八.一五現在陸軍部隊(主として內地)調査票」에 '제2대대 및 1, 12중(대)는 홋카이도로 전속 이동중 바다에 침몰, 490명 사망'이라고 기록되어 있다.

57) 『戰史叢書北東方面陸軍作戰⟨2⟩』, 581쪽.

2명의 전사자 가운데, 松園靑峰은 이 공습의 전투에서 사망한 것으로 추정된다.

2. 사할린·쿠릴에서 조선인 군인 행방불명자

8월 23일 정전 이후, 사할린·쿠릴의 각 부대는 소련군에 의해 무장이 해제되고 작업대로 편성되어 시베리아·북사할린에서 억류생활을 하게 되었다. '유수명부'에서 '㋐' 도장이 찍혀 행방불명자로 추정되는 사람을 사할린부대와 쿠릴부대에서 선별하여 각각 일람표로 만든 것이 〈표 8〉과 〈표 9〉이다.[58] 이들 대부분은 억류되었던 것으로 추정된다. 시베리아귀환자의 증언 등에 따르면, 나중에 한반도출신자들은 일본인과 분리되어 대부분은 귀국한 것 같은데, 고향이 한반도 남부인 자, 구 만주인 자 등 전원이 무사히 가족의 품으로 돌아갔는지 여부는 알 수 없다. 한편, 억류중 사망한 자도 많았던 것으로 추측된다.

서해안의 에스토루(惠須取)[59]지방에서는 8월 16일 소련군이 토오로(塘路)에 상륙, 24일에 무장해제되었는데 상(上)에스토루에서는 보병 제25연대의 조선인 3명이 도망했다고 다음과 같이 기록되어 있다.[60]

이 전투에서 부대의 손해는, 보병 제125연대 제11중대에서 행방불명 4명, 보병 제 25연대 제3중대에서 북선(北鮮)[61]출신병 3명 [도망]이었다.

이 3명이 유수명부에 포함되어 있는지 여부는 알 수 없다.

한편, 전술한 바와 같이, 이들 행방불명자 가운데는 해방 후 한국으로

---

58) 역자 주, 이상 〈표 8〉과 〈표 9〉는 본문 뒤에 배치.
59) 역자 주, 惠須取(えすとる), 지금의 우글레고르스크(Углегорск).
60) 『戰史叢書北東方面陸軍作戰〈2〉』, 503쪽.
61) 역자 주, 여기에서 '북선'(北鮮)은 한반도 북부를 가리킨다. 전후 일본은 50년대까지 북한을 '북선'으로 지칭하기도 한다.

돌아간 것을 확인할 수 있는 몇 명이 포함되어 있다.

V. 나오면서

1. 정리 – '조선인 제5방면군 유수명부'에 나타난 조선인 군인의 실태

이상 살펴본 바와 같이, '조선인 제5방면군 유수명부'를 통해 북방부대에서의 조선인 군인의 배속·전사·억류 등의 실태는 다음과 같다. 우선, 전사자는 24명[다른 자료를 포함하면 실제는 25명]이다. 사할린·쿠릴에서 소련군과의 전투에서 공격을 받아 전사한 경우도 있고,[62] 홋카이도에서 미군의 공습으로 전사한 경우도 있다.

그리고 전사·전상자는 전원 야스쿠니신사에 합사되어 있다. 행방불명자의 대부분이 소련에 억류되어 직접 한반도로 돌아간 것으로 추정된다. 일부이지만 소련에 억류되었다가 하코다테로 귀환한 자가 있다. 일본을 경유하여 북한이나 구 만주의 고향으로 귀환한 자가 있을 수 있다. 또는 돌아가지 못한 자도 있을 것이다. 사할린·쿠릴에서의 전사자·행방불명자, 그리고 홋카이도부대에 소속된 자의 일부에게 공탁금이 있는데, 공탁금번호가 적혀 있다. 공탁된 급여나 저금 등은 아직도 본인에게 돌려주지 못했다. 본적지[재류지]는 압도적으로 한반도 북부가 많다. 함경남도·강원도·함경북도·황해도·평안남도 순이다. 남부에서는 전라남도와 전라북도가 많다. 징집년도는 거의가 1943년, 1944년, 1945년인데, 따라서 특별지원병·학도병·1944년 징집된 징병 1기·1945년에 징집된 징병 2기생 순이다. 전라도에 본적을 둔 자들은 특별지원병이

---

62) 그 후의 자료 조사에 따르면 전사자 수는 28명에 이르는 것으로 판명되었다. 근거 자료는 「被徵用死亡者連名簿」와 「北部軍留守名簿」 등이다. 이상은 번역 과정에서의 필자의 요구에 따른 追記이다.

다. 또한 1944년과 1945년의 징집에서 사할린부대에서의 제1보충병[보병]의 존재가 확인되었다.

2. 과제로서

끝으로 향후 과제에 대해 몇 가지 지적해 두고자 한다.

이미 살펴본 바와 같이 제5방면군에는 본적지가 북한지역인 사람이 많이 배속되었다. 한국에서는 2004년 2월 국회에서 '일제강점하강제동원피해진상규명등에관한특별법'이 가결되었다. 일본의 식민지 전시하 강제동원에 관한 진상조사의 근거가 되는 법률이다. 그러나 북한에 본적을 둔 사람은, 한국에서 조사[호적조사]를 할 수 없다. 현재 한국에 거주하는 사람일지라도 [북한지역에 호적을 둔 경우라면] 마찬가지로 조사를 할 수 없다고 한다.63) 한국에서는 '진상규명법'에 근거하여 많은 사람들이 일본의 전시하에서 이루어진 강제동원의 피해사실을 신고하고 있는데,64) 북한에 본적을 둔 사람들과 북한에 거주하는 사람에 대해서는 아직 군인에 대한 조사가 진행되지 않는 것으로 알고 있다. 그중에는 전사했다는 사실조차 통보받지 못한 유족들이 있을 것이다.

이번에 살펴본 '제5방면군 유수명부'에는 본적지가 현재 한국이지만 북한에 가족[처]가 남아있는 경우도 있다. 지금도 가족이 북한에 살아있는지 어떤지 알 수 없지만, 6·25전쟁을 거치면서 그리고 해방 후 한반도에서의 혼란스런 역사 속에서, 전쟁 중 사망했다는 소식과 피해사실조차 통고받지 못한 사람들이 많으리라는 것은 쉽게 짐작할 수 있다. 북방부대에서는 패전 직전에 또는 전후에도 전사자가 발생하는데, 정전

---

63) 진상규명위원회 표영수 씨의 말에 따름.
64) 연합뉴스(2006.7.3)에 따르면, 2005년 2월에 신청이 개시된 이래 2006년 6월말 현재 신청자 총수는 21만 9,624명에 달한다(강제동원진상규명네트워크 메일뉴스레터 [shinsou-kaiinn][01335] 2006.7.4에서). 이 중 1만 7,057건에 대해 피해가 인정되었다고 한다(동 [shinsou-kaiinn][01342] 2006.7.6에서).

후에는 소련이 점령했기 때문에 특히 더 그랬을 것이다. 앞으로 북일국 교정상화 회담이 어떤 형태로 진행될지 불확실한 부분이 많지만, 피해를 입은 사람들에 대한 구체적인 보상이 반드시 필요하다. 이를 위해 북한지역에서의 병사동원에 관한 조사가 제1의 긴급한 과제라 할 수 있다.

그와 함께, 미귀환자·행방불명자·시베리아억류자에 대한 조사가 반드시 필요하다. 사할린·쿠릴에서의 조선인 전사자나 억류 중에 사망한 사람의 유골수습·묘지참배도 중요한 과제이다.

새로운 자료의 발굴도 시급하다. '조선인 제5방면군 유수명부'는 북방에 배치된 구 일본육군부대에 배속된 조선인에 관한 자료의 극히 일부분에 불과하다. 육군에는 '유수명부' 외에 기본적인 명부로서 '병적·전시명부'(兵籍·戰時名簿)가 있다. 개인별로 보다 자세한 데이터가 실려 있다. 한국 국가기록원에서도 '개인정보보호'를 이유로 공개되지 않고 있지만, 보다 자세한 사실의 검증을 위해서는 반드시 역사자료의 하나로서 공개되기를 바란다. 홋카이도청(廳)은 전후 비교적 이른 시기에 '제25연대원부'(第25聯隊原簿)와 '유수명부'를 토대로 사할린의 전사자, 행방불명자에 대한 조사를 했다.[65] 연대원부는 홋카이도청 내지 후생노동성 또는 방위청에 있을 것으로 생각된다. 또한 각 부대명부 등 일본군 관련 자료가 러시아 문서관에도 보관되어 있을 것으로 짐작된다. 생존자에 대한 청취조사도 긴급과제 중의 하나이다. 그리고 제5방면군에 소속된 사람들 중 다수에게는 미불금이 공탁된 그대로 남아 있다. 어째서 미불금이 전후 본인 또는 가족들에게 지불되지 않았는지, 홋카이도 부대에 있던 사람들은 무사히 복귀했을 텐데 어째서 미불금이 공탁되어 있는지 등, 해명되지 않고 있는 의문들이 많다. 특히 일본 정부가 한일협정에 의해서 완전히 해결되었다고 하는 군인·군속의 '공탁금'에 대해

---

65) 「樺太における朝鮮人兵士動員」, 『在日朝鮮人史研究』 第28号, 73쪽.

서는, 역사적인 경위를 포함해서 해명되어져야만 할 것이다.

이번에 살펴본 것은 '조선인 유수명부' 가운데 '제5방면군'뿐이다. 다른 부대의 '유수명부'는 어떤 내용을 담고 있는지 마찬가지로 분석할 필요가 있을 것이다.

전쟁체험자의 고령화가 진행되고 있다. 식민지하 조선의 군사동원에 대해서는 북한에 대한 (과거, 역자)청산을 포함하여 해결되지 못한 부분이 많기 때문에, 하루빨리 진상규명이 이루어져야만 한다.

일제강점기에 건설된 유즈노사할린스크와 포로나이스크를 잇는 철로

【보기(補記)】

* ■는 판독불능
* [ ]는 필자의 補記
* 한자+?는, 그 한자로 추정되나 확인할 수 없는 경우
※ 인용자료 중, 아라비아숫자는 한자 숫자로 하였고, 한자는 명부를 포함, 舊字體에서 新字體로 바꾸었다.
※ 본고를 쓰기 위해 '재일조선인운동사연구회'의 여러 선배를 비롯해 많은 분들로부터 도움을 받았습니다. 樋口雄一 님에게는 전체 구성을 포함해 세세한 부분까지 지도를 받았습니다. 또한 한국의 일제강점하강제동원진상규명위원회 남상구 님에게는 '유수명부' 전체와 그 밖의 자료에 대해, 또 표영수 님에게도 여러 가지 조언을 받았습니다. 塚崎昌之 님에게는 방위청 소장 자료와 여러 조언을 받았습니다. 모든 분들께 진심으로 감사의 말씀을 드립니다.

〈표 4〉 부대별 징집년도별 본적지

地域	部隊名	5期生			194	1940	1943												
		江原	全南	5期生計	慶南	計	黃海	京畿	慶南	慶北	江原	全南	全北	忠南	忠北	平南	平北	咸南	咸北
樺太	第88師団司令部																		
	第88師団歩兵第125連隊							1	1				1			2	1	2	8
	第88師団歩兵第25連隊						1	1	1	2	1	1				1	1	1	5
	豊原地区憲兵隊																		
	樺太 計						1	2	2	2	1	1	1		2	3	2	2	13
千島	第89師団独立歩兵第419大隊									1			1						
	第89師団独立歩兵第420大隊											16							
	第89師団独立歩兵第421大隊								1	1			1	1					
	第91師団戦車第11連隊	1	1	2															
	第91師団通信隊						1												
	第91師団独立歩兵第286大隊																		
	第91師団独立歩兵第292大隊									1			26						
	第91師団独立歩兵第293大隊						2						25						
	第91師団防空隊																		
	千島 計	1	1	2			3		1	3		16	53	1					
北海道	高射砲第141連隊																		
	高射砲第24連隊																		
	第7師団工兵第7連隊																		
	第7師団第3作業隊																		
	第7師団歩兵第26連隊																		
	第7師団歩兵第27連隊																		
	第7師団歩兵第28連隊																		
	第7師団輜重兵第7連隊																		
	第91師団独立歩兵第285大隊												26				1		
	独立守備歩兵第2大隊→独立歩兵第649大隊										1					20	1	1	2
	独立守備歩兵第4大隊→歩兵第130連隊						23			1									1
	独立高射砲第31大隊																		
	独立混成第101旅団司令部																		
	独立自動車第294中隊				1	1													
	独立高射砲第68大隊																		
	北海道 計				1	1	23			1	1		26			20	2	1	3
	合計	1	1	2	1	1	27	2	3	6	2	17	80	1	2	23	4	3	16

地域	部隊名	1943 計	1944 慶南	1944 江原	1944 咸南	1944 咸北	1944 計	1945 慶南	1945 慶北	1945 江原	1945 咸南	1945 咸北	1945 計	総計
樺太	第88師団司令部			47			47							47
樺太	第88師団歩兵第125連隊	17			8		8							25
樺太	第88師団歩兵第25連隊	15			69		69		1			1	1	85
樺太	豊原地区憲兵隊													
	樺太 計	32		47	77		124		1			1	1	157
千島	第89師団独立歩兵第419大隊	2												2
千島	第89師団独立歩兵第420大隊	16												16
千島	第89師団独立歩兵第421大隊	4												4
千島	第91師団戦車第11連隊	2												2
千島	第91師団通信隊	1												1
千島	第91師団独立歩兵第286大隊													
千島	第91師団独立歩兵第292大隊	27												27
千島	第91師団独立歩兵第293大隊	27												27
千島	第91師団防空隊		1				1							1
	千島 計	77	1				1							80
北海道	高射砲第141連隊			9	9		18			13	1	14		32
北海道	高射砲第24連隊										1	1		1
北海道	第7師団工兵第7連隊				7		7							7
北海道	第7師団第3作業隊		1				1							1
北海道	第7師団歩兵第26連隊					1	1				4	4		5
北海道	第7師団歩兵第27連隊			3	2		5	1			28	1	30	35
北海道	第7師団歩兵第28連隊										1	1		1
北海道	第7師団輜重兵第7連隊			3	3		6							6
北海道	第91師団独立歩兵第285大隊	27												27
北海道	独立守備歩兵第2大隊→独立歩兵第649大隊	25												25
北海道	独立守備歩兵第4大隊→歩兵第130連隊	25								1		1		26
北海道	独立高射砲第31大隊				1		1				1	1		2
北海道	独立混成第101旅団司令部		1				1							1
北海道	独立自動車第294中隊													1
北海道	独立高射砲第68大隊				2		2							2
	北海道 計	77	2	22	18	42		1		1	47	3	52	172
	合計	186	1	49	99	18	167	1	1	1	47	3	53	409

〈표 7〉 사할린·쿠릴·홋카이도에서의 조선인 전사자 명부

部隊名	頁	No.	本籍地 (在留地)	徵集年	氏名	生年月日	供託金	[備考:終戰時所在地]
第89師団独立歩兵第419大隊 (摧12698)	2093	445	全北全州府曙町イ164	昭18	正木武雄	大08.02.03	供22920/供号30801	千島擇捉
第89師団独立歩兵第419大隊 (摧12698)	2093	446	慶北醴泉郡知保面道化里1029	昭18	松田鐘輝	大02.04.01	供27667/供号25568	千島擇捉
第89師団独立歩兵第420大隊 (摧12699)	2094	447	全南麗水郡突山面郡内里1545 (545)	昭18	松原正煥	大13.12.02 (3)	供33969/供号34325	千島擇捉
第89師団独立歩兵第420大隊 (摧12699)	2094	448	全南長城郡長城邑竜岡里115	昭18	安井忠男	大11.08.22	供32870/供号33185	千島擇捉
第89師団独立歩兵第420大隊 (摧12699)	2094	449	全南済州島朝多村面翰村里1068	昭18	新井世一	大11.05.07	供35236	千島擇捉
第89師団独立歩兵第420大隊 (摧12699)	2094	450	全南務安郡飛禽面古西里219	昭18	岩谷有根	大14.04.22	供34316/供号34684	千島擇捉
第89師団独立歩兵第420大隊 (摧12699)	2094	451	全南海南郡門内面曳？洛里68	昭18	西原吉錫	大14.02.20	供33312/供号33138	千島擇捉
第89師団独立歩兵第420大隊 (摧12699)	2094	452	全南順天郡道砂面下岱里573	昭18	西原相哲	大？.？.17？	供35487	千島擇捉
第89師団独立歩兵第420大隊 (摧12699)	2095	460	全南長興郡夫山面虎渓里491	昭18？	金原和(邦)圭	大13.02.07	供32828/供号33140?	千島擇捉
第89師団独立歩兵第420大隊 (摧12699)	2095	461	全南麗水郡突山面新福里	昭18？	木下茂	大08.07.29	供33965/供号34321	千島擇捉
第89師団独立歩兵第420大隊 (摧12699)	2095	462	全南求礼村大字宮原106	昭18？	木村東烈	大13.01.05	供35326	千島擇捉
第89師団独立歩兵第420大隊 (摧12699)	2095	463	全南順天郡雙岩面道亭里844	昭18？	木川洪善	大13.03.15	供35463	千島擇捉
第89師団独立歩兵第420大隊 (摧12699)	2095	464	全南海南郡門内面石橋里1623	昭18？	新井興換	大12.02.20	供33308/供号33634	千島擇捉
第89師団独立歩兵第420大隊 (摧12699)	2095	465	全南唐津郡道岩面竜花里766	昭18？	新井秉淳	大14.01.24	供35056	千島擇捉
第89師団独立歩兵第420大隊 (摧12699)	2096	466	全南済州島済州邑同泉里2916	昭18？	高山台昊	大11.06.28	供35097	千島擇捉
第89師団独立歩兵第420大隊 (摧12699)	2096	467	全南霊岩郡西湖面奄吉里433	昭18？	松平吉洙	大14.11.22	供33723/供号34067	千島擇捉
第89師団独立歩兵第420大隊 (摧12699)	2096	468	全南海南郡門内面曳洛里68	昭18	德原尚完	大13.02.20	供52294	千島擇捉
第89師団独立歩兵第420大隊 (摧12699)	2096	469	全南谷城郡玉泉面舟山里772	昭18	山田鐘燮	大14.08.14	供52605	千島擇捉

'조선인 제5방면군 유수명부'로 본 사할린·쿠릴·홋카이도 부대의… 271

部隊名	頁	No.	本籍地 (在留地)	徴集年	氏名	生年月日	供託金	[備考:終戦時所在地]
第89師団独立歩兵第421大隊 (摧12623)	2097	470	慶北達城郡月背面上仁洞931	昭18	徳富正人	大08.07.29	供27252/供号■	千島択捉
第89師団独立歩兵第421大隊 (摧12623)	2097	471	慶南統営郡長承浦邑玉浦里179	昭18	陳山道錫	大09.04.08	供20289	千島択捉
第89師団独立歩兵第421大隊 (摧12623)	2097	473	忠南扶余郡九滝面東芳洞206	昭18	杉山淳一	大11.11.25	供50757	千島択捉
第91師団戦車第11連隊 (先497)	2100	482	江原春川郡新北面池内里388	5期生	金谷泰盆	昭02.01.27	供16680	千島占守
第91師団防空隊 (先12664)	2101	483	慶南東莱郡亀浦邑草明里1345	昭19	柳盛坤	大13.05.09	供19989	千島幌筵
第91師団独立歩兵第285大隊 (先12685)	2105	492	平北熙川郡熙川面万洞29	昭18	白山善三	大03.02.27	供5586	占守→函館
第91師団独立歩兵第286大隊 (先12686)	2109	512	咸北茂山郡三社面倉坪洞160		吉川健治	大13.03.06	供54254	千島占守
第91師団独立歩兵第292大隊 (先12692)	2110	513	全北井邑郡新泰仁邑木湖里756	昭18	東信光	大13.03.11	供24532/供号32557	千島占守
第91師団独立歩兵第292大隊 (先12692)	2110	514	全北高敞郡茂長面万北里66	昭18	岩本相浩	大14.08.20	供23687/供号■	千島占守
第91師団独立歩兵第292大隊 (先12692)	2110	515	全北任実郡江津面葛渾里	昭18	梅田在玉	大12.11.10	供23034/供号30918	千島占守
第91師団独立歩兵第292大隊 (先12692)	2110	516	慶北義城郡金城面堤梧洞1032	昭18	金川義雄	大07.07.16	供57122	千島占守
第91師団独立歩兵第292大隊 (先12692)	2110	517	全北完州郡伊西面上林里20	昭18	金原登竜雄	大■	供24638/供号32669	千島占守
第91師団独立歩兵第292大隊 (先12692)	2111	518	全北南原郡五時面月洛里5	昭18	金井道相	大15.03.24	供23433/供号31336	千島占守
第91師団独立歩兵第292大隊 (先12692)	2111	520	全北金堤郡白鴎面嶺上里391	昭18	金倉基宗	大13.08.28	供24010/供号■	千島占守
第91師団独立歩兵第292大隊 (先12692)	2111	521	全北金堤郡月村面新月372	昭18	木元奉鉉	大13.10.15	供23973/供号31931	千島占守
第91師団独立歩兵第292大隊 (先12692)	2111	522	全北任実郡徳峙面勿憂里	昭18	木下暢槿	大13.01.18	供23048/供号30932	千島占守
第91師団独立歩兵第292大隊 (先12692)	2111	523	全北扶安郡幸安面新基里803	昭18	田村秀夫	大14.03.14	供23523/供号■	千島占守
第91師団独立歩兵第292大隊 (先12692)	2111	524	全北全州府老松町515	昭18	豊山基享	大13.07.09	供22882/供号30762	千島占守
第91師団独立歩兵第292大隊 (先12692)	2112	525	全北錦山郡済原面済原里265	昭18	共田成鎮	大15.03.06	供24261/供号■	千島占守

部隊名	頁	No.	本籍地 (在留地)	徵集年	氏名	生年月日	供託金	[備考:終戰時所在地]
第91師団独立歩兵第292大隊 (先12692)	2112	526	全北任実郡聖寿面三峰里 (710)70	昭18	扶金咯(洛)基	大13.01.11	供23030/供号30914	千島占守
第91師団独立歩兵第292大隊 (先12692)	2112	527	全北完州郡参礼面新金里371	昭18	中山煕城	大14.07.24	供23110/供号32758	千島占守
第91師団独立歩兵第292大隊 (先12692)	2112	528	全北淳昌郡赤城面支北393	昭18	華山滉鏞	大13.09.02	供24268/供号■	千島占守
第91師団独立歩兵第292大隊 (先12692)	2112	529	全北金堤郡鳳山面鳳山里435	昭18	信原光男	大12.05.09	供24124/供号■	千島占守
第91師団独立歩兵第292大隊 (先12692)	2113	530	全北茂朱郡赤裳面三地里	昭18	林容圭	大13.05.03	供24335/供号32348	千島占守
第91師団独立歩兵第292大隊 (先12692)	2113	531	全北鎮安郡富貴面斗南里438	昭18	平岡珍錫	大12.06.29	供23193/供号31082	千島占守
第91師団独立歩兵第292大隊 (先12692)	2113	532	全北錦山郡秋富面備礼里64	昭18	光原栄治	大12.04.24	供24229/供号■	千島占守
第91師団独立歩兵第292大隊 (先12692)	2113	533	全北益山郡三箕面蓮洞里378	昭18	宮本溁	大13.03.04	供23812/供号■	千島占守
第91師団独立歩兵第292大隊 (先12692)	2113	534	全北茂朱郡赤裳面三加里167	昭18	山本文雄	大15.03.03	供24337/供号32350	千島占守
第91師団独立歩兵第292大隊 (先12692)	2113	535	全北金堤郡孔？徳面黄山里446	昭18	柳川賛永	大12.12.08	供24127/供号■	千島占守
第91師団独立歩兵第292大隊 (先12692)	2113	536	全北錦山郡錦山邑中島里573	昭18	仁村海俊	大13.06.25	供52064	千島占守
第91師団独立歩兵第292大隊 (先12692)	2114	537	全北全州府大正町4丁目26	昭18	山本英喆	大12.12.08	供22945/供号30829	千島占守
第91師団独立歩兵第292大隊 (先12692)	2114	538	全北井邑郡瓮東面梅井里136	昭18	山田圭範	大12.11.30	供24504/供号32528	千島占守
第91師団独立歩兵第292大隊 (先12692)	2114	539	全北益山郡咸悦面南堂里702	昭18	安東重烈	大14.09.19	供23873/供号■	千島占守
第91師団独立歩兵第293大隊 (先12693)	2115	541	全北長水郡渓内面長渓里117	昭18	岩平武丸	大13.08.29	供23116/供号31004	千島占守
第91師団独立歩兵第293大隊 (先12693)	2115	542	全北南原郡周主面中洞里	昭18	井原鎬恍	大14.11.25	供23423/供号31324	千島占守
第91師団独立歩兵第293大隊 (先12693)	2115	543	全北任実郡屯南面槊樹里59	昭18	井平良善	大12.02.12	供23050/供号30934	千島占守
第91師団独立歩兵第293大隊 (先12693)	2115	544	全北金堤郡青蝦面官上里316	昭18	江本重渕	大12.12.04	供24065/供号■	千島占守
第91師団独立歩兵第293大隊 (先12693)	2116	545	全北金堤郡孔徳面馬峴里555	昭18	江城甲英	大13.06.26	供24077/供号■	千島占守

'조선인 제5방면군 유수명부'로 본 사할린·쿠릴·홋카이도 부대의… 273

部隊名	頁	No.	本籍地 (在留地)	徴集年	氏名	生年月日	供託金	[備考:終戰時所在地
第91師団独立歩兵第293大隊 (先12693)	2116	546	全北南原郡己梅面大栗里569	昭18	金光容根	大13.10.20	供23447/供号31350	千島占守
第91師団独立歩兵第293大隊 (先12693)	2116	547	全北益山郡砺？山面斗余里1089	昭18	金城景雲	大14.07.03	供23878/供号■	千島占守
第91師団独立歩兵第293大隊 (先12693)	2116	548	全北高敞郡上下面剣山里353	昭18	金山東容	大13.06.14 (10)	供23713/供号■	千島占守
第91師団独立歩兵第293大隊 (先12693)	2116	549	全北益山郡入峰面月星里76	昭18	国本正雄	大14.04.01	供23762/供号■	千島占守
第91師団独立歩兵第293大隊 (先12693)	2116	550	黄海松木郡長陽面銭山里443	昭18	貞石正光	大14.04.11	供18949	千島占守
第91師団独立歩兵第293大隊 (先12693)	2116	551	全北錦山郡富利面倉坪里	昭18	茂原栄秀	大09.09.10	供52071	千島占守
第91師団独立歩兵第293大隊 (先12693)	2117	552	全北長水郡長水面東村里2？10	昭18	白源旭光	大12.06.02	供23093/供号30980	千島占守
第91師団独立歩兵第293大隊 (先12693)	2117	553	全北扶安郡上西面通井52	昭18	徐城福男	大12.06.12	供23548/供号■	千島占守
第91師団独立歩兵第293大隊 (先12693)	2117	554	全北益山郡五宮面光岩里470	昭18	鈴川一炳	大13.04.25	供23836？/供号■	千島占守
第91師団独立歩兵第293大隊 (先12693)	2117	555	全北井邑郡泰仁面泰昌里9	昭18	長田判俊	大12.10.26	供24488/供号32512	千島占守
第91師団独立歩兵第293大隊 (先12693)	2117	556	全北淳昌郡八徳面瑞興里40	昭18	林竜鎬	大14.02.20	供24300/供号■	千島占守
第91師団独立歩兵第293大隊 (先12693)	2118	557	黄海安岳郡邑瑞山里138	昭18	平田武雄	大13.03.30	供18491	千島占守
第91師団独立歩兵第293大隊 (先12693)	2118	558	全北完州郡所陽面新元里54	昭18	平沼判基	大15.03.20	供24615/供号32643	千島占守
第91師団独立歩兵第293大隊 (先12693)	2118	559	全北井邑郡永元面隠仙里213	昭18	古川珠恨	大14.02.14	供24443/供号32465	千島占守
第91師団独立歩兵第293人隊 (先12693)	2118	560	全北金堤郡聖徳面大木里13	昭18	藤村在麥	大13.11.01	供24062/供号■	千島占守
第91師団独立歩兵第293大隊 (先12693)	2118	561	全北金堤郡進鳳面上蕨里472	昭18	松山正■	大11.06.24	供24047/供号■	千島占守
第91師団独立歩兵第293大隊 (先12693)	2118	562	全北義州郡義州邑南■洞152	昭18	正木徳雄	大05.02.02	供5064	千島占守
第91師団独立歩兵第293大隊 (先12693)	2118	563	全北錦山郡南■面下金里201	昭18	松島炳珣	大14.04.03	供24167/供号■	千島占守
第91師団独立歩兵第293大隊 (先12693)	2119	564	全北金堤郡金堤邑葛公里2？49	昭18	宮原文治	大12.07.22	供23953/供号■	千島占守

部隊名	頁	No.	本籍地（在留地）	徴集年	氏名	生年月日	供託金	[備考：終戰時所在地]
第91師団独立歩兵第293大隊（先12693）	2119	565	全北完州郡 ■浦面新城里851	昭18	光枝甲石	大14.01.05	供24569/供号32595	千島占守
第91師団独立歩兵第293大隊（先12693）	2119	566	全北鎮安郡白雲面盤松里36 (5)	昭18	山田基(貴)奉	大13.04.05	供23178/供号31067	千島占守
第91師団独立歩兵第293大隊（先12693）	2119	567	全北益山郡北一面新竜里777		清水福元		供52002	千島占守

'조선인 제5방면군 유수명부'로 본 사할린·쿠릴·홋카이도 부대의… 275

〈표 8〉 사할린에서의 조선인 군인 행방불명자 명부

部隊名	頁	No.	本籍地 (在留地)	徵集年	氏名	生年月日	供託金	[備考: 終戰時所在地]
第88師団司令部(要22951)	2065	285	江原平康郡県内面白竜里459	昭19	宮本忠一	大13.12.01	供15131	豊原
第88師団司令部(要22951)	2065	286	江原伊川郡東面下倉站里97	昭19	安本享錫	大13.12.02	供15052	豊原
第88師団司令部(要22951)	2065	287	江原淮陽郡蘭谷面蜂桶浦里229	昭19	安田徳深	大13.04.29	供15506	豊原
第88師団司令部(要22951)	2065	288	江原淮陽郡蘭谷面東沙洞311	昭19	李平時奉	大13.09.20	供15504	豊原
第88師団司令部(要22951)	2065	289	江原淮陽郡蘭谷面輪邑里368	昭19	平沼明淳	大13.10.28	供56182	豊原
第88師団司令部(要22951)	2065	290	江原伊川郡東面上倉站里85	昭19	平沼得万	大13.07.08	供15048	豊原
第88師団司令部(要22951)	2066	291	江原平康郡平原邑鴨洞里344	昭19	平文竜熙	大13.11.14	供15092	豊原
第88師団司令部(要22951)	2066	292	江原平康郡県内面新岱里294	昭19	朴載実	大13.10.14	供15128?	豊原
第88師団司令部(要22951)	2066	293	江原淮陽郡蘭谷面泉邑里435	昭19	松川相協	大12.12.08	供15500	豊原
第88師団司令部(要22951)	2066	294	江原伊川郡東面定洞里557	昭19	松田敏範	大13.11.16	供15049	豊原
第88師団司令部(要22951)	2066	295	江原平康郡県内面梨木里830	昭19	松山春雄	大13.03.17	供15129	豊原
第88師団司令部(要22951)	2066	296	江原平康郡平康邑東辺里345	昭19	永嘉奉平	大13.02.04	供15083	豊原
第88師団司令部(要22951)	2066	297	江原伊川郡竜浦面竜興里651	昭19	長水応夏	大13.11.13	供14998	豊原
第88師団司令部(要22951)	2067	298	江原伊川郡東面定洞里883	昭19	中村寿燦	大13.01.14	供15047	豊原
第88師団司令部(要22951)	2067	299	江原平康郡県内面白竜里459	昭19	林定男	大13.06.20	供15121	豊原
第88師団司令部(要22951)	2067	300	江原平康郡県内面林丹里209	昭19	原権寧九	大13.09.11	供15123	豊原
第88師団司令部(要22951)	2067	301	江原平康郡県内面林丹里254	昭19	原権義植	大13.10.14	供15119	豊原
第88師団司令部(要22951)	2067	302	江原平康郡平康邑羅梅里175	昭19	張本寿山		供50094	豊原
第88師団司令部(要22951)	2067	303	江原平康郡平康邑富里473	昭19	権川時旭	大13.07.16	供15072	豊原

部隊名	頁	No.	本籍地 (在留地)	徴集年	氏名	生年月日	供託金	[備考: 終戦時所在地]
第88師団司令部(要22951)	2068	304	江原平[康]郡平康邑富里476	昭19	権川寧■	大13.07.14	供15073	豊原
第88師団司令部(要22951)	2068	305	江原准陽郡安豊面判陌里11	昭19	大平秉俊	大13.01.29	供15509	豊原
第88師団司令部(要22951)	2068	306	江原伊川郡竜浦面上頭里201	昭19	高野炳道	大13.05.21	供14905	豊原
第88師団司令部(要22951)	2068	307	江原伊川郡竜浦面武陵里422	昭19	利原相穆	大13.04.20	供14996	豊原
第88師団司令部(要22951)	2068	308	江原伊川郡東面定洞里578	昭19	寺本寧金	大13.11.02	供15046	豊原
第88師団司令部(要22951)	2068	309	江原平康郡平康邑西辺里253	昭19	豊島泳傑	大13.11.23	供15079	豊原
第88師団司令部(要22951)	2068	310	江原平康郡県内面上元里318	昭19	金城奉錫	大13.09.07	供15113	豊原
第88師団司令部(要22951)	2069	311	江原平康郡平康邑福渓里650	昭19	金山成万	大12.10.19	供15064	豊原
第88師団司令部(要22951)	2069	312	江原平康郡平康邑富里478	昭19	金田鐘益	大13.01.20	供15065	豊原
第88師団司令部(要22951)	2069	313	江原平康郡平康邑東辺里346	昭19	金沢揚培	大12.12.10	供15063	豊原
第88師団司令部(要22951)	2069	314	江原伊川郡竜浦面文童里39	昭19	金良鳳	大13.06.24	供14991	豊原
第88師団司令部(要22951)	2069	315	江原平康郡平康邑上甲里15321	昭19	金秉五	大13.12.20	供15070	豊原
第88師団司令部(要22951)	2069	316	江原平康郡県内面馬場里89	昭19	黄村鐘鋼	大13.?1.?5	供15115	豊原
第88師団司令部(要22951)	2070	317	江原平康郡県内面馬場里65	昭19	金井清一	大13.08.11	供15111	豊原
第88師団司令部(要22951)	2070	318	江原伊川郡東面下倉里65	昭19	金田泰竜	大	供15044	豊原
第88師団司令部(要22951)	2070	319	江原伊川郡伊川面新興里134	昭19	金山守業	大13.11.01	供14960	豊原
第88師団司令部(要22951)	2070	320	江原平康郡県内面下洑里713	昭19	金[海]鎬変[鎬變?]		供15110	豊原
第88師団司令部(要22951)	2070	321	江原平康郡県内面馬場里571	昭19	金[海]京河	大13.03.07	供15109	豊原
第88師団司令部(要22951)	2070	322	江原平康郡県内面上文里796	昭19	金[海]春山	大13.09.17?	供50100	豊原
第88師団司令部(要22951)	2070	323	江原平康郡県内面梨木里830	昭19	金浦英禹(黄■)	大13.03.20	供15104	豊原

'조선인 제5방면군 유수명부'로 본 사할린・쿠릴・홋카이도 부대의… 277

部隊名	頁	No.	本籍地 (在留地)	徵集年	氏名	生年月日	供託金	[備考: 終戰時所在地]
第88師團司令部(要22951)	2071	324	江原平康郡平康邑羅梅里724	昭19	安東善郷	大13.03.21	供15096	豊原
第88師團司令部(要22951)	2071	325	江原平康郡県内面馬場里587	昭19	池田峯植	大13.04.10	供15102	豊原
第88師團司令部(要22951)	2071	326	江原伊川郡竜浦面成邑里1	昭19	大村万奎	大13.03.01	供14984	豊原
第88師團司令部(要22951)	2071	327	江原淮陽郡蘭谷面漕洞里98	昭19	金山鐘植	大13.02.01	供15492	豊原
第88師團司令部(要22951)	2071	328	江原淮陽郡安豊面新昌？里5	昭19	金本洪権	大13.07.19	供15512	豊原
第88師團司令部(要22951)	2071	329	江原平康郡平康邑西辺里347	昭19	金山在輝	大13.02.20	供15069	豊原
第88師團司令部(要22951)	2072	330	江原平康郡県内面新岱里339	昭19	金川承淑	大13.03.09	供15112	豊原
第88師團司令部(要22951)	2072	331	江原平康郡県内面上元？里326	昭19	康本錫弼	大13.08.31	供15134	豊原
第88師團步兵第25連隊(要2221)	2073	333	[咸北清津府浦項町47	昭18	新井哲雄	大11.11.12		逢坂・小沼
第88師團步兵第25連隊(要2221)	2073	335	咸南北青郡上東書面上乭？里1709	昭19	青木邦彦	大13.10.27	供8671	逢坂・小沼
第88師團步兵第25連隊(要2221)	2073	336	咸南洪原郡景雲面左下里11	昭19	新井政信	大13.01.30	供9781	逢坂・小沼
第88師團步兵第25連隊(要2221)	2073	337	咸南咸興府本町5-55	昭19	新井寅和	大15.10.14	供8385	逢坂・小沼
第88師團步兵第25連隊(要2221)	2073	338	咸南恵山郡恵山[邑]恵山里	昭19	石川現一	大13.04.18	供10229	逢坂・小沼
第88師團步兵第25連隊(要2221)	2074	340	咸南北青郡新北青面荷湖里2099	昭19	上原茂雄	大13.01.12	供8624	逢坂・小沼
第88師團步兵第25連隊(要2221)	2074	341	咸南定平郡宣徳面新南里278	昭19	梅山映？	大13.04.01	供9205	逢坂・小沼
第88師團步兵第25連隊(要2221)	2074	342	咸南定平郡定平面松亭里457	昭19	江村東穆	大13.09.10	供10330	逢坂・小沼
第88師團步兵第25連隊(要2221)	2074	343	咸南洪原邑蟹岩里19	昭19	江原在厚	大13.08.01	[供54543	逢坂・小沼
第88師團步兵第25連隊(要2221)	2074	344	咸南永興郡横川面坪里山	昭19	大山徳俊	大13.03.23	供10145	逢坂・小沼
第88師團步兵第25連隊(要2221)	2074	345	咸南洪原郡雲鶴邑山陽里560	昭19	大山賢次郎	大13.06.27	供9798	逢坂・小沼
第88師團步兵第25連隊(要2221)	2075	346	咸南豊山郡安水面平山里1553	昭19	大原春昇	大13.08.27	供8864	逢坂・小沼

部隊名	頁	No.	本籍地（在留地）	徵集年	氏名	生年月日	供託金	[備考: 終戰時所在地]]
第88師団歩兵第25連隊（要2221）	2075	347	慶北安東郡臨河面梧岱里132	昭18	金宮昇	大10.09.16	供30154/供号28121	逢坂・小沼
第88師団歩兵第25連隊（要2221）	2075	349	咸北慶源郡東原面新乾洞297	昭18	金原正雄	大12.02.01	供1076	逢坂・小沼
第88師団歩兵第25連隊（要2221）	2075	350	全南光州府西町232	昭18	河東義治	大元？.08.28	供32501/供号32803	逢坂・小沼
第88師団歩兵第25連隊（要2221）	2076	352	咸南北青郡上東書面下㐃里23統6戸	昭19	金村重潤	大13.05.11	供8674	逢坂・小沼
第88師団歩兵第25連隊（要2221）	2076	353	咸南永興郡長興面■峙里180	昭19	金林武夫	大13.10.13	供10034	逢坂・小沼
第88師団歩兵第25連隊（要2221）	2076	354	咸南北青郡北青邑棠浦里25	昭19	金城範植	大13.02.18	供8543	逢坂・小沼
第88師団歩兵第25連隊（要2221）	2076	356	咸南三水郡館興面下銀山里4	昭19	桓本文星	大12.12.13	供10669	逢坂・小沼
第88師団歩兵第25連隊（要2221）	2077	358	咸南洪原郡景雲面在湖里27	昭19	金川在■	大13.03.01	供9774	逢坂・小沼
第88師団歩兵第25連隊（要2221）	2077	359	咸南北青郡新昌邑浦青里53	昭19	金川裕昆	大13.01.02	供8802	逢坂・小沼
第88師団歩兵第25連隊（要2221）	2077	361	咸南北青郡新北青面楊川里2169	昭19	金本仲示	大13.02.08	供8625	逢坂・小沼
第88師団歩兵第25連隊（要2221）	2077	362	咸南新興郡下元川面新豊里91	昭19	金本益根	大12.12.19	供10791	逢坂・小沼
第88師団歩兵第25連隊（要2221）	2078	363	咸南永興郡橫川面山城里365	昭19	金城仁国	大13.06.20	供10146	逢坂・小沼
第88師団歩兵第25連隊（要2221）	2078	365	咸南文川郡豊下面上鷲岩里58	昭19	金森応亀	大12.12.25	供9680	逢坂・小沼
第88師団歩兵第25連隊（要2221）	2078	366	咸南定平郡高山面新成里15	昭19	金城守夫	大14.01.06	供10400	逢坂・小沼
第88師団歩兵第25連隊（要2221）	2078	367	咸南端川郡北斗日面大新里470	昭19	金江昭光	大13.01.25	供9518	逢坂・小沼
第88師団歩兵第25連隊（要2221）	2078	368	咸南文川郡北城面文坪里68	昭19	金原年泰	大13.09.02	供9659	逢坂・小沼
第88師団歩兵第25連隊（要2221）	2078	369	咸南定平郡広徳面長川里193	昭19	金城潤玉	大13.02.17	供10381	逢坂・小沼
第88師団歩兵第25連隊（要2221）	2079	370	慶南晋州郡晋州府西鳳町99	昭18	杞川豊濃	大03.03.10	供19888	逢坂・小沼
第88師団歩兵第25連隊（要2221）	2079	371	咸南咸州郡川西面元上里174	昭19	清原賢次郎	大13.10.25	供9135	逢坂・小沼
第88師団歩兵第25連隊（要2221）	2079	372	咸南北青郡新浦邑新浦里722	昭19	北川秉吉	大13.03.09	供8504	逢坂・小沼

'조선인 제5방면군 유수명부'로 본 사할린·쿠릴·홋카이도 부대의… 279

部隊名	頁	No.	本籍地 (在留地)	徵集年	氏名	生年月日	供託金	[備考: 終戰時所在地]]
第88師団歩兵第25連隊 (要2221)	2079	373	咸南永興郡永興邑都浪里28	昭19	木戸栄培	大13.09.24	供10039	逢坂·小沼
第88師団歩兵第25連隊 (要2221)	2079	374	咸南長津郡西閑面閑上里66	昭19	清原弼鳳?	大13.01.10	供8942	逢坂·小沼
第88師団歩兵第25連隊 (要2221)	2080	375	咸南文川郡明亀面蟾?湖里	昭19	雙城炳千	大13.07.22	供9598	逢坂·小沼
第88師団歩兵第25連隊 (要2221)	2080	376	咸南文川郡府内面内岩里120	昭19	雙城振玉	大13.01.08	供9646	逢坂·小沼
第88師団歩兵第25連隊 (要2221)	2080	377	平北新州府塔下洞9	昭18	安井成哲	大12.03.23	供2821	逢坂·小沼
第88師団歩兵第25連隊 (要2221)	2080	378	咸南利原郡利原面院上里178	昭19	柳原周東	大12.12.15	供8978	逢坂·小沼
第88師団歩兵第25連隊 (要2221)	2080	379	咸南長津郡長津面西興里36	昭19	安田応善	大13.04.22	供8937	逢坂·小沼
第88師団歩兵第25連隊 (要2221)	2080	380	咸南北青郡北青邑東里278	昭19	良州箕煥	大13.07.22	供8585	逢坂·小沼
第88師団歩兵第25連隊 (要2221)	2080	381	咸南端川郡何多面陽坪里741	昭19	古川栄屹	大13.08.31	供9416	逢坂·小沼
第88師団歩兵第25連隊 (要2221)	2081	382	咸南豊山郡安山面内中里1623	昭19	呉野炳高?	大14.03.04	供8853	逢坂·小沼
第88師団歩兵第25連隊 (要2221)	2081	383	咸南三水郡三水面隱浦里93	昭19	元春錫	大13.11.30	供10642	逢坂·小沼
第88師団歩兵第25連隊 (要2221)	2081	384	咸南元山府本町5丁目	昭19	河野英治	大13.10.03	供8226	逢坂·小沼
第88師団歩兵第25連隊 (要2221)	2081	385	咸南洪原郡竜浦面新徳里119	昭19	完山柱豹	大13.08.16	供9842	逢坂·小沼
第88師団歩兵第25連隊 (要2221)	2081	386	江原鉄原郡東松面五徳里215	昭18	白山昇濬	大10.05.16	供16166	逢坂·小沼
第88師団歩兵第25連隊 (要2221)	2082	387	咸南安辺郡瑞谷面中里224	昭19	茂原中寧	大13.08.23	供10561	逢坂·小沼
第88師団歩兵第25連隊 (要2221)	2082	388	咸南元山府新興洞32	昭19	白川俊雄	大13.05.10	供8240	逢坂·小沼
第88師団歩兵第25連隊 (要2221)	2082	389	咸南甲山郡同仁面含井浦里34	昭19	白川客基	大15.07.05	供9971	逢坂·小沼
第88師団歩兵第25連隊 (要2221)	2082	390	咸南永興郡仁興面豊畦?里17	昭19	李原宗福	大13.05.05	供10217	逢坂·小沼
第88師団歩兵第25連隊 (要2221)	2082	391	咸北鏡城郡朱南面水南洞151	昭18	武本森雄	大11.04.25	供1847	逢坂·小沼
第88師団歩兵第25連隊 (要2221)	2082	392	咸南甲山郡同仁面大興里82	昭19	豊田常弘	大12.12.30	供9975	逢坂·小沼

部隊名	頁	No.	本籍地 (在留地)	徴集年	氏名	生年月日	供託金	[備考: 終戰時所在地]
第88師団歩兵第25連隊 (要2221)	2082	393	咸南恵山郡雲興面雲寵里181	昭19	利川弘祐	大13.08.01	供10314	逢坂・小沼
第88師団歩兵第25連隊 (要2221)	2083	394	咸南北青郡佳会面鳳儀里313	昭19	永本容充	大13.09.01	供8613	逢坂・小沼
第88師団歩兵第25連隊 (要2221)	2083	395	咸南端川郡広泉面■項里221	昭19	橋村上彦	大14.09.14	供9453	逢坂・小沼
第88師団歩兵第25連隊 (要2221)	2083	396	咸南咸州郡退湖面笛調里98	[昭19]	林杞?弼	大13.06.22	供9308	逢坂・小沼
第88師団歩兵第25連隊 (要2221)	2083	398	平南安州郡立石面竜雲里10	昭18	平沼秀男	大12.10.27	供15498/7832	逢坂・小沼
第88師団歩兵第25連隊 (要2221)	2084	399	咸南咸州郡州北面興■里170	昭19	平山栄充	大13.09.01	供9059	逢坂・小沼
第88師団歩兵第25連隊 (要2221)	2084	400	咸南高原郡山谷面■田里168	昭19	平田永益	大13.05.16	供9741	逢坂・小沼
第88師団歩兵第25連隊 (要2221)	2084	401	咸南三水郡自西面新豊里36	昭19	平林永変	大13.11.06	供10704	逢坂・小沼
第88師団歩兵第25連隊 (要2221)	2084	402	慶北尚州郡外西面鳳凰里1034	昭18	福田昌禄	大10.06.04	供31085/供号29071	逢坂・小沼
第88師団歩兵第25連隊 (要2221)	2084	403	咸南安辺郡安辺面鶴城里50	昭19	星山昌竜		供10508?	逢坂・小沼
第88師団歩兵第25連隊 (要2221)	2084	405	咸南北青郡新北青邑宝泉里	昭19	松田徹琴	大12.12.10	供8577	逢坂・小沼
第88師団歩兵第25連隊 (要2221)	2085	406	咸南北青郡佳会面馬山里386	昭19	松原良中	大13.03.26	供8616	逢坂・小沼
第88師団歩兵第25連隊 (要2221)	2085	407	咸南端川郡利中面泉谷里43	昭19	瑞原義一	大13.08.11	供9441	逢坂・小沼
第88師団歩兵第25連隊 (要2221)	2085	408	咸南北青郡泥谷面洞里303?	昭19	水原時文	大13.07.22	供8794	逢坂・小沼
第88師団歩兵第25連隊 (要2221)	2085	410	咸南長津郡西閑面北水里99	昭19	吉村昌南	大13.06.18	供8947	逢坂・小沼
第88師団歩兵第25連隊 (要2221)	2086	411	咸南洪原郡普賢面乎上里133	昭19	英井芝根	大13.02.17	供9827	逢坂・小沼
第88師団歩兵第25連隊 (要2221)	2086	412	咸南咸州郡退湖面上松里167	昭19	李范均	大13.03.12	供9315	逢坂・小沼
第88師団歩兵第25連隊 (要2221)	2086	413	咸南新興郡新興面汝沙里219	昭19	柳原承南	大13.03.06	供10724	逢坂・小沼
第88師団歩兵第25連隊 (要2221)	2086	414	忠北沃川郡東二面水北里253	昭18	星村健夫	大12.08.01	供25586/供号39287	逢坂・小沼
第88師団歩兵第25連隊 (要2221)	2086	415	咸北明川郡下古面橋項里566	昭18	星山洪傑	大10.02.15	供2211	逢坂・小沼

部隊名	頁	No.	本籍地 (在留地)	徴集年	氏名	生年月日	供託金	[備考: 終戦時所在地]
第88師団歩兵第25連隊 (要2221)	2086	416	咸南永興郡仁興面夏洞里87		平康忠錫	大13.03.14	供10212	逢坂・小沼
第88師団歩兵第25連隊 (要2221)	2086	417	咸南安辺郡釋玉寺面錦舞?[里]232	昭19	平川香林	大13.01.18	供10591	逢坂・小沼
第88師団歩兵第125連隊 (要2232)	2088	419	咸北会寧郡会寧邑二洞75	昭18	岩村成直	大07.08.02	供598	古屯
第88師団歩兵第125連隊 (要2232)	2088	420	咸北会寧郡花豊面仁溪洞766	昭18	大原茂晴	大09.09.08	[供53998	古屯
第88師団歩兵第125連隊 (要2232)	2088	421	[咸北清津府浦項町77	昭18	金岡隆鎮	大11.04.27	供59	古屯
第88師団歩兵第125連隊 (要2232)	2088	422	咸南豊山郡天南面元興里46	昭19	金海鳳連	大13.06.03	供8880	古屯
第88師団歩兵第125連隊 (要2232)	2089	423	平北定州郡高安面渓湖洞736	昭18	菊原静夫		供4413	古屯
第88師団歩兵第125連隊 (要2232)	2089	425	咸北鏡城郡鏡城面周山洞87	昭18	永川武雄	大10.08.05	供2328	古屯
第88師団歩兵第125連隊 (要2232)	2089	426	咸南永興郡徳興面竜川里52	昭18	中城重相	大12.12.19	供10092	古屯
第88師団歩兵第125連隊 (要2232)	2089	427	平南成川郡四佳面天成里533	昭18	竹山鎮峻	大13.05.30	供8105	吉屯
第88師団歩兵第125連隊 (要2232)	2089	428	咸南新興郡下元川面新豊里188	昭19	玉山信鎬	大13.03.30	供10794	古屯
第88師団歩兵第125連隊 (要2232)	2090	430	咸南北青郡佳会面中里1041	昭19	月村南松	大13.06.03	供8611	古屯
第88師団歩兵第125連隊 (要2232)	2090	431	咸南咸興府金町1丁目46	昭18	鶴山日竜	大11.01.30	供8395	古屯
第88師団歩兵第125連隊 (要2232)	2090	432	平南徳川郡徳川面邑東里222	昭18	丁本圭徹	大11.08.18	供6688	古屯
第88師団歩兵第125連隊 (要2232)	2090	433	忠北清州郡北一面立東里5	昭18	野村英治	大10.05.20	供26220/供号39946	古屯
第88師団歩兵第125連隊 (要2232)	2090	434	咸北会寧邑一洞9	昭18	松村正弘	大10.02.22	供747	古屯
第88師団歩兵第125連隊 (要2232)	2091	435	咸南長津郡上南面倉坪里十一線九戸	昭19	宮本寅赫	大12.12.10	供8909	古屯
第88師団歩兵第125連隊 (要2232)	2091	436	咸南鏡城郡朱北面雲谷洞487	昭18	山原亮二	大10.06.12	供1743	古屯
第88師団歩兵第125連隊 (要2232)	2091	437	慶南昌寧郡遊漁面陣倉里819	昭18	吉浜徳治	大11.02.20	供22122	古屯
第88師団歩兵第125連隊 (要2232)	2091	438	全北益山郡皇華面華花里435	昭18	吉井亮彦	大11.08.30	供23932/供号■	古屯

部隊名	頁	No.	本籍地 (在留地)	徵集年	氏名	生年月日	供託金	備考: 終戦時所在地]
第88師団歩兵第125連隊 (要2232)	2091	440	咸南洪原郡竜浦面松上里224	昭19	新井竜変	大13.02.16	供9847	古屯
第88師団歩兵第125連隊 (要2232)	2091	441	咸北会寧郡八乙面霊泉洞87	昭18	西河基享	大10.06.02	供930	古屯
第88師団歩兵第125連隊 (要2232)	2092	442	咸南豊山郡熊耳面困？坪里226	昭19	宮本演松	大13.01.02	供8782	古屯

〈표 9〉 쿠릴에서의 조선인 군인 행방불명자 명부

部隊名	頁	No.	本籍地 (在留地)	徵集年	氏名	生年月日	供託金	[備考:終戰時所在地]
第89師団独立歩兵第419大隊 (推12698)	2093	445	全北全州府曙町イ164	昭18	正木武雄	大08.02.03	供22920/供号30801	千島択捉
第89師団独立歩兵第419大隊 (推12698)	2093	446	慶北醴泉郡知保面道化里1029	昭18	松田鐘輝	大02.04.01	供27667/供号25568	千島択捉
第89師団独立歩兵第420大隊 (推12699)	2094	447	全南麗水郡突山面郡内里1545 (545)	昭18	松原正煥	大13.12.02 (3)	供33969/供号34325	千島択捉
第89師団独立歩兵第420大隊 (推12699)	2094	448	全南長城郡長城邑竜岡里115	昭18	安井忠男	大11.08.22	供32870/供号33185	千島択捉
第89師団独立歩兵第420大隊 (推12699)	2094	449	全南済州島朝多村面翰村里1068	昭18	新井世一	大11.05.07	供35236	千島択捉
第89師団独立歩兵第420大隊 (推12699)	2094	450	全南務安郡飛禽面古西里219	昭18	岩谷有根	大14.04.22	供34316/供号34684	千島択捉
第89師団独立歩兵第420大隊 (推12699)	2094	451	全南海南郡門内面曳？洛里68	昭18	西原吉錫	大14.02.20	供33312/供号33138	千島択捉
第89師団独立歩兵第420大隊 (推12699)	2094	452	全南順天郡道砂面下岱里573	昭18	西原相哲	大？.？.17？	供35487	千島択捉
第89師団独立歩兵第420大隊 (推12699)	2095	460	全南長興郡夫山面虎渓里491	昭18？	金原和(邦)圭	大13.02.07	供32828/供号33140？	千島択捉
第89師団独立歩兵第420大隊 (推12699)	2095	461	全南麗水郡突山面新福里	昭18？	木下茂	大08.07.29	供33965/供号34321	千島択捉
第89師団独立歩兵第420大隊 (推12699)	2095	462	全南求礼村大字宮原106	昭18？	木村東烈	大13.01.05	供35326	千島択捉
第89師団独立歩兵第420大隊 (推12699)	2095	463	全南順天郡雙岩面道亭里844	昭18？	木川洪善	大13.03.15	供35463	千島択捉
第89師団独立歩兵第420大隊 (推12699)	2095	464	全南海南郡門内面石橋里1623	昭18？	新井興換	大12.02.20	供33308/供号33634	千島択捉
第89師団独立歩兵第420大隊 (推12699)	2095	465	全南唐津郡道岩面竜花里766	昭18？	新井秉淳	大14.01.24	供35056	千島択捉
第89師団独立歩兵第420大隊 (推12699)	2096	466	全南済州島済州邑同泉里2916	昭18？	高山台昊	大11.06.28	供35097	千島択捉
第89師団独立歩兵第420大隊 (推12699)	2096	467	全南霊岩郡西湖面奄吉里433	昭18？	松平吉洙	大14.11.22	供33723/供号34067	千島択捉
第89師団独立歩兵第420大隊 (推12699)	2096	468	全南海南郡門内面曳洛里368	昭18？	徳原尚完	大13.02.20	供52294	千島択捉
第89師団独立歩兵第420大隊 (推12699)	2096	469	全南谷城郡玉泉面舟山里772	昭18？	山田鐘燮	大14.08.14	供52605	千島択捉

部隊名	頁	No.	本籍地 (在留地)	徴集年	氏名	生年月日	供託金	[備考: 終戦時所在地]
第89師団独立歩兵第421大隊 (摧12623)	2097	470	慶北達城郡月背面上仁洞931	昭18	徳富正人	大08.07.29	供27252/供号■	千島択捉
第89師団独立歩兵第421大隊 (摧12623)	2097	471	慶南統営郡長承浦邑玉浦里179	昭18	陳山道錫	大09.04.08	供20289	千島択捉
第89師団独立歩兵第421大隊 (摧12623)	2097	473	忠南扶余郡九滝面東芳里206	昭18	杉山淳一	大11.11.25	供50757	千島択捉
第91師団戦車第11連隊 (先497)	2100	482	江原春川郡新北面池内里388	5期生	金谷泰益	昭02.01.27	供16680	千島占守
第91師団防空隊 (先12664)	2101	483	慶南東莱郡亀浦邑草明里1345	昭19	柳盛坤	大13.05.09	供19989	千島幌筵
第91師団独立歩兵第285大隊 (先12685)	2105	492	平北熙川郡熙川邑万洞29	昭18	白山善三	大03.02.27	供5586	占守→函館
第91師団独立歩兵第286大隊 (先12686)	2109	512	咸北茂山郡三社面倉坪洞160		吉川健治	大13.03.06	供54254	千島占守
第91師団独立歩兵第292大隊 (先12692)	2110	513	全北井邑郡新泰仁邑木湖里756	昭18	東信光	大13.03.11	供24532/供号32557	千島占守
第91師団独立歩兵第292大隊 (先12692)	2110	514	全北高敞郡茂長面万北里66	昭18	岩本相浩	大14.08.20	供23687/供号■	千島占守
第91師団独立歩兵第292大隊 (先12692)	2110	515	全北任実郡江津面葛渾里	昭18	梅田在玉	大12.11.10	供23034/供号30918	千島占守
第91師団独立歩兵第292大隊 (先12692)	2110	516	慶北義城郡金城面堤梧洞1032	昭18	金川義雄	大07.07.16	供57122	千島占守
第91師団独立歩兵第292大隊 (先12692)	2110	517	全北完州郡伊西面上林20	昭18	金原登竜雄	大■	供24638/供号32669	千島占守
第91師団独立歩兵第292大隊 (先12692)	2111	518	全北南原郡五時面月洛5	昭18	金井道相	大15.03.24	供23433/供号31336	千島占守
第91師団独立歩兵第292大隊 (先12692)	2111	520	全北金堤郡白鷗面嶺上里391	昭18	金倉基宗	大13.08.28	供24010/供号■	千島占守
第91師団独立歩兵第292大隊 (先12692)	2111	521	全北金堤郡月村面新月里372	昭18	木元奉鉉	大13.10.15	供23973/供号31931	千島占守
第91師団独立歩兵第292大隊 (先12692)	2111	522	全北任実郡徳峙面勿憂里	昭18	木下暢權	大13.01.18	供23048/供号30932	千島占守
第91師団独立歩兵第292大隊 (先12692)	2111	523	全北扶安郡幸安面新基里803	昭18	田村秀夫	大14.03.14	供23523/供号■	千島占守
第91師団独立歩兵第292大隊 (先12692)	2111	524	全北全州府老松町515	昭18	豊山基享	大13.07.09	供22882/供号30762	千島占守
第91師団独立歩兵第292大隊 (先12692)	2112	525	全北錦山郡済原面済原里265	昭18	共田成鎮	大15.03.06	供24261/供号■	千島占守

'조선인 제5방면군 유수명부'로 본 사할린·쿠릴·홋카이도 부대의…

部隊名	頁	No.	本籍地 (在留地)	徵集年	氏名	生年月日	供託金	[備考：終戰時所在地]
第91師団独立歩兵第292大隊 (先12692)	2112	526	全北任実郡聖寿面三峰里 (710)70	昭18	扶金咯(洛)基	大13.01.11	供23030/供号30914	千島占守
第91師団独立歩兵第292大隊 (先12692)	2112	527	全北完州郡参礼面新金里371	昭18	中山熙城	大14.07.24	供23110/供号32758	千島占守
第91師団独立歩兵第292大隊 (先12692)	2112	528	全北淳昌郡赤城面支北里393	昭18	華山滉鏞	大13.09.02	供24268/供号■	千島占守
第91師団独立歩兵第292大隊 (先12692)	2112	529	全北金堤郡鳳山面鳳山里435	昭18	信原光男	大12.05.09	供24124/供号■	千島占守
第91師団独立歩兵第292大隊 (先12692)	2113	530	全北茂朱郡赤裳面三地里	昭18	林容圭	大13.05.03	供24335/供号32348	千島占守
第91師団独立歩兵第292大隊 (先12692)	2113	531	全北鎮安郡富貴面斗南里438	昭18	平岡珍錫	大12.06.29	供23193/供号31082	千島占守
第91師団独立歩兵第292大隊 (先12692)	2113	532	全北錦山郡秋富面備礼里64	昭18	光原栄治	大12.04.24	供24229/供号■	千島占守
第91師団独立歩兵第292大隊 (先12692)	2113	533	全北益山郡三箕面蓮洞里378	昭18	宮本溁	大13.03.04	供23812/供号■	千島占守
第91師団独立歩兵第292大隊 (先12692)	2113	534	全北茂朱郡赤裳面三加里167	昭18	山本文雄	大15.03.03	供24337/供号32350	千島占守
第91師団独立歩兵第292大隊 (先12692)	2113	535	全北金堤郡孔？徳面黄山里446	昭18	柳川賛永	大12.12.08	供24127/供号■	千島占守
第91師団独立歩兵第292大隊 (先12692)	2113	536	全北錦山郡錦山邑中島里573	昭18	仁村海俊	大13.06.25	供52064	千島占守
第91師団独立歩兵第292大隊 (先12692)	2114	537	全北全州府大正町4丁目26	昭18	山本英喆	大12.12.08	供22945/供号30829	千島占守
第91師団独立歩兵第292大隊 (先12692)	2114	538	全北井邑郡瓮東面梅井里136	昭18	山田圭範	大12.11.30	供24504/供号32528	千島占守
第91師団独立歩兵第292大隊 (先12692)	2114	539	全北益山郡咸悦面南堂里702	昭18	安東重烈	大14.09.19	供23873/供号■	千島占守
第91師団独立歩兵第293大隊 (先12693)	2115	541	全北長水郡渓内面長渓里117	昭18	岩平武丸	大13.08.29	供23116/供号31004	千島占守
第91師団独立歩兵第293大隊 (先12693)	2115	542	全北南原郡周生面中洞里	昭18	井原鎬恍	大14.11.25	供23423/供号31324	千島占守
第91師団独立歩兵第293大隊 (先12693)	2115	543	全北任実郡屯南面槩樹里59	昭18	井平良善	大12.02.12	供23050/供号30934	千島占守
第91師団独立歩兵第293大隊 (先12693)	2115	544	全北金堤郡青蝦面官上里316	昭18	江本重渕	大12.12.04	供24065/供号■	千島占守
第91師団独立歩兵第293大隊 (先12693)	2116	545	全北金堤郡孔徳面馬峴里555	昭18	江城甲英	大13.06.26	供24077/供号■	千島占守

部隊名	頁	No.	本籍地（在留地）	徴集年	氏名	生年月日	供託金	[備考：終戦時所在地]
第91師団独立歩兵第293大隊（先12693）	2116	546	全北南原郡己梅面大栗里569	昭18	金光容根	大13.10.20	供23447/供号31350	千島占守
第91師団独立歩兵第293大隊（先12693）	2116	547	全北益山郡硪？山面斗余里1089	昭18	金城景雲	大14.07.03	供23878/供号■	千島占守
第91師団独立歩兵第293大隊（先12693）	2116	548	全北高敞郡上下面劍山里353	昭18	金山東容	大13.06.14(10)	供23713/供号■	千島占守
第91師団独立歩兵第293大隊（先12693）	2116	549	全北益山郡入峰面月星里76	昭18	国本正雄	大14.04.01	供23762/供号■	千島占守
第91師団独立歩兵第293大隊（先12693）	2116	550	黄海松木郡長陽面錢山里443	昭18	貞石正光	大14.04.11	供18949	千島占守
第91師団独立歩兵第293大隊（先12693）	2116	551	全北錦山郡富利面倉坪里	昭18	茂原栄秀	大09.09.10	供52071	千島占守
第91師団独立歩兵第293大隊（先12693）	2117	552	全北長水郡長水面東村里2？10	昭18	白源旭光	大12.06.02	供23093/供号30980	千島占守
第91師団独立歩兵第293大隊（先12693）	2117	553	全北扶安郡上西面通井里52	昭18	徐城福男	大12.06.12	供23548/供号■	千島占守
第91師団独立歩兵第293大隊（先12693）	2117	554	全北益山郡五宮面光岩里470	昭18	鈴川一炳	大13.04.25	供23836？/供号■	千島占守
第91師団独立歩兵第293大隊（先12693）	2117	555	全北井邑郡泰仁面泰昌里9	昭18	長田判俊	大12.10.26	供24488/供号32512	千島占守
第91師団独立歩兵第293大隊（先12693）	2117	556	全北淳昌郡八徳面瑞興里40	昭18	林竜鎬	大14.02.20	供24300/供号■	千島占守
第91師団独立歩兵第293大隊（先12693）	2118	557	黄海安岳郡邑瑞山里138	昭18	平田武雄	大13.03.30	供18491	千島占守
第91師団独立歩兵第293大隊（先12693）	2118	558	全北完州郡所陽面新元里54	昭18	平沼判基	大15.03.20	供24615/供号32643	千島占守
第91師団独立歩兵第293大隊（先12693）	2118	559	全北井邑郡永元面隠仙里213	昭18	古川珠恨	大14.02.14	供24443/供号32465	千島占守
第91師団独立歩兵第293大隊（先12693）	2118	560	全北金堤郡聖徳面大木里13	昭18	藤村在変	大13.11.01	供24062/供号■	千島占守
第91師団独立歩兵第293大隊（先12693）	2118	561	全北金堤郡進鳳面上蕨里472	昭18	松山正■	大11.06.24	供24047/供号■	千島占守
第91師団独立歩兵第293大隊（先12693）	2118	562	全北義州郡義州邑南■洞152	昭18	正木徳雄	大05.02.02	供5064	千島占守
第91師団独立歩兵第293大隊（先12693）	2118	563	全北錦山郡南■面下金里201	昭18	松島炳珣	大14.04.03	供24167/供号■	千島占守
第91師団独立歩兵第293大隊（先12693）	2119	564	全北金堤郡金堤邑葛公里2？49	昭18	宮原文治	大12.07.22	供23953/供号■	千島占守

部隊名	頁	No.	本籍地 (在留地)	徴集年	氏名	生年月日	供託金	備考：終戦時所在地
第91師団独立歩兵第293大隊（先12693）	2119	565	全北完州郡■浦面新城里851	昭18	光枝甲石	大14.01.05	供24569/供号32595	千島占守
第91師団独立歩兵第293大隊（先12693）	2119	566	全北鎮安郡白雲面盤松里36 (5)	昭18	山田基(貴)奉	大13.04.05	供23178/供号31067	千島占守
第91師団独立歩兵第293大隊（先12693）	2119	567	全北益山郡北一面新竜里777		清水福元		供52002	千島占守

스미토모(住友) 고노마이(鴻之舞)광산 발신전보 (發信電報)를 통해 살펴본 조선인 노무동원 실태

정 혜 경

　이 논문은 강제동원위원회(일제강점하강제동원피해진상규명위원회. 2010년 3월 22일 이후 대일항쟁기강제동원피해조사및국외강제동원희생자등지원위원회)가 2009년말에 발간한『강제동원 명부해제집 1』에 부족한 지면을 해결하기 위해 시작한 해제작업에서 시작되었다. 이 과정에서 국가기록원 작업의 오류가 생각보다 지나침을 발견했음은 물론이다. 결국 모든 자료를 다시 엑셀파일에 입력을 하고 여러 방법으로 값을 추출하여 새로운 강제동원피해자명부를 작성하고, 해제도 완성했다. 그 과정에서 김난영 조사관의 도움이 컸다.

　그러나 이 논문은 명부해제집에 실린 해제와 다른 내용을 담고 있다. 일단 '발신전보'라는 자료의 활용방법을 공유하고자 하는 의도가 깅했으므로 해제가 아닌 명부분석의 논문으로 작성 방향을 잡았다. 연구 방향도 발신전보의 특성을 인정하면서 이 자료를 중심으로 고노마이광산과 관련한 다양한 자료를 교차 분석하는 방법으로 정했다.

　발신전보는 필요할 때 보내는 통신수단이다. 전화가 일상적인 통신수단으로 자리하지 못한 전시체제기에 전보는 일반적이고도 유용한 통신수단이었다. 당시 고노마이광산 및 이와 관련된 인물이 보낸 전보는 동원계획과 송출과정은 물론, 가족의 도일과 관련된 내용, 일시귀선을 위한 준비, 광산의 휴산 및 전환배치 현황, 계약만기자 및 질병송환자의 귀선과정, 종전에 즈음한 귀환과정 등을 다루었다. 아울러 현지 사고와 이로 인한 사망, 사망자에 대한 처리 문제도 상세하다. 그러므로 발신전보는 1939년 이후 고노마이광산의 조선인 노무관리의 전체 흐름을 살펴보는 데 중요한 자료이다.

그러나 발신전보라는 자료가 갖는 특성(필수적 내용, 일방성)을 보완하는 노력이 필요한 자료이기도 하다. 발신전보와 짝을 이루는 수신전보, 해당 사안에 대한 기업 문서(보고서, 기안문 등)가 필요하다. 해당 사안 관련자들의 기록(문헌, 구술기록)과 신문자료, 사진자료 등도 주요한 분석 대상자료이다. 이를 통해 고노마이광산 조선인 노무동원의 전체적인 내용이 밝혀질 수 있다. 그러나 이 논문에서는 구술기록을 충분히 반영하지 못했다.

전보문은 명부가 아니다. 그러므로 먼저 세부 내용을 일일이 독해하는 방식으로 내용 파악을 해야 한다. 이러한 내용 파악이 완료된 이후에 명부DB가 만들어져야 한다. 그런데 국가기록원 명부DB는 사전 작업을 거치지 않고, 전보 내용 가운데 보이는 인명을 골라내서 입력하는 방식을 취했다. 그러다보니 당연히 누락된 내용이 많아졌다. 이러한 명부DB자료는 도리어 이용자들에게 혼란을 준다. 수정되어야 한다. 이를 포함해 그동안 여러 차례 지적한 국가기록원 명부DB의 오류가 수정되기를 기대한다.

Ⅰ. 머리말

전시체제기 일본이 제국 전역을 대상으로 인력과 물자를 동원한 사실을 뒷받침하는 자료는 적지 않다. 법령을 비롯하여 정부 차원의 공문서, 각의결정, 의회속기록 등 당대를 이해할 수 있는 자료는 다양하다. 그러나 기업이 생산한 자료로 고개를 돌려보면, 상황은 달라진다. 더구나 조선인 동원과 노무관리에 대한 자료는 희소한 편에 속한다. 당시 규정에 의하면, 해당 기업은 인력 관리 및 노무관리에 대한 기록을 남기고, 반드시 감독관청에 보고하도록 되어 있었다. 그런데 어쩐 일인지 그와 관련한 기업문서는 찾기 어렵고, 설사 발굴한다 해도 온전한 형태가 아닌 매우 단편적인 정보만이 남아 있다. 은닉 또는 멸실했기 때문이다.

기록학에서 문서(record)는 원질서를 유지할 때 의미를 갖는다. 문서철에서 튀어나와 출처를 알 수 없는 문서 한 장은 기록물이 아니라 폐지(廢紙)일 뿐이다. 단편적인 자료만으로 파악할 수 있는 실상은 제한적이고 많은 오류를 낳을 수 있다. 그러므로 기업문서를 통해 전시체제기 조선인 강제동원을 규명하기 위해서는 온전한 문서철들을 발굴해야 한다.

그렇다면 현재 온전한 형태의 자료는 찾을 수 없는가. 물론 쉬운 일은 아니다. 그러나 불가능한 일도 아니다. 전시체제기 조선인을 동원하여 작업장을 가동한 기업들은 일본 정부의 주관 아래 기업이 주도한 강제동원과 강제노동이 사실 자체를 감추고자 노력했다. 그러나 세월의 흐름과 더불어 이를 찾고자 하는 이들의 의지와 수고로 인해 이러한 류의 문서철이 완전히 사라진 것이 아니라 감춰졌다는 의혹은 서서히 드러나고 있다.

규슈(九州)대학 소장 아소(麻生)광산 문서와 같이 일반인의 접근 자체가 불가능하지만 방대한 양의 기업 문서가 있다. 경제학자 고쇼 타다시(古庄正) 교수가 고마자와(駒澤)대학 도서관에서 우연히 찾아낸 일본제철주식회사 생산 문서철도 선후 관계를 잘 보여주고 있다.[1] 비록 미공개이지만 홋카이도(北海道)대학에는 북해도탄광기선주식회사의 방대한 문서철이 보관되어 있다.[2] 박순원의 박사논문과 미국 소송을 통해 확인된 오노다(小野田)시멘트주식회사 생산 문서도 주목할 만하다. 복잡한 절차와 시간을 들여야 하는 수고로움은 있지만 일본공문서관 츠쿠바(築波)분관에서는 폐쇄기관 관련 자료를 열람할 수 있다. 그러나 모두 접하기 쉽지 않다는 점은 같다.

일반 연구자들이 접할 수 있는 기업생산문서의 하나는 스미토모(住友) 고노마이(鴻之舞)광산 관련 기록이다. 다른 기업생산 문서와 달리 홋카이도 관내 여러 기관에 분산되어 있었던 자료를 홋카이도에서 자료 발굴에 노력을 기울였던 경제학자 모리야 요시히코(守屋敬彦)가 수집하여 정리한 결과물이다. 그러므로 고노마이광산의 전체 문서철이 온존한 상태가 아니지만 문서철 내 편철 질서는 유지하고 있어서 활용은 가능하다. 모리야 교수는 이 자료들을 십수년간 공을 들여 정리 분석하여

---

[1] 고쇼 타다시(古庄正) 교수는 1993년 고마자와(駒澤)대학에서 발간된 경제학논집(25권 1호)에 「일본제철주식회사의 조선인강제연행과 전후처리」라는 논문을 발표하면서 일본제철에 동원된 조선인 노무자 문제를 학계에 소개되었다. 이 논문은 1974년 고마자와대학 도서관이 구입한 『朝鮮人勞務者關係』(일본제철 주식회사 총무부 근로과의 내부 자료)의 내용을 중심으로 조선인 노무자 강제동원의 실태를 소개하고 미불금공탁 등 전후 처리 과정을 언급한 연구성과이다. 또한 2002년에는 「조선인강제연행과 광고모집」(『在日朝鮮人史硏究』 32호)이라는 논문을 통해 동원의 허구성을 규명했다. 이러한 일련의 연구성과를 통해 일제말기에 조선인이 어떠한 과정을 통해 일본제철주식회사(이하 일본제철)에 연행되었으며, 현재 미불금 문제 처리가 어떻게 진행되고 있는가 하는 점에 대해 알려지게 되었다. 古庄正,「日本製鐵株式會社の朝鮮人强制連行と戰後處理」,『經濟學論集』25卷 1号, 1993 ;「朝鮮人强制連行と廣告募集」,『在日朝鮮人史硏究』32호, 2002.

[2] 이 자료에 대해서는 白木澤旭兒 등 몇몇 연구자들이 목록을 소개했다. 이 내용을 정리한 글이 박맹수,「한국인강제연행자료목록 해제」(『조선인강제연행자료목록-일본지역』, 독립기념관 한국독립운동사연구소, 2003)이다.

1990년대초에 주요 내용을 자료집(『戰時外國人强制連行關係資料集』)으로 공개했다.[3] 다만 아쉬운 것은 자료집을 발간하는 과정에서 가독성을 고려해 원본 대신 정리본(인쇄)을 수록했다는 점과 발굴 당시 자료의 상태, 정리 과정 등을 공개하지 않아 분석과정에서 원질서가 훼손되었는지 여부를 확인할 수 없다는 점이다. 전공 불문하고 관련 연구자들에게 사료학이나 기록학(Archival Science)에 대한 이해가 필요해 보인다.

모리야 교수가 편집한 자료집은 매우 다양한 고노마이광산 관련 자료를 수록하고 있다. 이 글은 그 가운데 한 종류인 발신전보(發信電報)를 통해 조선인 노무동원의 단면을 살펴보고자 하는 논문이다. 여러 종류의 고노마이광산 관련 자료 가운데 이 자료를 분석대상으로 삼은 이유는 비록 단일자료이기는 하지만, 생산시기가 고노마이광산이 조선에서 노무자를 이입한 전 시기를 대상으로 하고 있으므로 자료 완결성이 높고 송출과정과 재해, 사망 등 노동실태를 파악할 수 있는 다양한 점을 볼 수 있기 때문이다.

분석 대상 자료(發信電報)는 스미토모 고노마이광산이 조선의 파견 직원(모집담당자)이나 행정관청에 보낸 전보철이다. 발신전보에는 지산(支山)인 이나우시(伊奈牛)광산과 야소시(八十士)광산도 포함되어 있으나 이를 제외한 고노마이광산만을 분석대상으로 한다.

수신전보는 담당부서와 담당자에게 전달되므로 보존되기 어렵지만 발신전보는 서무과 등에서 일괄하여 발신하므로 비교적 남기기 쉽다는 특징이 있다. 이 자료는 명단작성을 목적으로 한 명부는 아니지만 이

---

3) 守屋敬彦, 『戰時外國人强制連行關係資料集 Ⅲ 朝鮮人 2 下』, 明石書房, 1991. 이 자료는 모리야 교수가 발표한 연구 논문의 토대가 되었다. 「金屬鑛山と朝鮮・韓國人强制連行－住友鴻之舞鑛山」, 『道都大學紀要』 제9호, 1990 ; 「支拂依賴書綴よりみたる住友鴻之舞鑛山朝鮮人强制連行」, 『道都大學紀要』 제10호, 1991 ; 「住友鴻之舞鑛山への强制連行朝鮮人の勞働災害」, 『朝鮮人强制連行論文集成』, 明石書店, 1993.

자료에는 상당수의 명단이 기재되어 있어서 국가기록원 누리집에서도 찾을 수 있고, 위원회(대일항쟁기강제동원피해조사및국외강제동원희생자등지원위원회)에서는 이 자료에 수록된 명단을 피해조사에 활용하고 있다.

물론 이 글은 명부가 아닌 전보철로서 발신전보라는 자료를 활용한 연구이다. 그러나 이 자료에 담긴 명부도 분석 대상에 포함되므로 한편으로는 명부자료의 또 다른 분석방법으로 의미를 가질 수 있다고 생각한다.

전보나 서신 등은 발신과 수신을 함께 구비하고 있어야 의미가 있는 쌍방향성 사료이다. 그런데 이 자료는 발신전보로만 구성되어 있어서 일방성을 극복할 다양한 분석 방법이 필요하다. 이러한 점에 주목하면서 글을 시작한다.

II. 발신전보의 구성 및 수록내용

먼저 자료의 구성 및 수록내용을 살펴보기로 하자.

이 자료는 스미토모 소속 고노마이광산이 1939년(9.4)~1945년(12.22)까지 조선의 파견직원(모집담당자)이나 행정관청에 보낸 발신전보철이다. 『戰時外國人强制連行關係資料集Ⅲ 朝鮮人 2 下』에 수록(1489~1529쪽)되었고, 표제 전보문(인쇄본) 41쪽으로 구성되었다. 모리야 요시히코(守屋敬彦)의 해제에 의하면, 몬베쓰(紋別)시립향토박물관 소장 자료로서 1939~1945년까지 '전보발신확증철(電報發信確證綴)' 등에서 조선인 강제동원과 관련한 내용을 연월일순으로 정리한 자료이다. 그러나 내용의 흐름에서 누락된 부분이 많은 점을 볼 때, 이 시기 고노마이광산이 조선인 노무자동원과 관련해서 보낸 모든 발신전보로 보기는 어렵다.

고노마이광산은 1917년 스미토모(住友)[4]가 경영권을 얻은 이후 1973년

폐산까지 조업한 광산으로 금, 은, 동을 산출했다. 일본 당국이 1937년 8월 산금법을 공포하고 산금5개년계획을 결정하는 등 광물의 증산을 독려했으나 중일전쟁의 장기화로 일본인 광산노동자가 병사로 징집되어 조업에 지장을 초래하자 조선인을 동원하기 시작했다. 그 후 광산노동자와 거주 가족의 증가로 1942년에는 인구 13,000명에 이를 정도였다. 그러나 1943년 3월 전국 470개 금광산에 대한 휴폐산 정책으로 소속 광부들은 전환배치되었다.5)

이 발신전보는 모집방법, 모집비용 송금, 모집종사자의 거점, 연행자 수송 경로·방법·출발지·도착지·일시, 노동재해발생보고·유족통지, 장례식 실시, 유골전달방식, 탈출자 수색 및 검거, 일시귀선이유·방법, 가족 부르기, 기간만료자 귀국, 1943년 4월 전광(轉鑛) 관계, 패전 후 귀국관계 등 다면적인 것을 알 수 있다.

이 가운데 가장 많은 것은 사고사망·병사 통지, 장례식에 관한 것으로 광산감독국·군수·면장·경찰서·유족에 반드시 발신하고 있다. 1940년 전반경까지는 사고 상황과 병의 증상도 타전하고 있지만, 그 이후 시기에는 사망 후에 단지 몇월 며칠 몇시 몇분에 사망했다는 식의 형식적인 문장으로 발신하고 있다. 그다음으로 많은 것은 가족의 질병과 사망, 본인의 결혼 등으로 일시귀선을 요청한 전문에 대해 몬베쓰경찰서를 통해 상대 경찰서에 확인하는 전보이다.

전보문은 전문이 '가타가나(ガタガナ)'로 기재되어 있는데, 사망통지

---

4) 현재 일본 3대 재벌의 하나인 스미토모그룹은 전시체제기에 120개 기업에 투자했고, 자본금이 100억 엔을 넘을 정도로 큰 기업이었다. 일본은 물론이고, 한반도와 사할린 등 일본 제국 영역에 계열사를 거느리고 있었다. 1945년 10월 연합군총사령부(GHQ)가 본사의 해산을 공식화했으나 전후 재건하여 현재 스미토모상사, 미쓰이·스미토모은행, 스미토모금속공업 등 20여 핵심계열사를 거느리고 있다.
5) 守屋敬彦, 「解題」, 『戰時外國人强制連行關係資料集Ⅲ 朝鮮人 2 下』, 1261~1262쪽.

서 등을 여러 곳에 동시에 발신하는 경우에 주로 광산감독국·군수·면장 앞으로 보내는 것은 원문 전문이, 그 외는 발신번호·연월일·발신시간·수신처·수신자 이름이 기재되어 있다. 특히 전보문내용과 차이가 나는 부분을 원문 그대로 게재하기도 했다. 더구나 가족의 질병과 사망 본인 결혼 등으로 일시귀선을 요청한 전보문에 대해 몬베쓰 경찰서에서 상대 경찰서로 문의하는 전보는 전부 동일한 형식의 문장이다.6)

발신전보의 연도별 현황을 보면 다음과 같다.

〈표 1〉 연도별 수록 개요

연도별	수록 전보	딸림 전보 현황	수록 인원 현황
1939	13건	1건	3명
1940	185건	100건	46명
1941	264건	173건	23명
1942	238건	123건	39명
1943	103건	54건	11명
1944*	32건	11건	1명
1945*	14건	4건	1명
합계	849건(고노마이광산 803건)	466건	123명

* 이나우시(伊奈牛), 야소시(八十士)광산 관련

1942년까지 238건이었던 발신전보의 수가 1943년에 줄어든 이유는 1943.3. 고노마이광산 광부의 전환배치조치로 인해 조선에서 신규 동원을 실시하지 못했기 때문이다. 그러므로 이후 전보의 내용은 스미토모 소속 이나우시(伊奈牛)광산과 야소시(八十士)광산 동원 관련 전보이다.

위 〈표 1〉의 수록인원현황에 의하면, 이 자료에는 123명이 수록되어

6) 『戰時外國人强制連行關係資料集Ⅲ 朝鮮人 2 下』, 2102쪽.

있다. 발신전보 내용에서 조선인 인명을 추출하면, 126명이다. 이 가운데 2명은 '김', '쿄독쿤' 등으로 표기되어 있어 확인이 불가능하다.[7] 그러므로 확인 가능한 인명은 123명이다.[8]

　이 자료(발신전보)는 국가기록원이 DB를 완료하여 위원회에서 활용하고 있다. 그러나 국가기록원의 DB는 인원수뿐만 아니라 구체 항목에서도 오류를 나타내고 있다. 국가기록원 DB는 생년월일과 본적지 항목이 있다. 본적지는 엄밀히 보면 가족의 주소지이지만, 당시 상황으로 보면 본적지와 큰 차이를 보이지 않을 것으로 보인다. 문제는 생년월일이다. 국가기록원 DB에서 생년월일로 기재한 일자는 전보의 발신일자이다. 발신일자가 사망일자와 동일할 수도 있으나 생년월일은 절대로 될 수 없다. 이는 명백한 오류이자 이용자들에게 혼란을 가져다주는 정보일 뿐이다.

---

7) 그 외 '온신에이'라는 이름이 있는데, 국가기록원 DB에 온신에이는 김진영으로 기재되어 있다. 주소지가 동일한 것으로 볼 때 김진영이 정확할 것으로 생각된다.
8) 국가기록원 DB에는 수록인원이 105명으로 기재되어 있다. 차이가 나는 이유는 무엇인가. 국가기록원은 DB로 작성할 당시, 발신전보자료의 수록인원을 105명으로 파악하고 입력했다. 그러나 필자가 파악한 결과, 105명 가운데에는 중복 기재자가 6명(김오득, 김진영, 김창욱, 노기남, 박주영, 최봉순)이 있고, 누락된 인명이 보이므로 실제 수록 인원은 123명이다. 국가기록원 DB에 수록되지 않은 인명을 확인해보면, 총 25명이다. 25명과 관련한 내용은 일제강점하강제동원피해진상규명위원회(현 대일항쟁기강제동원피해조사및국외강제동원희생자등지원위원회), 『강제동원 명부해제집 1』, 2009 참조.

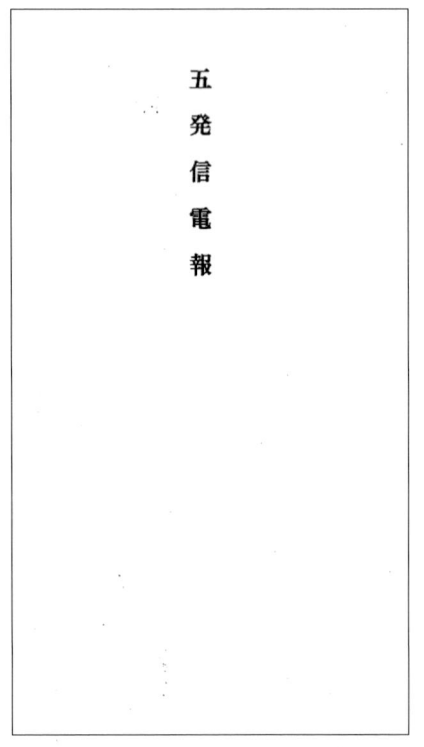

발신전보 표지(자료집 수록 인쇄본)   1면(인쇄본)

III. 발신전보에 나타난 조선인 노무동원 실태
   : 송출에서 귀환(미귀환)까지[9]

　고노마이광산이 조선의 직원에게 전보를 보낸 이유는 조선인들을 동원하고, 이들을 관리하기 위해서이다. 주제별 현황을 살펴보자.

---

9) 전보의 주요 내용에 대해서는 〈부록〉 참조.

〈표 2〉 주제별 수록 현황

주제별	수록 전보
송출관련[10]	221건
노무관리[11]	251건
재해·부상·사망	254건
귀선[12]	49건
전근(전환배치)[13]	22건
기타	6건

크게 대별한 주제 가운데 가장 많은 전보가 발신된 주제는 재해·부상·사망과 노무관리, 송출관련 순이다. 발신전보란, 고노마이광산과 외부 관계자의 관계성을 나타내는 자료이다. 그러므로 광산 측이 전보를 다수 발신한 주제는 광산 측의 업무 핵심 주제이다.

1. 송출과정

첫 번째, 송출(동원)과정을 살펴보자. 고노마이광산은 조선에서 총23회 조선인을 동원한 것으로 알려져 있다.[14] 발신전보 가운데 조선인 송출(고노마이광산 입산) 과정에 관한 직접적인 전보는 221건이다.

이를 통해 4·5회, 16·17회, 18회가 연속적으로 진행되었음을 알 수 있다. 특히 1942년에는 6개월간 13회의 입산이 이루어질 정도로 간격이 좁았다. 이러한 동원이 가능했던 이유는 동원대상지역에 모집인이 상주

---

10) 송출, 송출관련 비용, 모집인의 동원관련 활동 등.
11) 일시귀선관련, 가족도일, 탈출관련 등 포함.
12) 재해나 질병으로 송환이 불가피한 자, 기간만료로 인한 귀선 조치 관련 전보.
13) 1943.4. 당국의 조치로 인한 전환배치 관련 전보.
14) 고노마이광산 입산 인원수에 대해서는 정혜경, 「명부기록을 통해 본 일본 본토 조선인 노무자 '전환배치': 광산을 중심으로」, 『일본 제국과 조선인 노무자 공출－조선인 강제연행·강제노동 연구Ⅱ』, 선인, 2011 참조.

〈표 3〉 조선인 송출 관련 전보 발신 현황

번호	입산일[15]	실제입산자	송출관련전보
鴻之舞1	40.10.7	302	9
鴻之舞2	40.1.6	100	3
鴻之舞3	40.3.27	120	6
鴻之舞4	40.9.29	70	5
鴻之舞5	40.9.28	28	
鴻之舞6	40.12.8	115	26
鴻之舞7	41.1.16	89	17
鴻之舞8	41.3.22	155	24
鴻之舞9	41.9.8	298	14
鴻之舞10	41.12.21	242	18
鴻之舞11	42.3.16	91	25
鴻之舞12	42.3.19	56	
鴻之舞13	42.4.4	81	12
鴻之舞14	42.4.20	87	8
鴻之舞15	42.5.6	67	6
鴻之舞16	42.6.6	98	20
鴻之舞17	42.6.7	94	
鴻之舞18	42.6.8	78	
鴻之舞19	42.8.7	50	6
鴻之舞20	42.8.15	100	5
鴻之舞21	42.8.23	97	5
鴻之舞22	42.8.29	100	5
鴻之舞23	42.9.22	45	7

하면서 행정관청의 적극적인 지원 아래 상시적으로 동원업무를 담당했기 때문이다.

　23회 가운데 모든 송출과정을 상세히 보여주는 사례는 찾기 어렵다. 회차별 입산일 간격이 1주일 이내로 근접한 경우에는 '입산감사인사'전보

---

15) 기록된 입산일이 다른 자료에서는 2~3일 차이를 보인다. 이는 입산자의 광산 등록일자와 관련이 있기 때문으로 판단된다.

로만 채워진 경우가 대부분이다. 이 가운데 몇몇 송출과정을 살펴보자.

1차 모집(1939.10.7, 302명)과 관련한 발신전보는 9건(이 기간 중 발신전보 건수는 11건)이다. 경성 大福屋여관에 투숙 중이던 모집책 가와가미(川上)의 전보에 대한 회신에 시작한 전보는 302명을 동원하기 위한 세부과정을 보여준다.

- **조선의 송출 준비:** 9.20. 고노마이광산의 하라(原)는 조선인 오타루 도착 관련해 협의함과 동시에 천안여관의 모집책(鶴間勇)에게도 수송준비를 지시한다. 鶴間勇은 연이어 인솔증명서 등 관련 서류에 대한 지시를 받고 하라 등 17명이 10.4. 송출준비를 완료했다.
- **홋카이도의 입산 과정:** 10.7. 고노마이광산의 오타(太田)는 조선인들의 입산완료와 관련하여 니시무네 홋카이도청 학무부 직업과장을 비롯한 관련자들에게 통보를 한다.
- **후속 조치:** 고노마이광산 관계자와 몬베쓰경찰서는 10.9~12.26까지 대체자 2인(박옹열, 오임득) 송출을 위한 보충작업을 실시한다. 대체자 박옹렬에 관해 몬베쓰경찰서의 문의사항을 천안경찰서에 전달하고, 천안군청 사회계와 천안경찰서장에게 신원조회 등 송출관련 업무협조 전보를 발송했다. 이와 같이 몬베쓰경찰서가 직접 천안경찰서로 문의하는 것이 아니라 고노마이광산 담당자가 천안경찰서에 문의사항을 전달하는 방식으로 업무를 수행했음은 당시 노무자 동원과 관련해 기업이 가진 영향력이나 권한을 짐작하게 해준다.

이상의 과정에서 조선인 동원 관련기관은 고노마이광산 외에 천안군청 사회계, 천안경찰서(이상 조선)와 북해도청 학무부 직업과, 몬베쓰경찰서, 삿포로광산감독국, 홋카이도광산간화회, 오타루경찰, 직업소개소, 수상경찰서(이상 일본) 등 무려 9개소이다. 기업 단위의 '노동자 모집'에서는 도저히 볼 수 없는 점이다. 일본 당국이 '모집'의 탈을 쓰고 기업을 내세워 벌인 강제동원의 구체적인 사례이다.

고노마이광산의 제1차 조선인동원과 관련하여 홋카이도의 신문에서는 다음과 같이 보도했다.

1939년 7월 일본 정부 결정에 의한 탄광, 금속광산으로 최초의 모집이 이루어지고, 동년 10월 3일 조선인 340명이 하코다테에 도착한다. 6일에는 512명이 오타루에, 7일에는 약 400명이 무로란에 도착하여 각 탄, 광산, 항만, 비행장, 도로, 철도공사장 등 노동자 부족이 있는 각처로 이입된다.(현 홋카이도 신문사의 전신인『북해타임즈』1939.10.4)

아울러 신문에서는 '도청 직업과의 알선에 의해 전시하 노동력 기근에 시달리는 本道로 온 후생성의 노무동원계획의 선발대'라고 상세히 보도했다.16) 이를 통해 일본 정부의 주관 아래 조선에서 동원된 512명의 조선인들이 조선에서 배를 타고 오타루에 도착하여, 400여 명이 무로란(室蘭)으로 이송되었으며, 그 가운데 다시 302명이 고노마이광산에 입산했음을 알 수 있다.

그러나 발신전보의 내용만으로 1차 동원의 전체 관정을 이해하기는 쉽지 않다. 그러므로 발신전보를 중심으로 관련 자료의 도움을 얻어 송출과정을 살펴보아야 한다. 10회(1941.12.21 입산) 송출조선인 242명 가운데 예산군을 중심으로 살펴보면 다음과 같다.(일자순)17)

> **10월 12일**: 고노마이광산, 충남도청에 조선인노무자모집허가신청서 제출.
> **신청 내용**: 모집인원 350명(단신 150명, 가족동행 200명), 모집대상 지역 대덕(100명), 연기(100명), 예산(150명). 모집 후에는 선박 내에 50명당 1명씩, 철로는 30명당 1명씩 인솔자 배정. 모집자 연령은 20~40세
> **10월 23일**: 고노마이광산(가와모토), 花여관18)의 모집 책임자 고바야시

---

16) 守屋敬彦,「金屬鑛山と朝鮮・韓國人强制連行-住友鴻之舞鑛山」,『道都大學紀要』제9호, 1990, 18쪽 재인용.
17)「半島勞務員募集關係書類」, 守屋敬彦 편,『戰時外國人强制連行關係資料集Ⅲ 朝鮮人 2 下』, 1289~1326쪽 ;「發信電報」, 1507~1509쪽. 본문 내용 중 발신전보를 활용한 내용은 전보번호를 수록했다.
18) 발신전보의 수신자란에 花여관 또는 花家여관으로 명시된 이 여관(大田府 本町 1丁目)은 당시 고노마이광산 임시 사무소로 사용되었는데, 총 책임자 小林

히데카즈에게 전보 송부. "모집 종사자 25일 출발, 모집비 500원 전송, 그 외는 종사자가 휴대하도록 함" ※전보번호 1382

11월 7일: 10월 12일자 모집신청에 대한 충남도지사의 허가(공문 忠南社第257호. 수신자 고노마이광업소 광업대리인 加賀山一). "모집지역에서 읍면별 모집인원은 소관 군수의 지시에 따를 것."이날부터 모집 개시. 예산군도 이날부터 예산읍의 예산관을 모집기지로 하여 모집 개시. 모집 종사자 高野와 泉谷

11월 29일: 고노마이광산, 고바야시 히데카즈 및 모집종사자 3인에게 전문 송부. "노고에 감사함. 신체검사는 미리 의사와 연락한 다음 병약자는 채용하지 않도록 유의하기 바람. 가와모토" ※전보번호 1569

11월 21~29일: 6회에 걸친 군 직원 상대 접대(과장, 면장과 사회계 직원, 경찰서 서장과 부장, 주임, 주재소의 주임과 순사, 기타 관계부서)

12월 2~10일: 접대 18회. 고바야시 히데카즈는 접대와 관련한 모집비 8,300원을 다카노, 하치모리, 사쿠라다에게 지불

12월 4일: 고노마이광산, 고바야시 히데카즈에게 전문. "전보 보았음. 인솔자 2명 의뢰의 건을 승인함. 5일 遠輕局으로부터 5,000원을 보냄. 무로란(室蘭)[19] 도착 예정일을 알게 되면 바로 연락하기 바람" ※전보번호 1597

12월 9일: 노무자들이 예산군청에 집합, 10일까지 여관에 투숙. 모집자측, 예산경찰서장에게 '모집조선인노무자숙박계' 제출

12월 10일: 모집자 측, 예산경찰서장에게 '응모자모집지출발계', '응모선인노무자도항계' 제출. 도항계에 의하면, 응모자 100명과 인솔자 3명(일본인)이었으나 출발 당일에 응모자는 98명으로 변경. 인솔자 3명은 "보호, 경계, 인솔"에 종사

12월 11일: 오전 5시 30분 기차로 예산 출발, 천안에서 환승하여 대전에

英一와 모집종사자 高野重五郎, 櫻田淸之助, 八森初太郎 등이 기거하고 있었다. 이들은 일정한 장소에 기거하는 것이 아니라, 花여관을 비롯해 경성의 大福屋여관, 예산의 예산관 등 해당지역에 여관을 임시사무소로 정해서 수시로 이동했다.

19) 영인본 자료에는 空蘭으로 표기되어 있다. 守屋敬彦 편, 『戰時外國人强制連行關係資料集Ⅲ 朝鮮人 2 下』, 1509쪽,

도착한 후 1박. 고노마이광산, 부산역의 고바야시 히데카즈에게 전문(전보 보았음. 노고에 감사함. 확정된 노무자 명부를 보내도록) ※전보번호 1631

12월 12일: 대전을 출발, 부산에 도착한 후 1박. 연기군과 대덕군의 노무자들도 합류

12월 13일: 오후 4시, 부산항 출발. 4일 후 무로란 도착

12월 21일: 고노마이 광산 도착. 연기군 84명, 대덕군 60명, 예산군 98명 등 총 242명[20]

12월 22일: 고노마이 광산, 충남 각지 관계자들에게 감사 전보 타전 ※ 전보번호 1727~1734

위 내용을 보면, 10월 12일 신청서를 제출한 이후 지역별 할당모집부터 고노마이광산 입산까지 모든 송출과정이 매우 신속하게, 그리고 원활하게 일이 진행되었음을 알 수 있다. 그 과정에서 철저한 신체검사까지 거치는 등 강제노역에 부족함이 없는 조선인을 가려내는 작업도 소홀히 하지 않았다. 이 모두가 "철로는 30명당 1명씩 인솔자"를 준비할 정도의 철저한 사전 조치와 신속한 비용 제공, 고노마이 광산 모집인들이 "소관 군수의 지시에 따라 "일사불란하게 움직인 결과였다. 이에 대해 고노마이 광산 측은 "접대와 관련한 모집비 8,300원"을 제공하여 18회에 걸쳐 군직원 등에게 접대로써 보답하기도 했다. 거의 2~3일에 한 번씩 접대가 이루어진 셈이다. 고노마이 광산이 모집인을 통해 수시로 제공하는 수천 원 단위의 모집비가 조선인 개개인에게 빚으로 전가되었음은 이미 선행연구를 통해 알려졌다.

12월 21일 입산자 242명은 1명(경남 밀양 출신)을 제외한 전원이 모두 충남 3개군에 본적을 두었다.[21] 10월 12일자 신청내용에는 가족동행자

---

20) 242명은 목표량 350명의 69.14%이다.
21) 이후 고노마이광산 소속 굿챵(俱知安)내갱에서 탈출 경력이 있는 1명은 경남 밀양 출신이다.

정원이 200명 있었으나 실제로 정원을 채워서 모집했는지는 알 수 없다.

12, 13회 입산자 147명 가운데, 생존자의 면담기록을 통해 송출과정을 살펴보자.[22] 경남 양산 출신의 오소득(1923년생. 당시 19세)은, 3형제 가운데 나머지 형제들이 모두 일본으로 나가고 농사짓고 살았으나 "군에 지원하라, 경찰에 지원하라"는 강요를 기피하던 중 관에서 "젊은 사람들 몇 명인가 조사해 가"더니 "그놈들이 강제로야. 젊은 사람들 몇이 몇이 전부 모아서 가자하니" "마다리(자루) 같이 얄궂은 거, 한 벌 입혀가 머리 다 깎"인 채 송출되었다. "양산군에서 오라 해서 마다리 자루 같이 얼금 얼금한 것 이러 거를 죄다 입힌" 이유는 표시가 나서 "도망 못 가라고" 그리한 것이다. 한 15일간 "밥도 아니고 뭐 얄궂은 거 차간에서 먹고 흔들흔들하니, 막 꼬부라질라" 하는 기차를 타고 입소를 했다. 동원 당시에는 "몇 년 되면 (조선으로) 보낸다 하더니" 전쟁이 길어지니 "꼼짝도 못하고" 전환배치까지 되었다. "느그들은 여기서 많이 배웠기 때문에, 우리 한국에서 사람 둘이, 서이 새로 갖다가 데려온다 하는 것보다 더 낫다"는 이유로 보내지 않았다. 초보자보다는 현지 적응자를 선호한 까닭이다.

'소화18년 3월 금광산 휴폐산조치에 의한 전환배치에 따른 각종수당 지급 일람표'[23]에서 살펴본 오소득의 계약기간은 1942년 6월 10일~1944년 6월 10일이었으나 입산 후 9개월 만에 전환배치되어 해방될 때까지 돌아올 수 없었다. 입산 이후 2개월이 지나서 정식 근무한 것으로 계약 기

---

22) 면담일자: 2009.2.5. 면담자: 이선영(일제강점하강제동원피해진상규명위원회, 『강제동원구술기록집 11 - 아홉머리 넘어 북해도로』, 2009, 267~285쪽). 그러나 이 자료는 구술기록의 범주에 해당되지 않는다. 면담의 결과물이지만 정부의 조사기록이므로 자료생산과정에 대한 분석자와 독해자의 이해가 요구되는 자료이다.
23) 守屋敬彦 편, 『戰時外國人强制連行關係資料集Ⅲ 朝鮮人 2 下』, 1931~1964쪽.

간이 설정된 것은 임금과 수당을 줄이기 위한 조치로 생각된다.

발신전보 내용(1942년 1월 30일, 126번)에 의하면, 당초 12, 13회 동원은 경기도와 경남이 대상지였다. 그러나 131번 발신전보(1942년 1월 31일)에서 광산 측(田尾本)은 경성 대복여관에 머물던 소속 직원(尾崎半治)에게 '경기도 신청서 제출 연기, 신청서는 즉각 제출하고 실제 모집은 경남이 완료된 후 착수'하라는 지시를 내렸다. 이 지시에 따라 尾崎半治는 모집비 9천엔을 받아 2월 23일자로 송출대상자 수배를 완료하고, 3월 11일에 송출자 명부를 송달했다. 전보기록과 면담기록을 종합해보면, 오소득이라는 이름은 이 명단에 기재되었을 것이다.[24]

2. 노무관리

조선인들이 입산한 후 고노마이광산의 관심은 가동율을 높이는 것과 많은 모집비를 들여 데려온 노무자의 수를 유지하는 것이었다. 특히 모집비를 회수하기 위해서는 인원을 유지함은 물론 가동율을 높임과 동시에 가족을 데려와 또 다른 노동력으로 활용하는 방법이 필요했다.

노무관리와 관련하여 전보에서 가장 많이 볼 수 있는 내용은 조선 본적지 관청에 대한 조회건이다. 63건의 문의건 가운데 대부분(53건)은 일시귀선과 관련한 문의사항이다. 1939년 12월부터 1942년 6월까지 볼 수 있다. 가족의 질병과 사망, 결혼 등 관혼상제와 관련한 일시귀선신청에 대응하기 위한 본적지 조회건이다.

'일시귀선증명제도'란, 전시체제기 이전부터 당국이 조선인의 도일을 규제하는 방법으로 사용한 제도이다. '일시귀선증명서'는 1929년 8월 내

---

24) 경남에서 동원이 완료된 이후에 경기도에서는 동원작업을 실시하지 않았다. 발신전보 243번(1942년 2월 28일)에 의하면, 경기도 할당분(250명)은 관알선으로 조정되었기 때문이다.

무성경보국장이 각 부현에 내린 통첩 '조선인 노동자 증명에 관한 건'을 통해 실시된 이후 1944년 12월 22일 각의결정(조선 및 대만동포에 대한 처우개선에 관한 건)이 내려지기 전까지 사용되었다.[25] 이 통첩의 주요 내용은 '조선에 돌아가기에 앞서 고용주 아래에서 동일지역에 종사할 것을 선서하는 증명하부원(證明下付願)을 고용주 연서로 취업지 소재 관할 경찰서에 제출할 것', '귀래(歸來)기한은 증명서 발행일로부터 1개월 이내', '귀래 기한 경과 후 15일 이내에 발행지 경찰서에 반납할 것' 등이다. 복잡한 서류 수속과 1개월이라는 기간 등 이 제도는 조선인의 재도일을 제약하는 수단으로 활용되었다.

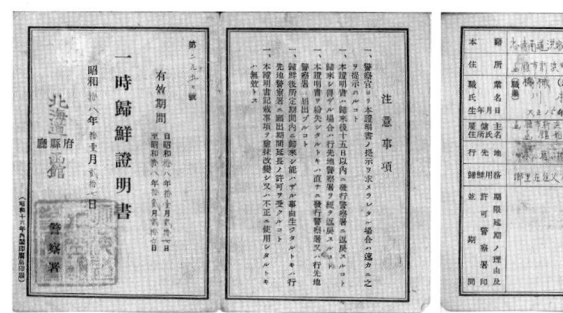 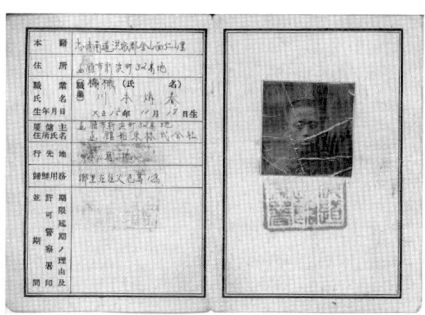

일시귀선증명서(앞면과 뒷면)

부친의 위독으로 일시귀국해야 하는 조병춘에게 홋카이도 하카다테경찰서에서 발급한 일시귀선증명서

이와 같이 일시귀선이란 복귀(歸來)를 전제로 한 귀향이자 일시방문이다. 당초에는 조선인의 도일을 억제하려는 의도로 만들어졌지만 전시체제기에는 도리어 귀래(歸來)를 위한 제도로 활용되었다. 그러므로 해당 작업장은 일시귀선대상자들의 본적지 경찰서를 통해 일정한 검증절

---

25) 각의결정에서 '내지도항제한제도의 폐지'가 명시됨으로써 일시귀선제도 자체가 사라졌다.

차를 거치고, 작업장 소재지 경찰서장 명의의 일시귀선증명서를 발급했다. 일시귀선 사유는 가족의 사망이나 질병악화, 본인의 결혼, 가족동반 등이고, 만기 후 재계약자의 경우에도 가족동반이나 휴가 및 위안 개념으로 허용한 것으로 보인다.26) 그러므로 근무기간 2년 이내의 노무자가 일시귀선을 요청하면, 관할 경찰서(또는 해당 기업)가 본적지 경찰서에 조회를 거쳐 기업이 허락할 정도로 철저하게 관리되었다.

발신전보를 통해 보면, 일시귀선과 관련한 조회는 두 종류이다. 노무자로부터 일시귀선신청을 받은 후 허가 이전 단계의 본적지 조회와 작업장으로 복귀하지 않은 노무자를 색출하기 위한 사후 조회이다.

53건의 발신자를 보면, 몬베쓰경찰서장이 다수이다. 그러나 고노마이광산 담당자가 직접 조회를 요청한 건도 15건이 넘는다. 발신자가 기재되지 않은 경우를 포함하면 그 수는 더 많아 보인다. 특히 1940년 8월 24일 이후부터 몬베쓰경찰서장 명의로 조회한 경우는 단 1건도 없다. 이는 강제동원과 관련해 기업이 경찰서의 기능을 대행했음을 짐작하게 해준다. 이에 비해 수신자는 거의 대부분 본적지 경찰서이다. 충남도청 사회과 1건과 모집인에게 보낸 전보를 제외하면, 모두 경찰서이다. 1940년 하반기부터는 경찰서에 보낸 외에 모집인에게 별도의 조사를 지시한 경우가 늘어난다. 복귀하지 않은 노무자를 색출하는 용도이다. 당국은 내외지의 모든 경찰력을 동원해 철저하게 일시귀선증명제도를 운영했으나 실제로 경찰서의 조회를 거쳐 허가한 일시귀선 허가자가 복귀하지 않는 경우가 속출했다. 고노마이광산 일시귀선 허가자 53명 가운데 18명은 이후 작업장으로 복귀하지 않았다.27) 53건의 일시귀선관련 문의 전

---

26) 일시귀선증명서는 유효기간, 발행일시, 인적사항(이름, 생년월일, 본적지, 행선지), 고용주, 귀선 용무 등이 기재되어 있고 관인이 찍힌 사진을 붙여서 본인 확인을 하도록 했다. 유효기간은 4주 정도이므로 귀래 기한도 이를 넘지 못했다.
27) 守屋敬彦 編, 『戰時外國人强制連行關係史料集』Ⅲ 朝鮮人2下, 1489~1529쪽.

보는 1942년 상반기에 국한되어 있다. 그 이후에는 찾을 수 없다. 그런데 1942년의 일시귀선관계자료(소화 17년도 일시귀선관계)[28]를 보면, 일시귀선 허가자 115명 가운데 98명(85.7%)이 복귀하지 않았다. 시기가 지날수록 미복귀자의 비율은 높은 것으로 보인다.

이는 조선의 경찰이 무성의하게 조사를 했거나 사실과 다른 조회결과를 보냈기 때문이다. 제도상으로는 본적지 경찰서가 조사를 하도록 되어 있으나 실제 업무는 해당 면이나 주재소의 몫이었을 것이므로 귀선신청 사유를 조작하거나 재도일 기피를 방치했을 가능성이 높다. 면직원이 직접 담당한 '송출' 자체가 "좋은 일자리"라는 속임수였으므로, 가족들의 성화를 무조건 모른 척하기 어려운 점도 있었다.

실제로 '면에 가서 사정을 해서 일본에 간 아들을 돌아오도록' 하거나 '가족이 위독하다는 전보를 쳐서 일시귀선시켰다', 또는 '일시귀선한 자식을 돌려보내지 않고 빼돌렸'다는 경험자의 이야기를 흔히 들을 수 있다. 이러한 상황을 감지한 광산 측이 자체 조사를 지시한 것이다.

노무관리의 또 다른 중요한 점은 탈출자 색출(32건)이다. 고노마이광산 입산자 중 탈출자가 473명인 점을 감안하면, 매우 적은 숫자이다. 탈출은 시모노세키에서 하코다테까지 도착하는 과정에서 이루어지는 경우와 하코다테 도착 이후 광산 입산 직전에 이루어지는 두 가지 경우를 볼 수 있다. 그러나 일단 하코다테 도착 이후 탈출자의 경우에는 홋카이도지역의 특성과 촘촘한 '도주자 색출 시스템'으로 인해 2~3일 이내에 색출되어 광산 측에 인계되있다. 사례금을 목직으로 한 통지와 밀고도 신속한 탈출자 색출에 기여했다. 탈출 3일 이내 검거율이 42.3%로 가장 높고, 7일 이내도 13.5%이다.[29] 더구나 광산 측은 송출 당시 노무자 개

---

28) 이 자료는 모리야 교수가 정리하여 『戰時外國人强制連行關係史料集』Ⅲ 朝鮮人2下, 1867~1900쪽에 수록했다. 주요 내용에 대해서는 『강제동원 명부해제집 1』, 131~132쪽 참조.

인별로 사진이 첨부된 '고입조사표'를 확보하고 있었으므로 색출 및 검거에 더욱 용이했다.30) 미에현에서 검거된 남원수장(南原守長)이 오랜 기간 동안 은거할 수 있었던 것은 홋카이도 관내가 아니었기 때문이다.31)

고노마이광산은 아니지만 홋카이도 가야누마(茅沼)탄광에서 탈출조선인 수색을 담당했던 노무과 직원의 경험담은 탈출자 색출 과정을 이해하는 데 도움이 된다.

> "반도인이 도망쳤다는 연락이 있으면 바로 구니토미(國富), 稻穗고개로 가서 천막을 치고 경계하였다. 이럴 경우는 한밤중이라도 소집이 있다. 1942년부터 1943년에 걸쳐 매일 밤 도망자가 속출했다. 100명 데리고 온 노동자 중 30명 정도가 도망간 예도 있었다. 아카이가와(赤井川)방면이나 멀리 하코다테 수상서(水上署)에도 도망반도인의 건으로 출동했다. 나중에 들어온 반도인은 임금과 대우에 관해 건의하는 사상이 나쁜 사람이 많은 것 같았다. 이상의 행동은 당시 德永근로계 주임의 명령으로 했는데 이 사람은 엄한 사람이었다."(밑줄: 인용자)32)

---

29) 守屋敬彦, 「解題」, 『戰時外國人强制連行關係資料集Ⅲ 朝鮮人 2 下』, 1274쪽 ; 守屋敬彦, 「기업자료 중 각종 명부류의 기술내용에서 알 수 있는 조선인 강제연행자에 관한 사실」, 『2009 네트워크 관계자 초청 워크숍 자료집』(일제강점하강제동원피해진상규명위원회, 2009.4). 이 논문은 약간의 수정을 거쳐 『한일민족문제연구』 16(한일민족문제학회, 2009.6)에 수록되었다.
30) 고입조사표는 사진명부라 하기도 하는데, 사진 외에 각종 신상명세 정보가 수록되어 있다. 상세한 내용은 『강제동원 명부해제집 1』 참조.
31) 경남 울산 출신의 南原守長(1902년생)은 일시귀선 도중 탈출했다가 3개월이 지난 후 미에(三重)현에서 검거되었다. 守屋敬彦 편, 『戰時外國人强制連行關係資料集 Ⅲ 朝鮮人 2 下』, 1396·1398쪽.
32) 가야누마탄광에서는 탈출이라는 소극적 저항만이 아니라 '1944년에는 근로와 폭력으로 사망한 조선인을 계기로 폭동이 일어났다.' 이러한 사건은 조선인 노동자들의 일상적인 여러 가지 요구와 복잡하게 얽혀서 다음해 1945년 8월, 그들이 '대폭동'을 일으킬 전제를 형성해 나갔다. 北海道開拓記念館, 『北海道開拓記念館調査報告 第1号: 明治初期における炭鑛の開発－茅沼炭鑛社会における生活と歷史』, 1972, 34쪽.

탈출사건이 발생하면 노무과 직원은 '엄한' 근로계주임의 명령으로, '한밤중이라도 소집'되어 천막을 치고 경계를 하고, 멀리 하코다테 수상서까지 출동했다. "임금과 대우에 관해 건의"하는 조선인은 "사상이 나쁜 사람"들이 입산하면서 더욱 심해졌다고 평가했다.

모리야의 연구에 의하면, 고노마이광산에 끌려온 조선인 가운데 탈출비율은 18.3%(473명)로, 후쿠오카(44%)나 죠반탄전(34.2%)에 비해 낮은 편이다. 그 이유는 지리적인 차이이다. 후쿠오카나 죠반지역은 인구밀도가 높고 큰 탄광산이 많으며 교통망이 발달했고, 기후가 좋으며 한반도와 가까워 탈출이 용이하다. 그러나 홋카이도는 그와 반대 조건인데다가 고노마이광산은 사방이 산으로 둘러싸여 있고, 1년 중 5개월이 적설기로 격리되는 지대이므로 탈출 자체가 어려웠다. 그러므로 탈출자들은 입산 이후 일정한 기간을 거치면서 탈출에 필요한 정보를 얻으면, 눈이 녹는 봄에 일제히 탈출을 하는 등 성공을 위해 노력했다. 탈출자의 검거비율은 23.2%인데, 이들 가운데 20.7%는 다시 탈출을 시도하는 것으로 나타났다.[33]

일단 탈출자가 발생하면, 광산 측은 하코다테, 오타루, 왓카나이(稚內)경찰서 등 해당 경찰서에 동시에 전보를 보내 색출을 요청한다.[34] 그리고 검거되면, 해당 경찰서에 사의를 표하고 직원을 보내 인수한다. 색출기간이 오래 걸리면, 본적지 조회를 요청한 것으로 보인다.

3. 재해와 사망

광산노동의 경험이 없는 조선의 농민들은 갱내사고를 경험하고, 사고

---

[33] 이들 가운데 2명을 제외한 전원이 탈출에 성공했다.
[34] 전보 588~590건(1941년 5월 2일자) 탈출자 7명은 특이하게 남사할린(樺太)으로 가기 위해 집단 탈출을 단행한 경우이다.

와 질병(병사) 등으로 많은 사망자를 낳았다. 발신전보를 주제별로 분류할 때 가장 많은 주제는 사고(18건)와 부상(13건), 사망(219건, 43명), 화재(4건) 관련 내용(총 254건)이다.

이 가운데 사고는 18건으로 매우 적은 수인데, 모든 사고건수를 의미하는 것으로 보기 어렵다. 고노마이광산은 사고와 관련한 문서로 '공상보고요철(公傷報告要綴)' 등 상세한 기록을 남겼다. 공상보고요철은 현장책임자(일본인)가 사고가 일어날 때마다 사고의 경중과 무관하게 1건당 1매씩 현장에서 작성한 문서이다. 모리야 교수는 공상보고요철을 비롯한 조선인노무자관계 사고 자료를 망라하여 '노동재해조우기록'이라는 이름으로 묶었다.35) 이 자료에 의하면, 1941년 12월 15일~1943년 10월 15일간 발생한 사고는 1,156건(852명)이다.36)

발신전보 자료에 수록된 사고관련 전보(18건)는 감독관청이나 상급자에게 보낸 전보로서, 사망자가 발생한 경우에 발신한 전보로 제한되었음을 알 수 있다. 그러나 사망자의 수에서는 노동재해조우기록에 수록된 사망자수(17명)가 발신전보(43명)의 1/3에 불과하다. 17명은 43명과 중복되므로, 노동재해조우기록에 수록된 인원수를 포함해 더 많은 사망자가 발생하였다는 점, 노동재해조우기록이 경상(당일 치료)은 빠짐없이 기록했지만, 정작 사망에 이르는 중상에 대해서는 수록하지 않았음을 알 수 있다.37)

---

35) 守屋敬彦 編, 『戰時外國人强制連行關係史料集』Ⅲ 朝鮮人2下, 1531~1603쪽.
36) 상세한 내용은 『강제동원 명부해제집 1』 참조.
37) 특히 노동재해조우기록은 사망자 17명에 대해 사고원인을 '과실'이나 '불가항력'으로 기재하여 노무자 개인의 불찰로 축소하여 책임을 면피하고자 했다. 그러나 이들의 사고는 광산 측의 무리한 조업의 결과였다. 설사 '과실'이 노무자 개인의 과실이라 하더라도, 현장 실무교육이 부족했다는 의미이므로 광산 측이 노무자의 실무교육에 소홀하고 무리하게 작업에 투입했음을 입증하는 근거이기도 하다.

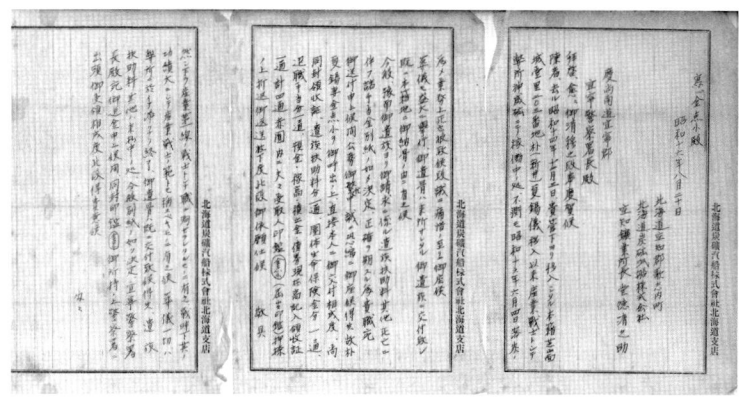

사망통지서

일본 훗카이도 북해도탄광기선(주) 소라치광업소로 동원되었던 박하석의 사망통지서. 동원시기 및 사망사유(낙반사고)가 기재되어 있다.

사망관련 전보 219건은 주제별 전보 가운데 가장 많은 숫자이다. 이같이 사망관련 전보가 많은 이유는 사망자가 수백 명 발생한 것이 아니라, 사고에서 부상, 사망, 장례절차, 유골봉환에 이르는 모든 과정을 담고 있기 때문이다.

사망의 원인은 병사(病死)도 있으나 대부분 사고사이다. 초기에는 병사가 발생했는데, 광산 측은 병사를 막기 위해 광산노동에 적합하지 않은 병약자를 가려내 송환하거나 모집 단계부터 걸러내도록 여러 차례 지시했다.

사고가 발생하면, 감독관청에 사고 통보 → 본적지 행정관청(경찰서, 면사무소) 및 가족에 부상 및 상태(호전, 경상) 고지 → 사망 통보(본적지 면사무소 및 가족) → 장례 일정 및 유골봉환 관련 통보 순으로 이어진다. 그러므로 사망자 1명과 관련해 5~6건의 전보를 보냈다.

1941년 3월 19일 낙석사고가 발생하여 부상을 입은 금자종렬(金子鐘烈)은 '입원 가료 중, 경과 순조'(3월 23일)이라는 전보가 있은 지 이틀

만에 사망통보를 받은 경우이다. '경과 순조'의 의미를 알 수 없다.

장례는 신속히 이루어져 사망한 다음 날 치르는 경우가 대부분이고, 유골전달은 1개월 이상 지체되었다. 유골전달은 여러 위를 한꺼번에 유족에게 전달하기 때문에 지체되었다. 대부분 일시귀선자가 전달했고, 드물게 광산 직원이 전달하는 경우도 있었다. 그러나 모집인이 전달한 경우는 없다. 유가족의 반발을 우려한 때문으로 생각된다. 그 사이에 가족의 방일을 협의하는 과정이 있으나 장례일정은 그대로 진행되었다.

발신번호 245(1940년 3월 16일. 망자 김홍석과 박인서에 대한 사망처리과정 관련 전보) 자료에 의하면, 광산 직원이 유골과 유골부조료를 가지고 본적지로 출발하는 내용에서 현지의 모집인에게 '반도인 위안용 물품 준비'를 당부하는 모습도 보이고 있다. 이들의 유골은 2월 25일. 사망한 지 1개월이 채 못 되는 3월 19일에 가족에게 전달되었다.

이러한 점은 모리야 교수가 여러 연구에서 지적한 바와 같이 조선인 노무자들의 사망에 회사 측이 무성의한 모습을 보일 경우 일어날 수 있는 반발과 이로 인한 조업 차질을 우려한 조치이다. 특히 이들은 사고로 즉사한 경우인데, 사고 당일, 부상과 사망 통보를 함께 송신했다. 이 사고는 발신전보에서 처음 등장한 사고로 인한 사망사고이다. 최초의 사망자는 1939년 11월 12일. 사망한 정태선(鄭泰先)이지만 사고사가 아닌 병사이다. 그러므로 광산 측은 노무관리 차원에서 후속조치에 더욱 신경을 쓴 것이다.[38]

그러나 이후에 발생한 사망사건(1940.4.3.~)에 대해서는 직원을 파견하지 않고, 광산 측이 조선의 본적지 행정관청(군청)에 '유족을 납득시켜달라'는 전보를 보내는 것으로 그쳤으며, 유골은 일시귀선자의 일정에 맞추어 일괄 송환했다.

---

38) 이들은 갱내 폭발사고로 인한 사망자였으나 이들에 관한 사고기록은 노동재해조우기록에서 찾을 수 없다.

사망자에 대한 보상은 어떻게 이루어지고 있었는가. 메이지정부 이후 일본당국은 다양한 노동자부조제도를 수립했다. 물론 각종 부조제도 가운데에는 광산노동자에게 해당하는 급부내역도 포함되어 있다. 광부노역부조규칙(농상무성령 21호)에 의해 해당 기업이 제정한 광부부조규칙에 의하면, 건강보험법피보험자는 부상과 질병, 사망 등 정도에 따라 각각 부조료를 받도록 되어 있었다. 사망자의 가족에게는 유족부조료와 장제료를 지급하고, 특별조위금으로 단체생명보험금을 지급했다.

부조료에 대해서는 발신전보에서 내용을 찾을 수 없다. 다만 모리야 교수가 몬베쓰시립향토박물관 소장 자료(1940, 1941, 1942, 1944년도 부조관계서류)에 의하면, 김홍석과 박인서에게 지급된 부조료는 각각 1,120원씩이었다. 그러나 부조료를 산정할 때, 크게 '불가항력·불명'과 '과실'로 구분하고 전자는 1,120~2,705원을 지급하였으나 후자는 500~800원으로 절반에도 미치지 못했다.39) 이는 부조제도가 갖는 한계이자 부조제도를 이용해 지급액을 줄이려는 기업 측의 얄팍한 계산방식이기도 하다.

발신전보에 수록된 사망자(43명) 관련 기록은 고노마이광산의 또 다른 기록(사망자명부)에서 확인할 수 있다. 모리야 교수가 몬베쓰시립향토박물관 및 홋카이도 개척기념관 소장 자료를 근거로 작성한 사망자명부는 입산일이 기재되어 있어 입산 이후 사망에 이르는 기간을 확인할 수 있다. 이 명부에서 지산인 야소시광산 1명을 제외하면, 사망자수는 46명을 확인할 수 있다.40)

---

39) 守屋敬彦, 「住友鴻之舞鑛山への强制連行朝鮮人の勞働災害」, 『朝鮮人强制連行論文集成』, 明石書店, 1993, 71~73쪽.
40) 모리야 교수가 정리한 사망자 인원수는 지산을 포함해 47명이고, 이 가운데 재해로 인한 사망자가 30명이다. 「住友鴻之舞鑛山への强制連行朝鮮人の勞働災害」, 67쪽.

〈표 4〉 발신전보 수록 사망자 내역

이름	연령*	사망일	입산일*	이명/기타	사망원인	유골봉환*
鄭泰先	24	391112	391007		병사	봉환
朴仁緒	20	400225	391007		낙반사고	봉환
金洪錫	24	400225	400106		낙반사고	봉환
崔常鎭	26	400403	391007		갱내화약폭발	봉환
田珣南	26	400403	391007	전수남	갱내화약폭발	봉환
朴東雲	28	400514	400327		수갱추락	봉환
安仁根	25	400716	400106		갱내화약폭발	봉환
李元基	30	400803	400106		병사 추정	봉환
安永德	24	401030	400106	泳德	병사	봉환
金子鐘烈	21	410325	410116		낙석사고	봉환
金龍石	28	410414	401208		병사(폐결핵)	봉환
鄭(大山)昌植	36	410524	400106		치푸러추락	봉환
金貴京	25	410724	400927	김실경	화약폭발	봉환
權弼吾	33	410913	400327		화약폭발	봉환
李慶鏞	24	411002	400327	이규용	병사(폐결핵)	봉환
平山鉉澤	23	411014	410116		화약폭발	봉환
武田順成	39	411021	401208		화약폭발	봉환
平山仁基	28	411220	410322		병사	봉환
牧山年植	25	420208	410908		낙반사고	봉환
金山金龍	33	420220	410116		광차압사	봉환
西原辛得	44	420319	411221		병사(폐결핵)	봉환
李福龍	26	420404	400928		수갱추락	봉환
岩本且慶	25	420523	420319		낙반	봉환
朴周榮	26	420606	420420		치푸러추락	봉환
南吉熙	23	420615	410908		낙반사고	봉환
松本命伯	33	420727	420606		병사	봉환
金本述龍	21	420801	420404		저탄차추락	봉환
松村商俊	26	420825	400928		입원중 사망	봉환
李昌龍	23	420924	420420		병사(이질)	봉환
朴先岩	34	421007	420404		급사(취침중 사망)	봉환
金圭東	22	421026	411221		坑井추락	봉환

全(天谷)多助	25	421116	420815		낙반사고	봉환
安田炳奭	22	421116	420829		낙반사고	봉환
星呂羽淵	23	421222	420608	성려동연	병사(복막염)	봉환
朴龍範	36	430119	420316		수갱에 끼여	봉환
松本實	26	430214	420823		낙반사고	봉환
金澤英雄	22	430219	420815		병사(폐결핵)	봉환
淸原相福	24	430226	410322		병사(폐결핵)	봉환
金(金城)義治	40	430226	420319		갱내화재	봉환
金原汶泰	23	430226	421221		갱내화재	봉환
大原漢用	23	430226	421221		갱내화재	봉환
禹英植	26	430226	421221	禹榮植	갱내화재	봉환
池漢甲	26	430316	410322		병사	봉환

* '사망자명부' 수록 정보

43명의 사인(死因)을 보면, 병사가 13건, 급사가 1건, 기타 1건을 제외한 28건이 사고사이다. 사고사가 65%에 이른 원인은 무리한 조업에서 찾을 수 있다. 낙반이나 낙석, 갱내화재, 추락 등은 불가피한 사고가 아니라 사전 준비를 통해 예방할 수 있는 현상이다. 이같이 갱내 상황이 사고를 예방할 수 없고 입산 직후 기본적인 직무교육도 없이 바로 갱내로 투입한 결과 입산 이후 이른 시기에 사고를 당해 목숨을 잃었다. 이들은 착산 후 다음날부터 2~3일에 걸쳐 간단한 보안과 위생에 관한 설명을 들은 후 바로 갱내노동에 투입되었다. 또한 갱내근무자와 갱외근부자의 인원수 추이를 민족별로 구분해보면, 일본인 갱내근무자의 숫자는 줄어들고, 그 사리는 조선인으로 재워지는 현상을 알 수 있다. 1939년 10월 7일자로 광산에 도착한 조선인 302명이 모두 갱내노동에 투입된 것을 필두로, 1940년 1월 갱내노동자(일본인 1,337명, 조선인 302명) 실태는 1941년 12월(일본인 1,180명, 조선인 826명)을 거쳐 1942년 6월(일본인 991명, 조선인 1,456명)에 역전되었다.[41)

이 점은 조선에서 농사에 종사했던 조선인들에게 급작스럽고도 버거운 상황이었음은 분명하다. 그 결과 갱내근무자의 사고 실태를 민족별로 구분해보면, 일본인 갱내근무자의 19.2%가 상해를 입은 데 비해 조선인 갱내근무자는 53.5%로 반수가 넘을 정도로 높았다.

사고사 28건을 구체적으로 살펴보면, 입산 이후 6개월 이내 사망자가 15명으로 반수를 넘는다. 특히 3개월 이내가 6건이나 된다. 최초의 고노마이광산 사고사 1호인 김홍석(1940년 1월 6일 입산/ 1940년 2월 25일 사망)도 입산 1개월 남짓 지나 사망했다.

아무런 직무교육이 실시되지 않았음은 생존자의 구술에서도 확인된다. 19세 청년 오소득은 입산하자 곧바로 일을 시작했다. 훈련 같은 것도 안 하고 신체검사를 한 후 "일만 시켰다." 일본인 오야가타(親方) 심부름하는 일이었지만, "굴 안에서 돌에 빠끔빠끔 금이 빠끔하게 있는 것을 와삭 부수는 기계 돌아가게 하는 일"은 워낙 위험해서 기계 안으로 말려 들어가면 뼈도 못 찾을 정도였다. 그래도 굴 안에서 일하는 것보다는 덜 위험했다. 남포 터트리는데 잘못 터지면 죽고, 중간에 굴이 무너져 버리면 갇혀서 죽고 그렇게 죽은 사람도 봤다. 굴 안에서 일을 하지 않아 다행스럽기도 했다.[42]

또한 사인을 확인할 수 있는 병사 7건 가운데 5건이 폐결핵으로 비율이 매우 높다. 이는 열악한 식사와 장시간의 강도 높은 노동이 원인이라 생각된다.

4. 귀선

고노마이광산의 발신전보 803건 가운데 귀선과 관련한 전보는 49건

---

41) 「住友鴻之舞鑛山への強制連行朝鮮人の勞働災害」, 62~63쪽.
42) 일제강점하강제동원피해진상규명위원회, 『강제동원구술기록집 11 - 아홉머리 넘어 북해도로』, 2009, 271~272쪽.

으로 적은 편이다. 더구나 동일사건에 보낸 중복 전보(36건)를 고려하면, 숫자는 더욱 적다. 그러나 이 주제에 관심을 기울이는 이유는, 동원된 조선인들이 어떻게 고향으로 돌아올 수 있었는가 하는 점을 살펴볼 수 있기 때문이다.

당사자들의 인지 여부와 무관하게 송출 당시 조선인들에게는 2년의 기한이 주어졌다. 2년이 지난 후 가족을 불러들인 경우도 있었다. 2년의 기간이 지난 이들의 귀환과정을 볼 수 있는 전보는 1941년 10월 21일부터 나타난 기간만료자 203명(노무자 154명, 가족 49명)에 대한 귀선 관련 전보이다. 본적지 행정관청(경찰서, 면사무소, 도청 등)과 광산 측 파견 직원에게 보냈다. 203명은 8일 오타루항을 출발해 14일 귀향했다. 1차 귀선에 이어 2차 귀선(노무자 32명, 가족 6명. 1942년 1월 28일 본적지 도착 예정)과 3차 귀선(노무자 29명, 가족 4명. 1942년 1월 29일 본적지 도착 예정)도 무사히 종료되었다. 그 후 4차 귀선(노무자 12명, 가족 2명. 1942년 5월 2일 본적지 도착 예정. 재계약기간만료자)과 5차 귀선(노무자 5명, 가족 10명. 1943년 12월 31일 본적지 도착 예정)을 끝으로 기간만료자의 귀선 관련 전보는 찾을 수 없다.

4차와 5차 귀선간 시기적 간격은 큰 편이다. 특히 5차 귀선은 고노마이광산 소속 노무자들의 전환배치가 완료된 이후에 이루어진 귀선조치이다. 이미 별고에서 살펴본 바와 같이 일본 정부는 전환배치와 관련해 내린 지침에서 기간만료자들을 귀선시키지 않고 재계약을 하여 전환배치하도록 했다. 그러므로 5차 귀선은 귀선대상자가 소수이고, 노무자보다 가족이 더 많은 현상을 나타낸 것이다.

기간만료자에 대한 귀선 관련 전보가 5건이라면, 그 외 8건의 전보는 다른 이유로 귀선한 경우가 된다. 가장 많은 이유는 병약자 및 질병자의 송환이다. 이들의 송환은 별도로 이루어지기도 했으나 5차에 걸친 만기귀선에 포함되기도 했다. 1940년 12월 25일부터 1943년 12월 26일간

전보에서 확인할 수 있는 병약자 및 질병송환자의 숫자는 60명이다.

〈표 5〉 병약자 및 질병자 송환 현황

발신일	수신자	발신자	주요 내용	비고
401225	충남도지사	몬베쓰경찰서	1225병약자송환을 증명하는 내용	
420124 (2건)	연기군 조치원읍군수, 조치원경찰서	고노마이광업소	관내출신계약기간만료자 32, 가족 6, 질병송환자 5 총 43명: 출발, 28일 도착예정	3차 귀선
420425	尾崎半治 (경성大福여관)	田尾本	전보수신. 조선광업소 수배 완료. 노무보도원 4명, 26일 질병송환자 46명 인솔. 만료귀선자는 28일 29일 2회 출발예정	
420711	新津경찰서(新瀉)	고노마이광업소	전보수신. 2명은 질병송환자로 판단. 조선송환의뢰. 비용은 폐소지불	
420713	新發田경찰서(新瀉)	고노마이광업소	전보수신. 3명은 질병송환자로 판단. 조선송환의뢰. 비용은 폐소지불	
431226	성주군수	고노마이광산	관내출신질병송환자 1명: 25일 출발. 31일경 도착	5차 귀선
431226	예산군수	고노마이광산	관내출신질병송환자 1명: 25일 출발. 1일경 도착	5차 귀선
431226	예산경찰서	고노마이광산	관내출신질병송환자 1명: 25일 출발. 1일경 도착	5차 귀선
431226	부여군수	고노마이광산	관내출신질병송환자 1명: 25일 출발. 1일경 도착	5차 귀선
431226	부여경찰서	고노마이광산	관내출신질병송환자 1명: 25일 출발. 1일경 도착	5차 귀선
431226	홍산면장	고노마이광산	관내출신질병송환자 1명: 25일 출발. 1일경 도착	5차 귀선
431226	대술면장	고노마이광산	관내출신질병송환자 1명: 25일 출발. 1일경 도착	5차 귀선
431226 (6건)	충남도청 내무부사회과장, 충남도청 경찰부고등과장, 경북도청 내무부사회과장, 경북도청 경찰 부고등과장, 성주경찰서, 초전면장	고노마이광산	관내출신계약기간만료자 4, 가족 8, 질병송환자 2, 계 14명: 25일 출발. 31일경 도착	5차 귀선

이 가운데 가장 많은 수는 1942년 4월 25일 전보에서 밝힌 질병송환자 46명이다.[43] 1942년 4월 46명을 기점으로 이후 질병송환자는 3명 이내로 급감했다. 물론 광산 측이 송출과정에서 병약자를 가려내도록 지시를 내린 결과와 무관할 수는 없다. 고노마이광산의 가와모토가 대전과 조치원, 예산 등지의 파견직원들에게 보낸 1941년 11월 29일자 전보(4건) 이후 송출과정에서 병약자가 가려졌을 것으로 보인다. 그러나 1942년 4월 이후 질병송환자가 급감한 더 직접적인 이유는 고노마이광산이 1943년 4월 이후 휴산과정에 들어갔다는 점에서 찾아야 한다. 질병이나 병약 등의 이유로 재계약을 하지 않고 전근 대상에서 제외된 소수만이 송환대상자가 되었을 것으로 추정되기 때문이다.[44] 실제로 1942년 7월 이후 찾을 수 없었던 질병송환자 관련 전보는 전환배치가 완료된 1943년 12월에 다시 나타난다.

 그렇다면 이들 46명의 송환원인은 어디에서 찾을 수 있는가. 46명의 송환원인이 구체적으로 현장의 사고로 인한 질병인지 송출 당시에 병약한 상태였는지는 명시되어 있지 않다. 다만 병약자는 질병송환자와 별도로 구분한 점을 볼 때 사고나 질병발생을 의심해볼 수 있다. 그렇다면 작업장에서 발생한 사고와 관련성을 살펴볼 필요가 있다.

 앞에서 언급한 부상과 관련한 기록인 노동재해조우기록(1941년 12월 15일~1943년 10월 15일)[45]에 수록된 1,156건 가운데 1942년간 발생 기록은 966건으로 가장 많다. 이를 월별로 평균해보면, 1943년간 월평균이 64건(3월까지 기록)이고, 1941년 12월이 18건(15일간의 기록)인 데 비해,

---

43) 특이하게도 이들의 송환에 대해서는 통상적으로 이루어지던 본적지 행정관청 (경찰서, 군청, 도청, 면사무소) 통보 전보도 찾을 수 없다.
44) 전근자 명단에 노령자의 전근 기록이 확인되는 점을 볼 때, 노령은 전근 대상 제외 사유가 아니었던 것으로 보인다. 1943년 당시 72세의 완산강석(完山康錫)은 전환배치가 단행되었을 때, 귀환하지 못하고 전근되었다. 초기에 고노마이광산에서 기술자들을 동원한 점을 볼 때, 완산강석은 기술직이었을 가능성이 높다.
45) 守屋敬彦 編, 『戰時外國人强制連行關係史料集』 朝鮮人 2下, 1531~1603쪽.

1942년의 월평균은 무려 80건에 달했다.[46] 이러한 점은 노무자수의 증가는 물론 채광량의 증가, 노동시간의 증가, 안전장비 미비, 열악한 작업장 환경 등 제반 노동조건의 강화에서 원인을 찾을 수 있을 것이다. 현재 이런 전체적이고도 구체적인 노동조건을 파악할 수 있는 자료는 확보하지 못했으므로 입산한 조선인의 수와 비교해 살펴보는 데 그칠 수밖에 없다.

〈표 6〉 입산 추이와 사고 발생의 현황

해당기간	사고발생기록*	입산자 누계	증가수	전월(해) 입산현황**
41.12.15~31	18건	1,499명	1,499명	40.10.7~41.3.22(959명) 41.9.8(298명)/12.21(242명)
42.1	62건	1,499명	0	
42.2	74건	1,499명	0	
42.3	76건	1,646명	147명	
42.4	68건	1,814명	168명	42.3.16(91명)/3.19(56명)
42.5	75건	1,881명	87명	42.4.4(81명)/4.20(87명)
42.6	95건	2,151명	270명	42.5.6(67명)
42.7	62건	2,151명	0	42.6.6(98명)/6.7(94명)/6.8(78명)
42.8	67건	2,498명	347명	
42.9	104건	2,543명	45명	42.8.7(50명)/8.15(100명) /8.23(97명)/8.29(100명)
42.10	105건	2,543명	0	42.9.22(45명)
42.11	90건	2,543명	0	
42.12	88건	2,543명	0	
43.1	47건	2,543명	0	
43.2	65건	2,543명	0	
43.3	51건	2,543명	0	

※근거: * 노동재해조우기록/ ** 〈표 3〉 내용

---

46) 미미한 부상을 제외한 기록(경상, 중상, 중등상, 사망)의 연도별 분포를 살펴보면, 1941년 4건, 1943년 55건(3월까지 기록, 월 평균 18.5건), 1942년 431건(월 평균 36명)으로 여전히 1942년이 높다.

〈표 6〉에서 고노마이광산의 입산자 추이와 사고발생 현황을 비교해 보면, 입산자가 증가하면서 사고 발생비율도 비례했다. 초보자의 증가로 인한 결과로 보인다. 그러나 입산자가 증가하지 않는 시기에도 사고 발생비율은 높은 수치를 보이고 있다. 특히 1942년 10월 이후 6개월간 신규 입산자는 없었으나 사고 발생건수는 441건을 기록했다. 441건 가운데 연령별로 살펴보면 40대 이상 노령자가 19건이고,[47] 2명은 사망자이다.

신규 입산자가 발생하지 않았음에도 사고기록이 대폭 감소하지 않았던 요인의 하나로써 노령노동자에 대한 무리한 노동 투입이 관련되었음은 추정이 가능하다. 그러나 이 점은 단지 하나의 요인일 뿐이므로 향후 노동 강도 및 노동시간의 증가, 채광량의 증가, 안전장비 미비, 열악한 작업장 환경에 대한 종합적인 분석이 필요하다.

그러나 사고를 당한다 하여 송환되는 것은 아니었다. 1942년 4월, 46명의 송환이 이루어진 이후 찾을 수 없었던 질병송환자는 전환배치가 완료된 1943년 12월에 1~2명 단위로 나타나고 있다. 노동재해조우기록에서 중등이상(중, 중등, 사망) 사고 기록 189건 가운데, 1942년 4월 30일까지 발생 건수가 39건인 데 비해, 이후 시기(1942.5.1~1943.3) 발생건수는 160건으로 4배 이상이다. 그러나 질병송환자가 발생하지 않는다는 점은 무엇을 의미하는가.

"다친 사람은 거기서 갖다 인제 낫는 거 치료는 해주지. 치료 해주고. 병신 돼봐야. 완전히 나으믄 나른 네서 일하시만은. 병신 돼가시고 옳게 일 <u>못하면 지만 고생이지</u>(밑줄: 인용자)"[48]라는 오소득의 구술에서 시사점을 얻을 수 있다. '병신이 되어' 고향으로 갔다는 이야기는 들을 수 없

---

47) 1명은 72세의 고령자이자 전근된 완산강석(完山康錫)이다.
48) 일제강점하강제동원피해진상규명위원회, 『강제동원구술기록집 11 - 아홉머리 넘어 북해도로』, 2280쪽.

다. 노동상실률이 100%에 가까울 정도가 되지 않으면 '병신이 되어' '옳게 일 못하'는 상태가 되어도 작업장을 벗어날 수 없었던 것일까. 그렇다면 질병송환자는 '운신을 할 수 없을 정도'의 환자가 아니었을까.

IV. 맺음말

발신전보는 필요할 때 보내는 통신수단이다. 전화가 일상적인 통신수단으로 자리하지 못한 전시체제기에 전보는 일반적이고도 유용했다. 사안에 따라서는 동일 건에 대해 십수 건의 전보를 보내기도 했고, 발신시각이 촌각을 다투기도 했다. 당시 고노마이광산 및 관련된 자들이 보낸 전보는 동원계획과 송출과정은 물론, 가족의 도일과 관련된 내용, 일시귀선을 위한 준비, 광산의 휴산 및 전환배치 현황, 계약만기자 및 질병송환자의 귀선과정, 종전에 즈음한 귀환과정 등을 담고 있다. 아울러 현지 사고와 이로 인한 사망, 사망자에 대한 처리 문제가 상세히 언급되어 있다. 그러므로 발신전보는 1939년 이후 고노마이광산의 조선인 노무관리의 전체 흐름을 살펴보는 데 중요한 자료이다.

그러나 발신전보 자료의 특성(필수적 내용, 일방성)을 보완하는 노력이 필요한 자료이기도 하다. 직접적인 자료로는 발신전보와 짝을 이루는 수신전보, 해당 사안에 대한 기업 문서(보고서, 기안문 등)가 필요하다. 해당 사안 관련자들의 기록(문헌, 구술기록)과 신문자료, 사진자료 등도 주요한 자료이다. 이를 통해 고노마이광산 조선인 노무동원의 전체적인 내용이 밝혀질 수 있다.

고노마이광산에 대해서는 모리야 교수가 실증적인 연구성과를 발표했다. 그럼에도 이 논문을 작성한 이유는 '발신전보'라는 자료의 활용방법을 공유하고자 하는 생각 때문이다. 필자는 전시체제기 연구에서 협동연구 또는 학제간 연구의 필요성을 여러 차례 제기했다. 이 글은 그간 문제제기에 대한 또 다른 환기이다. 이 글에서는 발신전보의 특성을 인정하면서 이를 중심으로 고노마이광산과 관련한 다양한 자료를 교차 분석하는 방법을 취했다. 구술기록은 반영하지 못하고 위원회 면담자료(아홉머리 넘어 북해도로) 1건을 참고하는 것으로 그쳤다. 이 면담자료가 비록 정부 조사 기록이라는 한계를 가지고 있으나 90세가 다 된 고령의 구술이라는 점에서 의미가 있다고 생각한다.[49]

---

[49] 고노마이광산에 동원된 조선인 노무자 가운데 건강한 장정들은 대부분 전환 배치되었다. 그 결과 생존자들의 구술에서 고노마이광산 부분은 그다지 많은 양을 차지하지 못하고 있다. 더구나 근무기간 자체가 고노마이광산보다 전근지가 길었고, 해방을 전근지에서 맞았으므로 전근지역에 대한 기억이 발화의 중심을 이루고 있다. 두 지역을 비교하기 위한 자료로서는 유용하지만, 고노마이광산의 경험만을 분석 대상으로 할 경우에 아쉬움이 없을 수 없다.

【참고문헌】

北海道開拓記念館, 『北海道開拓記念館調査報告 第1号 : 明治初期における炭鉱の開発 - 茅沼炭鉱社会における生活と歴史』, 1972.
守屋敬彦 編, 『戰時外國人强制連行關係史料集』朝鮮人2下, 明石書店, 1991.
일제강점하강제동원피해진상규명위원회, 『강제동원 명부해제집 1』, 2009.
일제강점하강제동원피해진상규명위원회, 『강제동원구술기록집 11 - 아홉머리 넘어 북해도로』, 2009.
정혜경, 『일본 제국과 조선인 노무자 공출 - 조선인 강제연행·강제노동 연구Ⅱ』, 선인, 2011.

守屋敬彦, 「金屬鑛山と朝鮮·韓國人强制連行 - 住友鴻之舞鑛山」, 『道都大學紀要』 제9호, 1990.
守屋敬彦, 「住友鴻之舞鑛山への强制連行朝鮮人の勞働災害」, 『朝鮮人强制連行論文集成』, 明石書店, 1993.
守屋敬彦, 「기업자료 중 각종 명부류의 기술내용에서 알 수 있는 조선인 강제연행자에 관한 사실」, 『2009 네트워크 관계자 초청 워크숍 자료집』(일제강점하강제동원피해진상규명위원회, 2009.4).

스미토모(住友) 고노마이(鴻之舞)광산 발신전보(發信電報)를… 327

〈부록〉 발신전보 주요 내용(전보 발신일자 순서)

분류[50]	수록면[51]	연도	딸림전보	전보번호	관련동원자 이름	발신일	수신자	발신자	주요 내용
송출1	1489	1939		836		390904	川上龜太郎(경성大福屋여관) 총독부指定地 시찰 출장관련 전보(川上)회신		
송출1	1489	1939		911		390920	近藤(岩手縣九戶郡칼마이町)	原	1003조선인 300명 오타루도착 관련 협의
송출1	1489	1939		912		390920	鶴間勇(천안여관)	原	오타루도착관련 수송준비지시
송출1	1489	1939		923		390922	鶴間勇(천안여관)	原	인솔증명서 지참하도록 지시
송출1	1489	1939		985		391004	鶴間勇(천안여관)	原	전보수신 인수준비완료. 原이하 17명 대기
송출1	1489	1939		1001		391007	니시무네타다시(북해도청학무부직업과장)	고노마이광산太田	무사도착 입산. 기타 관련자(삿포로광산감독국장, 훗카이도광산간화회, 오타루경찰, 직업소개소, 수상경찰서, 고노마이본사, 북일본광업소)에게 모두 통보
송출1	1490	1939	1029	1030	朴雄烈	391009			몬베쓰경찰서의 문의내용을 천안군경찰서에 전달(대체자 朴雄烈 관련)
송출1	1490	1939		1029	朴雄烈	391009	盧恒來(천안군청사회계)	고노마이고문	박웅렬(朴雄烈) 도항 통보
송출1	1490	1939		1272	吳任得	391128	천안군 천안경찰서장	몬베쓰경찰서장	오임득(吳任得) 신원조회 요청
송출2	1490	1939		1456		391224	河上龜太郎(대전花屋여관)	原	오타루도착예정일및복장등보고지시
노무관리	1490	1939		1459	金千玉	391225	아산군온양경찰서장	몬베쓰경찰서장	모질병사실문의
송출2	1490	1939		1469		391226	河上龜太郎(대전花屋여관)	原	도착예정일보고지시
정황보고	1490	1939		1478		391228	佐藤홀五郎(野付牛町직업소장)	고노마이	이주조선인정황보고
송출2	1490	1940		13		400108	대전부경찰서장	고노마이광산	5일 오타루 도착, 6일 입산예정감사 (대덕군수, 죠치원경찰서장, 연기군수 등 일전보타전)
노무관리	1490	1940		89		400203	온양온천경찰서장	고노마이광산	부사망사실문의
송출3	1490	1940		100		400207	松居善一(경성大福屋)	太田	전보수신 모집준비지시
송출3	1490	1940		102		400207	松居善一(경성大福屋)	太田	120명 모집 河上龜太郎 등 3명과 삿포로 출발
송출3	1490	1940		104		400209	松居善一(경성大福屋)	鶴間	전보수신 관련서류송부요망

분류50)	수록면51)	연도	딸림전보	전보번호	관련동원자 이름	발신일	수신자	발신자	주요 내용
송출3	1490	1940		107		400210	松居善一(경성大福屋)	太田	전보수신 조선인모집관련
송출3	1491	1940		122		400214	松居善一(경성大福屋)	鶴間	전보수신 모집종사자서류
노무관리	1491	1940		124		400215	長澤恭次(주우북일본광업소)	노무	조선인용야간장비신청
사망	1491	1940		151	鄭泰先	400224	松居	鶴間	전보수신 사망통보
사망	1491	1940	165	169	金洪錫	400225		고노마이광산	김홍석사망통보
부상	1491	1940	165		金洪錫	400225	金光九	고노마이광산	김홍석(자)중태
사망	1491	1940		167	金洪錫 朴仁緒	400225	松居善一(경성大福屋)	鶴間	김홍석,박인서사망
사망	1491	1940	165	168	朴仁緒	400225		고노마이광산	박인서사망통보
부상	1491	1940		166	朴仁緒	400225	朴勝德	고노마이광산	박인서(자)중태
사고	1491	1940		163		400225	安達(감독국장)	고노마이광산太田	俱知安內坑폭발사고. 3명 즉사. 3명 부상
사망	1491	1940		185	金洪錫 朴仁緒	400302	박명서(朴命緒)	고노마이광산	전보수신 사체검증(김홍석, 박인서), 화장, 유골송환
사망	1491	1940		245	金洪錫 朴仁緒	400316	河上龜太郞(대전花屋여관)	松居善一(경성.大福屋)	高野重五郞, 어제 유골 및 유골부조료 지참 출발. 19일 대전 도착예정. 반도인 위안용물건 구입 지참 요망
송출3	1491	1940		283		400327	충남공주군수	太田鐵造(고노마이광산長)	금일조선인무사입산.감사
사망	1491	1940	314	317	田壽男	400403		고노마이광산	전수남사망통보(400403망)
부상	1491	1940		314	田壽男	400403	田興鎭	고노마이광산	자식 중태
사망	1492	1940		316	崔常鎭	400403	崔山東	고노마이광산	자식사망통보400403
부상	1491	1940		315	崔常鎭	400403	崔山東	고노마이광산	자식 중태
사고	1491	1940		312		400403	감독국장安達	고노마이광산太田	俱知安內坑폭발사고. 8명 즉사. 8명 부상
사망	1492	1940	329	330	田珣男(田壽男)	400404	충남아산군수	고노마이광산	사망통보
사망	1492	1940		329	崔常鎭	400404	충남당진군수	고노마이광산	사망 및 화장집행통보, 유족납득당부

스미토모(住友) 고노마이(鴻之舞)광산 발신전보(發信電報)를… 329

분류[50]	수록면[51]	연도	딸림전보	전보번호	관련동원자 이름	발신일	수신자	발신자	주요 내용
사망	1492	1940		334	田珣男	400405	충남아산군수	고노마이 광산광장	전보수신. 화장집행통보, 유족납득당부
정황보고	1492	1940		435		400503	野付牛町 직업소	고노마이 광산	전보수신. 이주조선인정황보고
사망	1492	1940	457	458	朴東雲	400514	충남공주군수	고노마이 광산	박동운사망통보
사망	1492	1940	457	459	朴東雲	400514	부(朴敬先)	고노마이 광산	박동운사망통보
사망	1492	1940	457	464	朴東雲	400514	공주읍경찰서	고노마이 광산	박동운사망통보
사망	1492	1940	457	465	朴東雲	400514	부(朴敬先)	고노마이 광산	박동운사망통보
사망	1492	1940	457	466	朴東雲	400514	군수	고노마이 광산	박동운사망통보
사망	1492	1940	457	475	朴東雲	400514	부(朴敬先)	고노마이 광산	박동운화장승낙요청
부상	1492	1940		457	朴東雲	400514	공주읍경찰서	고노마이 광산	중태 통지
사고	1492	1940		460		400514	감독국장安達	고노마이 광산太出	元山갱사고(1명 위독)
사망	1492	1940	460	467		400514			부상자사망(400514)
노무관리	1492	1940	472	473	李殷商	400515	온양면온천경찰서	몬베쓰경찰서장	모사망사실문의
노무관리	1492	1940	472	474	田榮男	400515	당진군당진면경찰서	몬베쓰경찰서장	모위독사실문의
노무관리	1492	1940	472		韓錫煥*	400515	천안읍경찰서	몬베쓰경찰서장	모위독사실문의
노무관리	1492	1940	472	484	申用淑	400519	온양면온천경찰서	몬베쓰경찰서장	모위독사실문의
노무관리	1492	1940	472	485	陳慶順	400519	온양면온천경찰서	몬베쓰경찰서장	모위독사실문의
노무관리	1492	1940	472	483	韓南龍	400519	당진군당진면경찰서	몬베쓰경찰서장	모위독사실문의
노무관리	1492	1940	472	530	張仁成	400604	온양면온천경찰서	몬베쓰경찰서장	부사망사실문의
노무관리	1492	1940	472	547	朴仁男	400610	당진면경찰서	몬베쓰경찰서장	모위독사실문의
노무관리	1492	1940	472	546	申占卜	400610	천안군천안읍경찰서	몬베쓰경찰서장	모위독사실문의
노무관리	1492	1940	472	548	趙辛福	400611	당진면경찰서	몬베쓰경찰서장	모위독사실문의
노무관리	1492	1940	472	561	崔庚得	400614	당진면경찰서	몬베쓰경찰서장	모위독사실문의

분류50)	수록면51)	연도	딸림전보	전보번호	관련동원자 이름	발신일	수신자	발신자	주요 내용
노무관리	1492	1940	472	567	姜金福	400617	아산군경찰서	몬베쓰경찰서장	부위독사실문의
노무관리	1493	1940	472	568	朴珍奎	400617	당진군당진면경찰서부위독사실문의		
노무관리	1493	1940	472	569	韓南龍	400618	당진군당진면경찰서처위독사실문의		
가족도일	1493	1940		584		400622	아산군온양경찰서	고노마이광산	전보수신 광산계원, 가족 인솔 위해 25일경 출발
노무관리	1493	1940		589	金壽福	400623	아산군온양경찰서	몬베쓰경찰서	김수복이 귀선하지 않았음을 통보
노무관리	1493	1940	589	601	金慶來	400627	공주군공주읍경찰서모사망사실문의		
가족도일	1493	1940		602		400627	疋島喜久雄(대전,花家여관)	原	전보수신 몬베쓰경찰서의뢰증명서발송요청
가족도일	1493	1940		612		400629	疋島喜久雄(대전,花家여관)	原二郎	몬베쓰경찰서의뢰증명서발송요청
가족도일	1493	1940		660		400716	疋島喜久雄(대전,花家여관)	原	연일 모집성과 감사. 가족수 및 인원예상 통보요망
사고	1493	1940		667		400716	스즈키요시후	고노마이광산太田	俱知安內坑폭발사고. 2명 즉사. 기타 부상
사망	1493	1940	663	664	安仁根	400717	조치원경찰서	고노마이광산	안인근사망통보
사망	1493	1940	663	665	安仁根	400717	疋島(*疋島喜久雄)	고노마이광산	안인근사망경위및장례일정(18)통보
사망	1493	1940	663	666	安仁根	400717	부(安永欽)	고노마이광산	안인근사망통보(0717)
사망	1493	1940	663	669	安仁根	400717	부(安永欽)	고노마이광산	안인근장례일정(0718)통보
사망	1493	1940	663		安仁根	400717	충남연기군수	고노마이광산	사망통보
노무관리	1493	1940	667	679	趙幸福	400718	당진면경찰서		모위독사실문의
가족도일	1493	1940		700		400725	疋島喜久雄(대전,花家여관)	原	사택신청취소자확인요망
가족도일	1493	1940		713	李五峯	400729	아산군온양경찰서	고노마이광산	배우자초청수속요청
정황보고	1494	1940		718		400731	野付牛町직업소	고노마이太田	전보수신. 鮮人정례보고제출
모집인	1494	1940		723		400731	森島히사오(경성大福여관)	松居善一	위임장송부(오사카본사)
비용	1494	1940		724		400731	疋島喜久雄(원산, 三河屋여관)	原	전보수신. 요양비처리

분류50)	수록면51)	연도	딸림전보	전보번호	관련동원자 이름	발신일	수신자	발신자	주요 내용
가족도일	1494	1940		725	李五峯	400801	森島히사오 (경성大福여관)	松居善一	요양비처리. 이오봉가족초청방법논의
사망	1494	1940	728	○	李元基	400802	崔씨		이원기유해보존불능통보
사망	1494	1940	728	729	李元基	400802	경찰서		
사망	1494	1940	728	731	李元基	400802	崔씨	고노마이광산	이원기사망통보
사망	1494	1940		728	李元基	400802	충남연기군수	고노마이광산	사망통보
가족도일	1494	1940		737	李五峯	400804	疋島喜久雄(경성,花家여관)	原	전원무사도착. 이오봉가족초청
가족도일	1494	1940	737	738	李五峯	400804	대전경찰서		이오봉가족초청관련
가족도일	1494	1940	738	739	李五峯	400804	대전부도청고등과장이오봉가족초청관련		
가족도일	1494	1940	738	740	李五峯	400804	대전부도청사회과장이오봉가족초청관련		
가족도일	1494	1940	738	741	李五峯	400804	충남대덕군수		이오봉가족초청관련
가족도일	1494	1940	738	742	李五峯	400804	천안읍천안경찰서장이오봉가족초청관련		
가족도일	1494	1940	738	743	李五峯	400804	충남천안군수		이오봉가족초청관련
가족도일	1494	1940	738	744	李五峯	400804	金丸七郎(花家여관)이오봉가족초청관련		
가족도일	1494	1940	738	745	李五峯	400804	당진경찰서장		이오봉가족초청관련
가족도일	1494	1940	738	746	李五峯	400804	충남당진군수		이오봉가족초청관련
가족도일	1494	1940	738	747	李五峯	400804	충남아산군수		이오봉가족초청관련
가족도일	1494	1940	738	748	李五峯	400804	온양경찰서장		이오봉가족초청관련
가족도일	1494	1940	738	749	李五峯	400804	조치원경찰서장		이오봉가족초청관련
가족도일	1494	1940	738	750	李五峯	400804	충남연기군수		이오봉가족초청관련
사고	1494	1940		756	李承八	400807	鈴木	고노마이太田	0807俱知安內坑폭발사고. 1명 중상
노무관리	1494	1940	756	757	李承八	400809	당진경찰서		처, 모위독사실문의

분류[50]	수록면[51]	연도	딸림전보	전보번호	관련동원자 이름	발신일	수신자	발신자	주요 내용
노무관리	1494	1940		775	김	400814	金丸七郎(花家여관)	原	김의 배우자건
부상	1494	1940		774	宋龍華	400814	宋仁哲	고노마이광산	작업중부상통보
부상	1494	1940	774	782	宋龍華	400815			경과양호
노무관리	1494	1940	775	783	裵允鳳	400817	당진경찰서		모질병사실문의
부상	1494	1940	774	785	宋龍華	400817		송용화	경과양호
노무관리	1494	1940	775	789	金一經	400819	공주경찰서		金一經장남사망, 차남과 처의 질병사실여부 문의
가족도일	1495	1940		792	金漢壽	400821	카나가에만페이(원산경찰)	고노마이광산장	배우자 무사도착
가족도일	1495	1940	792	793	金漢壽	400821	金丸七郎(花家여관)	고노마이광산장	김한수 외 기타 가족 무사도착
가족도일	1495	1940	792	794		400821	쿠도와타다시(千歲광산)	고노마이광산장	인솔감사인사
노무관리	1495	1940		809	千用德	400824	대전부경찰	몬베쓰경찰서장	천용덕결혼관련. 구장의 일시귀선원제출관련 사실문의
노무관리	1495	1940	809	829	崔興洛	400829	천안군경찰		모사망사실문의
노무관리	1495	1940	809	854	金榮培	400907	온양경찰		부위독사실문의
가족도일	1495	1940		857		400908	북일본광업소	原	가족초청 10월 말부터 11월 초 도착
가족도일	1495	1940	857	860	쿄독쿤	400909	당진경찰		부위독사실문의
가족도일	1495	1940		882		400914	長澤恭次(주우북일본광업소)	原	가족도항수송준비
가족도일	1495	1940	878	881	李錫鳳	400914	당진경찰		자녀위독사실문의
가족도일	1495	1940		890		400915	長澤恭次(주우북일본광업소)	原	가족초청 167명. 어른 88, 중 20, 소 59명
가족도일	1495	1940		892		400916	북일본광업소 河上	原	시모노세키출영예정
가족도일	1495	1940		893		400916	長澤恭次(주우북일본광업소)	原	전보수신 가족초청문제협의
사망	1494	1940	728	907	李元基	400920		고노마이광산	이원기유골송부지체 (가족초청 위해 노력할 것)
가족도일	1495	1940		878		400920	河上龜太郎(상주加賀屋여관)	松居善一	수송문제협의
노무관리	1495	1940		932		400922	광산연합협의회(광산감독국내)	原	반도노무자지도의건

스미토모(住友) 고노마이(鴻之舞)광산 발신전보(發信電報)를… 333

분류50)	수록면51)	연도	딸림전보	전보번호	관련동원자 이름	발신일	수신자	발신자	주요 내용
가족도일	1495	1940		935		400925	遠藤敬一郎(函館수상경찰서)	原	선박1척 연착
가족도일	1495	1940		946		400928	河上龜太郞(305열차3등차)	松居善一	무사착륙. 입산대기. 육송반 旭川에서 2명 행불
송출4,5	1495	1940		948		400928	광산연합협의회(광산감독국내)	고노마이광산	2기 반도인모집단장으로 노무계원正島喜久雄 파견
송출4,5	1496	1940		954		400929	상주경찰	고노마이광산	반도노무원무사착산
송출4,5	1496	1940	954	955		400929	경북상주군수	고노마이광산	반도노무원무사착산
송출4,5	1496	1940	954	957		400929	경북도청고등경찰과	고노마이광산	반도노무원무사착산
송출4,5	1496	1940	954	956		400929	경북도청사회과	고노마이광산	반도노무원무사착산
모집인	1496	1940		986		401006	正島喜久雄(경성大福여관)	原	반도노무통리요강지급결정 필요에 따른 협의
모집인	1496	1940		988		401006	正島喜久雄(경성大福여관)	原	위임장송부관련협의
모집인	1496	1940		995		401007	正島喜久雄(경성大福여관)	原	전보수신 위임장송부관련협의
가족도일	1496	1940		1002		401007	尾崎半治(대전花家여관)	原	인솔가족수현황(대중소별)파악보고
노무관리	1496	1940	1002	1018	申樂均	401011			배우자위독사실문의
모집인	1496	1940		1041		401017	正島喜久雄(경성大福여관)	原	반도노무통리요강안 추이
송출6	1496	1940		1056		401019	長尾智(대전花家여관)	原	13일 전보관련. 모집비용을 조선광업소에서 차용 사용할 것
송출6	1496	1940		1059		401021	正島喜久雄(경성大福여관)	原	모집비용차용관련조치지시
송출6	1496	1940		1073		401023	正島喜久雄(경성大福여관)	原	金子다케죠 출발. 2차모집 보충 및 3차모집관련 지시
모집인	1496	1940		1085		401025	正島喜久雄(경성大福여관)	原	반도노무통리요강안 완성을 위한 문헌자료요청
노무관리	1496	1940	1085	1107	趙錫範	401029	아산군온양경찰서		형부상정도문의
사망	1496	1940	1111	1112	安永德	401030	부(安憲鎬)		안영덕병사 및 장의일정통보
사망	1496	1940		1111	安永德	401030	충남연기군동면장	고노마이광산	안영덕병사 및 장의일정(1031)통보
계획	1497	1940		1117		401101	札幌지방금속광업회(광산감독국내)	고노마이광산	전보수신. 노무원부족(갱내남 850,여 50, 계 1150). 갱내부반수는 반도인으로 충족예정

분류50)	수록면51)	연도	딸림 전보	전보 번호	관련동원 자 이름	발신일	수신자	발신자	주요 내용
가족 도일	1497	1940		1121		401102	玉本儀祐(고노 마이광산)	原	반도가족函館출발일시등 문의
가족 도일	1497	1940		1128		401102	鶴間勇(旭川市)	原	반도가족 3일 후 아사히가와역 도착
가족 도일	1497	1940		1134		401104	疋島喜久雄(경 성大福여관)	原	어제밤가족착산, 입산식
가족 도일	1497	1940	1134	1135		401104	대전부대덕군수	原	어제밤가족착산, 입산식
가족 도일	1497	1940	1134	1136		401104	대전부경찰서	原	어제밤가족착산, 입산식
가족 도일	1497	1940	1134	1137		401104	충남도청고등 과장	原	어제밤가족착산, 입산식
가족 도일	1497	1940	1134	1138		401104	충남당진군수	原	어제밤가족착산, 입산식
가족 도일	1497	1940	1134	1139		401104	당진경찰서	原	어제밤가족착산, 입산식
가족 도일	1497	1940	1134	1140		401104	충남아산군수	原	어제밤가족착산, 입산식
가족 도일	1497	1940	1134	1141		401104	온양경찰서	原	어제밤가족착산, 입산식
가족 도일	1497	1940	1134	1142		401104	공주경찰서	原	어제밤가족착산, 입산식
가족 도일	1497	1940	1134	1143		401104	충남공주군수	原	어제밤가족착산, 입산식
가족 도일	1497	1940	1134	1144		401104	조치원경찰서	原	어제밤가족착산, 입산식
가족 도일	1497	1940	1134	1145		401104	충남연기군수	原	어제밤가족착산, 입산식
가족 도일	1497	1940	1134	1146		401104	천안경찰서	原	어제밤가족착산, 입산식
가족 도일	1497	1940	1134	1147		401104	충남도청사회 과장	原	어제밤가족착산, 입산식
노무 관리	1497	1940	1134	1166	吳七龍	401109	공주경찰서		부위독사실문의
송출6	1497	1940		1183		401114	近藤博(靑森市)	原	반도취사부, 인력거부 등이 입산하도록 수배 요망
노무 관리	1497	1940	1183	1166	吳七龍	401115	尾崎半治(공주 河野여관)모위 독사실문의		
가족 도일	1497	1940		1217	李佳鳳 河鳳善	401121	尾崎半治(공주 河野여관)	原	가족초청관련협의(이가봉). 자녀질병위 독사실문의(하봉선)
가족 도일	1497	1940		1223	鄭基東	401121	長尾智(조치원 明治여관)	原	결혼관련귀선희망자 30명. 정기동 약혼 자 단독도항 이후 결혼관련방법협의

스미토모(住友) 고노마이(鴻之舞)광산 발신전보(發信電報)를… 335

분류50)	수록면51)	연도	딸림전보	전보번호	관련동원자 이름	발신일	수신자	발신자	주요 내용
노무관리	1499	1940		1390	成山良世 今井福善 廣林益喆 新井奇敦 킨쇼교쿠 /金昌旭	401122	長尾智 (대전花屋)	原	전보수신. 송환자 4명. 공주군우성면 거주 킨쇼교쿠에게 가족이 보낸 전보내용 조사(0111결혼식귀선방식)
송출6	1497	1940		1231		401122	尾崎半治(공주河野여관)	原	전보수신. 21일 전문관련. 모집자수송방법. 2차 3차모집관련
송출6	1497	1940		1238		401124	廷島喜久雄 (경성大福여관)	原	18일 편지관련. 수송방법
송출6	1497	1940		1243		401124	尾崎半治 (공주河野여관)	原	금속광업회와 모집자수송관련 협의. 인솔자파견 검토요망. 경찰관 및 군서기에게 인솔의뢰하는 방법강구
연락	1498	1940		1260		401128	廷島喜久雄 (경성大福여관)	原	난국돌파를 위해 분투를 독려
송출6	1498	1940		1258		401128	廷島喜久雄 (경성大福여관)	原	전보수신. 응모자수 확정 통보요망. 3차 단장에게 인감 전달
사망	1498	1940	1260	1273	安永德	401202			安榮福자식유골도착(401207)
송출6	1498	1940		1312		401208	연기군조치원경찰	고노마이광산	貴郡 알선으로 4일 원산 출발한 노무원, 금일 오전 무사도착 감사
송출6	1498	1940	1312	1313		401208	충남연기군수	고노마이광산	귀군알선으로 4일 원산 출발한 노무원, 금일 오전 무사 도착 감사
송출6	1498	1940	1312	1314		401208	전의면장	고노마이광산	귀군알선으로 4일 원 산출발한 노무원, 금일 오전 무사 도착 감사
송출6	1498	1940	1312	1315		401208	전동면장	고노마이광산	귀군알선으로 4일 원산 출발한 노무원, 금일 오전 무사 도착 감사
송출6	1498	1940	1312	1316		401208	남면장	고노마이광산	귀군알선으로 4일 원산 출발한 노무원, 금일 오전 무사 도착 감사
송출6	1498	1940	1312	1317		401208	서면장	고노마이광산	귀군알선으로 4일 원산 출발한 노무원, 금일 오전 무사 도착 감사
송출6	1498	1940	1312	1318		401208	동면장	고노마이광산	귀군알선으로 4일 원산 출발한 노무원, 금일 오전 무사 도착 감사
송출6	1498	1940	1312	1319		401208	금남면장	고노마이광산	귀군알선으로 4일 원산 출발한 노무원, 금일 오전 무사 도착 감사
송출6	1498	1940	1312	1320		401208	小樽수상서	고노마이광산	귀군알선으로 4일 원산 출발한 노무원, 금일 오전 무사 도착 감사
송출6	1498	1940	1312	1321		401208	小樽경찰서	고노마이광산	귀군알선으로 4일 원산 출발한 노무원, 금일 오전 무사 도착 감사
송출6	1498	1940	1312	1322		401208	小樽직업소개소	고노마이광산	귀군알선으로 4일 원산 출발한 노무원, 금일 오전 무사 도착 감사
송출6	1498	1940	1312	1324		401208	충남공주군수	고노마이광산	귀군알선으로 4일 원산 출발한 노무원, 금일 오전 무사 도착 감사
송출6	1498	1940	1312	1325		401208	공주경찰서	고노마이광산	귀군알선으로 4일 원산 출발한 노무원, 금일 오전 무사 도착 감사

분류50)	수록면51)	연도	딸림전보	전보번호	관련동원자 이름	발신일	수신자	발신자	주요 내용
송출6	1498	1940	1312	1326		401208	탄천면장	고노마이 광산	귀군알선으로 4일 원산 출발한 노무원, 금일 오전 무사 도착 감사
송출6	1498	1940	1312	1327		401208	계룡면장	고노마이 광산	귀군알선으로 4일 원산 출발한 노무원, 금일 오전 무사 도착 감사
송출6	1498	1940	1312	1328		401208	목동면장	고노마이 광산	귀군알선으로 4일 원산 출발한 노무원, 금일 오전 무사 도착 감사
송출6	1498	1940	1312	1329		401208	우성면장	고노마이 광산	귀군알선으로 4일 원산 출발한 노무원, 금일 오전 무사 도착 감사
송출6	1498	1940	1312	1330		401208	장기면장	고노마이 광산	귀군알선으로 4일 원산 출발한 노무원, 금일 오전 무사 도착 감사
노무관리	1498	1940		1357		401214	長尾智(조치원 明治여관)	原	전보수신. 일시귀선관련
사망	1498	1940		1360	安永德	401216	長尾智(조치원 明治여관)	이시다	안영덕유골송환관련 10일경 유골 도착예정. 親元지참. 친우회향전금 20원 입체지참
사망	1498	1940		1369	安永德	401217	長尾智(조치원 明治여관)	이시다	전보수신. 사망자지불금 정산, 입체 지불 요망
사망	1498	1940		1375	安永德	401218	尾崎半治(조치원明治여관)	이시다	전보수신. 안영덕 유족에게 사망경과 통지 요망.(1016발병. 1027맹장염입원수술. 1029신장염뇨독증발병 1030병사)
노무관리	1498	1940	1375	1383	金五得	401221	공주경찰서	이시다	김쥰키치 사망통지관련. 동생 김오득 귀선필요 여부사실 문의
노무관리	1499	1940	1390	1397	盧己男 崔鳳淳	401224	尾崎半治(공주河野여관)노기남자녀2명위독사실문의모위독사실문의(최봉순)		
귀선	1499	1940	1390	1407		401225	충남도지사	몬베쓰경찰서	1225병약자 송환했음을 증명하는 내용
송출7	1499	1941		3		410104	長澤恭次(札幌市)	原	0105경, 원산출발예정 반도노무원의 函館도착 일시보고 요망
노무관리	1499	1941	3n	9	慶山三興	410107	문경읍경찰서		모위독사실문의
노무관리	1499	1941	3n	10	盧己男 金五得 李觀燮 金昌旭	410107	공주경찰서		자녀2명위독사실문의(노기남) 형사망사실문의(김오득) 부위독사실문의(이관섭) 결혼식사실문의(김창욱)
노무관리	1499	1941	3n	7n	李福永	410107	대전경찰서		부사망사실문의
노무관리	1499	1941	3n	8	崔鳳淳 온신에이	410107	당진경찰서		모위독사실문의(최봉순, 온신에이)
노무관리	1499	1941		20		410109	福元榮藏(협화회函館출장소)	原	전보수신. 하코다테도크에서 선박 대기 중, 노무일반에 견학요망

스미토모(住友) 고노마이(鴻之舞)광산 발신전보(發信電報)를… 337

분류50)	수록면51)	연도	딸림전보	전보번호	관련동원자 이름	발신일	수신자	발신자	주요 내용
노무관리	1499	1941		23		410110	福元榮藏(협화회函館출장소)	原	전보수신. 하코다테도크에서 선박 대기 중, 노무일반에 견학요망
송출7	1499	1941		36		410113	函館경찰서	스미토모	반도노무원 출영 위해 출장중인 福元榮藏에게 급히 전달요망
송출7	1499	1941	36	37		410113	函館수상경찰서		반도노무원출영 위해 출장중인 福元榮藏에게 급히 전달요망
노무관리	1499	1941	36	43	金振榮	410114	충남도청사회과장		모위독사실문의
송출7	1499	1941		61		410117	충남공주군수	고노마이광업소	귀관내알선반도노무원, 16일 무사도착에 감사
송출7	1499	1941	61	62		410117	충남공주경찰	고노마이광업소	귀관내알선반도노무원, 16일 무사도착에 감사
송출7	1499	1941	61	63		410117	원산경찰서	고노마이광업소	귀관내알선반도노무원, 16일 무사도착에 감사
송출7	1499	1941	61	64		410117	원산丸星운송사	고노마이광업소	귀관내알선반도노무원, 16일 무사도착에 감사
송출7	1499	1941	61	65		410117	충남도청고등경찰과장	고노마이광업소	귀관내알선반도노무원, 16일 무사도착에 감사
송출7	1499	1941	61	66		410117	충남도청사회과장	고노마이광업소	귀관내알선반도노무원, 16일 무사도착에 감사
송출7	1499	1941	61	67		410117	조치원경찰서	고노마이광업소	귀관내알선반도노무원, 16일 무사도착에 감사
송출7	1499	1941	61	68		410117	충남연기군수	고노마이광업소	귀관내알선반도노무원, 16일 무사도착에 감사
송출7	1499	1941	61	69		410117	函館경찰서	고노마이광업소	귀관내알선반도노무원, 16일 무사도착에 감사
송출7	1499	1941	61	70		410117	函館직업소개소	고노마이광업소	귀관내알선반도노무원, 16일 무사도착에 감사
송출7	1499	1941	61	71		410117	函館수상서	고노마이광업소	귀관내알선반도노무원, 16일 무사도착에 감사
송출7	1499	1941	61	72		410117	函館세관	고노마이광업소	귀관내알선반도노무원, 16일 무사도착에 감사
송출7	1499	1941	61	73		410117	函館협화회출장소	고노마이광업소	귀관내알선반도노무원, 16일 무사도착에 감사
송출7	1500	1941		75		410118	望月猛夫(경성大福여관)	原	이입반도노무자 89명, 16일 무사입산에 감사. 3차모집독려
모집인	1500	1941		90		410122	望月猛夫(경성大福여관)	原	전보수신 渡邊忠作파견. 24일 출발예정
송출8	1500	1941		129		410201	近藤次彦(住友조선광업소장)	코시	中澤雅夫파견. 비용대출요망

분류50)	수록면51)	연도	딸림전보	전보번호	관련동원자 이름	발신일	수신자	발신자	주요 내용
송출8	1500	1941	129	130		410201	平佐周三(住友 경성판매점 지배인)中澤雅夫 파견. 비용대출 요망		
노무관리	1500	1941	129	143	姜泰然	410204	공주경찰서		모중병사실문의
노무관리	1500	1941		154		410207	코마이쵸다로 (青森)	시노키	반도인합숙 및 준비품제재단가 견적서 요망
송출8	1500	1941		163		410209	住友조선광업소장	코시	파견자(中澤雅夫, 渡邊忠作) 모집비용 5000원 차용-제공요망
송출8	1500	1941		164		410209	渡邊忠作 (시흥中川여관)	原	모집비차용(조선광업소)관련조치지시
노무관리	1500	1941		168		410210	코마이쵸다로 (青森)	시노키	반도인합숙용材일부長屋변경요망
송출8	1500	1941		174		410212	中澤雅夫 (경성大福여관)	原	출장유수 중 반도사무폭주, 급히 佐藤을 귀임조치. 모집예정수확보 등 모집원 독려요망
계획	1500	1941		178		410213	小部榮四郎 (宮城縣淸水屋 지점)	原	전보수신. 반도인채용방침
계획	1500	1941		198		410219	渡邊斌衡(본사 노동과장)	松居	전보수신. 8.31. 일본부허가 100명분, 9.28. 100명 이입. 9.27. 후생성허가 200명분. 12.4. 100명, 1.16. 100명 이입
모집인	1500	1941		211		410222	中澤雅夫(경성大福여관)	原	佐藤22일 귀임. 반도사무다망
노무관리	1500	1941		214	松本甲出	410223	函館수상서	고노마이	전보수신. 조사완료
비용	1501	1941		215		410223	長澤恭次(札幌市소재 감독국내 금속광업회 노무부장)	原	1차이입반도인경비 청구. 모집인수 靜狩 100명으로 조사
송출8	1501	1941		250		410303	渡邊忠作 (경성大福여관)	原	전보수신. 기부를 총독부와 도청은 절대금지
송출8	1501	1941		322		410313	近藤博(青森市)	原	반도노무원 20일경, 제3협화료 입소예정. 취사부 10명 채용예정
송출8	1501	1941		327		410314	渡邊忠作 (시흥中川여관)	原	전보수신. 기부건 관련(도청사회과장 및 고등과장 절대금지. 협의가능)
송출8	1501	1941		328		410315	川口永次 (강화橫山여관)	原	전보수신. 확정인원확보에 노력할 것
사고	1501	1941		350	金子鐘烈	410319	사카이키시 (감독국장)	太田	俱知安갱낙석사고(1명 중상, 1명 미상)

스미토모(住友) 고노마이(鴻之舞)광산 발신전보(發信電報)를… 339

분류50)	수록면51)	연도	딸림전보	전보번호	관련동원자 이름	발신일	수신자	발신자	주요 내용
사고	1501	1941	350	351	金子鐘烈	410319	伊藤力藏(遠輕지소장)俱知安 갱 낙석사고 (1명 중상, 1명 미상)		
부상	1501	1941	363	364	金子鐘烈	410323	공주경찰서	고노마이광업소	0319낙석사고, 입원가료중, 경과순조
부상	1501	1941	363	365	金子鐘烈	410323	金子春培(부)	고노마이광업소	0319낙석사고, 입원가료중, 경과순조
부상	1501	1941	363	366	金子鐘烈	410323	당의면장	고노마이광업소	0319낙석사고, 입원가료중, 경과순조
부상	1501	1941		363	金子鐘烈	410323	충남공주군수	고노마이광업소	0319낙석사고, 입원가료중, 경과순조
송출8	1501	1941		362		410323	札幌지방 금속광업회장	고노마이광업소	반도노무원 22일 무사도착, 감사
송출8	1501	1941		367		410323	함남원산부경찰	고노마이광업소	18일 출발노무원, 22일 무사도착, 감사
송출8	1502	1941	367	368		410323	원산丸星운송점 여객계	고노마이광업소	18일 출발노무원, 22일 무사도착, 감사
송출8	1502	1941	367	369		410323	경성부영등포 경찰서	고노마이광업소	18일 출발노무원, 22일 무사도착, 감사
송출8	1502	1941	367	370		410323	영등포시흥군수	고노마이광업소	18일 출발노무원, 22일 무사도착, 감사
송출8	1502	1941	367	371		410323	경기도경찰부 고등경찰과장	고노마이광업소	18일 출발노무원, 22일 무사도착, 감사
송출8	1502	1941	367	372		410323	경기도내무부 사회과장	고노마이광업소	18일 출발노무원, 22일 무사도착, 감사
송출8	1502	1941	367	373		410323	김포읍경찰서	고노마이광업소	18일 출발노무원, 22일 무사도착, 감사
송출8	1502	1941	367	374		410323	김포군수	고노마이광업소	18일 출발노무원, 22일 무사도착, 감사
송출8	1502	1941	367	375		410323	강화군경찰서	고노마이광업소	18일 출발노무원, 22일 무사도착, 감사
송출8	1502	1941	367	376		410323	강화군수	고노마이광업소	18일 출발노무원, 22일 무사도착, 감사
송출8	1502	1941	367	377		410323	小樽수상서	고노마이광업소	18일 출발노무원, 22일 무사도착, 감사
송출8	1502	1941	367	378		410323	小樽세관	고노마이광업소	18일 출발노무원, 22일 무사도착, 감사
송출8	1502	1941	367	379		410323	小樽경찰서	고노마이광업소	18일 출발노무원, 22일 무사도착, 감사
송출8	1502	1941	367	380		410323	小樽국민직업소개소	고노마이광업소	18일 출발노무원, 22일 무사도착, 감사

분류50)	수록면51)	연도	딸림전보	전보번호	관련동원자 이름	발신일	수신자	발신자	주요 내용
사망	1501	1941	363	397	金子鐘烈	410325	부친	고노마이 광업소	김종렬사망(0325), 다비집행(0326)
사망	1501	1941	350	395		410325	감독국장	太田	운반부 1명 사망
사망	1501	1941	350	396		410325	伊藤力藏 (遠輕지소장)	太田	운반부 1명 사망
사망	1501	1941	363	406	金子鐘烈	410326	당의면장	고노마이 광업소	장의관련통지에 대해 유족회신 없음, 유족전달사항
사망	1501	1941	363	414	金子鐘烈	410327	당의면장	고노마이 광업소	장의집행함. 유골전달관련
계획	1502	1941		421		410329	渡邊斌衡 (본사노무과장)	松居	전보수신. 후생성200명 허가, 본부120명 제한 허가. 이입 400327일자 實數 120명
계획	1502	1941		431		410330	河上健次郎 (본사노동과)	松居	전보수신. 4001월분보고, 401001자후생성計200명분 가능하다며, 1208월분115명(4명은 입산 후 발병으로 송환조치), 410116자 89명(4명 충원), 계204명 이입
계획	1502	1941		445		410401	長井(山形縣국민직업지도소장)	岡部	전보수신. 조선집단이입자 외 반도인채용 불가여부
계획	1502	1941		485		410413	동경지점	고노마이	전보수신. 반도노무원 현재 총수 877명. 계약만료기별숫자 4110월(231)4207월(88) 4203월(111)4209월(96)4212월(110)4301월(89)4303월(154)
사망	1502	1941	487	488	金龍石	410415	조치원경찰서	고노마이 광업소	폐결핵증(0208) 입원가료 중 사망(0414) 15일 다비집행예정
사망	1502	1941	487	489	金龍石	410415	전의면장	고노마이 광업소	폐결핵증(0208) 입원가료 중 사망(0414) 15일 다비집행예정
사망	1502	1941	487	490	金龍石	410415	梁在九(부)	고노마이 광업소	폐결핵증(0208) 입원가료 중 사망(0414) 15일 다비집행예정
사망	1502	1941	487	495	金龍石	410415	전의면장	고노마이 광업소	유족연락없음. 다비집행유족연락요망
사망	1502	1941	487		金龍石	410415	연기군수	고노마이 광업소	폐결핵증(0208) 입원가료 중 사망(0414) 15일 다비집행예정
도주자	1502	1941		588		410502	小樽수상서	몬베쓰경찰서	반도노무원 7명, 0501 화태로 가려고 도주, 수배요망
도주자	1502	1941	588	589		410502	函館수상경찰	몬베쓰경찰서	반도노무원 7명, 0501 화태로 가려고 도주, 수배요망
도주자	1502	1941	588	590		410502	稚內경찰서	몬베쓰경찰서	반도노무원 7명, 0501 화태로 가려고 도주, 수배요망
도주자	1502	1941		615		410510	士別경찰서	白鳥	반도노무원검거, 감사. 11일 인수예정
사망	1502	1941	664	665	鄭昌植	410524	진잠면장	고노마이 광업소	배우자사망(0524)통보. 다비예정

스미토모(住友) 고노마이(鴻之舞)광산 발신전보(發信電報)를… 341

분류[50]	수록면[51]	연도	딸림전보	전보번호	관련동원자 이름	발신일	수신자	발신자	주요 내용
사망	1502	1941	664	666	鄭昌植	410524	太田경찰서	고노마이광업소	배우자사망(0524)통보. 다비예정
사망	1502	1941	664	667	鄭昌植	410524	대덕군수	고노마이광업소	배우자사망(0524)통보. 다비예정
사망	1502	1941		664	鄭昌植	410524	朴高梅(정창식방)	고노마이광업소	배우자사망(0524)통보. 다비예정
사망	1503	1941		668		410524	사카이키요시(감독국장)	太田	俱知安갱낙석사고. 중상자사망(망자미기재)
사망	1503	1941	668	669		410524	伊藤力藏(遠輕지소장)	太田	俱知安갱낙석사고. 중상자사망(망자미기재)
사망	1503	1941	664	670	鄭昌植	410525	진잠면장	고노마이광업소	유족연락없음. 다비집행유족연락요망
사망	1503	1941	664	671	鄭昌植	410526	朴高梅	고노마이광업소	장의종료. 유골은 6월중순경 전달
도주자	1503	1941		704		410605	函館수상경찰서	고노마이광업소	전보수신. 도망반도인 인수를 위해 계원 출두예정(0606)
도주자	1503	1941		713		410608	函館수상경찰서	고노마이광업소	도망반도노무원 2명, 아침도착, 감사
도주자	1503	1941		767		410620	函館수상경찰서	고노마이광업소	전보수신. 신병인수(22일 아침) 요망
사망	1502	1941	487	818	金龍石	410628	부	고노마이광업소	유골도착(0703)
사망	1502	1941	487	819	金龍石	410628	전의면장	고노마이광업소	유골도착(0703)
사망	1502	1941	487	820	金龍石	410628	조치원경찰서	고노마이광업소	유골도착(0703)
사망	1502	1941	487	821	金龍石	410628	연기군수	고노마이광업소	유골도착(0703)
사망	1501	1941	363	814	金子鐘烈	410628	金子春培(부)	고노마이광업소	유골전달(0703)통보
사망	1501	1941	363	815	金子鐘烈	410628	당의면장	고노마이광업소	유골전달(0703)통보
사망	1501	1941	363	816	金子鐘烈	410628	공주경찰서	고노마이광업소	유골전달(0703)통보
사망	1501	1941	363	817	金子鐘烈	410628	충남공주군수	고노마이광업소	유골전달(0703)통보
사망	1503	1941	664	810	鄭昌植	410628	朴高梅	고노마이광업소	유골도착(0703)
사망	1503	1941	664	811	鄭昌植	410628	진잠면장	고노마이광업소	유골도착(0703)

분류50)	수록면51)	연도	딸림전보	전보번호	관련동원자 이름	발신일	수신자	발신자	주요 내용
가족도일	1503	1941		809		410628	鶴間勇(경성大福여관)	原	전보수신. 가족도일 위해 3명(福元, 渡邊, 小野) 6.27 출발. 도중에 유골 3위 인도(충남)하고 방문하여 지휘를 받을 예정
도주자	1503	1941		851		410705	札幌경찰서	고노마이광업소	도망노무원검거감사, 5일 인계예정
가족도일	1503	1941		863		410707	鶴間勇(경성大福여관)	原	전보수신. 사택준비 완료. 가족 출발 일정 확인 요망. 인솔자渡邊. 연기 각군청 반도인솔관 각 1명에게 인솔방법의뢰, 사정이 좋지 않을 경우 인원파견
가족도일	1503	1941		873		410708	주우조선광업소	코시	모집비700엔을 鶴間勇에게 대출
송출9	1503	1941		872		410708	鶴間勇(경성大福여관)	原	전보수신. 비용차용하고 조선광업소에 연락하여 수속조치
도주자	1503	1941		877	金鎭用	410709	천안군경찰서 등계주임	고노마이광업소	400507도주. 400615검거되어 현재 근무 중
사망	1503	1941		864	鄭昌植, 金子鐘烈	410710	福元榮藏(대전花家여관)	原	전보수신. 정창식, 금자종열 유골인도일정 협의
계획	1503	1941		880		410710	鶴間勇(경성大福여관)	原	전보수신. 공주, 천안, 대덕, 연기, 아산 각군을 희망
노무관리	1503	1941		881		410710	福元(공주河野여관)	原	전보수신. 青木자이류(와타나베쇼세이하쇼의 동생) 관련
입소	1504	1941		891		410711	상주군경찰서	고노마이광업소	상주 출장중인 小野寺忠夫,소집령으로 15일까지 函館부대 입대해야 함. 신속 입대요망(비행기 이용무방)
입소	1504	1941		892		410711	小野寺忠夫(상주,상주여관)	고노마이광업소	15일까지 函館부대입대를 위해 비행기 이용해서라도 시간을 맞출 것
입소	1504	1941	892	893		410711	鶴間勇(경성大福여관)	고노마이	15일까지 函館부대입대를 위해 비행기 이용해서라도 시간을 맞출 것
가족도일	1504	1941		912		410715	주우조선광업소	코시	모집비 4,000엔 鶴間勇에게 대출 요망
가족도일	1504	1941		913		410715	鶴間勇(경성大福여관)	原	전보수신. 모집비용의 건. 조선광업소에 연락. 모집허가 및 가족도항일정 확인 요망
가족도일	1504	1941		920		410717	鶴間(상주경찰서)	原	3개도 이주가족호수 및 인솔자파견 필요 유무 회신요망
가족도일	1504	1941	920	921		410717	福元榮藏(조치원明治여관)	原	3개도 이주가족호수 및 인솔자파견 필요 유무 회신요망
가족도일	1504	1941		930		410718	渡邊忠作(경성中川여관)	原	전보수신.기부건(경기도청의엄금입장). 인솔자 의뢰건 승인. 가족수송방식 협의(철도청)요망. 下關에 인솔자 1명 파견. 3개도 이주가족수 확인
가족도일	1504	1941		931		410718	福元榮藏(공주河野여관)	原	전보수신.下關에 인솔자 1명 파견. 32가족 69명 충남만인지 회신 요망

분류[50]	수록면[51]	연도	딸림전보	전보번호	관련동원자 이름	발신일	수신자	발신자	주요 내용
가족도일	1504	1941		932		410718	鶴間勇(대구전中屋여관)	原	전보수신. 몬베쓰경찰로부터 소집. 가족 인솔자 1명 下關 파견. 내지수송을 위해 철도당국수배
사망	1504	1941	970	973	金貴京	410724	상주군수	太田	
사망	1504	1941	970	975	金貴京	410724	화북면장	太田	김귀경사망(0724), 다비(25)
사망	1504	1941	970	974	金貴京	410724	尹學秉(매제)	太田	김귀경사망(0724), 다비(25)
사망	1504	1941	970	972	金貴京	410724	상주군경찰서	太田	김귀경사망(0724), 다비(25)
사고	1504	1941		970		410724	감독국장사카이킨	太田	元山갱사고(2명 부상. 그중 1명 사망)
사고	1504	1941	970	971		410724	伊藤力藏(遠輕지소장)	太田	元山갱사고(2명 부상. 그중 1명 사망)
사망	1504	1941	970	984	金貴京	410726	화북면장	太田	유족연락불통. 예정대로 다비 실시
사망	1504	1941	970	985	金貴京	410726	尹學秉(매제)	太田	유족연락불통. 예정대로 다비 실시
가족도일	1504	1941		991		410727	연기군 조치원읍경찰서	고노마이광업소	노무원가족도항감사. 26일 도착예정
가족도일	1504	1941	991	992		410727	연기군수	고노마이광업소	노무원가족도항감사. 26일 도착예정
가족도일	1504	1941	991	993		410727	상주군경찰서	고노마이광업소	노무원가족도항감사. 26일 도착예정
가족도일	1504	1941	991	994		410727	상주군수	고노마이광업소	노무원가족도항감사. 26일 도착예정
가족도일	1504	1941	991	995		410727	공주군경찰서	고노마이광업소	노무원가족도항감사. 26일 도착예정
가족도일	1504	1941	991	996		410727	공주군수	고노마이광업소	노무원가족도항감사. 26일 도착예정
가족도일	1504	1941	991	997		410727	시흥군 영등포경찰서	고노마이광업소	노무원가족도항감사. 26일 도착예정
가족도일	1504	1941	991	998		410727	시흥군수	고노마이광업소	노무원가족도항감사. 26일 도착예정
가족도일	1505	1941		1000		410728	鶴間勇(대구전中여관)	原	노무원가족 26일 도착. 모집종사자 4명(高根澤, 藤田, 八森, 마키) 27일 출발
가족도일	1505	1941	1000	1001		410728	福元榮藏		노무원가족 26일 도착. 모집종사자 4명(高根澤, 藤田, 八森, 마키) 27일 출발
사망	1504	1941	970	1099	金貴京	410814	鶴間勇(대전花家여관)	太田	유족부재시유골은 매제에게 인도하도록
모집인	1505	1941		1149		410825	鶴間勇(대구전中여관)	原	반도인사무보조불채용건. 추진여부문의
계획	1505	1941		1177		410903	鶴間勇(대구전中여관)	原	42년도 노무충족계획상 필요에 따라 금년도 및 내년전반기 반도노무원 공출전망 등 관청의향 및 현지실정 문서요망
송출9	1505	1941		1201		410908	札幌지방속금광업회	고노마이광업소	모집반도노무자 8일 무사도착, 감사

분류50)	수록면51)	연도	딸림전보	전보번호	관련동원자 이름	발신일	수신자	발신자	주요 내용
송출9	1505	1941	1201	1202		410908	小樽수상경찰서	고노마이광업소	모집반도노무자 8일 무사도착, 감사
송출9	1505	1941	1201	1203		410908	小樽경찰서	고노마이광업소	모집반도노무자 8일 무사도착, 감사
송출9	1505	1941	1201	1204		410908	小樽세관출장소	고노마이광업소	모집반도노무자 8일 무사도착, 감사
송출9	1505	1941	1201	1205		410908	충남논산군경찰서	고노마이광업소	모집반도노무자 8일 무사도착, 감사
송출9	1505	1941	1201	1206		410908	논산군수	고노마이광업소	모집반도노무자 8일 무사도착, 감사
송출9	1505	1941	1201	1207		410908	논산군사회과장	고노마이광업소	모집반도노무자 8일 무사도착, 감사
송출9	1505	1941	1201	1208		410908	논산군고등경찰과장	고노마이광업소	모집반도노무자 8일 무사도착, 감사
송출9	1505	1941	1201	1209		410908	서천군경찰서	고노마이광업소	모집반도노무자 8일 무사도착, 감사
송출9	1505	1941	1201	1210		410908	서천군수	고노마이광업소	모집반도노무자 8일 무사도착, 감사
송출9	1505	1941	1201	1211		410908	부여군경찰서	고노마이광업소	모집반도노무자 8일 무사도착, 감사
송출9	1505	1941	1201	1212		410908	부여군수	고노마이광업소	모집반도노무자 8일 무사도착, 감사
송출9	1505	1941	1201	1214		410908	鶴間勇(대구田中여관)	고노마이광업소	모집반도노무자 8일 무사도착, 감사
사망	1505	1941		1249	權弼吾	410913	감독국장사카이킨	加賀山(고노마이)	元山갱사고(중상자 1명 사망)
사망	1505	1941	1249	1250	權弼吾	410913	伊藤力藏(遠輕지소장)	加賀山(고노마이)	元山갱사고(중상자 1명 사망)
사망	1505	1941	1249	1246	權弼吾	410913	장기면장	加賀山(고노마이)	권필오사망. 장의집행(410914)
사망	1505	1941	1249	1247	權弼吾	410913	공주군경찰서	加賀山(고노마이)	권필오사망. 장의집행(410914)
사망	1505	1941	1249	1248	權弼吾	410913	공주군수	加賀山(고노마이)	권필오사망. 장의집행(410914)
사망	1505	1941	1249	1245	權弼吾	410913	權寧國(부)	加賀山(고노마이)	권필오사망. 장의집행(410914)
사망	1505	1941	1249	1252	權弼吾	410915	權寧國(부)	加賀山(고노마이)	연락없으므로 예정대로 장의집행
사망	1505	1941	1249	1253	權弼吾	410915	장기면장	加賀山(고노마이)	장의집행을 유족에게 연락요
계획	1505	1941		1298		410929	키타자와케이시로(총무부장)	코시	반도노무원 모집관련. 지급입용6.3자文第488호로 송부, 모집고입용 및 청소년고입인가 신청용위임장과 문서의 受認者를 加賀山―에게 정정하여 각 1통씩 속달로 송부

분류[50]	수록면[51]	연도	딸림전보	전보번호	관련동원자 이름	발신일	수신자	발신자	주요 내용
계획	1505	1941		1299		410929	渡邊斌衡(본사 노동과장)	加賀山/사업주 대리인	정부결정 41년도. 본사 구인할당수 관련 전보
사망	1505	1941	1249	1304	權弼吾	410930	權寧國(부)	加賀山(고노마이)	유골은 10월중순경 송환예정
사망	1506	1941	1309	1310	李慶鏞	411002	반포면장	고노마이 광업소	0711발병가료 중 肺(폐결핵증) 사망. 3일 장의집행예정
사망	1506	1941	1309	1311	李慶鏞	411002	공주군수	고노마이 광업소	0711발병가료 중 肺(폐결핵증) 사망. 3일 장의집행예정
사망	1506	1941	1309	1312	李慶鏞	411002	공주경찰서	고노마이 광업소	0711발병가료 중 肺(폐결핵증) 사망. 3일 장의집행예정
사망	1506	1941		1309	李慶鏞	411002	李奎福	고노마이 광업소	0711발병가료 중 肺(폐결핵증) 사망. 3일 장의집행예정
사망	1506	1941	1309	1318	李慶鏞	411004	반포면장	고노마이 광업소	유족의 연락 없으므로 예정대로 장의집행
사망	1506	1941	1309	1319	李慶鏞	411004	李奎福(형)	고노마이 광업소	유족의 연락 없으므로 예정대로 장의집행
송출10	1506	1941		1328		411009	서천군서천면 경찰서	고노마이 광업소	노무자모집배려에 감사. 병약불채용자 인솔한 본사사원 八森初太郎에게 별도 전보요망
송출10	1506	1941		1329		411009	八森初太郎 (서천면경찰서)	카와모토	모집관련지시
사망	1506	1941	1338	1341	平山鉉澤	411014	치곡면장	加賀山(고노마이)	평산현택사망통보
사망	1506	1941	1338	1342	平山鉉澤	411014	공주경찰서	加賀山(고노마이)	평산현택사망통보
사망	1506	1941	1338	1343	平山鉉澤	411014	공주군수	加賀山(고노마이)	평산현택사망통보
사망	1506	1941	1338	1340	平山鉉澤	411014	평산키킨(부)	加賀山(고노마이)	사망통보, 다비(16일)집행예정 유족도일의사타진
사고	1506	1941		1338		411014	감독국장사카이킨	加賀山(고노마이)	俱知安갱사고(광부 2명 부상 중 1명 사망)
사고	1506	1941	1338	1339		411014	伊藤力藏 (遠輕지소장)	加賀山(고노마이)	俱知安갱사고(광부2명 부상 중 1명 사망)
사망	1506	1941	1338	1346	平山鉉澤	411015	치곡면장	加賀山(고노마이)	망자의 여동생이 출발했으니 현지에 도착할 때까지 시체부패 없이 16일에 장의 치르도록 함
사망	1506	1941	1338	1347	平山鉉澤	411015	평산키킨(부)	加賀山(고노마이)	망자의 여동생이 출발했으니 현지에 도착할 때까지 사체부패 없이 16일에 장의 치르도록 함
노무관리	1506	1941	1363	1364	大山載昇	411020	서천군경찰서	카와모토	모위독사실문의
송출10	1506	1941		1366		411021	키타자와 (총무부장)	코시	제3차반도노무원모집관련. 文第462호로 송부. 모집고용용 및 청소년고입인가신청 용위임장과 문서를 각1통씩 속달로 송부

분류50)	수록면51)	연도	딸림전보	전보번호	관련동원자 이름	발신일	수신자	발신자	주요 내용
사망	1507	1941	1369	1372	武田順成	411021	전의면장	加賀山(고노마이)	무전순성사망
귀선	1506	1941		1368		411021	당진읍군수	고노마이광업소	전보수신. 기간만료자 귀선관련 수배방식에 대해 기획원 및 통제단체를 통해 알선하도록 함
사망	1507	1941	1369	1373	武田順成	411021	연기군수	加賀山(고노마이)	무전순성사망
사망	1507	1941	1369	1374	武田順成	411021	조치원읍경찰서	加賀山(고노마이)	무전순성사망
사망	1507	1941	1369	1371	武田順成	411021	武田永周(부)	加賀山(고노마이)	사망통보. 장의일정(27일)
사고	1507	1941		1369		411021	감독국장사카이킨	加賀山(고노마이)	俱知安갱사고(광부 2명 부상 중 1명 사망)
사고	1507	1941	1369	1370		411021	伊藤力藏(遠輕지소장)	加賀山(고노마이)	俱知安갱사고(광부 2명 부상 중 1명 사망)
가족도일	1507	1941		1377		411022	이나바야스타로(조치원,明治여관)	카와모토	전보수신. 35가족내역 급히 보고. 부산에 인솔자 파견
가족도일	1506	1941		1363		411023	이나바야스타로(조치원,明治여관)	카와모토	전보수신. 가족의 부산집결 예정일 및 가족도항준비
가족도일	1507	1941		1382		411023	小林榮一(대전花여관)	카와모토	전보수신. 모집종사자 25일 출발. 모집비 500원 전송
사망	1505	1941	1249	1391	權弼吾	411025	權寧國(부)	加賀山(고노마이)	유골은 11월 중순경 송환예정
사망	1505	1941	1249	1392	權弼吾	411025	장기면장	加賀山(고노마이)	유골은 11월 중순경 송환예정
사망	1507	1941	1369	1397	武田順成	411025	武田永周(부)	加賀山(고노마이)	유골 11월초 송환
사망	1507	1941	1369	1398	武田順成	411025	전의면장	加賀山(고노마이)	유골 11월초 송환
사망	1506	1941	1309	1393	李慶鏞	411025	李奎福(형)	고노마이광업소	유골은 11월 초순경 송환예정
사망	1506	1941	1309	1394	李慶鏞	411025	반포면장	고노마이광업소	유골은 11월 초순경 송환예정
사망	1506	1941	1338	1395	平山鉉澤	411025	평산키킨(부)	加賀山(고노마이)	유골 411112송환

스미토모(住友) 고노마이(鴻之舞)광산 발신전보(發信電報)를… 347

분류50)	수록면51)	연도	딸림전보	전보번호	관련동원자 이름	발신일	수신자	발신자	주요 내용
사망	1506	1941	1338	1396	平山鉉澤	411025	치곡면장	加賀山(고노마이)	유골 411112송환
가족도일	1507	1941		1399		411025	이나바야스타로(조지원明治여관)	카와모토	가족출영. 下關까지 26일 출발. 가족이름 급히 보고
가족도일	1507	1941	1399	1400		411025	八森初太郎(시흥中川여관)	카와모토	가족출영. 下關까지 26일 출발. 가족이름 급히 보고
가족도일	1507	1941		1401		411025	사이토마사토(상주加賀屋여관)	카와모토	가족출영. 下關까지 26일 출발. 가족이름 급히 보고
계획	1507	1941		1411		411029	일본금속광업회(동경)	고노마이	전보수신. 본사할당 850명 조선인모집 고입허가원, 국민직업소개소에 제출 중이지만 허가지령이 없으므로 조선직업소개소령에 의거 모집허가신청서 제출하지 않고 있음
가족도일	1507	1941		1413		411030	小林榮一(대전花家여관)	카와모토	전보수신. 가족도일승인
가족도일	1507	1941		1416		411101	이나바야스타로(靑森발,연락선3등내)	카와모토	전보수신. 2일 오후 函館 도착. 가족도일자이름
귀선	1508	1941		1417		411101	小林榮一(대전花여관)	카와모토	전보수신. 기간만료자 출신군별(아산, 천안, 당진, 논산, 공주, 대덕, 서산, 서천) 1105 小樽 출발
귀선	1508	1941		1422		411103	澤田由太郎(주우활황사무소)	코마	반도노무자송환사정
가족도일	1508	1941		1423		411103	공주군수	고노마이광업소	노무원가족도일감사, 2일 도착
가족도일	1508	1941	1423	1424		411103	공주경찰서	고노마이광업소	노무원가족도일감사, 2일 도착
가족도일	1508	1941	1423	1425		411103	아산군수	고노마이광업소	노무원가족도일감사, 2일 도착
가족도일	1508	1941	1423	1426		411103	아산경찰서	고노마이광업소	노무원가족도일감사, 2일 도착
가족도일	1508	1941	1423	1427		411103	연기군수	고노마이광업소	노무원가족도일감사, 2일 도착
가족도일	1508	1941	1423	1428		411103	조지원경찰	고노마이광업소	노무원가족도일감사, 2일 도착
가족도일	1508	1941	1423	1429		411103	강화군수	고노마이광업소	노무원가족도일감사, 2일 도착
가족도일	1508	1941	1423	1430		411103	강화경찰	고노마이광업소	노무원가족도일감사, 2일 도착
가족도일	1508	1941	1423	1431		411103	영등포읍시흥군수	고노마이광업소	노무원가족도일감사, 2일 도착
가족도일	1508	1941	1423	1432		411103	시흥경찰	고노마이광업소	노무원가족도일감사, 2일 도착

분류50)	수록면51)	연도	딸림전보	전보번호	관련동원자 이름	발신일	수신자	발신자	주요 내용
가족도일	1508	1941	1423	1433		411103	김포군수	고노마이광업소	노무원가족도일감사, 2일 도착
가족도일	1508	1941	1423	1434		411103	김포경찰	고노마이광업소	노무원가족도일감사, 2일 도착
가족도일	1508	1941	1423	1435		411103	상주군수	고노마이광업소	노무원가족도일감사, 2일 도착
가족도일	1508	1941	1423	1436		411103	상주경찰	고노마이광업소	노무원가족도일감사, 2일 도착
귀선	1508	1941		1448		411107	小樽수상경찰서	加賀山(고노마이)	기간만료 반도인노무자 및 가족 203명, 출항예정
노무관리	1508	1941	1448	1459	梅田太用	411108	서천군경찰	加賀山(고노마이)	모위독사실문의
노무관리	1508	1941	1448	1458	坂本錫轍	411108	논산군경찰	加賀山(고노마이)	모위독사실문의
귀선	1508	1941		1463		411110	천안군수	고노마이광업소	관내출신기간만료자 41명 가족 37명 총 78명 8일 小樽출항. 14일 도착예정
귀선	1508	1941	1463	1464		411110	천안경찰	고노마이광업소	관내출신기간만료자 41명 가족 37명총 78명 8일 小樽출항. 14일 도착예정
귀선	1508	1941	1463	1465		411110	당진읍군수	고노마이광업소	관내출신기간만료자 62명 가족 2명 총 64명 8일 小樽출항. 14일 도착예정
귀선	1508	1941	1463	1466		411110	당진경찰	고노마이광업소	관내출신기간만료자 62명 가족 2명 총 64명 8일 小樽출항. 14일 도착예정
귀선	1508	1941	1463	1467		411110	아산군	고노마이광업소	관내출신기간만료자51명 가족5명 일시귀선자3명 총59명 8일 小樽출항. 14일 도착예정
귀선	1508	1941	1463	1468		411110	온양경찰	고노마이광업소	관내출신기간만료자 51명 가족 5명 일시귀선자 3명 총 59명 8일 小樽출항. 14일 도착예정
귀선	1508	1941	1463	1469		411110	충남사회과장	고노마이광업소	천안당진아산군기간만료자154명 가족44명 일시귀선자3명 총201명 8일 小樽출항. 14일 도착예정
귀선	1508	1941	1463	1470		411110	충남고등경찰과장	고노마이광업소	천안당진아산군기간만료자 154명 가족 44명 일시귀선자 3명 총 201명 8일 小樽출항. 14일 도착예정
사망	1506	1941	1338	1480	平山鉉澤	411112	평산키킨(부)	加賀山(고노마이)	유골인계. 평산鉉澤, 귀선의사확인
노무관리	1508	1941	1463	1504	高山鐘吉	411118	부여군경찰	고노마이광업소	1215결혼결정사실문의
부상	1508	1941	1559	1562	松村商俊	411127	松村키코(부)	加賀山(고노마이)	부상통보

스미토모(住友) 고노마이(鴻之舞)광산 발신전보(發信電報)를… 349

분류50)	수록면51)	연도	딸림전보	전보번호	관련동원자 이름	발신일	수신자	발신자	주요 내용
사고	1508	1941		1559		411127	久保貴六 (감독국장)	加賀山(고노마이)	俱知安갱사고(1명 추락)
사고	1508	1941	1559	1560		411127	伊藤力藏 (遠輕지소장)	加賀山(고노마이)	俱知安갱사고(1명 추락)
송출10	1509	1941		1569		411129	小林榮一 (대전花家여관)	카와모토	신체검사를 사전에 실시하여 의사와 연락한 후 병약자는 채용하지 않도록 유의
송출10	1509	1941	1569	1570		411129	櫻田사이노스케	카와모토	신체검사를 사전에 실시하여 의사와 연락한 후 병약자는 채용하지 않도록 유의
송출10	1509	1941	1569	1571		411129	八森初太郎 (조치원읍明治여관)	카와모토	신체검사를 사전에 실시하여 의사와 연락한 후 병약자는 채용하지 않도록 유의
송출10	1509	1941	1569	1572		411129	高野重五郎 (예산,禮山館)	카와모토	신체검사를 사전에 실시하여 의사와 연락한 후 병약자는 채용하지 않도록 유의
송출10	1509	1941		1590		411203	히로오카마사키 (조치원읍明治여관)	카와모토	전보수신. 연고도항건. 紋警증명송부. 현지경찰과 연락하여 연고도항희망자를 모집하여 현지에 기류시키고 응모자를 도항시킬 것
송출10	1509	1941		1597		411204	小林榮一 (대전花家여관)	카와모토	전보수신. 인솔자 2명 의뢰건, 승인
송출10	1509	1941		1631		411211	小林榮一 (부산역전,나루토여관)	카와모토	전보수신. 확정이주노무자명부송부
사망	1509	1941	1695	1696	平山仁基	411220	송매면장	고노마이광업소	입원중사망통보. 장의(20)
사망	1509	1941	1695	1697	平山仁基	411220	강화군수	고노마이광업소	입원중사망통보. 장의(20)
사망	1509	1941	1695	1698	平山仁基	411220	강화경찰서	고노마이광업소	입원중사망통보. 장의(20)
사망	1509	1941		1695	平山仁基	411220	평산태히(처)	고노마이광업소	입원중사망통보. 장의(20)
송출10	1509	1941		1727		411222	대덕군수	고노마이광업소	알선노무원 21일 무사도착, 감사
송출10	1509	1941	1727	1728		411222	대전경찰서	고노마이광업소	알선노무원 21일 무사도착, 감사
송출10	1509	1941	1727	1729		411222	충남도청사회과장	고노마이광업소	알선노무원 21일 무사도착, 감사
송출10	1509	1941	1727	1730		411222	충남도청고등경찰과장	고노마이광업소	알선노무원 21일 무사도착, 감사
송출10	1509	1941	1727	1731		411222	예산군수	고노마이광업소	알선노무원 21일 무사도착, 감사

분류50)	수록면51)	연도	딸림전보	전보번호	관련동원자 이름	발신일	수신자	발신자	주요 내용
송출 10	1509	1941	1727	1732		411222	예산경찰서	고노마이광업소	알선노무원 21일 무사도착, 감사
송출 10	1509	1941	1727	1733		411222	연기군수	고노마이광업소	알선노무원 21일 무사도착, 감사
송출 10	1509	1941	1727	1734		411222	조치원경찰서	고노마이광업소	알선노무원 21일 무사도착, 감사
계획	1509	1942		65		420117	키타자와케이시로(총무부장)	코시	반도노무원모집관련. 지급입용 411022자 文923호 송부. 모집고입용 및 청소년고입인가신청용 위임장과 문서 각 1통을 일본광업조선지사노무과로 송부
도주자	1509	1942		71		420118	函館수상경찰서	고노마이광업소장	반도노무자검거감사. 19일 인수예정
귀선	1509	1942		93		420124	연기군조치원읍군수	고노마이광업소	관내출신계약기간만료자 32, 가족 6, 질병송환자 5 총 43명 출발, 28일 도착예정
귀선	1509	1942	93	94		420124	조치원경찰서	고노마이광업소	관내출신계약기간만료자 32, 가족 6, 질병송환자 5 총 43명 출발, 28일 도착예정
귀선	1510	1942		98		420126	대덕군수	고노마이광업소	관내출신계약기간만료자 29, 가족 4, 총 33명 25일 출발, 29일 도착예정
귀선	1510	1942	98	99		420126	대전경찰서장	고노마이광업소	관내출신계약기간만료자 29,가족 4, 총 33명 25일 출발, 29일 도착예정
송출 11	1510	1942		125		420130	山口勇(경성大福여관)	고노마이광업소	모집종사자 8명 29일 대전도착. 尾崎半治
송출 11,12	1510	1942		126		420130	尾崎半治(대전花家여관)	田尾本	단장山口勇, 대복여관체류. 할당받은 경기도 해당군과 경남에서 모집착수
송출 11,12	1510	1942		131		420131	尾崎半治(경성大福여관)	田尾本	전보수신. 경기도신청서 제출연기의 건. 신청서를 즉각 제출하고 실제모집은 경남완료 후 착수. 경기모집기간이 부족할 경우 연기요청할 것
노무관리	1510	1942	131	142	大保鐘九	420204	연기군조치원경찰서	田尾本	부사망사실문의
노무관리	1510	1942	131	144	大徐延春(延泰)	420205	부여읍경찰서	田尾本	모위독사실문의
노무관리	1510	1942	131	152	大林周相	420207	부여읍경찰서	田尾本	모위독사실문의
사망	1510	1942	156	159	牧山年植	420208	노성면장	加賀山(고노마이)	사망통보. 장의다비집행(9일)
사망	1510	1942	156	160	牧山年植	420208	논산군수	加賀山(고노마이)	사망통보. 장의다비집행(9일)
사망	1510	1942	156	161	牧山年植	420208	논산경찰서	加賀山(고노마이)	사망통보. 장의다비집행(9일)
사망	1510	1942	156	158	牧山年植	420208	목산쇼후쿠(부)	加賀山(고노마이)	사망통보. 장의다비집행(9일)
사망	1510	1942		156		420208	久保貴六(감독국장)	加賀山(고노마이)	낙석사고(1명 사망)

스미토모(住友) 고노마이(鴻之舞)광산 발신전보(發信電報)를… 351

분류50)	수록면51)	연도	딸림전보	전보번호	관련동원자 이름	발신일	수신자	발신자	주요 내용
사망	1510	1942	156	157		420208	伊藤力藏(遠輕지소장)	加賀山(고노마이)	낙석사고(1명 사망)
사망	1510	1942	208	205	金山金龍	420208	반포면장	加賀山(고노마이)	사망통보. 장의집행(21일)
사망	1510	1942	208	206	金山金龍	420220	공주군수	加賀山(고노마이)	사망통보. 장의집행(21일)
사망	1510	1942	208	207	金山金龍	420220	공주경찰서	加賀山(고노마이)	사망통보. 장의집행(21일)
사망	1510	1942	208	204	金山金龍	420220	금산에이슌(부)	加賀山(고노마이)	사망통보. 장의집행(21일)
사망	1510	1942		208		420220	久保貴六(감독국장)	加賀山(고노마이)	사고(1명 사망)
송출11.12	1510	1942		225		420223	조선광업소	코시	노무자모집배려에 감사. 尾崎半治에게 모집비 9000엔 대여 요망
송출11.12	1510	1942		226		420223	尾崎半治(경성大福여관)	田尾本	전보수신. 조선광업소 수배완료. 0311출발명부 급송
송출11.12	1510	1942		243		420228	尾崎半治(밀양카스카와여관)	田尾本	전보수신. 경기도 착수 서류건. 광산통제회가 경기도 250 및 조정한 2,300을 관알선으로 결정
송출11.12	1511	1942		245		420302	일본광업조선지사내 광산통제회조선주재원사무소	고노마이광업소	전보수신. 신청서 각 2통, 취업안내 110부, 0228발송 완료
송출11.12	1511	1942		272		420307	尾崎半治(밀양카스카와여관)	田尾本	인솔자 3명, 8일 부산도착
송출11.12	1511	1942		290		420312	尾崎半治(밀양카스카와여관)	田尾本	전보수신. 제2차인솔자 2명, 15일 下關도착. 1차수송인원수와 출발일정, 부산연락장소 보고
송출11.12	1511	1942	290	291		420312	山口勇(부산마쓰이여관)	田尾本	전보수신. 제2차인솔자 2명, 15일 下關도착. 1차수송인원수와 출발일정, 부산연락장소 보고
도주자	1511	1942		297		420314	山口勇(부산마쓰이여관)	田尾本	1차수송노무원 중 1명 도망. 목하 宇部경찰서 유치
송출11.12	1511	1942		304		420316	수우본사경성판매점	코시	노무사노십삼사. 내지는 의료품티켓제로 조달이 곤란하므로 노무자이불을 현지에서 구입하도록 알선 요망
송출11	1511	1942		305		420316	주우조선광소	코시	노무자모집감사. 尾崎半治에게 모집비 6000엔 대여 요망
송출13	1511	1942		306		420316	尾崎半治(경성.大福여관)	田尾本	전보수신. 대출금 조선광업소 수배 마침. 노무자이불조달이 곤란함으로 22일 부산출발예정자는 현지에서 구입휴대하도록 경성판매소와 연락수배 완료

분류50)	수록면51)	연도	딸림 전보	전보 번호	관련동원 자 이름	발신일	수신자	발신자	주요 내용
화재	1511	1942		307		420317	田尾本政一(綱州국민직업지도소)	加賀山(고노마이)	금일제3협화료화재발생, 전소
화재	1511	1942		308		420317	키타자와케이시로(총무부장)	코시	금일제3반도인합숙소(263명 수용), 화재원인 조사 중. 사망자 없음
화재	1511	1942		319		420317	주우해상화재보험㈜찰황출장소	코마	화재보험료 600,010엔
송출 11.12	1512	1942		332		420318	경남부산부도청 내무부사회과장	고노마이 광업소	관내알선노무원 16일 무사도착, 감사
송출 11.12	1512	1942	332	333		420318	경남부산부도청 내무부고등경찰과	고노마이 광업소	관내알선노무원 16일 무사도착, 감사
송출 11.12	1512	1942	332	334		420318	밀양군수	고노마이 광업소	관내알선노무원 16일 무사도착, 감사
송출 11.12	1512	1942	332	335		420318	밀양경찰서	고노마이 광업소	관내알선노무원 16일 무사도착, 감사
화재	1511	1942		323		420318	키타자와케이시로(총무부장)	코시	반도합숙화재건. 이재자(1년 전 입산자 174, 전날 입산자 93).전날 입소자방에서 발생 추정
사망	1512	1942	344	345	西原辛得	420319	예산면장	고노마이 광업소	사망통보(411221 폐결핵입원가료 중) 20일 다비집행
사망	1512	1942	344	346	西原辛得	420319	예산군수	고노마이 광업소	사망통보(411221 폐결핵입원가료 중) 20일 다비집행
사망	1512	1942	344	347	西原辛得	420319	예산경찰서	고노마이 광업소	사망통보(411221 폐결핵입원가료중) 20일 다비집행
사망	1512	1942		344	西原辛得	420319	토라이(부)	고노마이 광업소	사망통보(411221 폐결핵입원가료 중) 20일 다비집행
송출 11.12	1512	1942		354		420320	山口勇(부산마쓰이여관)	原	1차 93명, 2차 56명 도착, 감사 3차 인솔자 3명 파견(하관)
송출 11.12	1512	1942	354	355		420320	尾崎半治(부산 마쓰이여관)	原	1차 93명, 2차 56명 도착, 감사 3차 인솔자 3명 파견(하관)
송출 11.12	1512	1942		360		420321	경남도청내무부사회과장	고노마이 광업소	노무원 19일 무사도착, 감사
송출 11.12	1512	1942	360	362		420321	밀양군수	고노마이 광업소	노무원 19일 무사도착, 감사
송출 11.12	1512	1942	360	363		420321	밀양경찰	고노마이 광업소	노무원 19일 무사도착, 감사
송출 11.12	1512	1942	360	364		420321	양산군수	고노마이 광업소	노무원 19일 무사도착, 감사

스미토모(住友) 고노마이(鴻之舞)광산 발신전보(發信電報)를… 353

분류50)	수록면51)	연도	딸림전보	전보번호	관련동원자 이름	발신일	수신자	발신자	주요 내용
송출 11,12	1512	1942	360	365		420321	양산경찰	고노마이 광업소	노무원 19일 무사도착, 감사
송출 11,12	1512	1942		368		420321	尾崎半治(부산 마쓰이여관)	原	전보수신. 출영자佐藤쿠니오통지
송출 11,12	1512	1942	360	361		420321	경남도청내무부고등경찰	고노마이 광업소	노무원 19일 무사도착, 감사
송출 13	1512	1942		370		420322	尾崎半治(부산 마쓰이여관)	田尾本	사토쿠니오, 하관하카타여관투숙
송출 13	1512	1942		371		420322	佐藤쿠니오	田尾本	전보수신 22일 돌연변경. 노무자부산집결 중
송출 13	1512	1942		379		420323	尾崎半治(부산 마쓰이여관)	田尾本	수송사정으로 青森에서 1박할 경우, 쌀배급사정. 숙박예정인원수를 여관조합 (주소지近藤수배)에 통보
송출 13	1512	1942		380		420323	近藤博(青森市)	原	전보수신. 부산발 수송 변경. 조합소재지 및 대표자이름 수배요
노무관리	1512	1942		375	西原龍熙	420323	타이호	고노마이 광업소	배우자사망. 서원용희 귀선수속 중
사망	1512	1942	344	396	西原辛得	420328	토라이(부)	고노마이 광업소	유골 4월초순 송환
송출 13	1513	1942		409		420401	동경지점	코마	전보수신. 반도노무원관계서류. 통제회 조선사무소 앞으로 송부
모집인	1513	1942		408		420401	尾崎半治(경성 大福여관)	田尾本	노무보도원 이력서, 신원증명서, 사진 각3부 금일 송부. 동경지점에서 조선사무소로
모집인	1513	1942		411		420402	山口勇(경성大福여관)	田尾本	전보수신. 노무보도원관계서류, 어제 경성 대복여관 尾崎半治에게 송부
모집인	1513	1942		421		420403	광산통제회찰황지부(광산감독국내)	고노마이 광업소장	전보수신. 보도원 관계서류 0401발송
사망	1513	1942		430		420404	久保貴六 (감독국장)	加賀山(고노마이)	사고(2명 사망)
사망	1513	1942	430	432	李福龍	420405	상주읍장	加賀山(고노마이)	사망 및 장의일정(0405)통보
사망	1513	1942	430	433	李福龍	420405	상주군수	加賀山(고노마이)	사망 및 장의일정(0405)통보
사망	1513	1942	430	434	李福龍	420405	상주경찰서	加賀山(고노마이)	사망 및 장의일정(0405)통보
사망	1513	1942	430	431	李福龍	420405	李春伊(부)	加賀山(고노마이)	사망 및 장의일정(0405)통보
송출 13	1513	1942		426		420406	부산부내무부사회과장	고노마이 광업소	관내내지알선노무원0404무사도착. 감사
송출 13	1513	1942	426	427		420406	부산부내무부고등경찰	고노마이 광업소	관내내지알선노무원0404무사도착. 감사

분류50)	수록면51)	연도	딸림 전보	전보 번호	관련동원 자 이름	발신일	수신자	발신자	주요 내용
송출 13	1513	1942	426	428		420406	울산군수	고노마이 광업소	관내내지알선노무원0404무사도착. 감사
송출 13	1513	1942	426	429		420406	울산경찰	고노마이 광업소	관내내지알선노무원0404무사도착. 감사
송출 13	1513	1942		449		420410	주우조선광업소	코소	노무자모집감사. 이불구입비 1만엔 尾崎半治에게 대출요
송출 13	1513	1942		450		420410	尾崎半治 (경성大福여관)	田尾本	전보수신. 대출방식 조선광업소 수배완료. 수송1차2차인솔자 파견필요여부문의. 면조달곤란. 이하문장 의미 이해하도록
사망	1513	1942	430	445	李福龍	420410	李春伊(부)	加賀山(고 노마이)	유골4월까지 송환
모집인	1513	1942		453		420413	尾崎半治 (경성大福여관)	田尾本	전보수신. 이불건-전원귀산 하더라도 조달 불가하면 조선광업소에 미리 예약요. 인솔자건-증명서 임시변통 없이 파견할 수 없으니 스카마타는 1차로 귀임할 것
도주자	1513	1942		469		420417	土崎경찰 (秋田현)	고노마이 광업소	도망반도노무원 2명 검거, 감사
송출 14	1513	1942		484		420422	경성부내무부 사회과장	고노마이 광업소	관내알선노무원0420무사도착. 감사
송출 14	1514	1942	484	485		420422	경성부내무부 고등경찰과	고노마이 광업소	관내알선노무원0420무사도착. 감사
송출 14	1514	1942	484	486		420422	파주군수	고노마이 광업소	관내알선노무원0420무사도착. 감사
송출 14	1514	1942	484	487		420422	파주경찰	고노마이 광업소	관내알선노무원0420무사도착. 감사
송출 14	1514	1942	484	488		420422	김포군수	고노마이 광업소	관내알선노무원0420무사도착. 감사
송출 14	1514	1942	484	489		420422	김포경찰	고노마이 광업소	관내알선노무원0420무사도착. 감사
송출 14	1514	1942	484	490		420422	山口勇(경성大 福여관)	고노마이 광업소	87명 도착
송출 14	1514	1942		491		420422	尾崎半治(경성 大福여관)	田尾本	노무원 87명 무사도착. 관알선관련취업안내문 70부 급송방법. 경북도사회과 노무계 카와카미로부터 전달
송출 15	1514	1942		502		420425	近藤쓰기히코 (조선광업소장)	코시	노무자이입감사 尾崎半治에게 모집비 3000엔 대출요
귀선	1514	1942		503		420425	尾崎半治 (경성大福여관)	田尾本	전보수신 조선광업소수배완. 노무보도원 4명 26일 질병송환자 46명 인솔. 만료귀선자 28일 29일 2회 출발예정
노무 관리	1514	1942		506		420425	函館수상경찰서	고노마이 광업소	전보수신 리크쥬만은 기간만료로 411107 조선에 송환한 자로 우리와 관계없는 자

스미토모(住友) 고노마이(鴻之舞)광산 발신전보(發信電報)를… 355

분류50)	수록면51)	연도	딸림전보	전보번호	관련동원자 이름	발신일	수신자	발신자	주요 내용
귀선	1514	1942		512		420430	천안읍군수	고노마이 광업소	관내알선관련노무자 중 6월 재계약기간만료귀향자 12 가족 2 계 14명, 0502경 천안 도착예정
귀선	1514	1942	512	513		420430	천안경찰	고노마이 광업소	관내알선관련노무자 중 6월 재계약기간만료귀향자 12 가족 2 계 14명, 0502경 천안 도착예정
귀선	1514	1942		514		420430	공주읍군수	고노마이 광업소	관내알선관련노무자 중 기간만료귀향자 61 가족 32 계 93명, 0502, 0503경 공주 도착예정
귀선	1514	1942	514	515		420430	공주경찰	고노마이 광업소	관내알선관련노무자 중 기간만료귀향자 61 가족 32 계 93명, 0502, 0503경 공주 도착예정
귀선	1514	1942	514	516		420430	사회과장	고노마이 광업소	관내알선관련노무자 중 기간만료귀향자 61 가족 32 계 93명, 0502, 0503경 공주 도착예정
귀선	1514	1942	514	517		420430	사회과장	고노마이 광업소	512,514내용
송출 16, 17,18	1514	1942		528		420504	佐藤쇼지(대구 쓰타야여관)	田尾本	전보수신 조선은행대구지점에 보냄, 그곳에서 수령바람
노무관리	1514	1942	514	526	岩本武生	420504	양산면경찰	고노마이 광업소	모위독사실문의
노무관리	1514	1942	514	527	井本湧繁	420504	울산읍경찰	고노마이 광업소	처위독사실문의
송출 15	1514	1942		541		420507	경성부사회과장	고노마이 광업소	관내알선노무원 6일 무사도착, 감사
송출 15	1514	1942	541	542		420507	경성부고등경찰	고노마이 광업소	관내알선노무원 6일 무사도착, 감사
송출 15	1514	1942	541	543	金子鐘烈	420507	강화군수	고노마이 광업소	관내알선노무원 6일 무사도착, 감사
송출 15	1514	1942	541	544		420507	강화경찰	고노마이 광업소	관내알선노무원 6일 무사도착, 감사
송출 15	1514	1942	541	545		420507	山口勇 (징싱大福여관)	고노마이 광업소	67명 도착
송출 16, 17,18	1514	1942		547		420508	佐藤쇼지(성주 아리아케여관)	田尾本	모집비 3000엔 조선은행대구지점으로 보냄. 수령요
송출 16, 17,18	1515	1942		555		420511	후지타다카유키(의성마루젠여관)	田尾本	기부금건. 본부로부터 1명당 11엔의 알선수수료를 조선노무협회에 납부.기타 기부는 없는 것으로 통달. 경성의 통제회 조선주재원에게 연락요
계획	1515	1942		556		420511	渡邊斌衡(본사 노무과장)	코시	전보수신. 42년도 1.4 半期반도인 400명 할당. 본사통지. 0507이입수속완료

분류[50]	수록면[51]	연도	딸림전보	전보번호	관련동원자 이름	발신일	수신자	발신자	주요 내용
송출 16, 17, 18	1515	1942		567		420515	佐藤쇼지(대구 쓰타야여관)	田尾本	전보수신 모집비 5000엔 조선은행대구지점송금. 급한 대로 쓸 수 있는지. 金조달사정 있음. 금후경비견적, 사용처요망
연락	1515	1942		568		420515	佐藤쇼지(대구 쓰타야여관)	田尾本	전보수신 사회과장지시관련. 지도소로부터 노무동태매월보고서는 제출을 요하지 않는다는 통첩 있음
송출 16, 17, 18	1515	1942		582		420519	佐藤쇼지(대구 쓰타야여관)	田尾本	전보수신 2회로 나눠 8천엔 송금
송출 16, 17, 18	1515	1942		603		420523	佐藤쇼지(대구 쓰타야여관)	田尾本	수송0602-04부산발 관청인솔자 2명 필히 수배
사망	1515	1942	601	605	岩本且慶	420523	상북면장	加賀山(고노마이)	사망, 장의집행(24일)
사망	1515	1942	601	604	岩本且慶	420523	岩本善伊(부)	加賀山(고노마이)	사망, 장의집행(24일)
사고	1515	1942		601		420523	久保貴六(감독국장)	加賀山(고노마이)	사고(1명 부상, 병원에서 사망)
송출 16, 17, 18	1515	1942		611		420526	佐藤쇼지(대구 쓰타야여관)	田尾本	전보수신 인솔자 5명 파견. 인솔은 각회 3명씩 편성. 수송은 군담당보도원을 추가로 편성. 이입노무자군별인원통보요
송출 19	1515	1942		610		420526	佐藤쇼지(대구 쓰타야여관)	田尾本	전보수신 12,000엔 조선은행 대구지점 송금
도주자	1515	1942		612		420526	日曹데시오광산	고노마이광업소	데시오광산소속 도망반도노무자(카네야마케이쇼) 검거
송출 16, 17, 18	1515	1942		637		420603	佐藤쇼지(부산松井여관)	田尾本	전보수신 인솔자변경승인. 각선편의도착일시요
사고	1515	1942		650		420606	久保貴六(감독국장)	加賀山(고노마이)	8호갱사고(1명 추락)
사망	1516	1942	652	653	朴周榮	420607	朴聖大(부)	고노마이광업소	사망, 장의집행(8일)
사망	1516	1942	652	654	朴周榮	420607	성주군수	고노마이광업소	사망, 장의집행(8일)
사망	1516	1942	652	655	朴周榮	420607	성주경찰	고노마이광업소	사망, 장의집행(8일)
사망	1516	1942		652	朴周榮	420607	성주군로죠면장	고노마이광업소	사망, 장의집행(8일)
송출 16, 17, 18	1516	1942		661		420608	대구부내무부 사회과장	고노마이광업소	관내알선노무원 6일 무사도착, 감사

분류50)	수록면51)	연도	딸림전보	전보번호	관련동원자 이름	발신일	수신자	발신자	주요 내용
송출 16, 17,18	1516	1942	661	662		420608	대구부내무부고등경찰과	고노마이광업소	관내알선노무원 6일 무사도착, 감사
송출 16, 17,18	1516	1942	661	663		420608	의성군수	고노마이광업소	관내알선노무원 6일 무사도착, 감사
송출 16, 17,18	1516	1942	661	664		420608	의성경찰	고노마이광업소	관내알선노무원 6일 무사도착, 감사
송출 16, 17,18	1516	1942	661	665		420608	의성군사회과	고노마이광업소	관내알선노무원 6일 무사도착, 감사
송출 16, 17,18	1516	1942	661	666		420608	의성군고등경찰과	고노마이광업소	관내알선노무원 6일 무사도착, 감사
송출 16, 17,18	1516	1942	661	667		420608	선산군수	고노마이광업소	관내알선노무원 6일 무사도착, 감사
송출 16, 17,18	1516	1942	661	668		420608	선산경찰	고노마이광업소	관내알선노무원 6일 무사도착, 감사
사망	1516	1942	652	656	朴周榮	420608	久保貴六(감독국장)	고노마이광업소	수술중 출혈과다로 사망
송출 16, 17,18	1516	1942	661	671		420609	선산군사회과장	고노마이광업소	관내알선노무원 8일 무사도착, 감사
송출 16,17,18	1516	1942	661	672		420609	선산군고등경찰과	고노마이광업소	관내알선노무원 8일 무사도착, 감사
송출 16, 17,18	1516	1942	661	673		420609	성주군수	고노마이광업소	관내알선노무원 8일 무사도착, 감사
송출 16,17,18	1516	1942	661	674		420609	성주경찰	고노마이광업소	관내알선노무원 8일 무사도착, 감사
도주자	1516	1942		680		420610	函館수상경찰서	고노마이광업소	전보수신 도망반도노무자검거에 감사, 11일 인수예정
사망	1516	1942	652	687	朴周榮	420611	성주군로죠면장	고노마이광업소	0420파주군에서 응모한 자
사망	1516	1942	697	698	南吉熙	420615	久保貴六(감독국장)	加賀山(고노마이)	출혈다량으로 사망
사고	1516	1942		697		420615	久保貴六(감독국장)	加賀山(고노마이)	5호갱사고(1명 부상)
사망	1516	1942	697	700	南吉熙	420616	노성면장	加賀山(고노마이)	사망, 장의(16일)집행

분류[50]	수록면[51]	연도	딸림전보	전보번호	관련동원자 이름	발신일	수신자	발신자	주요 내용
사망	1516	1942	697	701	南吉熙	420616	논산군수	加賀山(고노마이)	사망, 장의(16일)집행
사망	1516	1942	697	702	南吉熙	420616	논산경찰	加賀山(고노마이)	사망, 장의(16일)집행
사망	1516	1942	697	699	南吉熙	420616	南소키(형)	加賀山(고노마이)	사망, 장의(16일)집행
노무관리	1516	1942	697	721	文炳澈	420623	파주경찰서		부사망사실문의
모집인	1516	1942		752		420703	나가마츠겐도(동아일보내.광산통제회경성주재원사무소)	고노마이	보도원대표河上龜太郎, 4일 기타 8일 출발
송출19	1516	1942		778		420711	河上龜太郎(대전花家여관)	田尾本	전보수신 13일자 조선은행대구지점으로 7천엔 송금
귀선	1516	1942		780		420711	新津경찰서(新瀉)	고노마이 광업소	전보수신 2명은 질병송환자로 판단. 조선송환의뢰. 비용은 폐소지불
귀선	1516	1942		784		420713	新發田경찰서(新瀉)	고노마이 광업소	전보수신 3명은 질병송환자로 판단. 조선송환의뢰. 비용은 폐소지불
도주자	1517	1942		800		420715	新發田町경찰(新瀉)	고노마이 광업소	전보수신 반도인 인수 위해 18일 직원방문
도주자	1517	1942	800	801		420715	新津경찰(新瀉)	고노마이 광업소	전보수신 반도인 인수 위해 18일 직원방문
송출19	1517	1942		802		420716	尾山福之助(대전花家여관)	田尾本	전보수신 조선은행대구지점에 3천엔, 18일 불입
가족도일	1517	1942		815		420720	尾山福之助(대전花家여관)	田尾本	전보수신 급히 가족이주준비 결정됨. 수송기일교섭은 河上에게 의뢰. 가족도일자 0803, 0811승선예정. 노무자 2명씩 인솔하여 귀산하도록
사망	1517	1942	833	834	松本命伯	420727	금성면장	고노마이 광업소	대장카탈로 사망. 장의(28일)
사망	1517	1942	833	835	松本命伯	420727	의성군수	고노마이 광업소	대장카탈로 사망. 장의(28일)
사망	1517	1942	833	836	松本命伯	420727	의성경찰	고노마이 광업소	대장카탈로 사망. 장의(28일)
사망	1517	1942		833	松本命伯	420727	宋本케이(처)	고노마이 광업소	대장카탈로 사망. 장의(28일)
사망	1517	1942		848	金本逃龍	420729	久保貴六(감독국장)	加賀山(고노마이)	0720사고(1명 중상)
사망	1517	1942	848	861	金本逃龍	420801	久保貴六(감독국장)	加賀山(고노마이)	1명 사망

분류[50]	수록면[51]	연도	딸림전보	전보번호	관련동원자 이름	발신일	수신자	발신자	주요 내용
사망	1517	1942	848	863	金本述龍	420802	울산읍장	加賀山(고노마이)	사망, 장의(오후 4시)
사망	1517	1942	848	864	金本述龍	420802	울산경찰	加賀山(고노마이)	사망, 장의(오후 4시)
사망	1517	1942	848	862	金本述龍	420802	金本南石(부)	加賀山(고노마이)	사망, 장의(오후 4시)
노무관리	1517	1942		873	朴周榮	420806	尾山福之助 (대전花家여관)	무라키	박세이사이(부), 본적지거주확인요
송출19	1517	1942		883		420808	河上龜太郞 (대전花家여관)	무라이	노무자 7일 무사도착
송출19	1517	1942	883	884		420808	서천군수	무라이	노무자 7일 무사도착
송출19	1517	1942	883	884		420808	서천경찰	무라이	노무자 7일 무사도착
도주자	1517	1942		890		420811	函館수상경찰서	고노마이광업소	전보수신 도망반도노무자검거에 감사. 12일 인수 위해 2명 출두
송출20	1517	1942		892		420812	河上龜太郞 (대전花家여관)	무라이	전보수신 사이토 등 2명, 舒川分인솔. 송금 2천엔 내에서 보도원여비지급
송출20	1517	1942		902		420813	河上龜太郞 (대전花家여관)	고노마이광업소	전보수신 13일자 제일은행경성지점으로 2천엔 송금
모집인	1518	1942		904		420814	河上龜太郞 (천안천안여관)	무라이	전보수신 인솔자(혼미, 다카노)출발, 17일 부산도착
송출20	1518	1942		908		420817	아산군수	고노마이광업소	관내알선노무원 15일 무사도착, 감사
송출20	1518	1942	908	909		420817	온양경찰서	고노마이광업소	관내알선노무원 15일 무사도착, 감사
송출20	1518	1942	908	910		420817	河上龜太郞 (대전花家여관)	고노마이광업소	관내알선노무원 15일 무사도착, 감사
송출21	1518	1942		944		420824	당진군수	고노마이광업소	관내알선노무원 23일 무사도착, 감사
송출21	1518	1942	944	945		420824	당진경찰서	고노마이광업소	관내알선노무원 23일 무사도착, 감사
송출21	1518	1942	944	946		420824	당진군사회과장	고노마이광업소	관내알선노무원 23일 무사도착, 감사
송출21	1518	1942	944	947		420824	당진군고등경찰과장	고노마이광업소	관내알선노무원 23일무사도착, 감사
송출21	1518	1942	944	948		420824	河上龜太郞 (대전花家여관)	고노마이광업소	관내알선노무원 23일 무사도착, 감사
도주자	1518	1942		951		420825	新發田町경찰 (新潟)	고노마이광업소	전보수신 반도인검거감사, 인수 위해 직원 27일 도착

분류50)	수록면51)	연도	딸림전보	전보번호	관련동원자 이름	발신일	수신자	발친자	주요 내용
사망	1508	1941	1559	952	松村商俊	420825	松村키코(부)	加賀山(고노마이)	입원가료 중 사망통보. 장의(26)
사망	1509	1941	1559	953	松村商俊	420825	상주읍장	加賀山(고노마이)	입원가료 중 사망통보. 장의(26)
사망	1509	1941	1559	954	松村商俊	420825	상주군수	加賀山(고노마이)	입원가료 중 사망통보. 장의(26)
사망	1509	1941	1559	955	松村商俊	420825	상주경찰	加賀山(고노마이)	입원가료 중 사망통보. 장의(26)
송출22	1518	1942		994		420902	河上龜太郎(대전花家여관)	무라이	29일 무사도착감사 가족수송일결정 및 인솔자파견 등
송출22	1518	1942	994	995		420902	대전부사회과장	무라이	29일 무사도착감사 가족수송일결정 및 인솔자파견 등
송출22	1518	1942	994	996		420902	대전부고등경찰과장	무라이	29일 무사도착감사 가족수송일결정 및 인솔자파견 등
송출22	1518	1942	994	997		420902	천안군수	무라이	29일 무사도착감사 가족수송일결정 및 인솔자파견 등
송출22	1518	1942	994	998		420902	천안경찰서	무라이	29일 무사도착감사 가족수송일결정 및 인솔자파견 등
사망	1509	1941	1559	1011	松村商俊	420905	松村키코(부)	加賀山(고노마이)	9월 하순유골송환
가족도일	1518	1942		1046		420919	河上龜太郎(대전花家여관)	田尾本	가족수송준비. 여행사일임
송출23	1518	1942		1066		420923	대전부사회과장	고노마이광업소	서천군알선노무원 22일 무사도착, 감사
송출23	1518	1942	1066	1065		420923	대전부고등경찰과장	고노마이광업소	서천군알선노무원 22일 무사도착, 감사
송출23	1518	1942		1068		420923	나가마츠젠도(동아일보내.광산통제회경성주재원사무소)	고노마이광업소	22일 본년도1기분노무자 391명 수입완료, 감사
송출23	1518	1942	1068	1069		420923	조선총독부후생국장	고노마이광업소	22일 본년도1기분노무자 391명 수입완료, 감사
송출23	1518	1942	1066	1066		420923	서천군수	고노마이광업소	서천군알선노무원 22일 무사도착, 감사
송출23	1518	1942	1066	1067		420923	서천경찰서	고노마이광업소	서천군알선노무원 22일 무사도착, 감사
송출23	1518	1942	1068	1070		420923	쓰다슈에이(동경,광산통제회)	고노마이광업소	22일 본년도1기분노무자 391명 수입완료, 감사
가족도일	1518	1942		1072		420923	예산군수	고노마이광업소	가족도일관련감사 수송일정 10월 초순 결정. 금명간직원파견예정
가족도일	1518	1942	1072	1073		420923	예산경찰서	고노마이광업소	가족도일관련감사 수송일정 10월 초순 결정. 금명간직원파견예정

스미토모(住友) 고노마이(鴻之舞)광산 발신전보(發信電報)를… 361

분류50)	수록면51)	연도	딸림전보	전보번호	관련동원자 이름	발신일	수신자	발신자	주요 내용
가족도일	1518	1942		1074		420923	河上龜太郞(경성大福여관)	田尾本	전보수신. 21일경 성국으로 송달. 尾山 이하 4명, 25일 출발. 인계요
사망	1518	1942		1083	李昌龍	420925	李鄭伯(부)	고노마이 광업소	이질발생(0912)입원가료 중 사망 장의(25일)
가족도일	1519	1942		1092		420928	尾山福之助(대전花家여관)	田尾本	가족수송일할당별세대가족수회신요
귀선	1519	1942		1099		420930	尾山福之助(대전花家여관)	무라이	2명(혼다, 죠) 송환자 34명 인솔, 3일 부산도착 가족수송일할당별인원수확인요
계획	1519	1942		1105		420930	尾山福之助(대전花家여관)	무라이	모집인원수의거수송자결정
비용	1519	1942		1106		420930	尾山福之助(대전花家여관)	무라이	29일 6천엔을 조선은행대구지점 송금
가족도일	1519	1942		1120	金本庚生	421006	부산부수상경찰서	고노마이 광업소	6일 도항예정 가족도일자 중, 카네모토세이는 도망자이므로 가족도항 저지
가족도일	1519	1942	1120	1121	金本庚生	421007	尾山福之助(부산수상경찰서)	고노마이 광업소	가족에게 여비지급하여 귀향하도록 조치
사망	1519	1942	1026	1027	朴先岩	421007	대현면장	고노마이 광업소	취침 중 사망, 장의(8일)
사망	1519	1942	1026	1028	朴先岩	421007	울산군수	고노마이 광업소	취침 중 사망, 장의(8일)
사망	1519	1942	1026	1029	朴先岩	421007	울산경찰서	고노마이 광업소	취침 중 사망, 장의(8일)
사망	1519	1942	1026		朴先岩	421007	朴茂洙(부)	고노마이 광업소	취침 중 사망, 장의(8일)
가족도일	1519	1942		1148		421013	尾山福之助(대전花家여관)	무라이	전보수신 紋別서로부터 공주, 예산서로 전보 산본언동가족도일, 署로 연락완료 금일기간만료자인솔山崎岡本출발, 16일 부산도착
사망	1519	1942	1026	1145	朴先岩	421013	킨메이다이(처)	고노마이 광업소	유골1020일경 도착
가족도일	1519	1942		1147	山本仁均 淸水世哲 李ㅅ成 武本錫㰱 裵基福 鄭南喜 李成允	421013	공주군공주읍경찰서	몬베쓰경찰서장	가족도일순비 (산본인균, 청수세철, 이금성, 무본석변, 배기복, 정남희, 이성윤)
가족도일	1519	1942		1146	除村忠甲 金海茂新 林正龍 松村鎭龍 新本千根 山本彦同	421013	예산군예산읍경찰서	몬베쓰경찰서장	가족도일준비 (제촌충갑, 김해무신, 임정룡, 송촌진용, 신본천근, 산본언동)

분류50)	수록면51)	연도	딸림전보	전보번호	관련동원자 이름	발신일	수신자	발신자	주요 내용
가족도일	1519	1942		1151		421014	尾山福之助(대전花家여관)	무라이	전보수신 죠소히츠의조카, 도일 차질 없음
노무관리	1519	1942		1159	南原守長	421016	尾山福之助(부산킨카이여관)	무라이	일시귀선 중 南原守長 4일, 서에유치 중 오늘山崎, 岡本부산도착, 岡本이인수하여 귀산예정. 서에 도착일시 연락요
도주자	1520	1942		1163		421017	尾山福之助(대전花家여관)	무라이	고향가족에게 도일요청. 시급수배요
도주자	1520	1942		1174	南原守長	421021	四日市市경찰서(三重)	고노마이광업소	南原守長수배감사. 23일 인수예정
사망	1520	1942		1183	金圭東	421026	久保貴六(감독국장)	加賀山(고노마이)	원산갱사고(1명 사망)
사망	1520	1942	1183	1186	金圭東	421026	대술면장	加賀山(고노마이)	사망, 27일 장의
사망	1520	1942	1183	1187	金圭東	421026	예산군수	加賀山(고노마이)	사망, 27일 장의
사망	1520	1942	1183	1188	金圭東	421026	예산경찰서	加賀山(고노마이)	사망, 27일 장의
사망	1520	1942	1183	1185	金圭東	421026	김사이토(형)	加賀山(고노마이)	사망, 27일 장의
도주자	1520	1942		1195	菊本相喆	421029	函館수상경찰서	고노마이광업소	반도인국본상철건. 수배감사 3일경 인수
도주자	1520	1942	1195	1196	菊本相喆	421029	尾山福之助(靑森秋田屋여관)	고노마이광업소	도망반도인인수지시
사망	1520	1942	1261	1266	安田炳奭	421116	안전준식(부)	加賀山(고노마이)	사망, 17일 장의
사망	1520	1942	1261	1267	安田炳奭	421116	천안군	加賀山(고노마이)	사망, 17일 장의
사망	1520	1942	1261	1268	安田炳奭	421116	천안경찰서	加賀山(고노마이)	사망, 17일 장의
계획	1520	1942		1264		421116	나가마츠겐도(광산통제회경성주재원사무소)	고노마이광업소	금회할당다수 보도원파견사정 있음. 할당인가일 및 전망보고요
사망	1520	1942	1261	1265	安田炳奭	421116	성거면장	加賀山(고노마이)	사망, 17일 장의
사망	1520	1942	1261	1270	天谷多助	421116	아산군수	加賀山(고노마이)	사망, 17일 장의
사망	1520	1942	1261	1271	天谷多助	421116	온양	加賀山(고노마이)	사망, 17일 장의

스미토모(住友) 고노마이(鴻之舞)광산 발신전보(發信電報)를… 363

분류50)	수록면51)	연도	딸림 전보	전보 번호	관련동원 자 이름	발신일	수신자	발신자	주요 내용
사망	1520	1942	1261	1272	天谷多助	421116	천곡유쇼(부)	加賀山(고노마이)	사망, 17일 장의
사망	1520	1942	1261	1269	天谷多助	421116	아산군온양읍장	加賀山(고노마이)	사망, 17일 장의
사망	1520	1942		1261		421116	久保貴六 (감독국장)	加賀山(고노마이)	5호갱사고(2명 사망)
계획	1520	1942		1297		421125	나가마츠 겐도 (광산통제회경 성주재원사무소)	고노마이 광업소	18일자朝勞發제628호 받음 배려감사. 가능하다면 이입시기인원(12월 200, 1월 300, 2월 260)과할당방법요망. 할당 결정 후 통지요망
모집인	1520	1942		1331		421202	나가마츠 겐도 (광산통제회경 성주재원사무소)	고노마이 광업소	보도원尾崎 이하3명, 29일 출발 3일경 도착예정
비용	1520	1942		1412		421223	尾崎半治(대전 花家여관)	코마	25일, 5천엔 조선은행대구지점 송금
사망	1521	1942	1413	1414	星呂羽淵	421223	성주경찰서	고노마이 광업소	급성복막염사망, 24일 장의
사망	1521	1942	1413	1415	星呂羽淵	421223	초전면장	고노마이 광업소	급성복막염사망, 24일 장의
사망	1521	1942	1413	1416	星呂羽淵	421223	星呂貞會(부)	고노마이 광업소	급성복막염사망, 24일 장의
사망	1520	1942		1413	星呂羽淵	421223	성주군수	고노마이 광업소	급성복막염사망, 24일 장의
중지	1521	1943		1		430101	尾崎半治(대전 花家여관)	田尾本	전보수신 460중지건조사요. 보도원인솔자 3일 출발
계획	1521	1943		7		430105	동경지점	코마	0120까지 반도 150명 입산예정 칸데라발송요
중지	1521	1943		8		430105	尾崎半治(대전 花家여관)	田尾本	화약할당감소, 노무자신규고입여지없음. 조선광업소장과 동행하여 본부 및 통제회에 전달하고 전원모집 중 지방법 허가접수, 10일 출발예정분도 중지하지 않으면 임신하여 극소수로 그쳐야 함. 통제회광업소에 의뢰전문 보냄
중지	1521	1943		9		430105	近藤쓰키히코 (주우조선광업소)	코시	반도노무자 760명 모집 중 화약할당감소로 노무자신규고입여지없이 모집중지에 이름. 전원알선취소방법 검토요
중지	1521	1943		10		430105	쓰다슈에이(동경,광산통제회)	고노마이 광업소	허가원 760명 모집 중 화약할당감소로 노무자신규고입여지없이 모집중지에 이름. 전원알선취소방법 검토

분류50)	수록면51)	연도	딸림전보	전보번호	관련동원자 이름	발신일	수신자	발신자	주요 내용
중지	1521	1943		17		430107	안자와스스무 (동경지점장)	코시	전보수신 반도인할당전원취소건. 별도조선광업소에도본부요해방식의뢰. 어제 전원취소됨
중지	1521	1943		18		430107	寺田토七(서천히다카여관)	田尾本	화약 할당량 감소로 노무자신규고입 필요성 없어짐. 尾崎본부의 요해를 통해 전원 취소할 상황. 尾崎와 연락하여 선처
중지	1521	1943		19		430107	近藤쓰키히코 (주우조선광업소)	코시	반도인할당취소, 감사
중지	1521	1943		25		430108	尾崎半治 (대전花家여관)	무라이	전보수신 잔무정리상 전원 귀산하도록 수배. 후지다 및 인솔자급귀산
중지	1521	1943		26		430108	나가마츠겐도 (광산통제회경성주재원사무소)	고노마이 광업소	반도인노무자 670명 전원 취소허가 받음
사망	1522	1943	62	59	朴龍範	430120	밀양경찰서	加賀山(고노마이)	사망, 20일 장의
사망	1522	1943	62	60	朴龍範	430120	부북면장	加賀山(고노마이)	사망, 20일 장의
사망	1522	1943	62	61	朴龍範	430120	박쥬한(제)	加賀山(고노마이)	사망, 20일 장의
사망	1522	1943	62	58	朴龍範	430120	밀양군수	加賀山(고노마이)	19일 사망, 20일 장의
사망	1522	1943		62		430120	久保貴六 (감독국장)	加賀山(고노마이)	구치안내갱사고(1명 사망)
귀선	1522	1943		87		430127	연기군수	고노마이 광업소	기간만료자 연락선사정으로 0203도착예정
귀선	1522	1943	87	88		430127	조치원경찰서	고노마이 광업소	기간만료자 연락선사정으로 0203도착예정
귀선	1522	1943	87	89		430127	사토쿠니오(공주군청,출장원)	고노마이 광업소	29일 출발(선박사정으로 변경)
사망	1522	1943	121	123	松本實	430214	당진군수	加賀山(고노마이)	사망, 15일 장의
사망	1522	1943	121	124	松本實	430214	석문면장	加賀山(고노마이)	사망, 15일 장의
사망	1522	1943	121	122	松本實	430214	송본메이카이 (부)	加賀山(고노마이)	사망, 15일 장의
사망	1522	1943		121		430214	久保貴六 (감독국장)	加賀山(고노마이)	원산갱사고(1명 사망)

분류[50]	수록면[51]	연도	딸림전보	전보번호	관련동원자 이름	발신일	수신자	발신자	주요 내용
사망	1522	1943	136	137	金澤英雄	430220	온양경찰서	고노마이 광업소	폐결핵입원가료 중(0209) 사망, 장의(20)
사망	1522	1943	136	138	金澤英雄	430220	아산군수	고노마이 광업소	폐결핵입원가료 중(0209) 사망, 장의(20)
사망	1522	1943	136	139	金澤英雄	430220	온양읍장	고노마이 광업소	폐결핵입원가료 중(0209) 사망, 장의(20)
사망	1522	1943		136	金澤英雄	430220	김택미츠오	고노마이 광업소	폐결핵입원가료 중(0209) 사망, 장의(20)
도주자	1522	1943		145		430224	函館수상경찰서	고노마이 광업소	도망반도노무자검거, 감사 25일 인수
사망	1522	1943	156	158	禹英植	430226	예산군수	加賀山(고노마이)	사망, 장의 27일
사망	1522	1943	156	159	禹英植	430226	예산경찰서	加賀山(고노마이)	사망, 장의 27일
사망	1522	1943	156	160	禹英植	430226	덕산면장	加賀山(고노마이)	사망, 장의 27일
사망	1522	1943	156	157	禹英植	430226	우키코(부)	加賀山(고노마이)	사망, 장의 27일
사망	1522	1943		156		430226	久保貴六 (감독국장)	加賀山(고노마이)	8호갱사고(1명 사망)
가족도일	1523	1943		173		430301	공주군공주읍 경찰서	紋別 경찰서	마키야마쥰세이가족도일 차질 없음
사망	1523	1943	156	205	金(金城)義治	430306	김성의장(형)	加賀山(고노마이)	0226화재, 5일 사체발견, 장의 6일
사망	1523	1943	156	206	金(金城)義治	430306	양산군수	加賀山(고노마이)	0226화재, 5일 사체발견, 장의 6일
사망	1523	1943	156	207	金(金城)義治	430306	양산경찰서	加賀山(고노마이)	0226화재, 5일 사체발견, 장의 6일
사망	1523	1943	156	208	金(金城)義治	430306	양산면장	加賀山(고노마이)	0226화재, 5일 사체발견, 장의 6일
사망	1522	1943	156	193	金原汶泰	430306	예산군수	加賀山(고노마이)	0226화재, 5일 사체발견, 장의 6일
사망	1523	1943	156	194	金原汶泰	430306	예산경찰서	加賀山(고노마이)	0226화재, 5일 사체발견, 장의 6일
사망	1523	1943	156	195	金原汶泰	430306	고덕면장	加賀山(고노마이)	0226화재, 5일 사체발견, 장의 6일
사망	1522	1943	156	192	金原汶泰	430306	김원호라이(부)	加賀山(고노마이)	0226화재, 5일 사체발견, 장의 6일

분류50)	수록면51)	연도	딸림전보	전보번호	관련동원자 이름	발신일	수신자	발신자	주요 내용
사망	1523	1943	156	197	大原漢用	430306	대덕군수	加賀山(고노마이)	0226화재, 5일 사체발견, 장의 6일
사망	1523	1943	156	198	大原漢用	430306	대전경찰서	加賀山(고노마이)	0226화재, 5일 사체발견, 장의 6일
사망	1523	1943	156	199	大原漢用	430306	북면장	加賀山(고노마이)	0226화재, 5일 사체발견, 장의 6일
사망	1523	1943	156	196	大原漢用	430306	대원켄대츠(부)	加賀山(고노마이)	0226화재, 5일 사체발견, 장의 6일
사망	1522	1943	156	189	淸原相福	430306	강화군수	加賀山(고노마이)	0226화재, 5일 사체발견, 장의 6일
사망	1522	1943	156	190	淸原相福	430306	강화경찰서	加賀山(고노마이)	0226화재, 5일 사체발견, 장의 6일
사망	1522	1943	156	191	淸原相福	430306	하첨면장	加賀山(고노마이)	0226화재, 5일 사체발견, 장의 6일
사망	1522	1943	156	188	淸原相福	430306	청원소히츠	加賀山(고노마이)	0226화재, 5일 사체발견, 장의 6일
도주자	1523	1943		223		430310	函館수상경찰서	고노마이광업소	도망반도노무자검거, 감사 11일 인수
사망	1523	1943	233	234	池漢甲	430316	군자면장	고노마이광업소	小樽병원입원 중 사망 지용이(형)다비참석예정
사망	1523	1943	233	235	池漢甲	430316	시흥군수	고노마이광업소	小樽병원입원 중 사망 지용이(형)다비참석예정
사망	1523	1943	233	236	池漢甲	430316	에이토호경찰서	고노마이광업소	小樽병원입원 중 사망 지용이(형)다비참석예정
사망	1523	1943		233	池漢甲	430316	지타이친(부)	고노마이광업소	小樽병원입원 중 사망 지용이(형)다비참석예정
전근	1523	1943		293		430402	가와사키쵸타로(奈良金屋淵광업)	오야	반도인 50명(가족동반 3)가족 11 계 61명 13일 고노마이 출발
전근	1523	1943		294		430402	이토소장(주우奔別탄광)	오야	반도인 115명(가족동반 21)가족 63 계 178명 8일 고노마이 출발
전근	1523	1943		295		430402	노나미노무과장(愛媛別子광산)	오야	반도인 11일 60명, 12일 85명(가족동반 18)가족 46 계 131명 고노마이출발
전근	1523	1943		296		430402	아다치쿤지(秋田花岡광산)	주우오야	반도노무원 14일 123명, 15일 122명, 16일 106명, 17일 38명(가족동반 37),가족 139,계 177 출발. 인솔자는 적어도 3일 전에 입산조치

스미토모(住友) 고노마이(鴻之舞)광산 발신전보(發信電報)를… 367

분류50)	수록면51)	연도	딸림전보	전보번호	관련동원자 이름	발신일	수신자	발신자	주요 내용
전근	1523	1943		297		430402	足尾광업소(도치키현)	주우오야	반도노무원 9일 337명, 13일 37명(전부가족동반), 가족 105명, 계 142명 출발
전근	1523	1943		298		430402	이와우치타모츠(동경藤田組사무소)	주우오야	반도노무원 14일 123명, 15일 112명, 16일 106명, 17일 38명(가족동반 37),가족 139, 계 177 출발
전근	1523	1943		335		430408	키타자와케이지로(본사)	카와이	7일, 山神社에서 휴산보고제거행 오후4시 전직원 전근발표. 5시 최초 이주노무자(반도인115명)奔別행
전근	1524	1943		354		430412	광산통제회찰황지부(광산감독국내)	고노마이광업소	이주반도노무자출발건 보고지체. 중간보고. 奔別행8일 노무자 115명 가족63명 계178명.足尾행 9일 노무자 335명, 別子행 11일 노무자 159명, 12일 노무자 85명, 가족 45명 계 130명. 전원출발. 奔別 및 足尾무사도착
전근	1524	1943		358		430414	오야노동과장(본사)	고노마이광업소	반도노무원이주순조 금일오전, 6회 781명(기타가족 222)출발. 남은 노무자는 花岡만
전근	1524	1943		359		430414	別子광업수장	우에야마	이주반도노무원 0411노무자 159명, 12일 노무자 85명 가족 46명 계 131명 출발
전근	1524	1943		360		430414	足尾광업소(도치키현)	고노마이광업소	이주반도노무원 0409노무자 335명, 14일 노무자 36명 가족 101명 계 137명 출발
전근	1524	1943		361		430414	金屋淵광업소장	코시	이주반도노무원 0413 노무자 50명 가족 11명 계 61명 출발
전근	1524	1943		364		430415	광산통제회찰황지부(광산감독국내)	고노마이광업소	이주반도노무자출발건제2보 0414 足尾행 노무자 36명 가족 101명 계 137명, 15일 花岡행 노무자 122명 전원출발
전근	1524	1943		365		430415	花岡광산장	고노마이광업소	花岡행반도노무자 제1대 122명, 15일 전원출발
전근	1524	1943		369		430416	광산통제회찰황지부(광산감독국내)	고노마이광업소	이주반도노무자출발건제3보 花岡행제2대 노무자 121명, 16일 출발
전근	1524	1943		370		430416	花岡광산장	고노마이광업소	花岡행반도노무자 제2대 121명, 16일 전원출발
전근	1524	1943		376		430417	광산통제회찰황지부(광산감독국내)	고노마이광업소	이주반도노무자출발건제4보 花岡행제3대 노무자 106명 가족 1명, 계 107명, 17일 출발
전근	1524	1943	376	377		430417	花岡광산장	고노마이광업소	이주반도노무자출발건제4보 花岡행제3대 노무자 106명 가족 1명, 계 107명, 17일 출발
전근	1524	1943		378		430417	광산통제회찰황지부(광산감독국내)	고노마이광업소	이주반도노무자출발건제5보 花岡행제4대 노무자3 9명 가족 137명, 계 176명, 17일 출발. 이주완료

분류50)	수록면51)	연도	딸림전보	전보번호	관련동원자 이름	발신일	수신자	발신자	주요 내용
전근	1524	1943	378	379		430417	花岡광산장	고노마이광업소	이주반도노무자출발건제5보 花岡행제4대 노무자 39명 가족 137명, 계 176명, 17일 출발. 이주완료
전근	1525	1943		380		430417	오야가스오(노동과장)	코시	반도노무원의이주는 금일로 무사종료 전광자총수 1168명, 가족 359명, 총인원 1527명
전근	1525	1943		381		430417	오야가스오(노동과장)	上山	반도노무원최후부대는花岡으로 출발 伊奈牛전광자 16명 및 질병휴업 중 122명 제외 총수 1168명(가족동반자 116명, 가족 359명), 반도노무원이주 성공리에 완료
도주자	1525	1943		592		430520	函館수상경찰서	고노마이광업소	전보수신 반도노무자검거, 감사. 직원 21일 인수
도주자	1525	1943	592	593	玉川永澤	430520	花岡광산	고노마이광산	이주결정후 도주한 옥천영택 22일경 송환
도주자	1525	1943		1255	江本貴淳	430821	오야가스오(노동과장)	田尾本	4206모집입산 후 9월도주한강본귀순, 函館수상서에 검거하여 통보. 신병인수를 위해 赤平광업소와 연락하여 지도소에 전광시키도록
도주자	1525	1943	1255	1256	江本貴淳	430821	赤平광업소	田尾本	4206모집입산 후 9월도주한강본귀순, 函館수상서에 검거하여 통보. 신병인수를 위해 赤平광업소와 연락하여 지도소에 전광시키도록
도주자	1525	1943	1255	1257	江本貴淳	430821	函館수상서	田尾本	23일 계원, 인수를 위해 출발
도주자	1525	1943	1255	1258	江本貴淳	430821	奔別광업소	田尾本	전광시켰음
도주자	1525	1943	1255	1161	江本貴淳	430821	竹田庄吉(函館수상서)	田尾本	강본귀순, 고노마이연행해오라, 노무과장
도주자	1525	1943		1248		430918	奔別광업소	노무과장	도주반도노무원 하츠바야시케이린, 函館수상경찰서에서 검거했다는 전보. 인수하여 전광시키도록
귀선	1525	1943		1718		431226	성주군수	고노마이광산	관내출신질병송환자 1명 25일 출발. 31일경 도착
귀선	1525	1943		1706		431226	천안군수	고노마이광산	관내출신계약만료자 3, 가족 6, 계 9명 25일 출발. 31일경 도착예정
귀선	1525	1943	1706	1707		431226	천안경찰서	고노마이광산	관내출신계약만료자 3, 가족 6, 계 9명 25일 출발. 31일경 도착예정
귀선	1525	1943		1709		431226	아산군수	고노마이광산	관내출신계약만료자 1, 가족 2, 계 3명 25일 출발. 31일경 도착예정
귀선	1525	1943	1709	1710		431226	온양경찰서	고노마이광산	관내출신계약만료자 1, 가족 2, 계 3명 25일 출발. 31일경 도착예정
귀선	1525	1943		1712		431226	예산군수	고노마이광산	관내출신질병송환자 1명 25일 출발. 1일경 도착

스미토모(住友) 고노마이(鴻之舞)광산 발신전보(發信電報)를… 369

분류[50]	수록면[51]	연도	딸림전보	전보번호	관련동원자 이름	발신일	수신자	발신자	주요 내용
귀선	1525	1943	1712	1713		431226	예산경찰서	고노마이 광산	관내출신질병송환자 1명 25일 출발. 1일경 도착
귀선	1525	1943		1715		431226	부여군수	고노마이 광산	관내출신질병송환자 1명 25일 출발. 1일경 도착
귀선	1525	1943	1715	1716		431226	부여경찰서	고노마이 광산	관내출신질병송환자 1명 25일 출발. 1일경 도착
귀선	1525	1943	1715	1717		431226	홍산면장	고노마이 광산	관내출신질병송환자 1명 25일 출발. 1일경 도착
귀선	1525	1943	1706	1708		431226	성환면장	고노마이 광산	관내출신계약만료자 3, 가족 6, 계 9명 25일 출발. 31일경 도착예정
귀선	1525	1943	1709	1711		431226	선장면장	고노마이 광산	관내출신계약만료자 1, 가족 2, 계 3명 25일 출발. 31일경 도착예정
귀선	1525	1943	1712	1714		431226	대술면장	고노마이 광산	관내출신질병송환자 1명 25일 출발. 1일경 도착
귀선	1526	1943		1721		431226	충남도청내무부사회과장	고노마이 광산	관내출신 계약기간만료자 4, 가족 8, 질병송환자 2, 계 14명, 25일 출발. 31일경 도착
귀선	1526	1943	1721	1722		431226	충남도청경찰부고등과장	고노마이 광산	관내출신 계약기간만료자 4, 가족 8,질병송환자 2, 계 14명, 25일 출발. 31일경 도착
귀선	1526	1943		1723		431226	경북도청내무부사회과장	고노마이 광산	관내출신 질병송환자 1, 25일 출발. 31일경 도착
귀선	1526	1943	1723	1724		431226	경북도청경찰부고등과장	고노마이 광산	관내출신 질병송환자 1, 25일 출발. 31일경 도착
귀선	1526	1943	1718	1719		431226	성주경찰서	고노마이 광산	관내출신질병송환자 1명 25일 출발. 31일경 도착
귀선	1526	1943	1718	1720		431226	초전면장	고노마이 광산	관내출신질병송환자 1명 25일 출발. 31일경 도착

50) 필자의 분류.
51) 자료집 수록 면수.

<부록 1>
국내 소장 강제동원명부 현황(강제동원위원회 소장)

김 난 영

303종 379건(2010.1.15 현재)

종	명부명	수집경위	비치 상황
1	피징용사망자연명부 被徵用死亡者連名簿	국가기록원	이미지
2	조선인노동자에관한조사결과 朝鮮人勞動者に關する調査結果	국가기록원	이미지
3	소위조선인징용자등에관한명부 いわゆる朝鮮人徵用者等に關する名簿	국가기록원	이미지
4	일제하피징용자명부 日帝下被徵用者名簿	국가기록원	이미지
5	[하와이포로수용소명부](자유한인보 제7호 부록)	국가기록원	이미지
6	유수명부 留守名簿	국가기록원	이미지
7	해군군인군속명부 海軍軍人軍屬名簿	국가기록원	이미지
8	임시군인군속계 臨時軍人軍屬屆	국가기록원	이미지
9	병적전시명부 兵籍戰時名簿	국가기록원	이미지
10	군속선원명표 軍屬船員名票	국가기록원	이미지
11	육군군속명부 陸軍軍屬名簿	국가기록원	이미지
12	병상일지 病床日誌	국가기록원	이미지
13	부로명표 浮虜名票	국가기록원	이미지

종	명부명	수집경위	비치상황
14	가와사키(川崎)조선소행응징사명부 川崎造船所行應徵士名簿	박경호 기증	원본 /사본
15	도요(東洋)고압공업주식회사히코시마(彦島)공업소「응징사명부」 東洋高壓彦島工業所應徵士名簿	주학순 기증	원본 /사본
16	「남방트럭섬(トラク島)피징용자명부」/유명동기증 南方トラク島被徵用者名簿	유명동 기증	원본 /사본
17	나가사키(長崎)고야기(香燒)조선소징용자명부(1/4) 長崎香燒造船所徵用者名簿(1/4)	박복덕 기증	원본 /사본
17	나가사키(長崎)고야기(香燒)조선소징용자명부(2/4) 長崎香燒造船所徵用者名簿(2/4)	박복덕 기증	원본
17	나가사키(長崎)고야기(香燒)조선소징용자명부(3/4) 長崎香燒造船所徵用者名簿(3/4)	박복덕 기증	원본
17	나가사키(長崎)고야기(香燒)조선소징용자명부(4/4, 완도) 長崎香燒造船所徵用者名簿(4/4, 莞島)	박복덕 기증	원본
18	[하이난섬(海南島) 조선군인자영대명부]/정명출작성 海南島朝鮮軍人自營隊	정명출 기증	원본 /사본
19	스미토모(住友)아카비라(赤平)광업소「귀선자명부」/정해동 소장 住友赤平鑛業所歸鮮者名簿	정해용 기증	원본 /사본
20	십자성맹우회회원록(대만한적관병집훈총대) 十字星盟友會會員錄(臺灣韓籍官兵集訓總隊)	김영호 기증	원본 /사본
21	쿠사이에섬(クサイエ島) 조선혁진회방명록 クサイエ島朝鮮革進會芳名錄	윤금애 기증	원본 /사본
22	베이징(北京)포로수용소「방명록」/서상석작성 北京捕虜收容所芳名錄	서상석 기증	원본 /사본
23	남방군속명부/이원형기증 南方軍屬名簿	이원형 기증	원본 /사본
24	중국 산터우(汕頭)수용소 조선인명부 汕頭收容所名簿	김기호 기증	원본 /사본
25	1946년 남방조선출신자명부/박행일작성 1946年南方朝鮮出身者名簿	박세종 기증	원본 /사본
26	도요(東洋)공업「반도응징사신상조사표」/河井章子 기증 東洋工業半島應徵士身上調査表	가와이 아키코(河井章子) 기증	원본 /사본

〈부록 1〉 국내 소장 강제동원명부 현황 373

종	명부명	수집경위	비치상황
27	대일민간청구권보상금지급대장	국가기록원	이미지/사본
28	팔렘방(巨港)조선인회회원도별인명부/강석재작성 巨港朝鮮人會會員道別人名簿	강석재 기증	원본 /사본
29	하이난섬(海南島)강제동원귀환자명부/정명출기증 海南島强制動員歸還者名簿	정명출 기증	원본 /사본
30	남양마사루군도군속명부/김정환작성 南洋マサル群島軍屬名簿	김시철 기증	원본/사본
31	카이펑(開封)아리랑부대제6중대주소록/김희승소장 アリラン部隊第6中隊住所錄	김희승 기증	원본 /사본
32	제2육군병지원자훈련소 전북출신자명부/유맹노소장 第2陸軍兵志願者訓鍊所 全北出身者名簿	유맹노 기증	원본 /사본
33	자카르타「마쓰자와대(松澤隊)연명부」/유상열소장 ジャカルタ松澤隊連名簿	유호영 기증	원본 /사본
34	「친보기」(미쓰이 스나가와 광업소)/이봉옥작성 親保記(三井砂川鑛業所)	이영수 기증	원본 /사본
35	가시마구미(鹿島組)「귀선반도인명부」 鹿島組歸鮮半島人名簿	윤두래 기증	원본 /사본
36	태평양전쟁한국인전몰자유골명부/부산영원		사본 제본
37	[탕수이전(湯水鎭)광복군제3지대제9구대인명란/김원진소장 湯水鎭光復軍第3支隊第9區隊人名欄	김원진 기증	원본 /사본
38	마안산(馬鞍山)특지단 붕우 인명부/김원진작성 馬鞍山特志團朋友人名簿	김원진 기증	원본 /사본
39	[탕수이전(湯水鎭)광복군제3지대제9구대인명란/전재천제공	전재천 제공	사본
40	미쓰이(三井) 스나가와(砂川)광업소 제4갱지치딘위원명부/이봉옥소장 三菱砂川鑛業所第4坑自治團委員名簿	이영수 기증	원본/사본
41	[하와이포로수용소명부](자유한인보 제7호 부록)/최영기소장 ハワイ捕虜收容所名簿	최중화 기증	원본
42	「사단법인태평양동지회역원」명단 社團法人太平洋同志會役員	유명동 기증	원본

종	명부명	수집경위	비치상황
43	이바라키(茨城) 농경근무대 「지인명단」/조배영작성 茨城農耕勤務隊知人名單	조배영 기증	원본/사본
44	광복군 난징(南京)제3지대 「7구대동무주소록」 光復軍南京第3支隊 「七區隊友達住所錄」	민병진 기증	원본/사본
45	[남양군도 트럭섬(Truk) 급여수령자명단] 南洋群島トラク島給與受領者名單	유명동 기증	원본
46	불망초 不忘草	김선희 제공	사본
47	트럭섬(トラク島)마쓰오카(松岡)단원명부 トラク島松岡團員名簿	이청수 제공	사본
48	한국부대명부/박장수 소장 韓國部隊名簿	박영찬 제공	사본
49	태평양전쟁한국인전몰자명부/태평양전쟁한국인전몰자유골봉환회 제공 太平洋戰爭韓國人戰歿者名簿	박명선 제공	사본
50	특설수상근무대106중대 「전우명부」/김두영 소장 特設水上勤務隊106中隊戰友名簿	김두영 제공	사본
51	상하이(上海)광복군제1대대원명부/김영만 소장 上海光復軍第1大隊員名簿	김성권 제공	사본
52	상하이(上海)광복군제1대대 「금강동지록」 上海光復軍第1大隊金剛同志錄	김성권 제공	사본
53	계룡동지록/문용희 소장 鷄龍同志錄	문용희 제공	사본
54	오키나와(沖繩)징발자영남성주군지구명단 沖繩徵發者嶺南星州地區名單	유영호 제공	사본
55	화태(樺太)억류동포귀환희망자명부1 樺太抑留同胞歸還希望者名簿1	박창규 기증	원본
56	화태(樺太)억류동포귀환희망자명부2 樺太抑留同胞歸還希望者名簿2	박창규 기증	원본
57	카이펑(開封)아리랑부대제5중대주소록/강경희소장 開封アリラン部隊第5中隊住所錄	강경희 기증	원본/사본
58	[특설수상근무 제124·125·126중대 명부]/강경희소장 特設水上勤務 第124·125·126中隊名簿	강경희 기증	원본

〈부록 1〉 국내 소장 강제동원명부 현황 375

종	명부명	수집경위	비치상황
59	일군징병중국출전한국인생환자친목회보 日軍徵兵中國出戰韓國人生還者親睦會報	정병수 제공	사본
60	중지부대한국장정귀국인승선자명부 中支部隊韓國壯丁歸國人乘船者名簿	이수은 제공	사본
61	오사카(大阪) 구리모토(栗本)철공소 청주, 청원향우회회원명부 大阪栗本鐵工所鄕友會員名簿	이명해 제공	사본
62	조선총독부육군병지원자훈련소1938년도후기생명부 朝鮮總督府 陸軍志願者訓鍊所 昭和13年度後期生名簿	문재인 제공	사본
63	미쓰이(三井) 스나가와(砂川)광업소 종업원근태표/박손석작성 三井砂川鑛業所從業員勤怠表	박형배 기증	원본
64	미쓰이(三井) 스나가와(砂川)광업소 명부/박손석작성 三井砂川鑛業所名簿	박형배 기증	원본
65	조선인 강제연행 희생자명부: 홋카이도(北海道)-1/竹內康人제공 朝鮮人强制連行犧牲者名簿:北海道-1	다케우지 야스토(竹內康人) 제공	이미지/사본
66	조선인 강제연행 희생자명부: 홋카이도(北海道)-2/守屋敬彦제공 朝鮮人强制連行犧牲者名簿:北海道-2	모리야 요시히코(守屋敬彦) 제공	사본
67	고노마이(鴻之舞)광업소에서 전환배치 후 사망한 자/守屋敬彦제공 鴻之舞鑛業所で轉換配置後死亡した者	모리야 요시히코(守屋敬彦) 제공	사본
68	홋카이도(北海道)탄광기선주식회사 병·신체상해 송환자/守屋敬彦제공 北海道炭鑛汽船株式會社資料 病·身體傷害送還者	모리야 요시히코(守屋敬彦) 제공	사본
69	스미토모(住友)고노마이(鴻之舞)광업소 병·신체상해 송환자/守屋敬彦 제공 住友鴻之舞鑛業所 病·身體傷害送還者	모리야 요시히코(守屋敬彦) 제공	사본

종	명부명	수집경위	비치상황
70	후쿠오카현(福岡縣)이즈카시(飯塚市)매화장인허원(1945년) 福岡縣飯塚市埋火葬認許願(昭和20年)	무궁화당 제공	사본
70	후쿠오카현(福岡縣)이즈카시(飯塚市)매화장인허원(1944년) 福岡縣飯塚市埋火葬認許願(昭和19年)	무궁화당 제공	사본
70	후쿠오카현(福岡縣)이즈카시(飯塚市)매화장인허원(1943년) 福岡縣飯塚市埋火葬認許願(昭和18年)	무궁화당 제공	사본
70	후쿠오카현(福岡縣)이즈카시(飯塚市)매화장인허원(1942년) 福岡縣飯塚市埋火葬認許願(昭和17年)	무궁화당 제공	사본
70	후쿠오카현(福岡縣)이즈카시(飯塚市)매화장인허원(1941년) 福岡縣飯塚市埋火葬認許願(昭和16年)	무궁화당 제공	사본
70	후쿠오카현(福岡縣)이즈카시(飯塚市)매화장인허원(1940년) 福岡縣飯塚市埋火葬認許願(昭和15年)	무궁화당 제공	사본
70	후쿠오카현(福岡縣)이즈카시(飯塚市)매화장인허원(1939년) 福岡縣飯塚市埋火葬認許願(昭和14年)	무궁화당 제공	사본
70	후쿠오카현(福岡縣)이즈카시(飯塚市)매화장인허원(1938년) 福岡縣飯塚市埋火葬認許願(昭和13年)	무궁화당 제공	사본
70	후쿠오카현(福岡縣)이즈카시(飯塚市)매화장인허원(1937년) 福岡縣飯塚市埋火葬認許願(昭和12年)	무궁화당 제공	사본
71	루베시베쵸(留邊藥町)조선인사망자명부 留邊藥町朝鮮人死亡者名簿		사본
72	시베리아억류사망자4만인명부 シベリア抑留死亡者四万人名簿	시베리아삭풍회 제공	사본
73	홋카이도(北海道)개척순난자명부(조선인) 北海道開拓殉難者名簿-朝鮮人	홋카이도공문서관	사본
74	홋카이도(北海道)개척한국인수난자명부-비바이(美唄)시내 北海道開拓韓國人受難者名簿-美唄市內	홋카이도공문서관	사본

〈부록 1〉 국내 소장 강제동원명부 현황

종	명부명	수집경위	비치 상황
75	스가모(巢鴨)형무소한국인명부 巢鴨刑務所韓國人名簿	홋카이도공 문서관	사본
76	사루후츠무라(猿拂村)집장인허증 猿拂村執葬認許證	사르후츠무라	사본
77	아사지노(淺茅野)비행장건설공사순난자명부(한국인) 淺茅野飛行場建設工事殉難者名簿(韓國人)	시라토 히토 야스(白戶 仁康) 제공	사본
78	홋카이도(北海道)전시하조선인순직자명부 北海道戰時下朝鮮人殉職者名簿	시라토 히토 야스(白戶 仁康) 제공	사본
79	죠코지(常光寺)특별과거장 常光寺特別過去帳	쇼코지 (常光寺)	사본
80	중국인과소요사건 조선인피해자명부(아카비라광업소) 華人トノ騷擾事件ニ於ケル朝鮮人被害者名簿(赤平鑛)	시라토 히토야스 (白戶仁康) 제공	사본
81	이나우시(伊奈牛)광산 조선인노무자명부(충남 청양군) 伊奈牛鑛山朝鮮人勞務者名簿(忠南 靑陽郡)	시라토 히토야스 (白戶仁康) 제공	사본
82	고노마이(鴻之舞)광산조선인노무자명부/白戶仁康 제공 鴻之舞鑛山朝鮮人勞務者名簿	시라토 히토야스 (白戶仁康) 제공	사본
83	이나우시갱(伊奈牛坑)반도노무원명부 伊奈牛坑半島勞務員名簿	시라토 히토야스 (白戶仁康) 제공	사본
84	오히비로(帶廣)토목현업소 조선인노무자연명부 帶廣土木現業所朝鮮人勞務者連名簿	홋카이도공 문서관	사본
85	남양행노동자명부(1939-1940)/국가기록원 제공 南洋行勞動者名簿	국가기록원	사본
86	[한국대만출신전쟁재판수형자명부] 韓國·臺灣出身戰爭裁判受刑者名簿	일본방위연 구소도서관 소장	사본

종	명부명	수집경위	비치상황
87	후쿠오카현(福岡縣)조나이마치(庄內町) 조선인유골에 관한 정보공개결정통지서 福岡縣庄內町 朝鮮人遺骨情報公開決定通知書	후쿠도메 노리아키(福留範昭) 제공	사본
88	후쿠오카현(福岡縣)조나이마치(庄內町) 한국·조선적사망자 매화장인허증(1945년) 福岡縣庄內町 韓國朝鮮籍死亡者埋火葬認可證(昭和20年)	후쿠도메 노리아키(福留範昭) 제공	사본
89	후쿠오카현(福岡縣)조나이마치(庄內町) 한국·조선적사망자 매화장인허증(1946년) 福岡縣庄內町 韓國朝鮮籍死亡者埋火葬認可證(昭和21年)	후쿠도메 노리아키(福留範昭) 제공	사본
90	후쿠오카현(福岡縣)조나이마치(庄內町) 한국·조선적사망자 매화장인허증(1948년) 福岡縣庄內町 韓國朝鮮籍死亡者埋火葬認可證(昭和23年)	후쿠도메 노리아키(福留範昭) 제공	사본
91	후쿠오카현(福岡縣)조나이마치(庄內町) 한국·조선적사망자 매화장인허증(1949년) 福岡縣庄內町 韓國朝鮮籍死亡者埋火葬認可證(昭和24年)	후쿠도메 노리아키(福留範昭) 제공	사본
92	후쿠오카현(福岡縣)조나이마치(庄內町) 한국·조선적사망자 매화장인허증(1950년) 福岡縣庄內町 韓國朝鮮籍死亡者埋火葬認可證(昭和25年)	후쿠도메 노리아키(福留範昭) 제공	사본
93	후쿠오카현(福岡縣)조나이마치(庄內町) 한국·조선적사망자 매화장인허증(1951년) 福岡縣庄內町 韓國朝鮮籍死亡者埋火葬認可證(昭和26年)	후쿠도메 노리아키(福留範昭) 제공	사본
94	후쿠오카현(福岡縣)조나이마치(庄內町) 한국·조선적사망자 매화장인허증(1952년) 福岡縣庄內町 韓國朝鮮籍死亡者埋火葬認可證(昭和27年)	후쿠도메 노리아키(福留範昭) 제공	사본
95	후쿠오카현(福岡縣)조나이마치(庄內町) 한국·조선적사망자 매화장인허증(1953년) 福岡縣庄內町 韓國朝鮮籍死亡者埋火葬認可證(昭和28年)	후쿠도메 노리아키(福留範昭) 제공	사본

⟨부록 1⟩ 국내 소장 강제동원명부 현황

종	명부명	수집경위	비치상황
96	후쿠오카현(福岡縣)조나이마치(庄內町) 한국·조선적사망자 매화장인허증(1954년) 福岡縣庄內町 韓國朝鮮籍死亡者埋火葬認可證(昭和29年)	후쿠도메 노리아키 (福留範昭) 제공	사본
97	후쿠오카현(福岡縣)조나이마치(庄內町) 한국·조선적사망자 매화장인허증(1955년) 福岡縣庄內町 韓國朝鮮籍死亡者埋火葬認可證(昭和30年)	후쿠도메 노리아키 (福留範昭) 제공	사본
98	홋카이도(北海道)조선인강제연행관계사망자명부/竹內康人제공 北海道朝鮮人强制連行關係死亡者名簿	다케우치 야스토 (竹內康人) 제공	이미지
99	후쿠오카현(福岡縣)탄광조선인사망자명부/竹內康人제공 福岡縣炭鑛朝鮮人死亡者名簿	다케우치 야스토 (竹內康人) 제공	사본
100	가와나미(川南)공업기리시마료(霧島寮)명부 川南工業霧島寮 イロハ 名簿위인정(중복)		사본
101	홋카이도(北海道)탄광기선유바리(夕張)광과거장 北海道炭鑛汽船夕張鑛過去帳	미상	사본
102	기리시마대(霧島隊)편람 霧島隊便覽		사본
103	야마다쵸(山田町)수부장 山田町受附帳	무궁화당 제공	사본
104	조선출신군속범죄자처단건통첩(재판선고인명표) 朝鮮出身軍屬犯罪者處斷ノ件通牒(裁判宣告人名表)	방위연구소 도서관 소장	사본
105	사할린이중징용가족리스트 List of Koreans and Famillies Left in Sakhalin참고자료		사본
106	마래(馬來)포로수용소 조선출신고용인연명부 朝鮮出身雇傭人連名簿 : 昭和20年12月1日調製참고자료		사본
107	유바리(夕張)탄광조선인사망자명부 夕張炭鑛朝鮮人死亡者名簿	미상	사본
108	조선인 「복원문관연명부」 朝鮮人復員文官連名簿	방위연구소 도서관 소장	사본

종	명부명	수집경위	비치상황
109	후쿠오카(福岡)지방세화부대원소집해제자연명부 福岡地方世話部除隊召集解除者連名簿	방위연구소 도서관 소장	사본
110	후쿠오카현(福岡縣)가호군(嘉穗郡) 호나미무라(穗波村)화장인가증공철(1941년) 福岡縣嘉穗郡穗波村火葬認可證控綴(昭和16年)	무궁화당 제공	사본
110	후쿠오카현(福岡縣)가호군(嘉穗郡) 호나미무라(穗波村)화장인가증공철(1942년) 福岡縣嘉穗郡穗波村火葬認可證控綴(昭和17年)	무궁화당 제공	사본
110	후쿠오카현(福岡縣)가호군(嘉穗郡) 호나미무라(穗波村)화장인허증공철(1943년) 福岡縣嘉穗郡穗波村火葬認許證控綴(昭和18年)	무궁화당 제공	사본
110	후쿠오카현(福岡縣)가호군(嘉穗郡) 호나미무라(穗波村)화장인허증공철(1944년) 福岡縣嘉穗郡穗波村火葬認許證控綴(昭和19年)	무궁화당 제공	사본
110	후쿠오카현(福岡縣)가호군(嘉穗郡) 호나미무라(穗波村)화장인허증공철(1945년) 福岡縣嘉穗郡穗波村火葬認許證控綴(昭和20年)	무궁화당 제공	사본
111	동명회명부록 東明會名簿錄	국가기록원	사본
112	1·20동지회명단 1·20同志會名單	1.20동지회 제공	사본
113	조선인사망자명부/「조선인전사자들의노래와과자」첨부 朝鮮人戰死者たちの歌と菓子참고자료		사본
114	남양흥발주식회사 반도이민관계 南洋興發株式會社 半島移民關係	이마이즈미 유미코(今泉裕美子) 제공	사본
115	아사지노(淺茅野)신쇼지(信証寺)과거장 淺茅野信証寺過去帳	익명의 일본인 제공	사본
116	남양청(南洋廳)조선인노무자관계철/塚崎昌之제공 南洋廳朝鮮人勞務者關係綴	츠카사키 마사유키(塚崎昌之) 제공	사본

종	명부명	수집경위	비치상황
117	[오타루시(小樽市)집장인허증] 小樽市 執葬認許證	노야마 유코(能山優子) 제공	사본
118	호린지(法輪寺)「지장원영골명부」 法輪寺 地藏院靈骨名簿	노야마 유코(能山優子) 제공	사본
119	호린지(法輪寺)「조선인순직자」 法輪寺 朝鮮人殉職者	노야마 유코(能山優子) 제공	사본
120	조선인유유아사망자명부 朝鮮人乳幼兒死亡者名簿	노야마 유코(能山優子) 제공	사본
121	가야누마(茅沼)탄광 노무자명부/能山優子 제공 茅沼炭鑛勞務者名簿	노야마 유코(能山優子) 제공	이미지
122	남방제9육군병원복원명부/일본방위연구소 소장 南方第9陸軍病院復員名簿/日本防衛硏究所	방위연구소 도서관 소장	사본
123	1944년 신호로나이(新幌內)광업소조선인노무자송출명부 1944年 新幌內鑛業所朝鮮人勞務者送出名簿	모리야 요시히코(守屋敬彦) 제공	사본
124	오사카(大阪)시전재가매장자 명부 大阪市 戰災假埋葬者名簿	양현 제공	사본
125	유골유류품정리부/니시혼간지(西本願寺)삿포로(札幌)별원 제공 遺骨遺留品整理簿/西本願寺札幌別願 提供	니시혼간지(西本願寺)삿포로(札幌)별원 제공 후쿠도메 노리아키(福留範昭) 제공	사본
126	이시하라(石原)산업 기슈(紀州)광산조선인노무자명부 石原産業紀州鑛山朝鮮人勞務者名簿위인정(중복)		

종	명부명	수집경위	비치상황
127	순직자명부/태평양전쟁중희생동포위령사업실행위원회 조사자료　殉職者名簿/太平洋戰爭中犧牲同胞慰靈事業實行委員會참고자료		사본
128	후쿠시마현(福島縣)조선인유골조사에대한회답 福島縣朝鮮人遺骨調査について回答참고자료		사본
129	순직산업전사명부(2/2) 殉職産業戰士名簿		사본
129	순직산업전사명부(1/2) 殉職産業戰士名簿		사본
130	유골유류품정리부/토건관계유골조사(1953년6월) 土建關係遺骨調査(昭和28年6月)위인정(중복)		사본
131	호린지(法輪寺)조선관계납골명부 納骨名簿：朝鮮關係(昭和40年5月23日調)위인정(중복)		사본
132	다마카와(玉川)광산선거권하조서 玉川選擧權下調書	노야마 유코 (能山優子) 제공	사본
133	일본제철조선출신자노동자본적지별표/고쇼타다시 제공 日本製鐵朝鮮出身勞動者本籍地別表	고쇼 타다시 (古庄正)	사본
134	스미토모(住友)고노마이(鴻之舞)광산강제연행자명부/조선인강제연행진상조사단편 住友鴻之舞炭坑强制連行者名簿//朝鮮人强制連行眞相調査團編	독립기념관 (홍상진제공) 국가기록원	이미지/ 사본
135	스미토모(住友)우타시나이(歌志內)탄광강제연행자명부/조선인강제연행진상조사단편 住友歌志內炭坑强制連行者名簿/朝鮮人强制連行眞相調査團編	독립기념관 (홍상진제공) 국가기록원	이미지/ 사본
136	닛소(日曹)테시오(天鹽)탄광강제연행자명부/조선인강제연행진상조사단편 日曹天鹽炭坑强制連行者名簿	독립기념관 (홍상진제공) 국가기록원	이미지/ 사본
137	만지(萬字)탄광강제연행자명부/조선인강제연행진상조사단편 萬字炭坑連行者名簿/朝鮮人强制連行眞相調査團編	독립기념관 (홍상진제공) 국가기록원	이미지/ 사본
138	홋카이도(北海道)탄광기선강제연행자명부/조선인강제연행진상조사단편 北海道炭坑汽船强制連行者名簿/朝鮮人强制連行眞相調査團編	독립기념관 (홍상진제공) 국가기록원	이미지/ 사본

〈부록 1〉 국내 소장 강제동원명부 현황

종	명부명	수집경위	비치상황
139	조선인토목자연명부/조선인강제연행진상조사단편 朝鮮人土木者連名簿/朝鮮人强制連行眞相調查團編	독립기념관 (홍상진제공) 국가기록원	이미지
140	홋카이도(北海道)고노마이(鴻之舞)광산 관련명부(1~9)/전시외국인강제연행관계사료집편 北海道鴻之舞鑛山關聯名簿(1-10)/戰時外國人强制連行關係史料集編	독립기념관 (홍상진제공) 국가기록원	이미지/ 사본
141	비바이(美唄)탄광사망자명부-홋카이도(北海道)/조선인강제연행진상조사단편 美唄炭坑死亡者名簿-北海道/朝鮮人强制連行眞相調查團編	독립기념관 (홍상진제공) 국가기록원	이미지/ 사본
142	아카비라시(赤平市)합동순직자명부-홋카이도(北海道)/조선인강제연행진상조사단편 赤平市合同殉職者名簿-北海道/朝鮮人强制連行眞相調查團編	독립기념관 (홍상진제공)	이미지/ 사본
143	슈마리나이(朱鞠內)댐조선인희생자명부/조선인강제연행진상조사단편 朱鞠內ダム工事朝鮮人犧牲者名簿(北海道)/朝鮮人强制連行眞相調查團編	독립기념관 (홍상진제공) 국가기록원	이미지/ 사본
144	이토무카(イトムカ)수은광산조선인희생자명부/조선인강제연행진상조사단편 イトムカ水銀鑛山朝鮮人犧牲者名簿(北海道)/朝鮮人强制連行眞相調查團編	독립기념관 (홍상진제공) 국가기록원	이미지/ 사본
145	메이우(名雨)선철도공사희생자명부-홋카이도(北海道)/조선인강제연행진상조사단 편 名雨線鐵道工事犧牲者名簿(北海道)/朝鮮人强制連行眞相調查團編	독립기념관 (홍상진제공) 국가기록원	이미지/ 사본
146	마키노우치(牧之內)비행장공사희생자명부-홋카이도(北海道)/조선인강제연행진상조사단편 牧之內飛行場工事犧牲者名簿/朝鮮人强制連行眞相調查團編 (위인정⑤-21)	독립기념관 (홍상진제공) 국가기록원	이미지/ 사본

종	명부명	수집경위	비치상황
147	개네베쓰(計根別)비행장건설희생자명부-홋카이도(北海道)/조선인강제연행진상조사단편 計根別飛行場建設犧牲者名簿-北海道/朝鮮人強制連行眞相調査團編 (위인정⑤-22)	독립기념관 (홍상진제공) 국가기록원	이미지/ 사본
148	하나오카(花岡)광업소징용자명부-아키타(秋田)/조선인강제연행진상조사단편 花岡鑛業所徵用者名簿-秋田/朝鮮人強制連行眞相調査團編	독립기념관 (홍상진제공) 국가기록원	이미지/ 사본
149	미야다마다(宮田又)광산임금명부-아키타(秋田)/조선인강제연행진상조사단편 宮田又鑛山賃金名簿-秋田/朝鮮人強制連行眞相調査團編	독립기념관 (홍상진제공) 국가기록원	이미지/ 사본
150	일본제철연행조선인미불공탁보고서-이와테(岩手)·오사카(大阪)·후쿠오카(·福岡)/조선인강제연행진상조사단편 日本製鐵連行朝鮮人未拂い供託報告書-岩手·大阪·福岡/朝鮮人強制連行眞相調査團編	독립기념관 (홍상진제공)	이미지/ 사본
151	죠반(常磐)탄전순직자명부-후쿠시마(福島)/조선인강제연행진상조사단편 常磐炭田殉職者名簿-福島/朝鮮人強制連行眞相調査團編	독립기념관 (홍상진제공)	이미지/ 사본
152	누마구라(沼食)수력발전소건설공사희생자-후쿠시마(福島)/조선인강제연행진상조사단편 沼食水力發電所建設工事犧牲者-福島/朝鮮人強制連行眞相調査團編	독립기념관 (홍상진제공) 국가기록원	이미지/ 사본
153	사쿠션가스(サクション瓦斯)기관징용자명부-도쿄(東京)/조선인강제연행진상조사단편 サクション瓦斯機關徵用者名簿-東京/朝鮮人強制連行眞相調査團編	독립기념관 (홍상진제공)	이미지/ 사본
154	요코즈카(橫須賀)해군건축공사희생자명부-가나카와(神奈川)/조선인강제연행진상조사단편 橫須賀海軍建築工事犧牲者名簿-神奈川/朝鮮人強制連行眞相調査團編	독립기념관 (홍상진제공) 국가기록원	이미지/ 사본

종	명부명	수집경위	비치 상황
155	도요카와(豊川)해군공창공원급여조사표-아이치(愛知)/조선인강제연행진상조사단편 豊川海軍工廠工員給與調査表-愛知/朝鮮人强制連行眞相調査團編	독립기념관 (홍상진제공) 국가기록원	이미지/ 사본
156	나카지마(中島)비행기한다(半田)제작소공습희생자-아이치(愛知)/조선인강제연행진상조사단편 中島飛行機半田製作所空襲犧牲者-愛知/朝鮮人强制連行眞相調査團編	독립기념관 (홍상진제공) 국가기록원	이미지/ 사본
157	가미오카(神岡)광산희생자명부-기후(岐阜)현/조선인강제연행진상조사단편 神岡鑛山犧牲者-岐阜縣/朝鮮人强制連行眞相調査團編	독립기념관 (홍상진제공) 국가기록원	이미지
158	가미오카(神岡)광산희생자명부-기후(岐阜)현/김봉수 제공 神岡鑛山犧牲者-岐阜縣/김봉수 제공 (위인정⑤-36)	김봉수 제공	사본
159	츠모(都茂)광산연행자명부-시마네(島根)/조선인강제연행진상조사단편 都茂鑛山の連行者名簿-島根/朝鮮人强制連行眞相調査團 提供	독립기념관 (홍상진제공) 국가기록원	이미지/ 사본
160	이와미(岩美)광산명부-돗토리(鳥取)/조선인강제연행진상조사단편 岩美鑛山名簿-鳥取/朝鮮人强制連行眞相調査團編	독립기념관 (홍상진제공)	이미지/ 사본
161	가와니시(川西)항공기명부-효고(兵庫)/조선인강제연행진상조사단편 川西航空機名簿-兵庫/朝鮮人强制連行眞相調査團編	독립기념관 (홍상진제공) 국가기록원	이미지/ 사본
162	스미토모(住友)전공이타미(伊丹)제작소징용자명부-효고(兵庫)/조선인강제연행진상조사단편 住友電工伊丹製作所徵用者名簿-兵庫/朝鮮人强制連行眞相調査團編	독립기념관 (홍상진제공) 국가기록원	이미지/ 사본
163	니혼(日本)세이코나가세(精鑛中瀨)후생연금상실계-효고(兵庫)/조선인강제연행진상조사단편 日本精鑛中瀨厚生年金喪失屆-兵庫	독립기념관 (홍상진제공)	이미지/ 사본
164	하리마(播魔)조선순직자명부-효고(兵庫)/조선인강제연행진상조사단편 播魔造船殉職者名簿-兵庫/朝鮮人强制連行眞相調査團編	독립기념관 (홍상진제공) 국가기록원	이미지/ 사본

종	명부명	수집경위	비치상황
165	조선인노무자에관한조사명부-효고(兵庫)/조선인강제연행진상조사단편 朝鮮人勞務者に關する調査名簿-兵庫/朝鮮人强制連行眞相調査團編	독립기념관 (홍상진제공)	이미지/사본
166	미쓰이(三井)다마노(玉野)조선소도주자명부-오카야마(岡山)/조선인강제연행진상조사단편 三井玉野造船所逃走者名簿-岡山/朝鮮人强制連行眞相調査團編	독립기념관 (홍상진제공) 국가기록원	이미지/사본
167	구레(吳)해군공창연행자명부-히로시마(廣島)/조선인강제연행진상조사단편 吳海軍工廠の連行者名簿-廣島/朝鮮人强制連行眞相調査團編	독립기념관 (홍상진제공) 국가기록원	이미지/사본
168	도요(東洋)공업반도응징사신상조사표-히로시마(廣島)/조선인강제연행진상조사단편 東洋工業半島應徵士身上調査表-廣島/朝鮮人强制連行眞相調査團編	독립기념관 (홍상진제공) 국가기록원	이미지/사본
169	집단도항조선인유부기록-야마구치현(山口縣)우베탄광(宇部炭坑)/조선인강제연행진상조사단편 集團渡航朝鮮人有付記錄-宇部炭坑/朝鮮人强制連行眞相調査團編	독립기념관 (홍상진제공)	이미지/사본
170	미쓰이(三井)미이케(三池)탄광연행자명부/조선인강제연행진상조사단편 三井三池炭坑の連行者名簿/朝鮮人强制連行眞相調査團編	독립기념관 (홍상진제공)	이미지/사본
171	전기화학공업및미쓰이센가(三井染料)연행자명부-후쿠오카(福岡)/조선인강제연행진상조사단편 電氣化學工業及び三井染料連行者名簿-福岡/朝鮮人强制連行眞相調査團編	독립기념관 (홍상진제공) 국가기록원	이미지/사본
172	일본제철후타세(二瀨)광업소연행자명부-후쿠오카(福岡)/조선인강제연행진상조사단편 日鐵二瀨鑛業所連行者名簿-福岡/朝鮮人强制連行眞相調査團編	독립기념관 (홍상진제공) 국가기록원	이미지/사본
173	메이지(明治)탄광연행자명부-후쿠오카(福岡)/조선인강제연행진상조사단편 明治炭坑連行者名簿-福岡/朝鮮人强制連行眞相調査團編	독립기념관 (홍상진제공) 국가기록원	이미지/사본

종	명부명	수집경위	비치상황
174	후나오(船尾)광업보험자명부-후쿠오카(福岡)/조선인강제연행 진상조사단편 船尾鑛業保險者名簿-福岡/朝鮮人强制連行眞相調査團編	독립기념관 (홍상진제공) 국가기록원	이미지/ 사본
175	가와나미(川南)공업기리시마조선소명부-나가사키시(長崎市)/ 조선인강제연행진상조사단편 川南工業深掘造船所名簿-長崎市/朝鮮人强制連行眞相調査團編	독립기념관 (홍상진제공)	이미지/ 사본
176	왜정시피징용자명부 倭政時被徵用者名簿	독립기념관 (홍상진제공)	이미지/ 사본
177	검증-왜정시피징용자명부(전북 남원) (檢證-倭政時彼徵用者名簿::南原 117명)	기존 왜정시 명부에 새로 운 정보 입력	이미지
177	검증-왜정시피징용자명부(강원 춘천) 檢證-倭政時被徵用者名簿 (위인정⑤-30)	기존 왜정시 명부에 새로 운 정보 입력	이미지
177	검증-왜정시피징용자명부(대구 달성군) 檢證-倭政時彼徵用者名簿:達城	기존 왜정시 명부에 새로 운 정보 입력	이미지
177	검증-왜정시피징용자명부(경북 김천시) 檢證-倭政時彼徵用者名簿:金泉	기존 왜정시 명부에 새로 운 정보 입력	이미지
177	검증-왜정시피징용자명부(전남 광주) 檢證-倭政時彼徵用者名簿:光州	기존 왜정시 명부에 새로 운 정보 입력	이미지
177	검증-왜정시피징용자명부(경기 강화·부천·옹진) 檢證-倭政時彼徵用者名簿; 江華 ·富川·甕津	기존 왜정시 명부에 새로 운 정보 입력	이미지
177	검증-왜정시피징용자명부(제주) 檢證-倭政時彼徵用者名簿:濟州	기존 왜정시 명부에 새로 운 정보 입력	이미지
177	검증-왜정시피징용자명부(충북) 檢證-倭政時彼徵用者名簿:忠靑北道	기존 왜정시 명부에 새로 운 정보 입력	이미지

종	명부명	수집경위	비치상황
177	검증-왜정시피징용자명부(경남 울산) 檢證-倭政時彼徵用者名簿;蔚山	기존 왜정시 명부에 새로운 정보 입력	이미지
177	검증-왜정시피징용자명부(경남 합천) 檢證-倭政時彼徵用者名簿;陜川	기존 왜정시 명부에 새로운 정보 입력	이미지
177	검증-왜정시피징용자명부(강원 태백, 속초, 홍천, 정선, 양양) 檢證-倭政時彼徵用者名簿;江原道	기존 왜정시 명부에 새로운 정보 입력	이미지
177	검증-왜정시피징용자명부(경북 칠곡) 檢證-倭政時彼徵用者名簿;漆谷	기존 왜정시 명부에 새로운 정보 입력	이미지
177	검증-왜정시피징용자명부(경북 구미) 檢證-倭政時彼徵用者名簿;龜尾	기존 왜정시 명부에 새로운 정보 입력	이미지
177	검증-왜정시피징용자명부(경북 영천) 檢證-倭政時彼徵用者名簿;永川	기존 왜정시 명부에 새로운 정보 입력	이미지
177	검증-왜정시피징용자명부(경북 군위) 檢證-倭政時彼徵用者名簿;軍威	기존 왜정시 명부에 새로운 정보 입력	이미지
177	검증-왜정시피징용자명부(경북 영덕) 檢證-倭政時彼徵用者名簿;盈德	기존 왜정시 명부에 새로운 정보 입력	이미지
177	검증-왜정시피징용자명부(경북 청도) 檢證-倭政時彼徵用者名簿;淸道	기존 왜정시 명부에 새로운 정보 입력	이미지
177	검증-왜정시피징용자명부(경남 통영시) 檢證-倭政時彼徵用者名簿;統營	기존 왜정시 명부에 새로운 정보 입력	이미지
177	검증-왜정시피징용자명부(경남 창원시) 檢證-倭政時彼徵用者名簿;昌原	기존 왜정시 명부에 새로운 정보 입력	이미지

종	명부명	수집경위	비치상황
177	검증-왜정시피징용자명부(경북 영주시) 檢證-倭政時彼徵用者名簿;榮州	기존 왜정시 명부에 새로운 정보 입력	이미지
177	검증-왜정시피징용자명부(경남 의령군) 檢證-倭政時彼徵用者名簿;宜零	기존 왜정시 명부에 새로운 정보 입력	이미지
177	검증-왜정시피징용자명부(경북 경산시) 檢證-倭政時彼徵用者名簿;慶山	기존 왜정시 명부에 새로운 정보 입력	이미지
177	검증-왜정시피징용자명부(경북 봉화군) 檢證-倭政時彼徵用者名簿;奉化	기존 왜정시 명부에 새로운 정보 입력	이미지
177	검증-왜정시피징용자명부(경남 사천시) 檢證-倭政時彼徵用者名簿;泗川	기존 왜정시 명부에 새로운 정보 입력	이미지
177	검증-왜정시피징용자명부(경남 양산시) 檢證-倭政時彼徵用者名簿;梁山	기존 왜성시 명부에 새로운 정보 입력	이미지
177	검증-왜정시피징용자명부(경기 인천) 檢證-倭政時彼徵用者名簿;仁川	기존 왜정시 명부에 새로운 정보 입력	이미지
177	검증-왜정시피징용자명부(경북 포항) 檢證-倭政時彼徵用者名簿;浦項	기존 왜정시 명부에 새로운 정보 입력	이미지
177	검증-왜정시피징용자명부(경북10개시군) 檢證-倭政時彼徵用者名簿;慶北10個市郡	기존 왜정시 명부에 새로운 정보 입력	이미지
177	검증-왜정시피징용자명부(경남13개시군) 檢證-倭政時彼徵用者名簿;慶南13個市郡	기존 왜정시 명부에 새로운 정보 입력	이미지
177	검증-왜정시피징용자명부(강원12개시군) 檢證-倭政時彼徵用者名簿;江原12個市郡	기존 왜정시 명부에 새로운 정보 입력	이미지
177	검증-왜정시피징용자명부(대구광역시) 檢證-倭政時彼徵用者名簿;大邱廣域市	기존 왜정시 명부에 새로운 정보 입력	이미지

종	명부명	수집경위	비치상황
177	검증-왜정시피징용자명부(대전광역시) 檢證-倭政時彼徵用者名簿;大田廣域市	기존 왜정시 명부에 새로운 정보 입력	이미지
177	검증-왜정시피징용자명부(전북5개시군) 檢證-倭政時彼徵用者名簿;全羅北道5個市郡	기존 왜정시 명부에 새로운 정보 입력	이미지
178	순직산업인명부-대일본산업보국회/조선인강제연행진상조사단편 「殉職産業人名簿」大日本産業報國會/朝鮮人强制連行眞相調査團編	독립기념관 (홍상진제공)	이미지/사본
179	조선·대만특별요시찰인약식명부/조선인강제연행진상조사단편 朝鮮(臺)特別要視察人略式名簿/朝鮮人强制連行眞相調査團編	독립기념관 (홍상진제공)	사본
180	고노마이(鴻之舞)광산 「노동재해조우기록」/전시외국인강제연행사료집편 鴻之舞鑛山勞動災害遭遇記錄/戰時外國人强制連行史料集編	전시외국인강제연행사료집	이미지/사본
181	노동재해조우기록(홋카이도,후쿠오카)/조선인강제연행진상조사단편 勞動災害遭遇記錄/朝鮮人强制連行眞相調査團編	독립기념관 (홍상진제공) 국가기록원	이미지/사본
182	조선인사망자관련명부철/조선인강제연행진상조사단편 埋火葬認許原簿-利根郡道野村役長/朝鮮人强制連行眞相調査團編	독립기념관 (홍상진제공) 국가기록원	이미지/사본
183	화장인허증및변재보고서-나가사키(長崎1925~1945)/조선인강제연행진상조사단편 火葬認許證及び變災報告書-長崎/朝鮮人强制連行眞相調査團編	독립기념관 (홍상진제공) 국가기록원	이미지/사본
184	조선인노무자에관한조사명부-이와테(岩手)·미야기(宮城)/조선인강제연행진상조사단편 朝鮮人勞務者に關する調査名簿-岩手·宮城/朝鮮人强制連行眞相調査團編	독립기념관 (홍상진제공)	이미지/사본

종	명부명	수집경위	비치상황
185	조선인노무자에관한조사명부-아키타(秋田)/조선인강제연행진상조사단편 朝鮮人勞務者に關する調査名簿-秋田/朝鮮人强制連行眞相調査團編	독립기념관 (홍상진제공)	이미지/ 사본
186	조선인노무자에관한조사명부-이바라기(茨城)/조선인강제연행진상조사단편 朝鮮人勞務者に關する調査名簿-茨城/朝鮮人强制連行眞相調査團編	독립기념관 (홍상진제공)	이미지/ 사본
187	조선인노무자에관한조사명부-도치기(栃木)/조선인강제연행진상조사단편 朝鮮人勞務者に關する調査名簿-栃木/朝鮮人强制連行眞相調査團編	독립기념관 (홍상진제공)	이미지/ 사본
188	조선인노무자에관한조사명부-나가노(長野)/조선인강제연행진상조사단편 朝鮮人勞務者に關する調査名簿-長野/朝鮮人强制連行眞相調査團編	독립기념관 (홍상진제공)	이미지/ 사본
189	조선인노무자에관한조사명부-기후(岐阜)/조선인강제연행진상조사단편 朝鮮人勞務者に關する調査名簿-岐阜/朝鮮人强制連行眞相調査團編	독립기념관 (홍상진제공)	이미지/ 사본
190	조선인노무자에관한조사명부-시즈오카(靜岡)/조선인강제연행진상조사단편 朝鮮人勞務者に關する調査名簿-靜岡/朝鮮人强制連行眞相調査團編	독립기념관 (홍상진제공)	이미지/ 사본
191	조선인노무자에관한조사명부-미에(三重)·사가(滋賀)·오사카(大阪) 朝鮮人勞務者に關する調査名簿-三重·滋賀·大阪/朝鮮人强制連行眞相調査團編	독립기념관 (홍상진제공)	이미지/ 사본
192	조선인노무자에관한조사명부-나라(奈良)/조선인강제연행진상조사단편 朝鮮人勞務者に關する調査名簿-奈良/朝鮮人强制連行眞相調査團編	독립기념관 (홍상진제공)	이미지/ 사본

종	명부명	수집경위	비치상황
193	조선인노무자에관한조사명부-후쿠오카(福岡)/조선인강제연행진상조사단편 朝鮮人勞務者に關する調査名簿-福岡/朝鮮人强制連行眞相調査團編	독립기념관 (홍상진제공)	이미지/사본
194	조선인노무자에관한조사명부-사가(佐賀)/조선인강제연행진상조사단편 朝鮮人勞務者に關する調査名簿-佐賀/朝鮮人强制連行眞相調査團編	독립기념관 (홍상진제공)	이미지/사본
195	조선인노무자에관한조사명부-나가사키(長崎) 朝鮮人勞務者に關する調査名簿-長崎/朝鮮人强制連行眞相調査團編	독립기념관 (홍상진제공)	이미지/사본
196	군인군속몰사자명부/조선인강제연행진상조사편 軍人·軍屬死沒者名簿/朝鮮人强制連行眞相調査團編	독립기념관 (홍상진제공) 국가기록원	이미지/사본
197	군인군속몰사자명부-구레(吳)·후쿠오카(福岡)복원부/조선인강제연행진상조사단편 軍人·軍屬死沒者名簿-吳·福岡·復員部/朝鮮人强制連行眞相調査團編	독립기념관 (홍상진제공) 국가기록원	이미지/사본
198	피징용사망자명부-육군 경상남북도/조선인강제연행진상조사단편 被徵用死亡者名簿-陸軍 慶尙南北道/朝鮮人强制連行眞相調査團編	독립기념관 (홍상진제공)	이미지/사본
199	피징용사망자명부-해군 경상남북도/조선인강제연행진상조사단편 被徵用死亡者名簿-海軍 慶尙南北道/朝鮮人强制連行眞相調査團編	독립기념관 (홍상진제공)	이미지/사본
200	피징용사망자명부-전북/조선인강제연행진상조사단편 被徵用死亡者名簿 全北/朝鮮人强制連行眞相調査團編	독립기념관 (홍상진제공)	이미지/사본
201	피징용사망자명부-전남/조선인강제연행진상조사단편 被徵用死亡者名簿 全南/朝鮮人强制連行眞相調査團編	독립기념관 (홍상진제공)	이미지/사본
202	구일본육해군징용선사망자명부/조선인강제연행진상조사단편 舊日本陸海軍徵用船死亡者名簿/朝鮮人强制連行眞相調査團編	독립기념관 (홍상진제공) 국가기록원	이미지/사본

종	명부명	수집경위	비치상황
203	태평양전쟁희생자명부/조선인강제연행진상조사단편 太平洋戰爭犧牲者名簿/朝鮮人强制連行眞相調査團編	독립기념관 (홍상진제공) 국가기록원	이미지/사본
204	남태평양타와라(タラワ)섬희생자명부/조선인강제연행진상조사단편 南太平洋タラワ島犧牲者名簿/朝鮮人强制連行眞相調査團編	독립기념관 (홍상진제공) 국가기록원	이미지/사본
205	브라운(ブラウン)섬옥쇄자명부/조선인강제연행진상조사단편 ブラウン島玉碎者名簿/朝鮮人强制連行眞相調査團編	독립기념관 (홍상진제공) 국가기록원	이미지/사본
206	조선인군부명부-오키나와(沖繩)/조선인강제연행진상조사단편 朝鮮人軍夫名簿-沖繩/朝鮮人强制連行眞相調査團編	독립기념관 (홍상진제공) 국가기록원	이미지/사본
207	제3·4·5농경근무대명부/조선인강제연행진상조사단편 第3·4·5農耕勤務隊名簿/朝鮮人强制連行眞相調査團編	독립기념관 (홍상진제공)	이미지/사본
208	학도병명부/조선인강제연행진상조사단편 學徒兵名簿/朝鮮人强制連行眞相調査團編	독립기념관 (홍상진제공) 국가기록원	이미지/사본
209	우키시마마루(浮島丸)사망자명부/조선인강제연행진상조사단편 浮島丸死亡者名簿/朝鮮人强制連行眞相調査團編	독립기념관 (홍상진제공) 국가기록원	이미지/사본
210	히로시마(廣島)조선인피폭자명부/조선인강제연행진상조사단편 廣島朝鮮人被爆者名簿/朝鮮人强制連行眞相調査團編	독립기념관 (홍상진제공) 국가기록원	이미지/사본
211	나가사키(長崎)조선인피폭자명부/조선인강제연행진상조사단편 長崎朝鮮人被爆者名簿/朝鮮人强制連行眞相調査團編	독립기념관 (홍상진제공) 국가기록원	이미지/사본
212	오키나와(沖繩)포로수용소조선인명부/조선인강제연행진상조사단편 沖繩捕虜收容所朝鮮人名簿	독립기념관 (홍상진제공) 국가기록원	이미지/사본
213	조선인귀국자초기명부/조선인강제연행진상조사단편 朝鮮人歸國者初期名簿/朝鮮人强制連行眞相調査團編	독립기념관 (홍상진제공) 국가기록원	이미지/사본

종	명부명	수집경위	비치상황
214	하와이포로수용소명부/조선인강제연행진상조사단편 ハワイ捕虜收容所名簿/朝鮮人强制連行眞相調查團編	독립기념관 (홍상진제공)	이미지/ 사본
215	버마로연행된조선인위안부명부/조선인강제연행진상조사단편 ビルマに連行われた朝鮮人慰安婦名簿/朝鮮人强制連行眞相調查團編	독립기념관 (홍상진제공) 국가기록원	이미지/ 사본
216	부로명부/조선인강제연행진상조사단편 虜名簿/朝鮮人强制連行眞相調查團編	독립기념관 (홍상진제공)	이미지/ 사본
217	괌종군위안부재판기록/조선인강제연행진상조사단편 グアム從軍慰安婦裁判記錄/朝鮮人强制連行眞相調查團編	독립기념관 (홍상진제공) 국가기록원	이미지/ 사본
218	조선인육군군인조사1-6/조선인강제연행진상조사단편 朝鮮人陸軍軍人調查/朝鮮人强制連行眞相調查團編	독립기념관 (홍상진제공) 국가기록원	이미지/ 사본
219	광복군주호잠편(暫編)지대제3중대 귀국자명단 光復軍駐滬暫編支隊第3中隊 歸國者名單	이중(李中) 제공	사본 제본
220	광복군주호잠편(暫編)지대제3중대 신상조사서 光復軍駐滬暫編支隊第3中隊 身上調查書	이중(李中) 제공	사본 제본
221	유텐지(佑天寺)「유골명부」/정기영 제공 遺骨名簿	정기영제공	원본 사본
222	남양군도승선자명부/미국국립공문서관소장 南洋群島乘船者名簿	국사편찬위 원회 제공	이미지
223	근보대,반도광원,징용광원색인 勤報隊,半島鑛員, 徵用鑛員 索引	독립기념관 (홍상진제공)	사본제 본
224	조선반도출신전쟁희생자명부/北海道平和愛泉會 작성	홋카이도공 문서관	사본
225	태평양유족회명부(부안2지구) 太平洋遺族會名簿(부안2지구)	하승현수집	사본
226	고노마이(鴻之舞)광산「발신전보」/전시외국인강제연행관계사료집편 發信電報/戰時外國人强制連行關係史料集編	전시외국인 강제연행 사료집	이미지

종	명부명	수집경위	비치상황
227	남양청(南洋廳)조선인노무자관계철/今泉裕美子제공 南洋廳 朝鮮人勞務者關係綴	이마이즈미 유미코 (今泉裕美子)제공	사본
228	고노마이(鴻之舞)광산 「소화15년4월3일 재해사고관계」/전시외국인강제연행관계사료집편 鴻之舞鑛山昭和15年4月3日災害事故關係/戰時外國人强制連行關係史料集編	전시외국인 강제연행 사료집	이미지
229	조세이(長生)탄광 노무관리 개인카드 長生炭鑛勞務管理個人カ―ド	익명의 일본인 제공	이미지
230	고노마이(鴻之舞)광산 「사망자명부」/전시외국인강제연행관계사료집편 鴻之舞鑛山死亡者名簿/戰時外國人强制連行關係史料集	전시외국인 강제연행 사료집	이미지
231	하이난섬(海南島)한적군인군속 「총원명부」/강태범 작성 海南島韓籍軍人屬總員名簿	강창랑 제공	이미지/사본
232	소화17년도분 반도인도망관계철(1/2, 고노마이(鴻之舞)광산) 昭和17年度分 半島人逃亡關係綴	독립기념관	사본
233	소화17년도분 반도인도망관계철(2/2, 홋카이도(北海道)) 昭和17年度分 半島人逃亡關係綴(北海道)	독립기념관	사본
234	[박노학 수신편지] 朴魯學 受信片紙	박창규 기증 KBS	이미지/원본
235	사고자(도망자)명부 事故者名簿	독립기념관	사본
236	[미얀마 방면군 제49사단 위생대 주소록]/윤주병작성	윤익중 기증	원본
237	만지광(萬字鑛) 반도인관계잡서철 萬字鑛 半島人關係雜書綴	독립기념관	사본
238	진해 해군 제51항공창 근무 방명록/신종상기증 鎭海海軍 第五一航空廠 勤務 芳名錄	신종상 기증	원본

종	명부명	수집경위	비치상황
239	소화14년 반도인노무자사고명부(홋카이도(北海道)) 昭和14年起 半島人勞務者事故名簿(北海道)	독립기념관	사본
240	조선인포로카드/러시아군사문서보존소 소장 朝鮮人捕虜カード	국가기록원	MF/DVD /제본사본
241	근로동원사망자명부(1943~1944) 勤勞動員 死亡者 名簿(1943~1944)	독립기념관	사본
242	조선인군속명부(소화21년4월10일) 朝鮮人軍屬名簿(昭和21年4月10日)	독립기념관	사본
243	남양동지회지(충남부여출신) 南洋同志會誌	피해신고서 첨부사본	사본
244	됴쿄도 위령당 전재사자유골명부 東京都慰靈堂 戰災死者遺骨名簿	이일만 제공	사본
245	화태(樺太)억류동포귀환희망자명부3 樺太抑留同胞歸還希望者名簿3	박창규 기증	원본
246	[하와이포로수용소명부](자유한인보 제7호 부록)/김학이소장 ハワイ捕虜收容所名簿	김성봉 기증	원본
247	오우치부대(大內隊) 유수명부 大內隊留守名簿	윤병엽 기증	원본사본
248	해군시설부 제2소대 공원숙사 명단 海軍施設部第2小隊工員宿舍名單	김강남 기증	원본
249	나가사키(長岐)조선인피폭자명부/高實康稔제공 長岐朝鮮人被爆者名簿	다카자네 야스노리 (高實康稔) 제공	사본
250	대일민간청구권신고자명부 제2권(피징용사망자)		사본
251	원폭공양탑납골명부-유족을찾고있습니다- 原爆供養塔納骨名簿 -遺族を搜しています-	수집처미상	사본
252	나가사키(長崎)원폭무연사몰자유골명부 長崎原爆無緣死沒者遺骨名簿	수집처미상	사본
253	후생노동성제공 사망경위서 신상명세표(유텐지(佑天寺)유골명부, 1/5)	일본후생노동성	사본

종	명부명	수집경위	비치상황
253	후생노동성 제공 사망경위서 신상명세표(유텐지(佑天寺)유골명부, 2/5)	일본후생노동성	사본
253	후생노동성 제공 사망경위서 신상명세표(유텐지(佑天寺)유골명부, 3/5)	일본후생노동성	사본
253	후생노동성 제공 사망경위서 신상명세표(유텐지(佑天寺)유골명부, 4/5)	일본후생노동성	사본
253	후생노동성 제공 사망경위서 신상명세표(유텐지(佑天寺)유골명부, 5/5)	일본후생노동성	사본
254	나요시(名好)탄광「피징용광부유가족 명단」 名好炭鑛 被徵用鑛夫遺家族名單	안명복 제공	사본
255	사할린 이중징용피해자진술서/정태식제공	정태식 제공	사본
256	사할린 이중징용피해자진술서/안명복제공	안명복 제공	사본
257	남양척식주식회사 반도노무자군별명부(1/7) 南洋拓殖株式會社 半島勞務者郡別名簿(1/7)	일본 국립공문서관 쓰쿠바분관	이미지/사본
257	남양척식주식회사 남양외지분명부(2/7) 南洋拓殖株式會社 南洋外地分名簿(2/7)	일본 국립공문서관 쓰쿠바분관	이미지/사본
257	남양척식주식회사 노무자명부각점소1(3/7) 南洋拓殖株式會社 勞務者名簿各店所1(3/7)	일본 국립공문서관 쓰쿠바분관	이미지/사본
257	남양척식주식회사 노무자명부각점소2(3/7) 南洋拓殖株式會社 勞務者名簿各店所2(3/7)	일본 국립공문서관 쓰쿠바분관	이미지/사본
257	남양척식주식회사 노무자명부각점소3(3/7) 南洋拓殖株式會社 勞務者名簿各店所3(3/7)	일본 국립공문서관 쓰쿠바분관	이미지/사본
257	남양척식주식회사 송환조선노무자명부(사망자)(4/7) 南洋拓殖株式會社 送還朝鮮勞務者名簿(死亡者)(4/7)	일본 국립공문서관 쓰쿠바분관	이미지/사본
257	남양척식주식회사 남양이주노무자명부(5/7) 南洋拓殖株式會社 南洋移住勞務者名簿(5/7)	일본 국립공문서관 쓰쿠바분관	이미지/사본

종	명부명	수집경위	비치상황
257	남양척식주식회사 조선노무자모집관계1(6/7) 南洋拓殖株式會社 朝鮮勞務者募集關係1(6/7)	일본 국립공문서관 쓰쿠바분관	이미지/사본
257	남양척식주식회사 조선노무자모집관계2(6/7) 南洋拓殖株式會社 朝鮮勞務者募集關係2(6/7)	일본 국립공문서관 쓰쿠바분관	이미지/사본
257	남양척식주식회사 노무자재계약관계서류(각지점)(7/7) 南洋拓殖株式會社 勞務者再契約關係書類(各支店)(7/7)	일본 국립공문서관 쓰쿠바분관	이미지/사본
258	소련 억류중사망자명부/후생노동성제공 ソ連抑留中死亡者名簿	후생노동성 사회원호국	사본
259	일본군포로매장자명부/ 미국국립공문서관소장 日本軍捕虜埋葬者名簿/美國立公文書管(NARA)所藏	미국국립공문서관	사본
260	요이치(余市)광업소호적수부장 余市鑛業所 戸籍受附帳	노야마유코 (能山優子) 제공	사본
261	특설육상근무대119중대3분대군인명부(전남출신)/하헌배소장	하헌배 기증	원본
262	중지(中支)부대서주(徐州)파견조선군인명부 中支部隊徐州派遣朝鮮軍人名簿	김재천 기증	원본
263	오사카(大阪)8894부대 전남출신 동기생명부/이채강 소장	이채강 기증	원본
264	군위군의흥면갑자생친목계원명부 軍威郡義興面甲子生親睦契員名簿	이상균 기증	원본
265	상하이(上海)한국광복군해군대동지록/김환표소장 上海韓國光復軍海軍隊同志錄	김행곤 기증	원본
266	전시조선인강제노동조사자료집(다케우치 명부) 戰時朝鮮人强制勞動調査資料集		CD
267	후쿠오카현(福岡縣)각사찰과거장 福岡縣各寺刹過去帳	오은섭 제공	사본
268	사가현(佐賀縣)각사찰과거장 佐賀縣各寺刹過去帳	오은섭 제공	사본

〈부록 1〉 국내 소장 강제동원명부 현황

종	명부명	수집경위	비치상황
269	나가사키현(長崎縣)하시마(端島)탄광 사망자명부 長崎縣端島炭鑛死亡者名簿	오은섭 제공	사본
270	군마현(群馬縣)조선인강제연행희생자명부 群馬縣朝鮮人强制連行犧牲者名簿	오은섭 제공	사본
271	나가사키현(長崎縣)신렌지(眞蓮寺) 사망자명부 長崎縣直連寺死亡者名簿	오은섭 제공	사본
272	나가사키현(長岐縣)오시마(大島)탄광 사망자명부 長岐縣大島炭鑛 死亡者 名簿	오은섭 제공	사본
273	나가사키현(長岐縣)사키토(崎戶)탄광 사망자명부 長岐縣崎戶炭鑛死亡者 名簿	오은섭 제공	사본
274	무궁화당내보관유골 無窮花堂內保管遺骨	배래선 제공	사본
275	구라테쵸(鞍手町)쇼센지(照專寺)유골명부 鞍手町照專寺	배래선 제공	사본
276	지쿠호(筑豊)강제연행기조선인사망자명부 筑豊 强制連行期朝鮮人死亡者名簿	다케우치 야스토 (竹內康人) 제공	사본
277	홋카이도(北海道)도코로군(常呂郡)루베시베쵸(留邊藥町)사망자명부 北海道常呂郡留邊藥町死亡者名簿	홋카이도 도코로군 루베시베정	사본
278	야마구치현(山口縣)한국인무연불명단(제1차~제3차) 山口縣 韓國人無緣佛名單(第一次)	거류민단 야마구치현 지방본부 1985년 모국 안장 추진하면서 작성한 명단으로 추정	사본
279	1974 유텐지(祐天寺)보관구군인·군속유골명단(『서울신문』)	한국 보건사회부	신문 복사본
280	태평양전쟁(한국인)전몰자및기타유골인수증빙서철	일본 후생성	명부 복사본

종	명부명	수집경위	비치상황
281	전시하죠반(常磐)탄전조선인탄부순직자명부/長澤秀편 戰時下常磐炭田殉職者名簿/長澤秀編	정혜경 제보	사본
282	홋카이도(北海道)교와쵸(共和町)집장인허증 北海道共和町執葬認許證	노야마유코(能山優子)제공	사본
283	육군 공탁관계 문서 및 명세서	일본 정부	이미지/사본
284	해군 공탁관계 문서 및 명세서	일본 정부	이미지/사본
285	사할린모국방문자명단1~4	적십자사	사본
286	사할린고령동포영주귀국주선용청서류 V-3	적십자사	사본
286	사할린고령동포영주귀국주선용청서류 v-4	적십자사	사본
287	대마도 소재 한국인 무연고 유골 관련 실지조사 제출건		사본
288	천안군 목천면 서홍리 강제동원자명단	김원식	원본
289	조선인 귀환예정자 미귀환자 명부 朝鮮人 歸還豫定者 未歸還者 名簿		사본
290	스미토모(住友)고노마이(鴻之舞)광산, 이나우시(伊奈牛)광산, 야소시(八十士)광산 강제연행자명부/전시외국인강제연행사료집편 住友鴻之舞鑛山, 伊奈牛鑛山, 八十士鑛山強制連行者名簿/戰時外國人強制連行史料集編정		사본
291	고노마이(鴻之舞)광산 「노동재해조우기록」/전시외국인강제연행사료집편 勞動災害遭遇記錄/戰時外國人強制連行史料集編	전시외국인강제연행사료집의 일부	사본
292	홋카이도(北海道)아카비라쵸(赤平町)매화장인허증	이시무라 히로시(石村 弘)	사본
293	홋카이도(北海道)후렌쵸(風連町)매화장인허증	도노히라 요시히코(殿平善彦)	사본

<부록 1> 국내 소장 강제동원명부 현황

종	명부명	수집경위	비치상황
294	후루카와(古河)아시오(足尾)광업소조선인사망자명부 古河足尾鑛業所朝鮮人死亡者名簿	일본후생노동성	사본
295	메이지(明治)광업소아카이케(赤池)탄광조선인사망자명부 明治赤池炭鑛朝鮮人死亡者名簿	일본 후생노동성	사본
296	도쿄도(東京都)위령당 전재사자유골명부 중 조선인추측자명부 東京都慰靈堂 戰災死者遺骨名簿 中 朝鮮人推測者名簿	일본 강제연행진상조사단 도쿄지부 이일만 기증	사본
297	대한민국 무연 유골납골명부/기타큐슈불교회 작성 大韓民國無緣遺骨納骨名簿/北九州佛敎會 作成	장계호	사본
298	시미즈(淸水)시 조선인유골안치당 무연고자유골명부 淸水市朝鮮人遺骨安置堂無緣故者遺骨名簿	시미즈 조선인 무연고 유골 봉환추진위원회-후생노동성	사본
299	오카야마(岡山)현 다마노조선(玉野造船)조선인사망자명부 岡山縣玉野造船死亡者名簿	조선인강제연행진상조사단 박맹수 제보	사본
300	스가모(巢鴨)형무소한국인명부/김창희 소장 巢鴨刑務所韓國人名簿	김정래 기증	원본
301	금산군 「부리향토지」 錦山郡 富利鄕土誌	피해신고 제출자료	사본
302	징병1기경기지역출신 「동무주소록」/이강업 소장 徵兵1期京畿地域出身 「童舞住所錄」	이강업 기증	원본
303	중지(中支)파견군3사단사령부 나고야(名古屋)사단명부/이강업 소장 中支派遣軍3師團司令部名古屋師團名簿	이강업 기증	원본

〈부록 2〉
'왜정시피징용자명부'와 '검증—왜정시피징용자명부'

김 난 영

I. 명부의 개요

〈왜정시피징용자명부(倭政時被徵用者名簿)〉는 1957~1958년에 걸쳐 한국 정부(노동청)가 일본과의 수교문제를 협의하면서 대일 배상청구의 근거자료로 활용하기 위해 피해자 본인 및 가족의 신고에 의해 각 시·도별로 작성한 것이다. 〈검증—왜정시피징용자명부〉는 이 명부의 등재자에 대해 전수조사를 실시하여 재가공한 명부이다. 검증조사 결과를 토대로 〈왜정시피징용자명부〉의 원본 이미지에 점을 더한 것으로 명부의 기본적인 성격 및 구성은 〈왜정시피징용자명부〉와 같다고 할 수 있다.

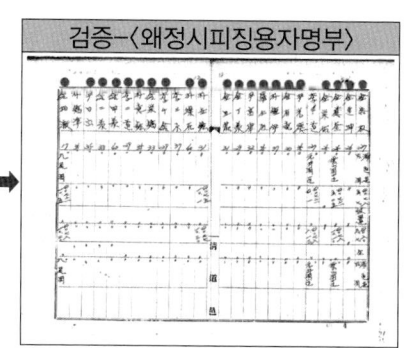

〈왜정시피징용자명부〉는 군인, 군무원, 노무자로 동원된 피해자의 이름과 동원 당시 나이 및 주소, 징용년월, 귀환년월, 현주소(신고 당시), 연행지, '해방 후 귀환 및 사망여부' 등의 항목으로 작성되어 있다. 페이지 당 인원은 11~13명 정도로 서울특별시를 비롯한 남한의 9개 도에서 강제동원피해자로 신고한 285,771명의 정보가 등재되어 있다.

명부표지

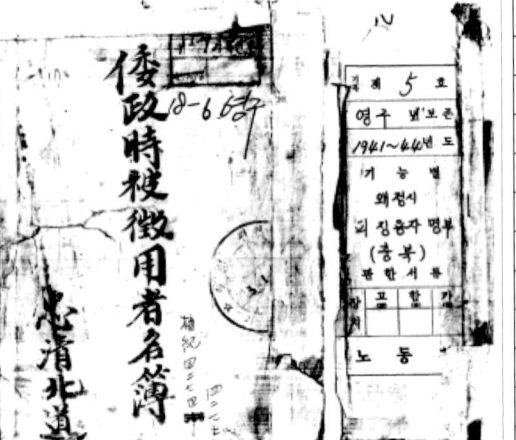

작성지역별 등재인원

명부작성 지역	수량(권)	등재인원(명)
서울특별시	1	2,710
경기도	2	31,505
강원도	1	14,776
충청북도	1	21,434
충청남도	2	41,499
전라북도	2	37,791
전라남도	3	55,866
경상북도	3	48,514
경상남도	3	29,867
제주도	1	1,596
各道	1	213(사망자명부)
계	20	285,771

II. 작성 배경 및 조사방법 개발

〈왜정시피징용자명부〉는 강제동원과 관련하여 우리 정부에서 생산한 유일한 명부이다. 그럼에도 불구하고 신고 후 확인·검증 작업을 거치지 않고 현재에 이르러 그 완결성에 의문이 제기되었다.

명부의 편철은 크게는 道단위로 분책되어 있고, 책 안에서는 시·군 단위별 표지로서 구분하고 있으며 面-里의 순으로 피해자의 이름이 기재되어 있다. 그러나 리 이하의 세부 주소가 작성되어 있지 않고, 징용 당시 연령만 기재되어 있기 때문에 등재자와 실제 인물의 정확한 일치 여부를 확인하기 어렵다는 것이 가장 큰 문제점으로 지적되었다. 그럼에도 불구하고 등재정보가 모두 한자로 기재되어 있어 한자이름 확인을 통해 동일인 일치여부에 대한 신빙성이 높다는 점과 주소의 번지는 기재되어 있지 않지만 里까지는 알 수 있다는 점에서 검증 조사의 가능성을 발견할 수 있었다.

이에 위원회[1]는 〈왜정시피징용자명부〉 등재자에 대해 피해 사실을 인정할 수 있도록 조사방법을 개발하고, 〈검증-왜정시피징용자명부〉를 위한 전수조사를 실시하였다.

조사는 먼저 위원회 소속 조사관이 직접 강원도 춘천 일대와 전북 남원 지역에 대해 사례조사를 실시하였다. 이를 통해 조사방법의 실제적용 및 문제점을 보완하여 전국에 확대 실시하였다. 조사는 명부에 기재된 1957~1958년 신고 당시 '현주소'를 기준으로 하여 직접 현장에 나가 등재자의 피해여부를 확인하는 방식으로 진행되었다. 그러나 이미 50여 년간 급속한 도시화와 인구이동으로 인해 대도시의 경우 현장조사의 효용성이 매우 낮게 나타났다. 때문에(서울특별시 서대문구, 종로구 등 4개구 샘플조사 실시결과 평균 검증률 8.9%에 그침) 서울특별시와 부산광역시는 시의 의견에 따라 조사를 실시하지 않았다.

자세한 조사 방법은 다음과 같다.

---

[1] 본 글에서 '위원회'란 2004년 11월 발족한 국무총리소속 '일제강점하강제동원피해진상규명위원회' 및 이를 모체로 하여 2010년 문을 연 '대일항쟁기강제동원피해조사및국외강제동원희생자등지원위원회'를 동일하게 의미하는 것으로 사용하겠다.

〈업무명〉		〈설명〉
조사대상 지역선정 및 기초조사	⇨	해당지역 엑셀명단 정리, 이미지 출력 등 행정구역 변경 등에 대한 사전 조사
명부와 신고건 대조	⇨	지역별 명부에 위원회 신고여부를 확인할 수 있는 엑셀 작성, 생존자 추출
면담대상 선정	⇨	해당지역 거주 75세 이상 노인 정보 입수(이장을 통함). 신고되어 있는 피해생존자 우선순위 선정
현지조사	⇨	개별면담, 집단면담 등의 방법을 사용 진술인의 이름, 나이 등을 기재 조사과정을 녹화나 녹음으로 기록
조사결과 종합	⇨	조사결과 정리(A만 유효결과로 활용함) A : 징용갔거나 징용된 사실을 아는 경우 B : 징용가지 않았거나, 징용된 사실을 잘 모르는 경우 C : 징용된 사실이 없는 경우 D : 명부에 있는 사람 자체를 모르는 겨우 → 여러 명의 진술 중 동행자나 목격자가 동원되었다고 증언(A)하면 이를 채택함.
위원회 송부	⇨	지방실무위 조사결과 위원회 송부
검토·분석	⇨	조사결과를 보완하여 검토의견서 작성
위원회 상정	⇨	조사결과 위원회 상정
위인정 번호 부여	⇨	위인정⑤-30-00 〈검증-왜정시피징용자명부〉(000)
이미지작업	⇨	조사결과 엑셀 작업, 이미지에 해당 인명 표시
시스템업로드	⇨	위원회 '피해·진상 관리시스템' 탑재

이로써 2006년 6월 20차 위원회에서 위인정번호 ⑤-30-1〈검증－왜정시피징용자명부〉(강원도 춘천시 157명)'를 시작으로 전북 남원, 대구 달성군, 경북 김천시 등 지방실무위원회가 중앙 위원회로 조사결과를 송부하는 대로 검토를 통해 '5-30-00'으로 이어지는 위인정[2] 명부가 탄생했다. 이에 박차를 가해 2007년과 2008년에 걸쳐 '조사활성화방안'을 배포하고 각 시도에 조사를 독려한 결과 2008년 말 조사를 마무리 지을 수 있었다.

III. 조사결과

조사에 참여한 전국 각 道와 광역시에 속한 186지역(75市85郡29區) 가운데 168개 지역이 조사를 완료함으로써 전체 지역대비 참여 지역이 91%에 달했다. 등재인원과 조사대상인원에 다소 차이가 있기도 하였는데, 이것은 행정구역 변동으로 인한 조사대상 선정에서 인원을 누락하였거나, 시·군의 하부단위로서 面 또는 里 가운데 조사를 실시하지 않은 지역이 있기 때문이다.

2009년 9월 현재 검토가 완료된 지역의 결과통계와 2009년 12월 현재 검토 중인 지역의 임시통계를 통해 〈검증－왜정시피징용자명부〉 조사결과를 보면 다음과 같다.

---

[2] '위인정'이란 '강제동원 사실을 위원회가 인정하는 기록'이란 의미로 위원회는 검증절차에 의해 자료의 신뢰성을 인정받은 명부를 '위인정'으로 구분하여 강제동원 피해조사에 활용하고 있다.

[조사결과]

no.	지역	①조사율(%)	②등재인원	③조사대상인원	④피해인정가능인원	⑤조사인원대비검증률	⑥등재인원대비검증률	⑦비고
1	인천광역시	100	2,998	2,998	1,363	45%	45%	검토완료
2	대전광역시	100	3,547	3,517	1,602	46%	45%	검토완료
3	광주광역시	100	4,997	4,997	1,696	34%	34%	검토완료
4	울산광역시	100	1,644	1,644	926	56%	56%	검토완료
5	대구광역시	100	3,480	3,239	1,422	44%	41%	검토완료
6	제주특별자치도	100	1,637	1,637	1,002	61%	61%	검토완료
7	경기도	94	28,599	25,253	13,920	55%	49%	검토중
8	강원도	94	13,544	11,131	5,072	46%	37%	검토완료
9	충청북도	100	21,444	20,799	12,473	60%	58%	검토중
10	충청남도	100	40,605	38,814	24,916	64%	61%	검토중
11	경상북도	95	44,398	39,821	20,797	52%	47%	검토완료
12	경상남도	90	23,922	23,922	12,572	53%	53%	검토완료
13	전라북도	36	12,952	10,233	4,808	47%	37%	검토완료
14	전라남도	68	27,827	26,902	17,576	65%	63%	검토중
계			231,594	214,907	120,145	56%	52%	

① 조사에 참여한 廣域市·道에 속한 지역을 市·郡·區 단위로 파악하여 전체 지역수 대비 참여 지역수에 대한 비율
② 조사에 참여한 市·郡·區에 해당하는 명부 등재자 수
③ 조사에 참여한 市·郡·區 등재자 중 조사에서 누락된 인원을 제외한 실제 조사대상인원
④ 조사결과 강제동원피해자로 확인된 인원수
⑤ ④피해인정가능인원/③조사대상인원*100
⑥ ④피해인정가능인원/②등재대상인원*100
⑦ 검토완료: 검토를 거쳐 위인정이 된 지역, 검토중: 현재 검토중인 지역

조사를 실시한 168개 지역에 해당하는 명부등재자는 231,594명이고, 이 가운데 214,907명을 조사대상으로 하였다. 이 중 '강제동원이 되었다'고 검증된 인원은 120,145이다. 이들을 검증된 강제동원피해자로 볼 때, 이들은 비율상 시·군 기준 등재자수에 대비하면 52%, 실제 조사대상자 수 대비 56%에 달했다. 명부가 최초로 작성된 시점이 1957년이라는 점을

감안하면 50여 년의 세월이 흐른 현 시점에서 50% 이상이 '강제동원 피해자'라는 결과가 도출되었다는 것은 기대 이상의 성과이다. 한편 조사과정에서 면담자 선정시에 일제강점기부터 한 지역에 거주한 80세 이상의 고령자를 확보할 경우 검증률이 훨씬 높아짐을 알 수 있었다. 이는 좀 더 빨리 검증조사를 실시하여 일제강점기 당시를 기억하고 있는 증언자가 더 많이 생존해 있었다면 지금보다 검증률이 높아졌을 것이라는 것을 반증하는 것이라고 볼 수 있다. 〈검증-왜정시피징용자명부〉는 직접 '왜정시'를 목격하고 겪어온 역사의 증인들에 의한 성과인 동시에 50여 년 세월 동안 그들이 사라짐으로 인해 완전히 검증하지 못한 한계를 동시에 지니고 있는 것이다.

[검증-왜정시피징용자명부 현황] (2010년 현재)

위인정번호	지역	명부등재 인원(명)	인정가능 인원(명)	검증률(%)	비고
위인정⑤-30-01	강원 춘천시	264	157	43	위원회조사
위인정⑤-30-02	전북 남원시	166	117	70	위원회조사(남원일부)
위인정⑤-30-03	대구 달성군	1,489	914	61	
위인정⑤-30-04	경북 김천시	3,240	1,642	51	
위인정⑤-30-05	전남 광주	4,997	1,696	34	
위인정⑤-30-06	경기 인천	1,817	1,144	63	
위인정⑤-30-07	제주도	1,637	1,002	61	
위인정⑤-30-08	충청북도	-	-	-	재조사실시
위인정⑤-30-09	경남 울산	1,644	926	56	
위인정⑤-30-10	경남 합천군	1,158	789	68	
위인정⑤-30-11	강원 속초시 강원 양양군 강원 정선군 강원 태백시 강원 홍천군	3,028	1,707	56	
위인정⑤-30-12	경북 칠곡군	1,404	836	60	
위인정⑤-30-13	경북 구미시	1,719	1,268	74	

위인정⑤-30-14	경북 영천시	2,759	1,529	55	
위인정⑤-30-15	경북 군위군	1,345	576	43	
위인정⑤-30-16	경북 영덕군	2,243	1,482	66	
위인정⑤-30-17	경북 청도군	1,457	1,077	74	
위인정⑤-30-18	경남 통영시	2,236	895	40	충무 포함
위인정⑤-30-19	경남 창원시	494	195	39	
위인정⑤-30-20	경북 영주시	1,198	581	48	
위인정⑤-30-21	경남 의령군	1,293	928	72	
위인정⑤-30-22	경북 경산시	2,005	1,015	57	
위인정⑤-30-23	경북 봉화군	689	346	52	
위인정⑤-30-24	경남 사천시	741	521	70	
위인정⑤-30-25	경남 양산시	1,215	583	49	
위인정⑤-30-26	경기 인천시	1,181	219	17	
위인정⑤-30-27	경북 포항시	3,035	1,766	60	
위인정⑤-30-28	경상북도 10개시군	18,938	8,679	46	
위인정⑤-30-29	경상남도 13개시군	16,785	8,661	52	
위인정⑤-30-30	강원도 12개시군	7,839	3,208	41	
위인정⑤-30-31	대전광역시	3,517	1,602	46	
위인정⑤-30-32	대구광역시	1,750	508	29	
위인정⑤-30-33	전라북도 5개시군	10,067	4,691	47	
위인정⑤-30-34	경기31개시군	28,599	13,948	49	
위인정⑤-30-35	충북12개시군	21,444	12,473	58	
위인정⑤-30-36	충남16개시군	40,605	24,916	61	
위인정⑤-30-37	전남13개시군	27,827	17,576	63	

Ⅳ. 의의

〈왜정시피징용자명부〉가 〈검증-왜정시피징용자명부〉로 재탄생하기까지 2006년 6월을 시작으로 2008년 12월까지 2년 6개월이라는 조사기간이 소요되었다. 조사에 투입된 인원은 지방실무위가 송부한 조사결과표에 기재된 것만도 1,964명이나 되었지만 기재되지 않은 인원까지 포함하면 이 수를 훨씬 상회할 것으로 보인다. 또한 그들이 각 동리마다 찾아가 직접 만난 면담자는 각 里마다 최소 2명에서 많게는 10명 이상이었으므로 이 명부를 검증하기 위해 투입된 인원은 실로 엄청나다고 할 것이다. 이렇듯 국가와 국민이 함께 만든 한국 유일의 강제동원명부라는 점에서 그 첫 번째 의의를 부여할 수 있을 것이다.

두 번째 의의는 정부가 생산한 검증된 명부라는 점에서 피해조사에 직접적 증거로써 활용할 수 있게 되었다는 점이다. 위원회에 신고된 피해자의 상당수는 기억을 통한 진술 외에 증거자료를 첨부할 수 없는 '무자료 피해자'이다. 이들 '무자료 피해자'들은 피해에 대한 심증은 있으나 객관적이고 논리적인 피해판정을 위해 신고인과 조사자 양자 모두가 어려움을 겪던 부분이었다. 그러나 〈검증-왜정시피징용자명부〉를 활용하여 이러한 '무자료 피해자'에 대해 즉각적인 처리가 가능한 피해 건은 최소 2만 9천여 건에 이르는 것으로 파악되었다. 이는 증빙자료 확보를 위해 애쓰던 신고인과 조사에 난항 중이던 시·도실무위원회 및 진상규명위원회 조사관들에게 시원한 해결책이 되었다고 할 수 있다.

마지막 의의는 약 50년 전 만들어졌던 〈왜정시피징용자명부〉가 일본에서 제공받은 여타 명부에 비해 그 증거력이 부족하다는 문제제기가 있었으나 이 검증작업을 거침으로써 한국 정부에 대한 공신력이 높아졌다는 점을 들 수 있다. 또한 본 조사과정에서 부가적으로 얻게 된 강제동원피해자에 대한 추가인명 확보 및 등재사항에 대한 보완정보는 보다 풍부한 강제동원 자료의 탄생을 기대하게 한다.

참고문헌

1. 자료

「陸軍職工規則ニ關スル件」(1931年 7月 3日, 陸軍省令 第11號), アジア歷史資料センター 所藏資料. 『陸軍省－大日記甲輯』, R・C:C01001206900].

「陸軍工務規程改正の件」(1937年 6月 2日, 陸軍省令 第14號), アジア歷史資料センター, 『陸軍省大日記甲輯昭和12年』, R・C:C01001430600OJ.

「工員徵用ノ件上申」(1942年 1月 13日, 燃料甲 第12號), 陸軍燃料廠長→陸軍大臣)[アジア歷史資料センター 所藏資料, 『陸軍省－密大日記』, RC : C01004957900.

アジア歷史資料センター Ref・C01007874200「外地部隊留守業務處理要領(陸蜜陸普其他綴昭和20年)」一九四五・九・二三(防衛庁防衛研究所).

北海道民生部附社会課, 『昭和二十・八・九~八・二三樺太八十八師団』 戰後狀況調査記錄 「熊笹峠戰鬪局面田代行動郡編成表」.

『機密作戰日誌(乙綴)昭和二〇・四』防衛庁防衛研究所図書館所藏.

一九四五年二月二八日「陸亜機密第117号「在内地, 朝鮮師団, 独立混成旅団及師管区部隊等臨時動員, 編成改正, 称号変更並第三百二十八次復員(復帰)要領細則規定ノ件」 防衛庁防衛研究所図書館所藏, 中央/軍事行政・動員・編成/232].

朝鮮人留守名簿(일본후생노동성 제공, 국가기록원 소장).

「常磐炭田朝鮮人勞働者殉職者名簿」, 『일제하피징용자명부』(일본후생노동성 제공, 국가기록원 소장).

「産業殉職者名簿」, 『일제하피징용자명부』(일본후생노동성 제공, 국가기록원 소장).

「殉職産業人名簿」, 『소위 조선인징용자등에 관한 명부』(일본후생노동성 제공, 국가기록원 소장).

「茨城縣」, 『조선인노동자에 관한 조사결과』(일본후생노동성 제공, 국가기록원 소장).

「名簿(現在 生存) 被徵用鑛夫遺家族」(안명복 제공, 강제동원위원회 소장).

「이중징용피해자 진술서」(안명복 제공. 강제동원위원회 소장).

「戰時下常磐炭田の朝鮮人鑛夫殉職者名簿」(長澤秀 編, 『戰時下强制連行極秘資料集 4』, 綠陰書房, 1996 수록).

防衛廳防衛研修所 戰史編纂室 編, 『戰史叢書』, 朝雲新聞社, 1971.

朴慶植 編, 『在日朝鮮人關係資料集成』 第4卷, 三一書房, 1976.
防衛庁防衛硏究所 編, 『戰史叢書陸海軍年表付兵語・用語の解說』, 朝雲新聞社, 1980.
朝鮮人强制連行眞相調査團, 「火葬認許證及び變災報告書(長崎)」, 1990.10.
守屋敬彦 編, 『戰時外國人强制連行關係史料集』Ⅲ 朝鮮人2下卷, 明石書店, 1991.
林えいだい 編, 『戰時外國人强制連行關係史料集』Ⅱ 朝鮮人1下卷, 明石書店, 1991.
戰後補償問題硏究會 編集, 『戰後補償問題資料集(「兵力動員実施」關係資料集)』, 1991.
長澤秀 編, 『戰時下朝鮮人中國人聯合軍俘虜强制連行資料集』Ⅰ, 綠蔭書房, 1992.
大濱徹也・小澤郁郞 編, 『(改訂版)帝國陸海軍事典』, 同成社, 1995.
長澤秀 編, 『戰時下强制連行極秘資料集 4』, 綠蔭書房, 1996.
厚生省社会・援護局援護50年史編集委員会監修, 『援護50年史』, ぎょうせい, 1997.
太平洋戰爭硏究會 編, 『日本陸軍がよくわかる事典-その組織, 機關から兵器, 生活まで』, PHP硏究所, 2002.
原剛・安岡昭男 編, 『日本陸海軍事典』上, コンパクト版, 2003.
龍田光司, 「韓國調査團巡檢資料」 2005년 11월 19일 조사자료.
総行国第147号「朝鮮半島出身の旧民間徵用者の遺骨について(情報提供依賴)」平成17年 6月20日.
일제강점하강제동원피해진상규명위원회, 『강제동원구술기록집 6-수족만 멀쩡하면 막 가는 거야』, 2007.
일제강점하강제동원피해진상규명위원회, 『강제동원구술기록집 8-지독한 이별』, 2007.
일제강점하강제동원피해진상규명위원회, 『강제동원구술기록집 11-아홉머리 넘어 북해도로』, 2009.
일제강점하강제동원피해진상규명위원회 기록 NEWS LETTER 10. 2009년 1월호 [강제동원의 진실, 기록의 창](www.gangje.go.kr).
대일항쟁기강제동원피해조사및국외강제동원희생자등지원위원회 소장, 日本厚生勞働省職業安定局人道調査室作成, 『유골 실지조사 보고서, 1~189차분』 2010.5.
대일항쟁기강제동원피해조사및국외강제동원희생자등지원위원회 소장, 日本厚生勞働省職業安定局人道調査室作成, 『유골 실태조사표, 제5차분』 2010.9.
相模原鄕土の歷史シリーズ 「第2次世界大戰(太平洋戰爭)と相模原」(http://www.rekishi.sagami.in/sensou.html).
「노무자공탁금자료 분석 결과 보고」, 대일항쟁기강제동원피해조사및국외강제동원희생자등지원위원회, 2010.11.5.
常磐炭田史年表(http://www.jyoban-coalfield.com/public/pu_sepa/iwakisisi.html).

4. 연구서 : 국문

한국정신문화연구원 편, 『해외 희생자 유해 현황 조사 사업보고서, 일제시기 해외 한인 희생자 연구』, 1995.12.
정혜경, 『일제말기 조선인 강제연행의 역사-사료연구』, 경인문화사, 2003.
한일민족문제학회 강제연행문제연구분과, 『강제연행·강제노동 연구 길라잡이』, 선인출판사, 2005.
정혜경, 『조선인 강제연행 강제노동Ⅰ-일본편』, 선인, 2006.
일제강점하강제동원피해진상규명위원회, 『사할린 '이중징용' 피해 진상조사(연구자 : 정혜경)』, 2007.
일제강점하강제동원피해진상규명위원회, 『(직권조사보고서)'조선여자근로정신대' 방식에 의한 노무동원에 관한 조사(연구자: 김미현)』, 2008.
일제강점하강제동원피해진상규명위원회, 『강제동원 명부해제집 1』, 2009.
김광열, 『한인의 일본 이주사』, 논형, 2010.
정혜경, 『일본 제국과 조선인 노무자 공출-조선인 강제연행·강제노동 연구Ⅱ』, 선인, 2011.

5. 연구논문 : 日文

田村紀之, 「內務省警保局調査による朝鮮人人口(1)」, 『經濟と經濟學』 46, 東京道立大學, 1981.
守屋敬彦, 「金屬鑛山と朝鮮·韓國人强制連行-住友鴻之舞鑛山」, 『道都大學紀要 敎養部編』 9, 1990.
守屋敬彦, 「住友鴻之舞鑛山への强制連行朝鮮人の勞働災害」, 『朝鮮人强制連行論文集成』, 明石書店, 1993.
長澤秀, 「戰時下常磐炭田における朝鮮人鑛夫の勞働と鬪い」, 『朝鮮人强制連行論文集成』, 明石書店, 1993.
長澤秀, 「常磐炭田における朝鮮人勞働者について」, 『朝鮮人强制連行論文集成』, 明石書店, 1993.
相澤一正, 「茨城における縣朝鮮人中國人强制連行に關するノート」, 『朝鮮人强制連行論文集成』, 明石書店, 1993.
古庄正, 「日本製鐵株式會社の朝鮮人强制連行と戰後處理」, 『駒澤大學 經濟學論集』 25-1, 1993.
山崎志郎, 「軍需工業における勞務動員の實施過程」, 『商學論集』 62-1, 1993.

사이카이시(西海市) 누리집(http://www.city.saikai.nagasaki.jp).

2. 연구서 : 日文

久保山雄三,『日本石炭鑛業發達史』, 公論社, 1942.
不二越鋼材株式會社 編,『不二越25年史』, 1953.
朴慶植,『朝鮮人强制連行の記錄』, 未來社, 1965.
福島縣,『福島縣史18-産業經濟』, 1970.
北海道開拓記念館,『北海道開拓記念館調査報告 第1号 : 明治初期における炭鉱の開発 - 茅沼炭鉱社会における生活と歷史』, 1972.
北海道開拓記念館,『明治初期における炭鑛の開發 : 幌內炭鑛における生活と歷史』, 北海道開拓記念館調査報告 第7號, 1974.
三菱鑛業セメント株式會社總務部社史編纂室 編,『三菱鑛業社史』, 1976.
小澤有作編,『近代民衆の記錄10-在日朝鮮人』, 新人物往來社, 1978.
崎戶町の歷史編纂委員会,『崎戶町の歷史』, 崎戶町教育委員会, 1978.
前川雅夫 編,『炭坑誌:長崎縣石炭史年表』, 葦書房, 1990.
百萬人の身世打鈴編集委員會,『百萬人の身世打鈴』, 東方出版, 1990.
長崎在日朝鮮人の人權を守る会,『原爆と朝鮮人 5 : 長崎県朝鮮人強制連行, 强制勞働実態調查報告書』, 1991.
林えいだい,『死者への手紙:海底炭鑛の朝鮮人坑夫たち』, 明石書店, 1992.
高橋憲一,『札幌步兵二十五連隊誌』, 大昭和興産出版部, 1993.
朝鮮人强制連行實態調査報告書編集委員會,『北海道と朝鮮人勞働者』, 札幌學院大學生活協同組合, 1999.
山田昭次・古庄正・樋口雄一,『朝鮮人戰時勞動員』, 岩波書店, 2005.
竹內康人 編著,『戰時朝鮮人强制勞動調査資料集 : 連行先一覽・全國地圖・死亡者名簿』, 神戶學生・靑年センター出版部, 2007.
鈴木光男,『學徒勤勞動員の日々-相模陸軍造兵廠と地下病院建設』, (株)近代文藝, 2010.

3. 연구서 : 영문

U.S. Army Air Forces in World War II Combat Chronology 1941-1945, Compiled by Kit C. Carter and Robert Mueller, Center for Air Force History, Washington, DC 1991(Reprint of 1973 edition, 1991).

山崎志郎, 「陸軍造兵廠と軍需工業動員」, 『商學論集』 62-4, 1994.
守屋敬彦, 「第2次大戰下被强制連行朝鮮人勞働者の寮生活－住友鑛業所歌志内鑛業部 新歌志内炭鑛親和寮」, 『佐世保工業高等專門學校研究報告』 34, 1996.
北原道子, 「北海道における朝鮮人兵士動員」, 『在日朝鮮人史研究』 26, 緑蔭書房, 1996.
北原道子, 「樺太における朝鮮人兵士動員」, 『在日朝鮮人史研究』 28, 緑蔭書房, 1998.
北原道子, 「朝鮮人学徒兵経験者呉昌祿さんに聞く」, 『在日朝鮮人史研究』 30, 緑蔭書房, 2000.10.
北原道子, 「朝鮮人兵士を主に編成された日本軍特設作業隊・臨時勤務隊について－北海道と樺太の場合」, 『在日朝鮮人史研究』 32, 緑蔭書房, 2002.
伊藤孝司, 「太平丸事件とは-生存者たたが語る真相」, 『北千島に眠る太平丸事件と朝鮮人強制連行』, 北千島に眠る刊行会, 2002.
「週刊MDS」 794号 2003.6.27 刊行, (http://www.mdsweb.jp/index.html)
塚崎昌之, 「労働者としての朝鮮人「兵士」と朝鮮人強制連行－一九五四年四月以降を中心として」(제3회 在日朝鮮人運動史研究会大会에서의 보고, 2003.7).
塚崎昌之, 「朝鮮人徴兵制度の実態-武器を与えられなかった「兵士」たち」, 『在日朝鮮人史研究』第34号, 緑蔭書房, 2004.10.
樋口雄一, 「朝鮮人'戰死者たちの歌と菓子」, 『海峽』 21, 2005.
白戸仁康, 「本願寺札幌別院の遺骨遺留品関係資料について－內容と若干の考察－」, 『在日朝鮮人史研究』 (35), 2005.10.
守屋敬彦, 「アジア太平洋戰爭下日曹天塩鑛業所朝鮮人寮第1,2向和寮の食糧事情」, 『在日朝鮮人史研究』 36, 2006.
北原道子, 「朝鮮人第五方面軍留守名簿にみる樺太千島北海道部隊の朝鮮半島出身軍人」, 『在日朝鮮人史研究』 36, 2006(본서 번역 수록).
上杉聰, 「朝鮮人強制連行被害者の遺骨返還問題－日韓・日朝による共同作業の經緯と展望」, 『世界』 759, 2006年 12月.
鄭惠瓊, 「日帝强占下强制動員被害眞相糾明委員會調査を通してみる勞務動員」, 『季刊 戰爭責任研究』 55, 2007.
川瀬俊治, 「朝鮮植民地支配被害者の遺骨全體を視野に－動きはじめた返還問題」, 『部落解放』 596, 2008年 4月.
鄭惠瓊, 「戰時體制期韓半島內人的動員(勞務動員)被害-死亡者現況を中心として」(强制動員眞相究明ネットワーク, 强制動員眞相究明全國研究集會 「日本の朝鮮植民地支配と強制連行」, 2011年 5月 28~29日, 神戸).
龍田光司, 「常磐炭田における戰時勞働動員朝鮮人死亡者名簿について－鄭惠瓊氏の

關聯論文を讀んで」, 2011(미공개 논문).
龍田光司, 「常磐炭田における朝鮮人戰時勞働動員被害者を訪ねて」(미공개, 연도 미상).

6. 연구논문 : 국문

崔永鎬, 「韓國政府의 對日 民間請求權 報償 過程」, 『韓日民族問題硏究』 8, 2005.
김명환, 「1943~1944 팔라우지역 조선인 노무자 강제동원-조선인노무자관계철 분석을 중심으로」, 『한일민족문제연구』 14, 2008.
정혜경, 「조선총독부의 노무동원 송출관련 행정 조직 및 기능 분석」, 『한국민족운동사연구』 54, 2008.
鄭惠瓊, 「1944年에 日本 本土로 '轉換配置'된 사할린(樺太)의 朝鮮人 鑛夫」, 『韓日民族問題硏究』 14, 2008.
홍제환, 「전시기 조선인 동원자수 추정치 활용에 대한 비판」, 『경제사학』 44호, 2008.
表永洙・吳日煥・金明玉・金暖英, 「朝鮮人 軍人・軍屬 關聯 '供託書'・'供託明細書' 基礎分析」, 『韓日民族問題硏究』 14, 2008.
鄭惠瓊, 「1944年에 日本 本土로 '轉換配置'된 사할린(樺太)의 朝鮮人 鑛夫」, 『韓日民族問題硏究』 14, 2008.
竹內康人, 「연행관계명부와 공탁금에 대해」, 『2009 네트워크 관계자 초청 워크숍 자료집』(일제강점하강제동원피해진상규명위원회, 2009.4.25).
정혜경, 「국내 소장 전시체제기 조선인 인적동원관련 명부의 실태 및 활용방안」, 『한일민족문제연구』 16, 2009.
鄭惠瓊, 「戰時體制期 日本 本土 朝鮮人勞務者의 '轉換配置'」, 『韓日民族問題硏究』 17, 2009.
오일환, 「강제동원 사망자 유골봉환을 둘러싼 한일 정부 간 협상에 관한 소고-1969년, 제3차 한일각료회의를 중심으로」, 『韓日民族問題硏究』 17, 2009.
守屋敬彦, 「기업자료 중 각종 명부류의 기술내용에서 알 수 있는 조선인 강제연행자에 관한 사실」, 『2009 네트워크 관계자 초청 워크숍 자료집』(일제강점하강제동원피해진상규명위원회, 2009.4).
정혜경, 「일본 '제국'의 틀로 본 조선인 노무동원」, 『일제 식민지배와 강제동원』, 경인문화사, 2010.
심재욱, 「전시체제기 조선인 해군군속동원 실태-「舊海軍軍屬身上調査表」의 동원지 사례 분석을 중심으로」, 2010년 6월 5일 한일민족문제학회 10주년 기념 학술회의 발표요지.

찾아보기

ㄱ

가미노야마(神ノ山)광 174, 187, 188
가미야마다탄광 202
가키노우라갱 129, 130
간부후보생 250, 251
강제동원 명부해제집 1 22, 23, 289, 298
강제동원위원회 22, 28, 39, 40, 159, 163, 181, 182, 194, 201, 208, 214, 289
검증-왜정시피징용자명부 403, 407, 409, 410, 411
고노마이광산 145, 289, 290, 293, 294, 296, 298, 299, 301, 302, 304, 306, 309, 310, 311, 312, 315, 318, 321, 323, 324, 325
고쿠라조병창 52, 53, 55
工名 73
工員名簿 48, 84
공원명표(工員名票) 47, 48, 50, 51, 84
공탁금 236, 256, 258, 264
과거장(過去帳) 102
舊海軍軍屬身上調査表 46, 86
국가기록원 39, 181, 182, 183, 187, 290, 294, 297
國家總動員法 44
국민징용령 71, 85
군수회사법 131
규슈탄광기선(주) 128, 130, 154
기타하라 미치코(北原道子) 30

ㄴ

나가사와 시게루(長澤秀) 32, 160
나가사키현 124, 126, 146
나고야명부 58, 59, 60, 61, 63, 66, 71, 74, 76
나고야조병창 49, 52, 53, 55, 58, 59, 69, 76, 81, 85, 86
나야제도 127
나카고(中鄕)무연탄광 174, 210
나코소탄광 198, 202
남사할린 175, 176, 177, 179, 189, 197
닛시소노기군 126
닛소 아카이탄광 178, 179, 202
닛소 죠반탄광 186, 202

ㄷ

다쓰다 코지(龍田光司) 32, 160, 162
다이니혼 나코소탄광 178, 179
다이쇼 가미야마다(大昭 上山田)탄광 178, 180
다카기명표 58, 61, 63, 66, 69, 71, 72, 77, 84
다카기제조소 49, 58, 59, 63, 69, 85
다카하마촌 137
대일본 나코소탄광 199
대일항쟁기강제동원피해조사및국외강제동원희생자등지원위원회 45, 405, 407, 411
도쿄 제1육군조병창 53, 68, 86
도호 구시타카(東邦櫛形)탄광 174, 175, 176

ㅁ

만주건국대학 254
매화장인허가증(埋火葬認許可證) 102, 123, 124, 125, 136, 137
埋火葬認許證交付簿 124, 125, 137, 138, 139, 140, 147, 148, 149, 151, 153, 155, 156
메이지광업(明治鑛業) 히라야마광업소 144
모리야 요시히코(守屋敬彦) 35, 292
美軍戰略爆擊調査團報告書 86
미쓰비시광업(주) 125, 130, 131, 132, 139, 154
미쓰비시머티리얼(주) 132

ㅂ

반도징용공 68
발신전보 293, 296, 297, 299, 301, 302, 306, 308, 312, 315, 324
兵器製造所 55
병적·전시명부 266
普通工員 66, 72, 76, 85
부산항 209
북방군(北方軍) 238
북방부대 237

ㅅ

사가미명표 56, 57, 61, 63, 65, 71, 72, 77, 84
사가미조병창 49, 51, 52, 53, 55, 56, 57, 59, 84, 85
사이카이시 128
사키토광업발기조합 128
사키토정 124, 125, 126, 127, 128, 134, 137, 139, 140, 141, 144, 146, 147, 148, 149, 151, 154, 155, 156
사키토탄광 124, 125, 128, 129, 130, 131, 133, 134, 135, 136, 139, 143, 147, 148, 149, 150, 154
삭풍회 254

산업순직자명부 183
세키모토(關本)탄광 174, 175, 188
소위 조선인징용자등에 관한 명부 181, 182, 186
순직산업인명부 190
스미토모(住友) 고노마이(鴻之舞)광산 144, 292
시모노세키(下關) 209
실지조사 97, 99
실태조사 97, 98

ㅇ

아사우라갱 129, 130, 132, 133
아카이탄광 198
야마구치(山口)탄광 174, 176
야마이치(山一)탄광 174, 176
야소시(八十士)광산 293, 296
야스쿠니신사 264
女性工員 67
오다탄광 202
오사카조병창 52, 53, 55, 68
오쿠라(大倉)탄광 202
왜정시피징용자명부 39, 403, 404, 405, 410, 411
요시마탄광 202
유골명부 95
유수명부(留守名簿) 86, 235
유수택(留守宅) 241, 255, 258
陸軍兵器廠 55
陸軍兵器行政本部 52, 53, 55

陸軍運輸部軍屬名簿 47, 48, 50, 84
육군조병창(陸軍造兵廠) 47, 48, 49, 51, 52, 53, 55, 63, 78, 84, 85, 86
陸軍職工規則 61
應徵士 71
應徵士服務紀律 71
이나우시(伊奈牛)광산 293, 296
이리야마 유모토탄광 196, 207
이리야마(入山)채탄 166, 178, 195, 208, 209, 211
이리야마탄광 198
이바라키(茨城)현 162, 168, 172, 173, 174, 177, 181, 183, 189, 194, 206, 213
이와키(磐城)탄광 178, 179, 186, 195, 197
이와키(磐城)탄광사 164
이와키탄광주식회사 165
인천조병창 52, 53, 55
日給 76, 77, 78, 79, 80, 85, 86
일시귀선증명제도 306, 308
일제하피징용자명부 181, 183, 185, 200

ㅈ

전일본불교회 98
전환배치 168, 175, 176, 177, 179, 189, 197, 319
제1보충병 265
조선여자근로정신대(朝鮮女子勤勞挺身隊) 67, 69, 82, 84

조선인노동자에 관한 조사결과(명부이
　　름)　34, 181, 187
죠반 이시오카(常磐石岡)탄광　174, 175
죠반(常磐)탄광　166, 195, 202, 205, 211,
　　212
죠반(常磐)탄전　32, 160, 162, 163, 164,
　　165, 166, 172, 177, 183, 191, 192,
　　202, 203, 206, 211, 212, 213, 311
죠반탄전조선인노동자순직자명부(常盤
　　炭田朝鮮人勞働者殉職者名簿)
　　183
죠반합동탄광　202
지역집단동원　66, 67, 85
징병 1기　244, 249, 251, 264
징병 2기　244, 264
徵用工員　71

한일 공동실지조사　100
한일유골협의　97
현원징용(現員徵用)　67, 85
호로나이탄광　150
호죠 오다(鳳城小田)　178
홋카이도　30, 34, 35, 162, 292, 301, 311
후루카와 요시마(古河好間)탄광　178,
　　179, 186, 195, 198
후루카와(古河)광업　165, 166, 205
후쿠시마(福島)현　162, 165, 166, 167,
　　177, 178, 181, 183, 194, 198
후쿠오카　311
후쿠우라갱　128, 132
히구치 유이치(樋口雄一)　34
히다치(日立)광산　165

ㅌ

특별지원병　244, 248, 249, 250, 262, 264

ㅍ

被徵用死亡者連名簿　46

ㅎ

학도병　244, 249, 264

저자소개

정혜경(鄭惠瓊, Jeong Hye Gyeong)

- 1960년 서울에서 출생
- 한국정신문화연구원(현 한국학중앙연구원) 한국학대학원 석·박사학위(Ph.D) 취득
- 국무총리실 소속 대일항쟁기강제동원피해조사및국외강제동원희생자등지원위원회 조사3과장
- 일제강제동원&평화 연구회 창립준비위원
- 대학원에서 '식민지 시기 재일조선인사'를 전공하였고, 박사학위 취득 이후 기록학(Archival Science)을 공부했으며, 구술사라는 역사쓰기 작업에 참여 중이다. 2001년 이후부터 전시체제기 인력동원에 대해 연구하고 있으며, 앞으로는 일제강제동원&평화 연구회(2011년 8월 창립)라는 연구와 실천의 난장(亂場)에서 제대로 놀아볼 생각이다.

심재욱(沈在昱, Shim Jae Wook)

- 1969년 서울에서 출생
- 동국대학교 사범대학 역사교육과 졸업(2004.2), 동국대학교 대학원 사학과 박사(Ph.D)
- 박사논문 : 雪山 張德秀(1894~1947)의 政治活動과 國家認識(2007.8.)
- 국무총리실 소속 대일항쟁기강제동원피해조사및국외강제동원희생자등지원위원회 조사팀장
- 일제강제동원&평화 연구회 창립준비위원

오일환(吳日煥, Oh Ii Hwan)

- 일본 츠쿠바대학원 인문사회과학연구과 국제정치경제학 박사(Ph.D)
- 재일 한인 북송 문제 등 북일협상, 한일관계 등 연구
- 한국외국어대학교, 광운대학교 출강
- 2007년부터 '국무총리실 소속 대일항쟁기강제동원피해조사및국외강제동원희생자등지원위원회' 전문위원으로서, 유골문제 등 한일 정부간 협상 업무를 담당함
- 일제강제동원&평화 연구회 창립준비위원

김명환(金明煥, Kim Myung Hwan)

- 1973년 충북 음성에서 출생
- 건국대학교 문과대학 사학과 졸업(1997), 건국대학교 대학원 사학과 박사과정 수료 (한국사)
- 주요 논문 : 「1943~1944年 팔라우(Palau)地域 朝鮮人 勞務者 强制動員 : 『朝鮮人勞務者關係綴』分析을 中心으로」(『한일민족문제연구』 14호, 2008), 「일제말기 조선인의 남양군도 이주와 그 성격(1939~1941)」(『한국민족운동사연구』 64호, 2010), 「일제말기 남양척식주식회사의 조선인 동원실태」(『한일민족문제연구』 18호, 2010)
- 국무총리실 소속 대일항쟁기강제동원피해조사및국외강제동원희생자등지원위원회 전문위원

기타하라 미치코(北原道子)

- 1947년 도쿄에서 출생
- 1996년경부터 재일조선인운동사연구회에 참가해 왔음
- 일본에서 「北海道의 朝鮮人兵士動員」(『在日朝鮮人史研究』 26, 1996.9), 「樺太의 朝鮮人兵士動員」(『在日朝鮮人史研究』 28, 1998.12), 「朝鮮人学徒兵経験者 呉昌祿씨에게 듣다」(『在日朝鮮人史研究』 30, 2000.10), 「朝鮮人兵士가 주로 編成된 日本軍特設作業隊・臨時勤務隊에 대하여 – 北海道와 樺太의 경우」(『在日朝鮮人史研究』 32, 2002.10)를 비롯한 조선인병력동원 관련 논문 다수 발표

김난영(金暖英, Kim Nan Young)

- 경북 의성에서 출생
- 충남대학교 국사학과 및 대학원 한국사(한국근대사) 전공 석사
- 석사논문(日帝末期 慶北 義城郡의 勞務動員 現況과 實態, 2011)을 비롯해 「朝鮮人軍人・軍屬 關聯 '供託書'・'供託明細書' 基礎分析」, 『韓日民族問題研究』 14, 2008(공동논문), 「해제」(『강제동원 명부해제집 1』, 2009 수록) 발표
- 국무총리실 소속 대일항쟁기강제동원피해조사및국외강제동원희생자등지원위원회 조사관